SchlA 4

Schleiermacher-Archiv

Herausgegeben von
Hermann Fischer
und
Hans-Joachim Birkner, Gerhard Ebeling,
Heinz Kimmerle, Kurt-Victor Selge

Band 4

Walter de Gruyter · Berlin · New York
1987

Friedrich Schleiermacher
Theologische Enzyklopädie
(1831/32)

Nachschrift David Friedrich Strauß

Herausgegeben von

Walter Sachs

Mit einem Vorwort von Hans-Joachim Birkner

Walter de Gruyter · Berlin · New York
1987

Gedruckt mit Unterstützung des Förderungs- und Beihilfefonds
Wissenschaft der VG Wort

Gedruckt auf säurefreiem Papier
(alterungsbeständig — ph 7, neutral)

CIP-Kurztitelaufnahme der Deutschen Bibliothek

Schleiermacher, Friedrich:
Theologische Enzyklopädie : (1831/32) / Friedrich Schleiermacher.
Nachschr. David Friedrich Strauss. Hrsg. von Walter Sachs. Mit
e. Vorw. von Hans-Joachim Birkner. — Berlin ; New York : de
Gruyter, 1987.
 (Schleiermacher-Archiv ; Bd. 4)
 ISBN 3-11-010894-1
NE: GT

Inhaltsverzeichnis

Vorwort

Die von Walter Sachs veranstaltete Ausgabe der Strauß'schen Nachschrift von Schleiermachers Vorlesung über „Theologische Enzyklopädie" im Wintersemester 1831/32 erschließt ein Dokument, das für die Schleiermacherforschung und für das Schleiermacherstudium höchst bedeutsam und reizvoll ist. Das Manuskript wird in der Einleitung des Herausgebers vorgestellt und beschrieben, der es außerdem in den Zusammenhang von D. F. Strauß' Beschäftigung und Auseinandersetzung mit Schleiermacher eingeordnet hat. Der Bitte des Herausgebers folgend, schicke ich seinen Ausführungen einige Hinweise voraus, die Schleiermachers Enzyklopädie-Vorlesungen betreffen sowie seine Schrift „Kurze Darstellung des theologischen Studiums" (1811, 1830²), die aus diesen Vorlesungen erwachsen ist und ihnen seit 1811 als Grundlage gedient hat.

Vorlesungen über „Theologische Enzyklopädie", die eine Einführung in die Theologie boten und einen Überblick über ihre Fächer vermittelten, haben bis in die Anfänge des 20. Jahrhunderts zum üblichen Lehrprogramm der Theologischen Fakultäten gehört. Schleiermacher hat im Laufe seiner dreißigjährigen Lehrwirksamkeit insgesamt zwölfmal eine solche Vorlesung gehalten: während seiner viersemestrigen Tätigkeit an der Universität Halle (WS 1804/05—SS 1806) zweimal (1804/05, SS 1805),[1] in Berlin zunächst 1808 in einer öffentlichen Vorlesung noch vor Eröffnung der neuen Universität, dann im Eröffnungssemester 1810/1811, danach siebenmal unter Zugrundelegung der 1811 im Druck erschienenen „Kurzen Darstellung" (WS 1811/12, WS 1814/15, WS 1816/17, WS 1819/20, SS 1824, SS 1827, SS 1829).[2] Die umgearbeitete 2. Auflage der „Kurzen Darstellung", die 1830 erschien, hat nur noch einmal einer Vorlesung als Grundlage gedient, im

---

[1] Für das Wintersemester 1806/07 war eine weitere Wiederholung geplant, die nicht zustande kam, weil nach der Besetzung Halles durch französische Truppen die Universität geschlossen wurde. Vgl. Schleiermachers Brief an J. Chr. Gaß vom Sommer 1806 in: W. Gaß, Fr. Schleiermachers Briefwechsel mit J. Chr. Gaß, Berlin 1852, 53; auch in: H. Meisner (Hg.), Schleiermacher als Mensch. Sein Werden und Wirken. Familien- und Freundesbriefe, 2 Bde, Gotha 1923, 2,66.

[2] Die im Vorlesungsverzeichnis für das Wintersemester 1813/14 angekündigte Enzyklopädie-Vorlesung hat nicht stattgefunden, weil die Universität in diesem Kriegswinter nur schwach frequentiert war. Vgl. den Brief an J. Chr. Gaß vom 18.12.1813 in: Gaß, Briefwechsel (s. o. Anm. 1) 114; auch in: Meisner, Schleiermacher (s. o. Anm. 1) 2,207.

Wintersemester 1831/32, als David Friedrich Strauß, 23 Jahre alt, zu den Hörern des damals dreiundsechzigjährigen Schleiermacher zählte. Die Ankündigung im Berliner Vorlesungsverzeichnis lautete: „Die theologische Enzyklopädie trägt nach seiner kurzen Darstellung des theol. Studiums (2. Aufl.) in fünf Stunden wöchentlich von 9—10 Uhr Hr. Prof. Dr. Schleiermacher privatim vor."[3]

Im damaligen Universitätsbetrieb war es weithin üblich, daß Vorlesungen anhand von gedruckten Leitfäden oder Lehrbüchern gehalten wurden, wobei der Vortragende sich entweder eines fremden Werkes bediente oder ein eigenes Buch kommentierte. Schleiermacher hat seit dem Beginn seiner akademischen Lehrtätigkeit für verschiedene theologische und philosophische Disziplinen die Veröffentlichung von eigenen Grundrissen geplant, auch deren Ausarbeitung in Angriff genommen (Theologische Enzyklopädie, Hermeneutik, Glaubenslehre, Christliche Sittenlehre, Philosophische Ethik, Dialektik). Von diesen Vorhaben sind nur zwei verwirklicht worden: die erst 1821/22 veröffentlichte große Darstellung der Dogmatik „Der christliche Glaube" (2. Aufl. 1830/31) und — zehn Jahre zuvor — das knappe Kompendium der Enzyklopädie: „Kurze Darstellung des theologischen Studiums zum Behuf einleitender Vorlesungen entworfen von F. Schleiermacher, der Gottesgelahrtheit Doctor und öffentl. ord. Lehrer an der Universität zu Berlin, evang. ref. Prediger an der Dreifaltigkeitskirche daselbst, ordentl. Mitglied der Königl. Preuß. und corresp. der Königl. Bairischen Akademie der Wissenschaften. Berlin 1811. In der Realschulbuchhandlung". Das Büchlein von 96 Seiten, ein Gefüge von thetischen Leitsätzen, in erster Linie für die Hörer der Vorlesung bestimmt, ist in der damaligen theologischen Literatur kaum beachtet worden.

Eine zweite Auflage erschien erst nach fast zwei Jahrzehnten: „Kurze Darstellung des theologischen Studiums zum Behuf einleitender Vorlesungen. Entworfen von Dr. F. Schleiermacher. Zweite umgearbeitete Ausgabe. Berlin 1830. Gedruckt und verlegt bei G. Reimer". Die neue Ausgabe brachte neben der Überarbeitung und Neufassung der meisten Leitsätze eine nicht unbeträchtliche Erweiterung, da vielen Leitsätzen erläuternde Zusätze beigegeben wurden, so daß der Umfang auf 145 Seiten anwuchs. Erst mit dieser Neufassung von 1830, die nach Schleiermachers Tod in die Ausgabe seiner „Sämmtlichen Werke" (I. Abt., 1. Bd.) einging und auch danach mehrere Abdrucke erlebte, begann die große Wirkungsgeschichte der Schrift.

Die enzyklopädischen und theologietheoretischen Werke des 19. und des frühen 20. Jahrhunderts nehmen durchweg auf die „Kurze Darstellung" Bezug und sind

---

[3] *In Halle hat Schleiermacher die Vorlesung vierstündig gehalten, an der Berliner Universität anfangs zweistündig, 1811/12 dreistündig, seit 1814/15 vierstündig, seit 1819/20 fünfstündig.*

ihr zumeist in vielen Punkten verpflichtet.[4] *Im späteren 20. Jahrhundert sind die Debatten über das, was Theologie sei und sein solle, eine Zeitlang mehr durch programmatische Privatdefinitionen und durch postulatorische Manifeste bestimmt gewesen als durch deren enzyklopädische Entfaltung. In dem Maße, in dem sie sich auf die Arbeitsbedingungen und die Problemlage der wissenschaftlich organisierten Theologie eingelassen haben, auch auf die Probleme des Theologiestudiums (und seiner Reform), ist die „Kurze Darstellung" erneut als derjenige Bezugstext hervorgetreten, der in allen Auseinandersetzungen seinen Rang als wegweisender Entwurf und als wissenschaftstheoretisches Grunddokument der neueren Theologie behauptet hat.*[5]

Die langfristige Wirkung der Schrift ist begünstigt worden durch einen Zug, der anfänglich ihrer Verbreitung eher hinderlich gewesen sein dürfte. Anders als die Mehrzahl früherer und späterer Werke dieser Gattung bietet Schleiermachers Enzyklopädie keine inhaltliche Einführung in die theologischen Fächer, auch keine theologische Bücherkunde. Sie stellt sich vielmehr als eine sog. formale Enzyklopädie dar, als eine Theorie der Aufgabe und des von daher zu begreifenden Aufbaus der wissenschaftlichen Theologie und ihrer Disziplinen. „Dies kleine Werk ist der einzige bedeutende Versuch, den Gesamtorganismus aller theologischen Wissenschaften im systematisch durchdachten Zusammenhange von einer klaren und einfachen Grundanschauung her zur Darstellung zu bringen."[6]

Mit der Kürze der „Kurzen Darstellung" hängt es zusammen, daß sie, wie ihr Verfasser im Blick auf die Erstfassung selbst einräumte, „an und für sich sehr schwer verständlich"[7] *ist. Die knappen Leitsätze waren darauf angelegt, in der Vorlesung erläutert zu werden. Es ist nicht verwunderlich, daß Leser, die solche Erläuterung entbehren mußten, die Schrift als schwierig, als rätselreich, ja als unverständlich empfunden haben, zumal sie auch in Aufriß und Terminologie es an Ungewöhnlichkeiten nicht fehlen ließ. Aus einem Brief Schleiermachers vom 23. März 1813 erfährt man: „Was die Darstellung des theologischen Studiums*

---

[4] *Eine Skizze der Wirkungsgeschichte der „Kurzen Darstellung" im 19. Jahrhundert enthält der 1. Band der „Einführung in die Prinzipien und Methoden der evangelischen Theologie" von A. Eckert, 2 Bde, Leipzig 1908/09, 1,13—96.*

[5] *Vgl. dazu H.-J. Birkner, Schleiermachers „Kurze Darstellung" als theologisches Reformprogramm, in: H. Hultberg u. a. (Hgg.), Schleiermacher im besonderen Hinblick auf seine Wirkungsgeschichte in Dänemark, Kopenhagen/München 1986, 59—81.*

[6] *E. Hirsch, Geschichte der neuern evangelischen Theologie, 5 Bde, 1949/54 (1975⁵). 5, 348. — „Von allem, was dieser einzigartige Mann geschrieben hat, ist die kurze Darstellung des theologischen Studiums fast dasjenige, das man als das größte Kunst- und Meisterwerk empfindet. Zum erstenmal tritt die neue Gestalt, welche die Theologie in der Arbeit vieler Geschlechter angenommen hat, mit der Klarheit eines Ganzheitseindrucks vor uns hin." AaO 356.*

[7] *Brief an J. Schulze vom 13.9.1811 in: Meisner, Schleiermacher (s.o. Anm. 1) 2, 138.*

betrifft, so weiß ich recht gut, daß bei Hofe darüber geklatscht worden ist; daß meine dortigen Freunde es mit den gehörigen Anmerkungen begleitet dem Könige in die Hände gespielt haben, und daß dieser gesagt hat, gelehrte Leute bei der Universität sollten doch verständiger schreiben. Aber ein Handbuch ist nur für die Zuhörer, denen es in den Vorlesungen erklärt wird, es soll grade ihnen die Sachen vorher unverständlich machen, die sie leider großenteils schon zu verstehen glauben, und es soll ihnen hernach dienen, um an jeden Paragraphen eine Masse von Erinnerungen anzuknüpfen."[8]

Diese Sätze beziehen sich auf die Erstfassung von 1811. Bei der Neubearbeitung von 1830 hat Schleiermacher offenbar nicht nur an die Zuhörer, sondern an einen weiteren Leserkreis gedacht. In der „Vorerinnerung zur zweiten Ausgabe" bekundet er u. a. den Wunsch, „daß die kurzen, den Hauptsätzen beigefügten Andeutungen ihren Zweck, dem Leser eine Erleichterung zu gewähren, nicht verfehlen mögen". Auch in der Neufassung mit ihren zahlreichen Zusätzen („Andeutungen") zu den thetischen Leitsätzen ist freilich der Charakter eines Leitfadens für Vorlesungen und die darin begründete Lese- und Verstehensschwierigkeit erhalten geblieben. Wer sich je eingehender mit der „Kurzen Darstellung" befaßt hat, wird auch beim Text der 2. Auflage an nicht wenigen Stellen empfunden haben, daß man gern wüßte, wie der Verfasser wohl dieses oder jenes kommentiert und ausgeführt hat. Die jetzt vorliegende Edition einer vollständigen Nachschrift[9] der einzigen Vorlesung, die Schleiermacher anhand des Textes von 1830 gehalten hat, bedeutet für die Beschäftigung mit der „Kurzen Darstellung" eine neue Situation.

Zwei Sachverhalte sind noch besonders hervorzuheben. Einmal der Rang dieser Aufzeichnungen. Mit der Zuverlässigkeit von Vorlesungsnachschriften ist es eine eigene Sache. Die Aufzeichnungen von David Friedrich Strauß, der — eine herausragende Begabung unter den Theologen seiner Generation — nach bereits abgeschlossenem Studium und nach eingehender Beschäftigung mit Schleiermachers Theologie dessen Vorlesungen gehört hat, erwecken in dieser Hinsicht die günstigsten Vermutungen. Sie sind ein Glücksfall. Zum andern die Entzifferung des extrem schwierigen Manuskripts. Auch sie ist ein Glücksfall, denn sie konnte nur gelingen, weil der Herausgeber, dem wir sie verdanken, in jahrelanger Beschäftigung mit dem Strauß-Nachlaß aufs intimste mit dessen Handschrift und dessen Abkürzungsgewohnheiten vertraut geworden war. Einen ungefähren Eindruck von der respektthei-

---

[8] _Brief an Alexander zu Dohna vom 23. März 1813 in: M e i s n e r, Schleiermacher (s. o. Anm. 1) 2,151._

[9] _Einen Bericht über eine andere Nachschrift aus diesem Semester mit Auszügen aus derselben bietet C. C l e m e n, Schleiermachers Vorlesung über theologische Enzyklopädie, in: Theologische Studien und Kritiken 78, 1905, 226—245. Nach der von W. Sachs bei der Universitätsbibliothek Bonn eingeholten Auskunft ist diese Nachschrift verloren gegangen._

schenden Leistung der Entzifferung vermag das Faksimile der ersten Textseite des Manuskripts zu vermitteln, das auf der Rückseite des faksimilierten Titelblatts wiedergegeben ist, wobei anzumerken bleibt, daß es sich dabei um eine der leichteren Seiten handelt.

Die Vorlesung, wie sie von Strauß aufgezeichnet worden ist, folgt dem Aufbau der „Kurzen Darstellung", deren Überschriften und Paragraphenziffern im Manuskript wiederkehren.[10] Die Vorlesung ist nicht ganz ans Ziel gelangt. Von dem der Praktischen Theologie gewidmeten III. Teil sind lediglich die Einleitung und der Abschnitt über den „Kirchendienst" behandelt, beide überdies nur in summarischer Form, ohne Detailerörterung der einzelnen Leitsätze.

Schleiermachers Ausführungen beziehen sich ständig auf den Text seines Kompendiums, das er in der Hand seiner Zuhörer voraussetzte. Die hier veröffentlichte Vorlesung muß also zusammen mit dem Text der „Kurzen Darstellung" von 1830 gelesen werden, als Erläuterung zu den jeweiligen Leitsätzen, ohne die sie weithin nicht verständlich wäre. Von einem Abdruck des Textes der „Kurzen Darstellung" im Rahmen der vorliegenden Edition konnte abgesehen werden, da dieser in zwei neueren Ausgaben zugänglich ist.[11]

Bei der Vorbereitung des Bandes zum Druck und beim Lesen der Korrekturen waren Frau Dolly Füllgraf, Frau Helma Talke und — last, not least — stud. theol. Martin Rössler zuverlässige Helfer.

Die Drucklegung wurde ermöglicht durch einen namhaften Zuschuß aus dem Förderungs- und Beihilfefonds der VG Wort, für den herzlich zu danken ist.

Hans-Joachim Birkner

---

[10] *Als Überschrift des Ganzen erscheint auf dem Titelblatt — im Einklang mit der Vorlesungsankündigung — „Schleiermachers theologische Encyclopädie", während sich auf der ersten Textseite die Überschrift „Encyclopädie der theologischen Wissenschaften" findet, die in Schleiermachers Text keinen Anhalt hat.*

[11] *Schleiermachers Kurze Darstellung des theologischen Studiums. Kritische Ausgabe von Heinrich Scholz, Leipzig 1910. Nachdruck 1935. Weitere Nachdrucke seit 1961. Die Ausgabe berücksichtigt beide Auflagen. Der Text der Erstfassung ist in Petitdruck unter dem der 2. Auflage mitgeteilt. —*
Schleiermacher, Theologische Schriften, hg. und eingeleitet von Kurt Nowak, Berlin 1983. Der Auswahlband enthält den vollständigen Text der 2. Auflage von 1830. —
In der Kritischen Gesamtausgabe ist die Edition der „Kurzen Darstellung" für den 6. Band der I. Abteilung vorgesehen.

Einleitung des Herausgebers

1. David Friedrich Strauß im Winter 1831/32 in Berlin.
Die Auseinandersetzung mit Hegel und Schleiermacher

Wer wie David Friedrich Strauß im Wintersemester 1831/32 als Theologe nach Berlin kam, trat in das Spannungsfeld der großen Rivalen Hegel und Schleiermacher. Das Bekannte über die Auswirkungen dieser Rivalität, die auch Strauß zu spüren bekam, ist hier durch Einschlägiges aus seinem wissenschaftlichen Nachlaß zu ergänzen. Dabei zeigt sich, daß in Berlin entstandene, bisher nur wenig beachtete Manuskripte von entscheidender Bedeutung für Strauß' Auseinandersetzung mit Hegel und Schleiermacher waren.

I

Trotz seiner entschiedenen Option für Hegel wurde Strauß in Berlin ein Bewunderer Schleiermachers: „Dieser wunderbare Schleiermacher, den lernt man doch genauer kennen, wenn man seine Vorlesungen hört, ... Am Klarsten ist er mir vollends in seinem Leben Jesu geworden, von welchem ich ein wörtlich nachgeschriebenes und nachher ins Reine geschriebenes Heft zu lesen bekam; da weiss sein Scharfsinn Beziehungen oder Widersprüche zu entdecken, auf die man selber gewiss nie verfallen wäre ..."[1].

Das schrieb Strauß am 11. März 1832 aus Berlin an einen Freund, nachdem er tags zuvor einen umfangreichen Auszug aus Vorlesungen Schleiermachers über das Leben Jesu abgeschlossen hatte, worin er zwei Vorlesungen aus verschiedenen Jahrgängen verarbeitete[2].

Keineswegs so bewundernd wie in diesem gegen Ende des Berliner Aufenthalts geschriebenen Brief hat Strauß sich von Anfang an über Schleiermacher ausgespro-

---

[1] H. Maier (Hg.), Briefe von David Friedrich Strauß an L. Georgii. Tübingen 1912. 6. (Universität Tübingen. Doktoren-Verzeichnis der Philosophischen Fakultät 1905). Vgl. unten S. XXXI.

[2] Das Manuskript des Auszugs, das sich im Deutschen Literaturarchiv Schiller-Nationalmuseum, Marbach a. N., befindet, trägt das Datum: Fin. 10. März 1832.

chen. In dem aufgewühlten Schreiben, mit dem er am 15. November 1831 dem Freund Christian Märklin den Tod Hegels anzeigte, hieß es noch von Schleiermacher: „— er hat mich überhaupt bis jetzt — auch das Predigen miteingeschlossen, noch nicht besonders angezogen, — ich muß ihn zuvor mehr persönlich kennen lernen"[3]. Mit dem Letzteren blieb es bekanntlich ein für allemal schlecht bestellt[4]. Als Hörer der Vorlesungen und vor allem der Predigten aber wurde Strauß für Schleiermacher aufgeschlossen.

Davon gab der nächste für Christian Märklin bestimmte große Rechenschaftsbrief Zeugnis, in dem Strauß eine erste wissenschaftliche Bilanz des Berliner Aufenthalts zog[5]. Hierin erklärte er sich ausdrücklich als „umgestimmt", was sowohl dem Schleiermacher auf dem Katheder als „noch mehr" dem auf der Kanzel gelte[6]. Schleiermachers eigentümliche Art des freien Vortrags im Kolleg, der ihm zuerst konfus erschien, anerkannte er jetzt als die „mit großer Besonnenheit" geübte „reine Methode des Räsonnements", wodurch der Hörer „dem Prozeß des Werdens (der Gedanken) zusehen und ihn in sich nachbilden lerne", und die mit dieser Vortragsweise verbundene Schwierigkeit, den Ausführungen schreibend zu folgen, bewältigte Strauß besser als mancher andere vermöge seiner persönlichen Abkürzungsschrift, die er schon während des Studiums ausgebildet hatte und virtuos beherrschte.

Außer seiner flinken Feder kam ihm bei der Aufnahme von Schleiermachers Vortrag noch — wie er selbst betonte — die Vertrautheit mit Schleiermachers Ansichten zustatten. Bei Strauß nimmt diese Vertrautheit nicht wunder: Wer wie Strauß von Ferdinand Christian Baur zu Schleiermacher kam, durfte mit Fug betonen, daß er „durch genaue Kenntnis von Schleiermachers Schriften und durch philosophische Studien mehr als seine gewöhnlichen Hörer auf seine Vorlesungen vorbereitet" war[7].

Baur, der 1821—25 Strauß' Lehrer auf dem theologischen Seminar von Blaubeuren war, trat während dieser Zeit mit dem großangelegten Werk „Symbolik und Mythologie oder die Naturreligion des Alterthums" hervor[8]. Das Werk baut auf

---

[3] *J. F. Sandberger, David Friedrich Strauß als theologischer Hegelianer. Mit unveröffentlichten Briefen. Göttingen 1972; hier: Briefteil 190.*

[4] *Vgl. H. Benecke, Wilhelm Vatke in seinem Leben und seinen Schriften. Bonn 1883, 72. Danach wurde Strauß bei einer Vorstellung im Hause des Kriminalisten Hitzig in auffälliger Weise von Schleiermacher brüskiert.*

[5] *J. F. Sandberger, a. a. O. 193 f.*

[6] *Das blieb lebenslang so: So oft Strauß Schleiermachers Werk im ganzen gedachte, sprach er bewundernd vom Prediger und kritisch über den Theologen. Vgl. bes. D. F. Strauß, Ges. Schriften. Bonn 1876/78. 12 Bde. Bd. 7, 560.*

[7] *D. F. Strauß, Ges. Schriften. Bonn 1876/78. Bd. 5, 7.*

[8] *F. Chr. Baur, Symbolik und Mythologie oder die Naturreligion des Alterthums. 3 Bde. Stuttgart 1824/25.*

Schleiermacherscher Grundlage auf: „Die Religion, die wir hier in ihrer allgemein-
sten Bedeutung nehmen müssen, bestimmen wir als das Bewußtseyn oder Gefühl der
Abhängigkeit von Gott"[9]. In der Vorrede, in der Baur die Übernahme dieser
Position Schleiermachers begründete, hieß es: „Indem ich so die Mythologie der
Völker des Alterthums als eine in das Gebiet der Religion und der Religions-
Geschichte gehörende welthistorische Erscheinung, die nur in ihrer Einheit begriffen
werden kann, aufzufassen suchte, stellte sich mir die Mythologie von selbst als der
Gegensaz des Christenthums dar, weil ... es kein menschliches System, sondern eine
göttliche Offenbarung ist"[10]. In dieser Erklärung war die Gegenposition vorgezeichnet, mit der ein Jahrzehnt später Baurs Schüler Strauß in seinem „Leben Jesu"
auftrat.

Vorgezeichnet war in dieser Vorrede aber auch der Weg Baurs über Schleiermacher
hinaus zu Hegel. Wie er Schleiermachers universalen Religionsbegriff aufnahm, um
die Welt der Mythen der alten Völker als Einheit, als „die Religion des Alterthums"
und somit als eine Stufe in der Religionsgeschichte der Menschheit zu begreifen, so
nimmt Baur — wie die dogmengeschichtlichen Werke seit 1830 zeigen[11] — Hegels
universalen Begriff des Geistes auf, um die Welt der christlichen Gedanken von den
Ursprüngen bis zur Gegenwart als Stufengang des einen sich durch seine Momente
zum Bewußtsein seiner selbst bewegenden absoluten Geistes zu erfassen: „Nur wenn
in der geschichtlichen Darstellung das Wesen des Geistes selbst, seine innere Bewegung
und Entwicklung, sein von Moment zu Moment fortschreitendes Selbstbewußtseyn
sich darstellt, ist die wahre Objektivität erkannt und aufgefaßt"[12].

Baur hatte Schleiermachers „Der christliche Glaube" als ein Werk erkannt, das
„mehr als irgend ein anderes in der Theologie Epoche macht"[13]. Als Professor
1826 an die Universität Tübingen berufen pflanzte er dort „dem Geist und Wesen
nach das Banner der Schleiermacher'schen Theologie" auf und leitete eine neue Ära
ein, die anfangs ganz im Zeichen Schleiermachers stand[14]. Dem tat keinen Abbruch,
daß Baur sogleich auch als Kritiker Schleiermachers auftrat; im Gegenteil: es
zeigte, daß anstelle der abgeklapperten Thematik der alten Tübinger Schule die
theologische Diskussion auf neuem Niveau zu führen war.

---

[9] Ders., a. a. O. Bd. 1, 104.

[10] Ders., a. a. O. Bd. 1, VI.

[11] Es sind die Werke, die W. Dilthey Hegels „Phänomenologie" an die Seite stellte. Vgl. W. Dilthey.
Ges. Schr. Bd. 4, 442.

[12] F. Chr. Baur, Die christliche Lehre von der Versöhnung in ihrer geschichtlichen Entwicklung von
der ältesten Zeit bis auf die neueste. Tübingen. 1838, VI.

[13] F. Chr. Baur, Symbolik und Mythologie. Bd. 1. 1824, VII.

[14] D. F. Strauß, Christian Märklin. Ein Lebens- und Charakterbild aus der Gegenwart. (1851).
In: Ders., Ges. Schriften. Bonn 1876/78. Bd. 10, 220 f.

Mit dem Meister wetteiferte der Kreis der engsten Schüler im Aufnehmen und Aneignen des Neuen auf den Gebieten der Theologie und Philosophie. Auch in diesem Kreis[15] *wurde Schleiermachers Theologie — wie Strauß berichtet — als „ein großes befreiendes Wort für die deutsche Theologie" aufgenommen, das sie von der „Auctorität der Offenbarung" befreite und ihr mit dem „frommen Selbstbewußtsein" anstelle des übernatürlichen ein natürliches Fundament in einem allgemeinmenschlichen Vermögen gab*[16].

Dann aber heißt es weiter: „Das Studium der Schleiermacher'schen Glaubenslehre, weit entfernt uns wissenschaftlich zu beruhigen, gab uns vielmehr doppelten Antrieb, da weiter vorzudringen, wo der Meister ziemlich willkürlich, wie es uns vorkomen wollte, Gränzpfähle gesteckt hatte; der ewige Friede, den er zwischen Philosophie und Theologie abgeschlossen zu haben sich rühmte, erschien uns nur als ein gebrechlicher Waffenstillstand, und wir fanden gerathen, uns auf den Kriegsfall vorzusehen"[17].

So blieb man in diesem Kreise bei Schleiermacher nicht stehen, sondern drang „im Winter oder Herbst" 1829 zu Hegel vor, dessen man sich in gemeinsamer Lektüre der „Phänomenologie" — „die wir in liberalem Sinn verstanden"[18] *— zu bemächtigen suchte. Den Anstoß zu diesem Griff nach Hegel gab aber keineswegs allein das Ungenügen an Schleiermachers Theologie, vielmehr war zuvor aus Berlin eine Kunde gekommen, die eine „liberale" Auffassung Hegels von vornherein fraglich machte.*

Der Stiftsrepentent Matthias Schneckenburger[19], *der Hegel in Berlin gehört hatte, las im SS 1829 die Fortsetzung seiner „Darstellung der neueren philosophi-*

[15] *Diesem Kreis gehörten dauernd an die Freunde: Gustav Binder (1807—1885), Christian Märklin (1807—1849), David Friedrich Strauß (1808—1874).*

[16] *D. F. Strauß, a. a. O. 219ff.*

[17] *Ibd. 223. Über diesen Erklärungen seiner frühen Zweifel an Schleiermachers wissenschaftlicher Position darf nicht vergessen werden, daß Strauß dem Studium seiner Werke die Einübung im dialektischen Denken verdankte. Vgl. Strauß über seinen Denkweg von Schelling über Schleiermacher zu Hegel in „Literarische Denkwürdigkeiten" (1876), Ges. Schriften. Bd. 1, 12.*

[18] *Vgl. Strauß' Brief an F. Vischer vom 8. 2. 1838. In: Ausgewählte Briefe von D. F. Strauß. Ed. E. Zeller. Bonn 1895, 52.*

[19] *Matthias Schneckenburger (1804—1848), seit 1834 Professor der Theologie in Bern, war kein Anhänger Hegels, als den ihn F. Vischer irrtümlich apostrophierte. (F. Vischer, Kritische Gänge. I, 1844, 112.) Das geht eindeutig aus Strauß' Nachschrift seiner Vorlesung hervor, die sich im Dt. Literaturarchiv in Marbach befindet. Was Strauß später Schneckenburger vorwarf, war eine wissenschaftliche Halbheit, die, um nicht Anstoß zu erregen, den eigenen Resultaten die Spitze abbrach. Eben dieser Vorsicht verdankte Schneckenburger die schweizer Professur, die Strauß mißlang. Das muß bei der überaus harten Kritik bedacht werden, die Strauß an Schneckenburgers Charakter übte. (D. F. Strauß, Ges. Schriften. Bonn 1876/78. Bd. 10, 221.) — Karl Friedrich Göschel (1784—1862) schrieb als Oberlandesgerichtsrat in Naumburg 1829 „Aphorismen über Nichtwissen und absolutes Wissen im Verhältnisse zur christlichen Glaubenserkenntniß", worin er die Hegelsche Philosophie mit spekulativem Geschick zum zeitgemäßen Weg christlicher*

schen Systeme und ihres Einflusses auf die Theologie", die in Hegels System gipfelte. Er trug die Religionsphilosophie nicht bloß nach Werken, sondern auch „aus Vorlesungen" Hegels vor und bot damit einen Systemteil in Ausführungen, die im Druck erst nach Hegels Tod vorlagen. Auch anderes war höchst aufschlußreich. Schneckenburger gab einen kundigen Ausschnitt aus der um Hegels Philosophie geführten Diskussion in der 2. Hälfte der 20er Jahre (1825—1829), wobei er die — von ihm selbst nicht geteilte — Ansicht von der Christlichkeit der Hegelschen Philosophie mit einer geschickten Zusammenstellung aus Schriften Göschels und Windischmanns belegte, welche beide, besonders der erstere, sich auf Hegels ausdrückliche Zustimmung berufen konnten. Diese merkwürdige Konkordanz von protestantischer Erweckung und katholischem Mystizismus auf dem Boden der Hegelschen Philosophie — unter der Ägide des Meisters! — muß man kennen, um die Energie zu verstehen, mit der der junge Strauß dem kritischen Element bei Hegel nachspürte und darauf brannte, sobald als möglich Hegel selbst in Berlin zu hören.

Bis dahin aber waren noch zu bewältigen: Der Abschluß des Studiums (1. theologisches Examen)[20], das Vikariat, die Promotion.

Strauß setzte zunächst, d. h. im letzten Jahr des Studiums, die systematische Durcharbeitung von Schleiermachers Schriften fort, bei der er im Winter 1829[21] die „Grundlinien einer Kritik der bisherigen Sittenlehre" (von 1803) vornahm[22].

Im Vikariat (Herbst 1830 bis Herbst 1831) arbeitete sich Strauß in die neue Auflage von Schleiermachers Glaubenslehre ein. Von der Intensität seines Verständnisses zeugt eine Anekdote, die er selbst erzählt hat: In der Vikariatszeit, im eifrigen Studium der 2. Auflage von Schleiermachers Dogmatik begriffen, habe

---

Glaubenserkenntnis umgestaltete. Wegen der Herkunft des Verfassers aus Kreisen des Pietismus, die Hegel um diese Zeit in steigendem Maße angriffen, kam ihm diese Schrift sehr willkommen. Er widmete ihr sogleich eine ausführliche Rezension, die des ungeteilten Lobes wegen auffiel, und wies auch sonst vielfach auf Göschel hin. — Über Karl Joseph Hieronymus Windischmann (1775—1839) s. Lexikon für Theologie und Kirche, Bd. 10 (1938), 935. Der Artikel hebt sowohl Windischmanns Hegelianismus als auch seinen Mystizismus hervor. — Zu Hegels Korrespondenz mit Windischmann s. Briefe von und an Hegel, hg. von J. Hoffmeister, 4 Bde, 1961²; Bd. 4, Register.

[20] *Strauß bestand das Examen mit der besten Note.*

[21] *Vgl. Ausgewählte Briefe von D. F. Strauß. Ed. E. Zeller. Bonn 1895, 52.*

[22] *Trotz des „wenig positiven" Resultats stellte Strauß dieses Werk höher als die übrigen ethischen Schriften Schleiermachers. Es war die Methode, die ihn fesselte: „Der Versuch über die Schamhaftigkeit", der den „Vertrauten Briefen über Friedrich Schlegels ‚Lucinde'" beigegeben war, erschien ihm „wie aus Schleiermachers Kritik der Sittenlehre herausgeschnitten, ganz als Vorübung in der Methode dieses Werkes, die moralischen Begriffe zu behandeln." (D. F. Strauß, Streitschriften. 2. Heft. Tübingen 1837, 242. Vgl. J. F. Sandberger, a.a.O. 214.) — Der schriftliche Auszug, den Strauß von der „Kritik der bisherigen Sittenlehre" verfertigte, kam ihm vorzüglich zustatten, als er, 1832 Stiftsrepetent geworden, im SS 1833 „Vorlesungen über die Geschichte der Moral" hielt. Das umfangreiche Manuskript dieser Vorlesungen befindet sich im Deutschen Literaturarchiv Schiller-Nationalmuseum, Marbach a. N.*

er eines Tages seinem verwunderten Nachbarvikar ein Heft mit sauberen Zeichnungen überreicht, das den Titel führte: „Kupfer zu Schleiermachers Werken" — mit welcher graphischen Demonstration er habe zeigen wollen, wie sehr Schleiermachers Denken „ein geistiges Linienziehen" sei[23].

Das wichtigste Dokument aber aus Strauß' Nachlaß für seine im Vikariat fortlaufende Beschäftigung mit Schleiermacher ist die Dissertation „Die Lehre von der Wiederbringung aller Dinge in ihrer religionsgeschichtlichen Entwicklung dargestellt"[24], mit der Strauß im November 1831 bei der Philosophischen Fakultät der Universität Tübingen promovierte.

Als Zeugnis eines radikalen „Hegelianismus", der hier — als verstehe sich das von selbst — zum philosophischen Nonplusultra erhoben und als Maßstab alles übrigen gehandhabt werde, ist diese Abhandlung hart getadelt worden. Da die Vorwürfe mangelnder Begründung seiner Ausgangsposition sich bei dieser Schrift mit der Kenntnisnahme ihrer Entstehungsgeschichte erledigen[25], interessiert uns hier Strauß' Position nur in seiner Auseinandersetzung mit Schleiermacher.

Auf Schleiermacher kommt Strauß zu sprechen als „weit der berühmteste neuere Name, den man unter den Vertheidigern der Lehre von einer ἀποκατάστασίς τῶν πάντων liest"[26]. Diese Lehre von der „Wiederbringung aller Dinge" galt zwar als häretisch, machte sich aber in der christlichen Theologie immer wieder geltend[27]. Schleiermacher griff dieses Theologumenon auf und gab ihm im Rahmen seiner Theologie eine eigene Begründung.

Strauß führt die Auseinandersetzung mit Schleiermacher in zwei Schritten. Er vergleicht die Darlegungen in der Abhandlung „Über die Erwählung" (1819) mit denen in der „Glaubenslehre" (1820/21) und resümiert: „Offenbar scheint nach solchen Äußerungen Schleiermacher eine einstige Bekehrung und Beseligung aller

---

[23] *D. F. Strauß, Charakteristiken und Kritiken. Leipzig 1839, 29. Weiteres über Strauß' Schleiermacherzeichnungen bei J. F. Sandberger, a. a. O. 178.*

[24] *Das lang gesuchte Manuskript dieser Dissertation befindet sich im Archiv der Evangelischen Landeskirche in Stuttgart. Die 1. Edition besorgte 1942 der Entdecker Ernst Müller. Seit 1965 liegt sie kommentiert vor in: Gotthold Müller, Identität und Immanenz. Zur Genese der Theologie von D. F. Strauß. Hier S. 50—82 der Text der Dissertation, der im Folgenden abgekürzt mit D. und Seitenzahl zitiert wird.*

[25] *Wie vereinbart sollte der Promotion eine von Strauß bereits erbrachte, von der katholischen Fakultät preisgekrönte Schrift De resurrectione carnis zugrundeliegen, die aber merkwürdigerweise unauffindbar blieb. Strauß reichte die oben genannte Abhandlung nach; er hatte sie in aller Eile aus einer im Kirchendienst angefertigten Jahresarbeit, so gut es in seinem ländlichen Vikariat ging, zu einer wissenschaftlichen Abhandlung aufgemöbelt. Als „Specimen" der Fakultät eingereicht und angenommen wurde sie mit „bene" beurteilt. (Vgl. dazu G. Müller, a. a. O. S. 119—126.) Das Diplom wurde ihm nach Berlin nachgeschickt.*

[26] *D. 75.*

[27] *Vgl. G. Müller, a. a. O. 321 ff.*

Menschenseelen, also eine Wiederbringung im gewöhnlichen Sinne anzunehmen"[28]. *Das „im gewöhnlichen Sinne" meint: im Sinne einer künftigen realen Wiederbringung. Dann prüft er, ob diese Ansicht im Einklang steht mit anderen Äußerungen Schleiermachers — eine Prüfung, zu der Schleiermacher besonders auffordere: „Wir kennen Schleiermacher als strengen Systematiker"*[29]. *Strauß' Resultat: Es gilt Schleiermacher besser zu verstehen, als er sich selbst versteht: Beim richtig verstandenen Schleiermacher ist die Wiederbringung aller Dinge kein äußeres künftiges Ereignis mehr, sie ist vielmehr, konsequenter Einsicht gemäß, jederzeit im christlichen Bewußtsein gegenwärtig.*

Dazu weist Strauß nach, daß bei Schleiermacher — freilich mehr gelegentlich und ohne immer in Grundsätzlichkeit festgehalten — die Einsicht aufkommt, daß es widersprüchlich ist, Vorstellungen von einem erst möglichen, noch ausstehenden Handeln mit Gott zu verbinden, für den der Unterschied von möglich und wirklich, weil der Erscheinungswelt angehörig, nicht besteht; bei Gott ist alles Mögliche immer schon wirklich, das Künftige von jeher gegenwärtig.

Wird diese Einsicht bei der Erörterung des Geschicks von unwiedergeboren Sterbenden festgehalten (in welchem Zusammenhang Schleiermacher sie ausspricht), „so wird die künftige reale Aufnahme solcher Menschen in das Reich Gottes zur gegenwärtig idealen"[30]. *D.h. der Christ weiß, daß auch diese Verstorbenen von jeher wiedergebracht sind.*

Erst recht gilt jene Einsicht auch für das Verhältnis Gottes zum Bösen als einer äußeren realen Macht: Schleiermacher hat „ganz und gar nicht nöthig, das Böse als einen Widerspruch in der religiösen Weltbetrachtung erst in der fernen Zukunft hinwegräumen zu lassen, da es nach seinem Systeme von jeher für Gott nicht ist ... So ist die ἀποκατάστασις πάντων *bei Schleiermacher keine künftige, sondern eine ewig gegenwärtige, und das ist seine Wiederbringung aller Dinge, daß die Welt in jedem Augenblick die beste ist"*[31].

Mit dem bei Schleiermacher erreichten Stand der zweifachen Einsicht, wonach es 1) widersprüchlich ist, göttliches Handeln mit zeitlichen Bestimmungen zu verbinden, und daher 2) die Auflösung der im religiösen Bewußtsein gegebenen Widersprüche keine reale äußere sein kann, sondern eine innere, „ideale", d.h. im Bewußtsein stattfindende sein muß, — mit dieser Doppeleinsicht hatte nach Strauß die Lehre von der Wiederbringung aller Dinge (deren religionsgeschichtliche Entwicklung er voraufgehend von den Indern „bis in unsre Tage" verfolgt hatte) den Stand

---

[28] *D. 79.*
[29] *D. 79.*
[30] *D. 80.*
[31] *D. 81.*

ihrer Ausbildung erreicht, auf dem sie in eine höhere Stufe der Erkenntnis übergehen mußte.

Als diese Stufe führt Strauß die „neuere christliche Philosophie" ein und definiert damit seinen eigenen Standort im Gefolge Hegels.

Diese neuere christliche Philosophie weiß sich als die „wahre Religion"[32], weil sie durch Wissen das zu geben vermag, was alle Religion, solange sie auf der Stufe der Vorstellung verharrt, niemals bieten kann: die Beseligung des Menschen, die aus der Einsicht fließt, erkennend an dem teilzuhaben, was das wirklich Absolute ist: am Geist. Für den seiner Absolutheit bewußten Geist gibt es keine Wiederbringung aller Dinge im Sinne einer noch ausstehenden Auflösung aller Widersprüche, weil er das Aufstellen dieser Widersprüche wie auch das Hinausverlegen ihrer Lösung als eine notwendige endliche Stufe auf dem Weg zum Bewußtsein seiner Absolutheit begreift.

Setzt man nun mit Hegel/Strauß den sich seiner Absolutheit bewußten Geist = Gott und die wahre Religion = Hegels Philosophie, so versteht sich das Folgende von selbst: „In dem Leben Gottes also, sofern es das selige ist, sind alle Widersprüche von Ewigkeit her ausgeglichen, alle Dinge von jeher wiedergebracht: an dieser Seligkeit nimmt der Mensch aldann Theil, wenn die wahre Religion in ihm aufgeht, und so tritt die in Gott ewige Wiederbringung — zeitlich in den Menschen ein"[33]. Der nächste Satz betont nochmals unter Berufung auf Darlegungen in Hegels „Phänomenologie des Geistes", daß „die Religion" als solche unfähig ist, „dem Geiste eine gegenwärtige Lösung aller Widersprüche seines frommen Bewußtseyns" zu geben.

Der abschließende Rückblick von der Höhe der gewonnenen Einsicht, wonach die wahre Philosophie als die „wahre Religion" auch die wahre Wiederbringung aller Dinge ist, weist in der Entwicklungsgeschichte dieser Vorstellung den „erfreulichsten Fortschritt" eines immer mehr erstarkenden Denkens nach, das jetzt am Ziel angelangt in den kräftigsten praktischen Impuls umschlägt: War das Denken „Anfangs zu schwach, die Widersprüche des religiösen Bewußtseyns als in der Gegenwart gelöst zu begreifen, und deßhalb die Lösung in eine ferne Zukunft verschob; wie auch jezt noch manche faule Vernunft z. B. den Widerspruch des Weltlaufs mit der göttlichen Gerechtigkeit, statt frisch an die Lösung zu gehen, auf die lange Bank des künftigen Lebens schiebt; sehen wir die neuere christliche Philosophie ohne Vertagung und ohne Hypothese den Widerspruch überwinden, und nicht hinter der widersprechenden Gegenwart eine widerspruchslose Zukunft, sondern die widersprechende Gegenwart selbst als widerspruchslos aufzeigen"[34].

---

[32] *Ibd.*
[33] *Ibd.* Vgl. *J. F. Sandberger, a. a. O. 188.*
[34] *D. 82.*

Soweit Strauß' Auseinandersetzung mit Schleiermacher, dem er hier eindeutig die Stufe unterhalb der neueren christlichen Philosophie Hegels anweist, wie überhaupt bei ihm Religion und Theologie in der Entwicklung der Auffassung von der Wiederbringung aller Dinge eine Stufe[35] unter der Philosophie zu stehen kommen.

In der Überzeugung, in der neueren christlichen Philosophie in Fragen der Wissenschaft wie auch der Religion das Optimum gefunden zu haben, fuhr Strauß im Herbst 1831 gleich nach der Promotion zu Hegel nach Berlin.

II

Um Hegels willen war Strauß zum WS 1831/32 nach Berlin gekommen. Sein erster Gedanke nach Hegels plötzlichem Tod war abzureisen; er blieb, weil Hegel in dieser Stadt „zwar gestorben, aber nicht ausgestorben" war. Strauß fand — von Wilhelm Vatke eingeführt — Anschluß an den Kreis von Freunden und Schülern, die alsbald nach Hegels Tod zur Edition der ersten Gesamtausgabe zusammentraten. Mit Wilhelm Vatke, dem theologischen Hegelianer, der Hegel in dessen drei letzten Jahren gehört hatte, schloß er Freundschaft[36].

Daß Strauß in Berlin begierig war, Hegels Religionsphilosophie in der letzten Fassung kennenzulernen, versteht sich nach allem, was er von Schneckenburger gehört hatte[37], von selbst, und zweifellos gab ihm die Kenntnis der letzten religionsphilosophischen Vorlesung Hegels vom Sommer 1831, von der er eine Nachschrift zu exzerpieren bekam, den Anstoß zum Plan einer eigenen Leben-Jesu-Vorlesung, der ihn schon hier „am aller lebhaftesten" beschäftigte[38]. Kein Zufall also, daß der große Brief vom 6.2.1832, in dem er erstmals den detaillierten Plan dieser Vorlesung entwickelte, sich unmittelbar an die Beendigung des Exzerpts der Hegel-Vorlesung anschloß. Der Stein des Anstoßes darin war für Strauß Hegels Deduktion der

---

[35] *Womit der oft erhobene Vorwurf sich erledigt, bei Strauß werde bereits in der Dissertation die Religion als solche „aufgelöst", d. i. negiert, statt wie bei Hegel „aufgehoben", d. i. aufbewahrt zu werden. Wie wir sahen, bestimmt Strauß die Religion als eine Stufe im aufsteigenden Prozeß der Gotteserkenntnis. Wird aber etwas als Stufe innerhalb eines Entwicklungsprozesses bestimmt, so ist es eo ipso nicht negiert, sondern als ein notwendiger Teil des ganzen Prozesses festgestellt, somit „aufbewahrt"; negiert wird lediglich der Anspruch der Religion auf Endgültigkeit, d. h. selbst das Höchste zu sein, mit dem alle Gotteserkenntnis zu ihrem Ende gekommen ist. Solcher Anspruch auf Unüberbietbarkeit, wie er auch unter den Religionen selbst von jeder einzelnen für sich erhoben wird, kann auch nach Hegel nicht auf dem Boden der Religion(en) entschieden werden, sondern nur durch die (Religions-)Philosophie.*

[36] *Vgl. H. Benecke, a. a. O. 71 ff.*

[37] *S. XVI.*

[38] *J. F. Sandberger, a. a. O. 194 f. Vgl. D. F. Strauß, Streitschriften. Heft 3. Tübingen 1837, 125.*

*Existenz des Gottmenschen Jesus Christus aus der Prämisse der notwendigen
Einheit des göttlichen und menschlichen Geistes:*

> „Gott muß sich auf geistige Weise offenbaren. Damit er sich so als Geist für den endlichen,
> empfindsamen, anschauenden Menschen offenbare, muß er im Fleisch erscheinen, muß Mensch werden.
> Die Möglichkeit davon liegt nur in der Einheit der göttlichen und menschlichen Natur. Eine
> Menschwerdung Gottes haben wir schon in den indischen Incarnationen … andererseits ist die
> Bestimmung menschlicher Subjectivität die letzte Zuspitzung des Geistes, welches Moment im göttlichen
> Leben nicht fehlen darf … so muß, wenn Gott als Geist dem Menschen geoffenbart werden soll, auch
> das Moment der Unmittelbarkeit darinn vorkommen", und zwar „in geistiger Unmittelbarkeit, in
> menschlicher Gestalt erscheint Gott." „Da der Geist das Moment der Einzigkeit enthält, so kann
> die Erscheinung Gottes nur eine einzige seyn"[39].

*Hegel deduzierte nicht nur die Notwendigkeit der Menschwerdung Gottes in
einem einzigen Individuum, sondern auch die Bedingungen, die notwendig sind, daß
„die Einheit der göttlichen und menschlichen Natur auch allgemeines Bewußtseyn
werde, indem ein einzelner Mensch als GottMensch gewußt wird": „Dazu gehören
Bedingungen, z. B. die Lehre Christi …, das andere Kriterium ist, daß wir an
diesem Individuum göttliche Macht sehen, die Wunder …"[40].*

*Diese Nachweise genügen, um zu erkennen, worauf es hier fürs erste ankommt:
Bereits in Berlin und noch im Winter 1832 — also ehe Hegels bis dahin unedierte
Vorlesungen über die Philosophie der Religion die 1. Gesamtausgabe seiner Werke
eröffneten — konzipierte Strauß im Gegenzug zu Hegels Deduktion der Geschichte
Jesu als des Gottmenschen den Plan seines kritischen „Leben Jesu".*

*Denn das Schwergewicht seines ersten Leben-Jesu-Plans lag eindeutig auf dem
kritischen Teil, der auch in dem vollendeten Werk „zum eigentlichen Körper des
Buches auswuchs". Hier sollte, wie Strauß in seinem brieflichen Entwurf schrieb,
„der Tanz" losgehen, indem in „den Erzählungen von Verkündigung, Empfängnis
das Mythische erwiesen" würde. Was Jesu Wirken angehe, so würde „in der
Geschichte seines öffentlichen Lebens zuerst die Lehre betrachtet, dann die Wunder,
und hier manches Widersprechende … aufgezeigt" werden, „endlich würden die
Weissagungen Christi beleuchtet und besonders gezeigt werden, daß er seine Auferstehung nicht vorhergesagt". „Was die Geschichte des Todes und der Auferstehung
betrifft", so wollte Strauß zeigen, „daß von den zwei Möglichkeiten, daß Christus
entweder nicht gestorben oder nicht leiblich auferstanden sei, die letztere wahrschein-
licher" sei, und daß „die Erzählungen von der Erscheinung des Auferstandenen*

---

[39] *Zitiert nach Strauß' Auszug dieser Vorlesung, der im Dt. Literaturarchiv Schiller-Nationalmuseum, Marbach a. N., in einem Band „Berliner Auszüge" vorliegt und das Abschlußdatum: „Fin.
5. Febr." trägt. Eine vollständige Edition des Auszugs liegt vor in: G. W. F. Hegel, Vorlesungen
über die Philosophie der Religion. Herausgegeben von Walter Jaeschke. 3 Teile in 4 Bänden.
Hamburg 1983/85. Hier: Teil 3. 283 f.*

[40] *Ibd. 285.*

ganz widersprechend sind"[41]. *Zum Abschluß des kritischen Teiles heißt es dann:*
„Auf diese Weise würde ich den unendlichen Inhalt, welchen der Glaube an diesem
Leben [Jesu] hat, teils vernichten, teils wankend machen — freilich nur, um ihn
in höherer Weise wiederherzustellen"[42].

Grundsätzlich wird in diesem Teil seines Leben-Jesu-Plans gegenüber Hegels
philosophischer Deduktion der Geschichte Jesu als des Gottmenschen die historisch-
kritische Methode der Feststellung vergangener Geschehnisse geltend gemacht.

Aber Hegels letzte religionsphilosophische Vorlesung gab Strauß nicht nur den
Anstoß zum kritischen Teil seines Leben-Jesu-Entwurfs, sondern ebensosehr zum
abschließenden Teil, der das zuvor kritisch Vernichtete „auf eine höhere Weise"
wiederherstellen sollte[43].

Das erhellt wiederum aus Strauß' Exzerpt, dessen Text wir da aufnehmen, wo
die obige Wiedergabe abbrach: bei den Wundern. Die Wunder, hieß es, sind neben
der Lehre Christi das andere Kriterium, daß ein einzelner Mensch als Gottmensch
gewußt wird[44]. *Den nach diesem Ansatz erwarteten Schluß: „Also hat Jesus*
Wunder getan", zieht Hegel jedoch nicht. Vielmehr heißt es jetzt:

> *„... die Wunder [sind] immer nur für den Glauben, für welchen sie aber hinwiederum, als sich von*
> *selbst verstehend, etwas Geringfügiges werden. Es ist überhaupt der Glaube, beruhend auf dem*
> *Zeugniß des heiligen Geistes, welcher der Erscheinung Christi ihre volle Bedeutung giebt." „Das*
> *Zeugniß des Geistes ist eine Disposition auf der subjectiven Seite, es ist das unendliche Bedürfniß in*
> *dem Geiste jener Zeit, der durch Zertrümmerung der besonderen Volksgeister und ihrer natürlichen*
> *Götter erzeugte Trieb, Gott als geistigen in allgemeiner Form zu wissen. Dieser Trieb ist die*
> *Forderung einer solchen Erscheinung, einer Manifestation des unendlichen Geistes in der Form eines*
> *wirklichen Menschen ... Der Glaube nun explicirt sich das Leben Christi, wie es schon erzählt ist*
> *von solchen, über die der Geist gekommen war"*[45].

In solchen Ausführungen fand Strauß die Möglichkeit gegeben, im Einklang mit
Hegels Erklärungen bleibend, das geplante „Leben Jesu" in einen kritischen und
philosophischen Teil zu gliedern, wobei dieser durch Wissen wiedereinbringen sollte,
was im kritischen für den Glauben verloren ging:

Sind Jesu Wunder für Hegel keine Tatsachen, die auch dem „Unglauben"
erkennbar waren, sondern Produkte des damaligen „Glaubens" und war zu Jesu
Zeit überhaupt „Glauben" im Sinne einer „Disposition auf der subjectiven Seite"
notwendig, um in Jesus eine „Manifestation des unendlichen Geistes in der Form
eines wirklichen Menschen" vorzustellen, so kann jetzt durch die von subjektiven

---

[41] *J. F. S a n d b e r g e r, a. a. O. 195.*
[42] *Ibd. 196.*
[43] *Ibd. 196.*
[44] *S. XXII.*
[45] *Vgl. G. W. F. H e g e l, Vorlesungen über die Philosophie der Religion. Hg. von W. J a e s c h k e.*
Teil 3, 285 f.

Dispositionen unabhängige, reine *Wissenschaft vom Wesen des Geistes erkannt werden, daß das, was in den zeit- und glaubensbedingten, daher zumeist unhistorischen Erzählungen vom Leben und Sterben Jesu vorstellig gemacht wurde, dem Inhalt nach* dasselbe *ist, was aufgrund dieser Wissenschaft zu denken notwendig ist: die Einheit des menschlichen und göttlichen Geistes.*

Dementsprechend lesen wir als letzten Punkt in Strauß' Berliner Entwurf, daß erst „die Wissenschaft", die den „Begriff des Geistes" kennt, „im Leben Jesu das Bewußtsein der Kirche von dem menschlichen Geist als göttlichem objektiviert" sehen kann und zwar so, daß „in der Lebensgeschichte Jesu bis zur Leidensgeschichte dies in einzelnen Zügen auseinandergeworfen" ist, „in der Geschichte von Tod und Auferstehung aber sich jene Idee in ihrem ganzen Prozeß gleichsam systematisch zusammen(faßt)", und darin sich zeigt, „daß der Geist nur durch die Negation seiner Negation, welche die Natürlichkeit ist, zur wahren Positivität, zum göttlichen Leben, ja zum Sitzen zur rechten Hand Gottes gelangt" [46].

Schlüssig also greifen die beiden Dokumente ineinander: Strauß' Exzerpt der letzten religionsphilosophischen Vorlesung Hegels und sein erster Leben-Jesu-Entwurf in Berlin. Darin verwirft er a limine *Hegels philosophische Deduktion von Fakten der heiligen Geschichte und setzt ihr die historische Kritik entgegen; Hegels philosophische Interpretation dieser Geschichte dagegen behält er bei zum Erweis der Identität ihres Inhalts in den Formen von Religion und Philosophie.*

Erinnern wir noch das Datum der beiden Dokumente — den Februar 1832 — so vollzog Strauß in Gedanken schon zu dieser Zeit in Berlin die Spaltung der Hegelschen Schule, die er 1837 in Verteidigung seines „Leben Jesu" mit ihrer Deklaration herbeiführte [47].

Jedoch war es keineswegs nur eine Trennung von der Hegelschen Schule — wie Strauß in einer späteren Erklärung wahrhaben wollte [48] *— die er mit der Konzeption seines kritischen „Leben Jesu" bereits in Berlin vollzog; daß es ebensosehr eine Absage an Hegel selbst war, macht Strauß' Exzerpt aus der letzten religionsphiloso-phischen Vorlesung Hegels vollends klar:*

---

[46] *J. F. Sandberger, a. a. O. 197.*

[47] *D. F. Strauß. Streitschriften, 3. Heft. Tübingen 1837, 126.*

[48] *D. F. Strauß, Ges. Schriften. Bonn 1876/78. Bd. 5, 176/177: „Aus dem Hegel'schen Satze, daß Religion und Philosophie den gleichen Inhalt, nur jene in Form der Vorstellung, diese in Form des Begriffes haben, war meine ganze Kritik des Lebens Jesu hervorgewachsen. Die Schule Hegel's verstand den Satz des Meisters so: Weil es wahre philosophische Ideen seien, die in den Erzählungen der Evangelien zur Vorstellung gebracht werden, so seien diese Erzählungen damit auch als historisch glaubwürdig erwiesen; aus der Wahrheit der Ideen folgerte man die Wirklichkeit der Geschichte. Gegen diese Position der Hegel'schen Schule war der ganze kritische Theil meines Leben Jesu geschrieben. Aus der Wahrheit der Ideen, sagte ich, folgt für die Glaubhaftigkeit der Geschichte nichts; diese ist vielmehr lediglich nach ihren eigenen Gesetzen, nach den Regeln des Geschehens und der Beschaffenheit der Berichte zu beurtheilen."*

Wäre es wirklich nur die irrtümliche Auffassung der „Schule" gewesen, daß mit der Wahrheit der philosophischen Ideen, „die in den Erzählungen der Evangelien zur Vorstellung gebracht werden", auch deren historische „Glaubhaftigkeit" erwiesen sei, es hätte diesem Irrtum kaum kräftiger Vorschub getan werden können als durch Hegels letzte religionsphilosophische Vorlesung!

Das in dieser Hinsicht Signifikante der Vorlesung war der direkte Übergang von der durch philosophische Ideen geleiteten Interpretation christlicher Glaubensin- ＼ *halte in die Wiedergabe neutestamentlicher Erzählungen. So hieß es bei der Interpretation von Christi Tod als Tod Gottes: „es ist unendliche Negation, der Tod Gottes, der sich darinn erhält, so daß dieser Proceß vielmehr ein Tödten des Todes ist, ein Wiederauferstehen ins Leben. Es wird erzählt, Christus selbst sey seinen Jüngern nach seinem Tode wieder erschienen, wozu dann die Himmelfahrt und das Sitzen zur Rechten Gottes kommt"[49]. Ersichtlich zum Zweck der Bestätigung ihrer historischen Wahrheit waren hier die Erzählungen vom Auftreten des Auferstandenen mit der philosopischen Interpretation der Vorstellungen von Tod und Auferstehen Jesu unmittelbar verbunden[50].*

Solcher Verbindung trat Strauß sogleich, wie gezeigt, in seinem Berliner Leben-Jesu-Entwurf mit der klaren V o r o r d n u n g der historischen Kritik der Erzählungen der Evangelien vor ihrer philosophischen Interpretation entgegen; das bedeutete: Mag auch in den Erzählungen vom Sterben und Auferstehen Jesu die Idee des göttlichen Lebens in Form äußerer Vorstellungen vergegenständlicht sein, für die Wirklichkeit von Tod und Auferstehen Jesu folgt daraus nichts. Die Feststellung dessen, was in der Vergangenheit wirklich war oder nicht, ist ausschließlich Sache der historischen Wissenschaft.

Woraus erhellt, daß Strauß die Überzeugung vom P r i m a t d e r h i s t o r i s c h e n K r i t i k v o r d e r P h i l o s o p h i e in Fragen der historischen Wahrheit nach Berlin schon mitbrachte. Wie sich diese Einsicht der wissenschaftlichen Gesamtkonzeption

---

[49] *Vgl. G. W. F. H e g e l, Vorlesungen über die Philosophie der Religion. Hg. von W. J a e s c h k e. Teil 3, 286.*

[50] *An diesem unmittelbaren Verbinden von philosophischer Interpretation und evangelischen Erzählungen erkannte Strauß den r e s t a u r a t i v e n Charakter von Hegels Berliner Religionsphilosophie: Unmittelbares Verbindenwollen der Gegenwart mit einer weiter zurückliegenden Vergangenheit — so als wäre inzwischen nichts geschehen — ist Restauration in der Politik; unmittelbares Verbinden aktueller philosophischer Erkenntnis mit neutestamentlichen Geschichten zum Zweck ihrer historischen Beglaubigung — so als hätte sich inzwischen keine wissenschaftliche Kritik etabliert, die ihre historische Wahrheit bezweifelte — das war Restauration im Gebiet der Wissenschaft. Die Parallelisierung des politischen und wissenschaftlichen Verfahrens als restaurativ bzw. revolutionär je nach dem Verhältnis zur Kritik lag nicht nur 1832/33 Strauß' 2. Tübinger Vorlesung über die „Geschichte der Philosophie seit Kant" zugrunde, sie bestimmte auch 1837 seine folgenreiche Einteilung der Hegelschule in eine Rechte, ein Centrum und eine Linke. (Vgl. D. F. S t r a u ß, Streitschriften, 3. Heft. 95 ff.)*

einfügte, mit der er nach Berlin kam, deutete in seinem Entwurf die Erklärung an, er werde das durch die Kritik für den Glauben Vernichtete auf eine höhere Weise, nämlich „dogmatisch" wiederherstellen. Zugleich betonte er, daß sein kritisches „Leben Jesu" die „beste Vorbereitung" sei zu einem schon früher gefaßten „größeren dogmatischen Plane"[51]. *Damit wies er auf die eigentümliche Verbindung von Dogmatik und Kritik hin, die das Besondere seiner Ansicht von der Aufgabe und Methode der Dogmatik innerhalb des Hegelschen Systems ausmachte. Was er dazu bereits in einem Brief aus dem Vikariat vom 1. 1. 1831 an L. Georgii (s. oben Anm. 1) ausführte, blieb grundlegend für seine spätere Auseinandersetzung mit Hegel und der Hegelschule. In Strauß' Konzeption hatte eine Dogmatik „nach dem Geiste und der Methode" der Hegelschen Philosophie so zu verfahren, „daß bei jeder Lehre der christlichen Dogmatik zuerst die neutestamentliche Vorstellung verständig in Begriffe gefaßt, hierauf zweitens auf negativ vernünftige Weise in diesen Verstandesbegriffen und somit auch in den ihnen zu Grunde liegenden Vorstellungen die Widersprüche nachgewiesen und jene Begriffe vernichtet, — endlich aber drittens durch das positiv vernünftige Verfahren aus jener Negation wieder hergestellt würden". Wozu als das Wichtigste Strauß' Erklärung kam, den Stoff für dieses dreiteilige Verfahren brauche man nicht zu „machen", er liege „historisch" vor in den Erörterungen der dogmatischen Begriffe und ihrer biblischen Grundlagen im Lauf der Jahrhunderte. Nach diesem schon vor Berlin gefaßten Plan sollte die Dogmatik als theologische Wissenschaft dialektisch in die Philosophie übergehen, d. h. über die Stufe der historischen Kritik, welche die Widersprüche darlegen sollte, die die geschichtliche Entfaltung des traditionellen Dogmatikbegriffs und seiner biblischen Voraussetzungen selbst gezeigt hat. Diese geschichtliche Selbstvernichtung sollte als die Negation des Negativen den Übergang in einen höheren Begriff von Dogmatik notwendig machen, worin sie als Wissenschaft restituiert wird durch „Anwendung" der Philosophie Hegels, die „sich besonders eignet, die Theologie daraus zu begreifen". Diesem Plan gemäß führte Strauß in Berlin den Entwurf einer „Encyclopädie der theologischen Wissenschaften" aus, den er in Auseinandersetzung mit Karl Rosenkranz' Buch über dasselbe Thema entwickelte. (Vgl. S. XXIX.) Darin bestimmte Strauß die Theologie als eine Übergangswissenschaft: Als christliche Theologie wurzelt sie in einem Boden geschichtlicher Gegebenheiten, die nicht aus dem Begriff der absoluten Religion deduzierbar sind, als spekulative Wissenschaft aber geht sie mit „immanenter Dialektik" in ihrem „höchsten Gipfel" — d. i. in der Dogmatik — in die Philosophie der absoluten Religion über. (Vgl. D. F. Strauß, Charakteristiken und Kritiken. Lpzg. 1839. 218. 219.)*

---

[51] *J. F. Sandberger, a. a. O. 195.*

Ganz im Sinne dieser seiner eigenständigen Konzeption der Theologie als kritisch-spekulativer Wissenschaft fand Strauß in Hegels Vorlesung die Frage beantwortet, die für ihn und seine Freunde als Theologen schon während des Studiums zum „wichtigsten Punkt" des Hegelschen Systems geworden war: „In welchem Verhältniß zum Begriff die geschichtlichen Bestandteile der Bibel, namentlich der Evangelien stehen: ob der historische Charakter zum Inhalt mitgehöre, welcher für Vorstellung und Begriff derselben, auch von dem letzteren Anerkennung fordere; oder ob er zur blosen Form zu schlagen, mithin das begreifende Denken an ihn nicht gebunden sei"[52].

Nach Strauß' Exzerpt führte Hegel dazu aus:

Religion als offenbare „ist für alle Menschen. Nicht blos für die Speculirenden, welche Gott wissen im reinen Element des Denkens, sondern weil das Denken nicht blos reines ist, sondern auch in Vorstellen und Anschauen sich manifestirt, so muß die absolute Wahrheit auch für die Menschen als Fühlende, Anschauende, Vorstellende seyn — und dieß ist dann die Form, nach welcher sich die Religion unterscheidet von der Philosophie. Auch das Vorstellen ist Denken, aber nicht in seiner reinen Form"[53].

Nach diesen Erklärungen Hegels war alles Historische in der Religion zweifellos „zur blosen Form zu schlagen" und konnte keinesfalls zum Inhalt mitgehören, der bei Verschiedenheit der Formen in Religion und Philosophie identisch ist. Im Einklang mit Hegels Erklärungen stand daher der Schlußteil von Strauß' Entwurf, indem hier durch „die Wissenschaft", welcher allein „der Begriff des Geistes" eigen ist — Hegels Philosophie also — das wiederhergestellt werden sollte, was durch die Kritik für die religiöse Vorstellung und den Glauben an Wahrheit verloren ging[54].

Mit einer Konkludenz, wie jede Biographie eines großen Werkes sie wünschen muß, ergaben sich zur Genese von Strauß' „Leben Jesu" von 1835/36 bislang die folgenden Daten:

Zur Konzeption eines kritisch zu bearbeitenden „Leben Jesu" wurde Strauß durch die Kenntnis von Hegels letzter religionsphilosophischer Vorlesung (vom Sommer 1831) bestimmt, die er im Winter 1831/32 in Berlin durch eine Nachschrift[55] *kennen lernte. Von ihr fertigte Strauß einen Auszug, den er am 5.2.1832 abschloß. Tags darauf entwickelte er in deutlichem Anschluß an dieses Exzerpt*

---

[52] *D. F. Strauß, Streitschriften. 3. Heft. 1837, 57.*

[53] *G. W. F. Hegel, Vorlesungen über die Philosophie der Religion. Hg. von W. Jaeschke. Teil 3, 280. Eindeutig werden in diesen Erklärungen Hegels das Vorstellen, Anschauen, Fühlen als dem sinnlich getrübten Denken der Religion zugehörig einander gleichgeordnet und dem reinen Denken der Philosophie gegenübergestellt — eine Ordnung, die manche Anti-Strauß-Polemik überflüssig macht.*

[54] *Vgl. J. F. Sandberger, a.a.O. 196. Der abschließende Teil von Strauß' Berliner Leben-Jesu-Plan ist mit der „Schlußabhandlung" des vollendeten Werkes nicht identisch.*

[55] *Bislang unbekannter Herkunft.*

*brieflich den detaillierten Plan einer Leben-Jesu-Vorlesung, die er nach Rückkehr
in Tübingen halten wollte. Dieser Plan ist die Keimzelle, aus der das rund 3 ½
Jahre später vollendete zweibändige Werk hervorging, dessen Hauptpositionen schon
hier im Entwurf klar exponiert sind:*

*Eindeutig vorherrschend und gegen Hegel gerichtet ist darin der Standpunkt und
das Verfahren der historischen Kritik. Mit dem geplanten kritischen „Leben Jesu"
tritt Strauß Hegel und der „Schule" in doppelter Hinsicht entgegen: 1. Die
Geschichte Jesu, wie die Evangelien sie erzählen, ist keine wahre Geschichte, der
durch die philosophische Deduktion der Gottmenschheit Jesu die höhere Legitimation
eines durch den Begriff gesetzten Geschehnisses erteilt werden kann; 2. (als prinzipi-
elle Konsequenz aus dieser Einzelkritik): Aus der Zusammenstimmung einer
geschichtlichen Erzählung mit einer philosophischen Notwendigkeit kann nicht auf
die historische Wahrheit dieser Erzählung, d. h. auf das wirkliche Geschehensein
des Erzählten geschlossen werden. Mit diesem Verdikt wird — wie die hier
mitgeteilten Proben aus der Vorlesung Hegels zeigen — der Nerv seiner Argumentation getroffen*[56].

III

*Nicht konzentriert wie die Auseinandersetzung mit Hegel, die in Berlin sogleich
ihren Niederschlag in einem detaillierten Gegenentwurf fand, verlief hier Strauß'*

---

[56] *David Friedrich Strauß begegnete in Berlin dem restaurativen Hegel. Schon der aufgesetzte christliche
Schmuck seiner letzten religionsphilosophischen Vorlesung war auffallend: Das beflissene Betonen
der Übereinstimmung seiner Philosophie mit den Evangelien und der kirchlichen Lehre konnte bei
dieser Vorlesung Hegels so wenig verkannt werden wie die Mittel, die ihm dafür geschickt erschienen.
Zum Ineinandermengen von philosophischen Interpretationen und evangelischen Erzählungen kam eine
frömmelnde Überhöhung der Terminologie: Obgleich es für Hegel ein und derselbe Geist ist, der im
philosophischen Denken und im religiösen Glauben wirkt, sprach Hegel hier vom „heiligen" Geist,
auf dessen „Zeugniß" der Glaube an Jesus als Gottmenschen beruhe, bzw. nannte er die nach Jesus
Tod einsetzende Betrachtung, daß in Christus die göttliche Natur geoffenbart sei, eine Betrachtung
des „heiligen Geistes", obwohl von der Sache her die Bezeichnungen „religiöse" oder „gläubige"
Betrachtung voll genügten. Dazu kam das Übergehen der zu Hegels Zeit und in seiner persönlichen
Nähe (H. E. G. Paulus, Schleiermacher, M. de Wette) schon gewichtig hervorgetretenen wissenschaftlichen Bibelkritik, die nicht nur die Authentie und Integrität biblischer Bücher, sondern
bereits den Stand des Urteilsvermögens biblischer Autoren („mythische Denkungsart") in die
Untersuchungen einbezogen hatte. Das Ausschließen des kritischen Elements bei der
Entfaltung seiner ursprünglich auf Liberalität und Universalität angelegten philosophischen Konzeption war es, was Strauß im Rückblick Hegels Berliner Jahre als eine Zeit des Abstiegs erkennen
ließ: „in Berlin kommt er, aus Ursachen, die hier nicht zu erörtern sind, herunter und je mehr seine
Wirksamkeit und sein Ruhm sich ausbreitet, desto mehr tritt die durchschlagende Macht des freien
philosophischen Denkens in ihm zurück" — so resümierte Strauß 1851, ein Jahrzehnt, nachdem er
mit beiden Füßen aus der Hegelschen Philosophie heraus getreten war, und die hier betont ausgesparte
Erklärung gab er später (1860) mit der Feststellung von Hegels Abfall zur Restauration: „Auch*

Auseinandersetzung mit Schleiermacher. Doch fand auch sie rasch einen Nieder-
schlag.

In den beiden Vorlesungen, die Strauß hörte, sah er sich mit Grundpositionen
Schleiermachers konfrontiert: In der Einleitung in das Neue Testament mit den
Resultaten aus Schleiermachers Forschung im Felde der neutestamentlichen Kritik,
die bahnbrechend waren, in der Vorlesung über Theologische Enzyklopädie mit
Schleiermachers theologischer Gesamtkonzeption[57]. *Beide bedeuteten für ihn, den*
kritischen Hegelianer, eine Herausforderung. Die Auseinandersetzung mit Schleier-
machers Positionen in den Fragen der neutestamentlichen Kritik würde fällig sein
bei der Ausführung des „Leben Jesu", mit dessen Plan Strauß sich zwar schon
lebhaft trug, Schleiermachers einschlägige Vorlesung jedoch erst spät zu Gesicht
bekam, — was aber konnte er der Herausforderung entgegensetzen, die Schleierma-
chers „Theologische Encyclopaedie" für ihn bedeutete?

Bei dieser Frage kam ihm der kühne Versuch zugute, den Karl Rosenkranz 1831
unternahm, der Hegelschen „Enzyklopädie der philosophischen Wissenschaften" eine
„Enzyklopädie der theologischen Wissenschaften" an die Seite zu stellen[58]. *So wenig*
Strauß in Hauptpunkten mit Rosenkranz einig ging, so bot dessen „Enzyklopädie"
doch eine willkommene Zusammenstellung des Stoffs und der Probleme — zumal
auch Rosenkranz, wie aus der „Vorerinnerung" hervorging, seine Enzyklopädie der
Schleiermacherschen entgegengeschrieben hatte. Daher fiel es Strauß nicht schwer,
seine Kritik an Rosenkranz zur simultanen Auseinandersetzung mit Schleiermacher
zu gestalten und das so zügig, daß die Rezension schon einen Monat nach Schluß
der Schleiermacherschen Vorlesung im Druck vorlag[59].

Hegel bildete sein ursprünglich auf den freiesten Grundlagen aufgebautes System zur scholastischen
Beschönigung der gegebenen Zustände, insbesondere des kirchlichen Dogma, um." (Vgl. D. F.
S t r a u ß, Ges. Schriften, Bonn 1876/78. Bd. X, 224 und Bd. VII, 548).

[57] *Beide Vorlesungen erhielten durch den 2 Jahre später erfolgten Tod Schleiermachers die Bedeutung*
letztgültiger Darlegungen im Kolleg. Strauß' Nachschriften dieser Vorlesungen befinden sich im
Deutschen Literaturarchiv Schiller-Nationalmuseum, Marbach a. N.

[58] *Karl R o s e n k r a n z, Enzyklopädie der theologischen Wissenschaften. Halle: C. A. Schwetschke &*
Sohn 1831. XLIV. 370 S. (2. Aufl. 1845.) K. Rosenkranz, (1805—1879), seit 1833 auf
Kants Lehrstuhl in Königsberg, war ein hartnäckiger Gegner von Strauß und ein ebensolcher Defensor
Hegels. In der Auseinandersetzung mit Strauß fungierte Schleiermachers Name insofern als
Reizwort, als Rosenkranz Strauß vorwarf, auf Schleiermachers Standpunkt „zurückgefallen" zu
sein. (Vgl. u. a. K. R o s e n k r a n z, Kritische Erläuterungen des Hegel'schen Systems. Königsberg
1840, XX ff.)

[59] *Nach C. C l e m e n, Theologische Studien und Kritiken 78, 1905, 227, schloß Schleiermachers*
Vorlesung am 31. 3. 1832. Strauß' Rosenkranz-Rezension erschien im Mai in den Berliner
Jahrbüchern für wissenschaftliche Kritik. Sie war Strauß' erste wissenschaftliche Publikation; mit
ihr kam er an den sog. Hegel-Hof, d. h. er wurde Mitglied der Societät für wissenschaftliche Kritik
in Berlin. Zu der in Auseinandersetzung mit Rosenkranz entwickelten eigenständigen Konzeption
einer theologischen Enzyklopädie auf dem Boden der Hegelschen Philosophie bekannte sich Strauß

Es war kein unbillig herbeigezogener Maßstab, an dem Strauß in seiner Rezension Schleiermachers theologische Enzyklopädie maß, wenn er über die „Kurze Darstellung" urteilte, sie sei „kein wahrer Organismus", sondern nur ein „äußerst klug eingerichtetes Aggregat theologischer Wissenschaften" [60] *— es war vielmehr derselbe Maßstab, den Schleiermacher bereits in seiner Kritik der bisherigen Sittenlehre vor Augen hatte, wenn er die Moralsysteme an der „Kongruenz" von „Gehalt" und „Gestalt" — der „Grundidee eines wissenschaftlichen Systems" — gemessen und den Inkongruenten den Rang wissenschaftlicher Darstellungen abgesprochen hatte*[61].

Strauß war enttäuscht, Schleiermacher jetzt nicht mehr auf der Höhe des früher erstrebten Ideals zu finden. Statt die Erfordernisse des theologischen Studiums aus der Idee der Theologie als Wissenschaft zu bestimmen, leitete Schleiermacher sie nun aus den Bedürfnissen der Leitung einer Kirche her, die als eine christlich-protestantische sich in Gegenwart und Zukunft sollte behaupten können. Damit wurde nach Strauß' Ansicht die Theologie einem äußeren Zweck unterworfen und innerhalb derselben die sachliche Ordnung der Disziplinen verwirrt. Seine massive Polemik kleidete er in ein Lob für Rosenkranz: Dieser habe (zwar an sich unrichtig) im Aufbau seiner Enzyklopädie die spekulative Theologie als Dogmatik und Moral deshalb wohl an die Spitze gestellt, um sie wieder zu „erhöhen nach der tiefen Erniedrigung, welche sie in der Schleiermacher'schen Encyklopädie erfahren, wo sie zur Historie degradiert, und die Königin der Theologie auf eine Stufe mit der doch immer nur als Magd zu betrachtenden kirchlichen Statistik gestellt wurde"[62], *und mit Recht habe er diesen beiden Disziplinen nicht bloß „den ihnen von Schleiermacher entzogenen Namen der systematischen Theologie restituirt, sondern diesen auch mit dem höheren der speculativen Theologie vertauscht, zum Zeichen, daß diese Wissenschaften den theologischen Stoff nicht blos formal zu ordnen, sondern begreifend zu durchdringen haben"*[63].

Strauß' Urteil über die bei Schleiermacher gerade erst gehörte „Theologische Encyclopaedie" ging in die Kritik ein, die er an der „Kurzen Darstellung des theologischen Studiums" übte, dem 1830 in 2. Auflage neugearbeiteten Kompendium, an das Schleiermachers Vortrag im Kolleg anschloß: Was in der 1. Fassung (1811)

---

ausdrücklich noch 1839, gerade weil er zuvor mit dem Leben Jesu von 1835/36 mit einem Fuß aus der Philosophie Hegels — „wie die Schule sie auffaßte" — herausgetreten war. (Vgl. D. F. Strauß, Charakteristiken und Kritiken, Leipzig 1839, IV.)

[60] *Gemeint ist Schleiermachers „Kurze Darstellung des theologischen Studiums", 2. Aufl. 1830, die seiner Vorlesung über Theologische Enzyklopädie zugrundelag.*

[61] *F. Schleiermacher, Grundlinien einer Kritik der bisherigen Sittenlehre. Bln. 1803. Hier bes. die Ausführungen „Von der Idee dieser Kritik" und „Kritik der ethischen Systeme" passim.*

[62] *Vgl. unten die Erläuterung zu § 97: „Es ist hier gesagt, daß die Darstellung der Lehre, wie sie jezt ist, die Disciplin sey, welche Dogmatik heißt".*

[63] *D. F. Strauß, Charakteristiken und Kritiken. Leipzig 1839, 216f.*

*ein wegweisender Versuch war, „Alles aus Einem Grundgedanken abzuleiten",
konnte in Schleiermachers weiterer Ausarbeitung nicht zu einer wahrhaft organischen
Darstellung der theologischen Wissenschaften werden, weil sein „Grundgedanke nicht
der immanente Begriff der christlichen Religion und Theologie, sondern nur ein
äußerer Zweck der letzteren, nämlich die Kirchenleitung, war, und überhaupt der
ganze Standpunkt nur im Formalen, mithin außerhalb der Sache selbst genommen
wurde"*[64].

*Das waren klare und harte Absagen an das, was Strauß zuvor bei Schleiermacher
gehört hatte, doch bestimmten sie nicht seinen bleibenden Eindruck von dieser
Vorlesung. Als er einige Jahre später (1839) in einer Würdigung von „Schleiermacher und Daub in ihrer Bedeutung für die Theologie unserer Zeit" die Eindrücke
zusammenfaßte, die er als Leser und Hörer von Schleiermachers theologischer
Enzyklopädie bekommen hatte, überwog die Bewunderung die Bedenken:*

> *„Das Ganze steht als ein symmetrisches Gebäude vor uns ... Während einerseits in jede theologische
> Disciplin durchdringende Blicke geworfen werden: so sind sie anderseits zugleich sämmtlich in
> strenger Einheit zusammengehalten; und wie der Gedanke, so verkündigt auch die Darstellung den
> wissenschaftlichen Meister"*[65].

*Den Höhepunkt der Begegnung mit Schleiermachers Denken bedeutete für Strauß
in Berlin die Kenntnis von Schleiermachers Vorlesungen über das Leben Jesu.
Für ihn, der sich von Hegel mit dem Plan einer kritischen Leben-Jesu-Vorlesung
gelöst hatte, war es eine Notwendigkeit, sich eine ins Einzelne gehende Einsicht in
diese Vorlesungen zu verschaffen, die berühmt, aber nicht publiziert waren. So galt
es zunächst, an gute Kolleghefte zu kommen. Gegen Ende seines Aufenthaltes lagen
Strauß „zwei getreue Nachschriften von Schleiermachers Vorlesungen über das Leben
Jesu aus zwei verschiedenen Jahrgängen" vor, die er ausführlich exzerpierte*[66]. *Bei
ihrer Durcharbeitung wurde er zum hellen Bewunderer Schleiermachers, wie der
oben von uns zitierte Brief bekundet*[67].

*In der Tat: Schleiermachers Scharfsinn im Entdecken von „Beziehungen oder
Widersprüchen, auf die man selber gewiss nie verfallen wäre", ist in diesen Vorlesungen bewundernswert, und nicht selten sind die Lösungen überraschender als die Fragen.
So wird anläßlich von Jesu „Ungehorsam", der nach Luk. 2.48 vorliegen könnte,
die Frage aufgeworfen: Durften die Eltern überhaupt einen Messias erziehen, d. h.
durch Gebot und Verbot lenken wollen? In der Beantwortung heißt es dann: Für*

---

[64] *Ibd.* 214.

[65] *Ibd.* 48 f.

[66] *Vgl. D. F. Strauß, Streitschriften. 3. Heft. 1837, 60. — Der unpaginierte Auszug, der 137
Seiten in Strauß' Abkürzungsschrift umfaßt, befindet sich im Deutschen Literaturarchiv Schiller-
Nationalmuseum, Marbach a. N. Ihm liegen die Nachschriften von Schleiermachers Vorlesungen
von 1823 und 1829/30 zugrunde, deren Differenz Strauß gelegentlich fixiert.*

[67] *S. o. Anm. 1.*

seine Eltern, die „wußten, daß er zum Messias bestimmt sey", müßte allerdings
„die Geltendmachung ihrer elterlichen Gewalt unglaublich schwer gewesen seyn" —
wenn sie schon „unsre jezige Vorstellung von der Einheit des Göttlichen und
Menschlichen" im Messias gehabt hätten, „aber die jüdische Vorstellung vom Messias
als υἱὸς θεοῦ *war nur unbestimmt, und dabey blieb es möglich, Jesus als Kind zu*
behandeln"[68].

Strauß' Bewunderung des exzeptionellen Scharfsinns in Schleiermachers Leben-
Jesu-Vorlesungen war keineswegs seine einzige und endgültige Reaktion. Er war sich
sogleich im klaren, daß hier ebenso wie gegen Hegel der Primat der historischen
Kritik geltend zu machen war: Galt es dort die Historie vor der Vergewaltigung
durch die philosophische Konstruktion zu bewahren, so hier vor der Einengung durch
den religiösen Glauben in der spezifisch Schleiermacherschen Auffassung. Denn bei
Schleiermacher war es gerade seine „Vorstellung von der Einheit des Göttlichen und
Menschlichen" in Jesus Christus, die, als vom Glauben gefordert, der historischen
Erforschung der evangelischen Geschichte die grundsätzliche Ausrichtung an der
Person Jesu Christi vorschrieb und damit folgenden Beschränkungen unterwarf:
Seine Irrtumslosigkeit und moralische Integrität durften bei keiner Beurteilung
einer evangelischen Geschichte unberücksichtigt bleiben, und bei der Erklärung einer
Geschichte hieß es, die — wiederum vom Glauben geforderte — Proportionalität
des Göttlichen und Menschlichen in Christus — wohl zu beachten. Schleiermachers
„Leben Jesu" bot keine historische Untersuchung, vielmehr angewandte Dogmatik
gemäß seiner „Glaubenslehre", wonach Christus „als geschichtliches Einzelwesen
zugleich urbildlich sein" mußte, „d. h. das urbildliche mußte in ihm vollkommen
geschichtlich werden und jeder geschichtliche Moment desselben zugleich das urbildliche
in sich tragen"[69]. *Aus diesem dogmatischen Dekret ergab sich für die Leben-Jesu-*
Darstellung Schleiermachers die Aufgabe, das Wunderbare in Christus wie ein
Natürliches zu behandeln, die neutestamentlichen Wundererzählungen wie historische
Berichte zu bearbeiten und auf diese Weise das Leben Jesu unbeschadet seiner
Übernatürlichkeit wie ein vollkommen geschichtliches darzustellen.

---

[68] *Zitiert nach dem Manuskript des Auszugs.*

[69] *F. Schleiermacher, Der christliche Glaube nach den Grundsäzen der evangelischen Kirche im*
   Zusammenhange dargestellt. 2. Auflage. 1830/31. Bd. II. § 93. Aufgrund dieser dogmatischen
   Erklärung war es für Strauß ein Leichtes, noch vor Kenntnis der Vorlesung zu bestimmen, wie ein
   Schleiermachersches Leben Jesu die neutestamentlichen Berichte behandeln würde: Soweit sie der
   Geschichtlichkeit widerstritten, würde Kritik nötig sein, soweit sie Jesu Urbildlichkeit stützten, war
   Kritik ausgeschlossen. Verglichen mit orthodoxer Schriftgläubigkeit war bei Schleiermacher also ein
   „feinerer Supernaturalismus" zu erwarten, der zwar „die Kritik in sich zuläßt, ihr vieles einzelne
   preis gibt", von vornherein aber „einen heiligen Kreis sich in der Vollmacht des Glaubens absteckt,
   über welchen sie keine Gewalt haben soll, nämlich daß dieses historische Individuum das absolut
   vollkommene gewesen" sei. (J. F. Sandberger, a.a.O. 196.)

Strauß war darüber im Bilde, was bei dieser Zielsetzung herauskommen und wie dabei mit den evangelischen Wundererzählungen verfahren werden mußte. Anschließend an seine Bewunderung von Schleiermachers Scharfsinn fuhr er fort: „das Resultat ist durchaus unbefriedigend", indem „einerseits an diesen neutestamentlichen Berichten noch zu sehr gehangen, andererseits, damit sie nicht gar zu übernatürlich herauskommen, daran gedreht wird"[70]. Seiner Kritik an Schleiermachers Leben-Jesu-Darstellung gab er in vielen Fragezeichen und Bemerkungen am Rande seines Exzerpts Ausdruck, die teils Schleiermachers exegetische Künsteleien in Frage stellten, teils seine „apriorischen", d. h. dogmatischen Voraussetzungen markierten, aber auch Schleiermachers grundsätzliche Ablehnung alles Mythischen in den Fällen festhielten, in denen sich die mythische Erklärung als die sachgemäße historische Lösung aufdrängte. Dies war der Fall bei Schleiermachers Erörterung des Wunderbaren in Christus:

Der Abschnitt „Das Wunderbare in Christo" setzte mit einer Erklärung ein, die Strauß' Beifall finden mußte. Schleiermacher erklärte:

> „Im strengen Sinne kann man Niemand zumuthen, an Wunder zu glauben, auch nicht, wenn er sie sieht, denn was uns über die Grenzen der Natur hinauszugehen scheint, soll uns zu tiefrem Eindringen in deren Kenntniß auffordern. Jedes Wunder beruht auf relativer Unwissenheit, und aus Unwissenheit kann nichts bewiesen werden; — so daß zur Beglaubigung Christi die Wunder nicht dienen können"[71].

Dann aber hieß es weiter:

> „Da aber die Evangelien, welche unsre einzige geschichtliche Quelle von Christo sind, mit mehr oder weniger Nachdruck Wunder von ihm erzählen, so muß unser Urtheil über die Wunder ein solches seyn, wodurch die Glaubwürdigkeit der Evangelien nicht angetastet wird, denn sonst fiele unser Glaube an die Person Christi, und er würde uns ein mythischer"[72].

Damit war der erste Schritt getan, sich doch wieder an die neutestamentlichen Wunderberichte zu hängen. Bei den weiteren Schritten wurde Christus, zu dessen Beglaubigung die Wunder nicht taugten, seinerseits zum Beglaubiger seiner Wunder. Der Beweis ging über die angeblich notwendige „Glaubwürdigkeit" der Evangelien zur unbedingt notwendigen Jesu Christi:

> „Was uns die Evangelien als Thatsächliches geben, ist folgendes: 1) daß die Erzähler und alle Zeitgenossen Christi gewisse Handlungen desselben für Wunder hielten, daß es öffentliche Meynung, war, er thue Wunder, 2) daß diese Wunder ein Ausfluß seiner eigenthümlichen Dignität waren. Dieß sind die Thatsachen, welche erklärt werden müssen".

---

[70] *D. F. Strauß in dem Anm. 1. zitierten Brief an L. Georgii.*

[71] *Dieses und die folgenden Zitate sind Strauß' Exzerpt der Vorlesung Schleiermachers entnommen. Vgl. Anmerkung 66.*

[72] *Zu diesem Passus finden sich im Manuskript sowohl am Rand als über dem Wort „muß" in der 3. Zeile Fragezeichen von Strauß' Hand und auf der Höhe der letzten Zeile die Randbemerkung „Kein mythischer Christus".*

Bei dieser „Erklärung" nun brachte Schleiermacher die dogmatischen Vorausset-
zungen der moralischen Integrität und Irrtumslosigkeit Jesu ins Spiel. Zur Erklä-
rung der unter 1) und 2) genannten Tatsachen hieß es:

> *„Sie so zu erklären, daß man annähme, die Wunder seyen der Glaube seiner Jünger, seiner Anhänger,*
> *und eines Theils sogar seiner Gegner gewesen, Christus selbst aber hätte gewußt, daß es keine Wunder*
> *in dem Sinne wie das Volk es meynte, seyen: so hätte Christus sie getäuscht, diese Erklärung hieße*
> *Christo eine Täuschung entweder seiner selbst oder Andrer zuschreiben. Er muß also diese Handlungen*
> *selbst so angesehen haben, wie das Volk sie ansah, sein SelbstBewußtseyn muß übereingestimmt haben*
> *mit jener Annahme, daß diese Erfolge seines Willens mit dem zusammenhängen, worin er sich von*
> *andern Menschen unterschieden wußte".*

War somit gesichert, daß Jesus göttliche Wunderkraft besaß und sich dessen
bewußt war, so hieß es nun — Schleiermachers Zielsetzung gemäß — das Göttliche
in Jesus „unter der Form des Menschlichen", seine Wunder in der Form des
Geschichtlichen darzustellen. Dazu gehörte, daß das Übernatürliche in Jesu Leben
und Wirken soweit als möglich nach Analogie des Menschlichen aufgefaßt und
erklärt wurde, was vor allem bedeutete, daß Jesu wundertätiger Einfluß nicht nach
der Art magischer Direkteinwirkung auf den körperlichen Organismus anderer
Menschen zu denken war, sondern als ein Akt willentlicher Einwirkung durch das
Wort auf ihren Geist.

Bei der Absicht Schleiermachers, das Wunderbare im Leben und Wirken Jesu
so geschichtlich wie möglich aufzufassen, konnte es nicht ausbleiben, daß an den
Wundergeschichten des Neuen Testaments mehr oder weniger — wie Strauß es
nannte — „gedreht" wurde, „damit sie nicht gar zu übernatürlich herauskommen".
„Gedreht" wurde in dieser Absicht an den Totenerweckungen. Nach Schleiermacher
hat Jesus keine Toten auferweckt, vielmehr nur zu früh für tot Gehaltene wiederbe-
lebt, und im Falle des Lazarus nur die göttliche Erhörung des eigenen Gebets an
diesem vollzogen. „Gedreht" wurde aber auch an Jesu Präexistenz-Aussagen, die —
falls sie auf einem wahren Erinnern beruhten — sein wahres Menschsein aufgehoben
hätten. Nach Schleiermacher drückten sie nur Jesu Gewißheit aus, „daß der göttliche
Rathschluß von Anfang an auf ihn als den Erlöser bezogen war". Bei dieser
Reduktion wurde mehr zurückgedreht als bei den Wundererzählungen: hier war das
Wunderbare in Christus selbst herabgesetzt!

Es ist nicht nötig, weitere Manipulationen Schleiermachers an wunderhaltigen
Aussagen der Evangelien beizubringen, um die Diskrepanz von Absicht und
Resultat aufzuzeigen, in der sein Leben Jesu sich bewegte: Schleiermacher wollte
seinem dogmatischen Ziel entsprechend das Leben Jesu so geschichtlich wie möglich
darstellen und dabei im Urteil über die Wunder so verfahren, daß die „Glaubwürdig-
keit" der Evangelien als der einzigen geschichtlichen Quelle von Christus „nicht
angetastet wird, denn sonst fiele unser Glaube an die Person Christi und er würde

uns ein mythischer"[73]. *In dem Maße jedoch, wie er in der Darstellung seines Lebens Jesu das Wunderbare in den evangelischen Erzählungen nach Maßgabe des geschichtlich Möglichen teils eliminierte, teils reduzierte und korrigierte, brachte er selbst die Masse des Unglaubwürdigen in den Evangelien ans Licht, erschütterte er ihren Wert als Quellen der Geschichte Jesu, ja mehr noch: er machte deutlich, daß die Evangelisten den geschichtlichen Standpunkt nicht nur nicht kannten, vielmehr der der Erhebung ins Wunderbare bei ihnen der herrschende war.*

Die Alternative also, vor die sich Schleiermacher selbst in seinem Leben Jesu gestellt hatte: Entweder um des Glaubens an Christi Person willen den wundertätigen Christus als den wahren geschichtlichen zu erweisen — oder aber einen „mythischen Christus" zugeben zu müssen, zwang ihn nicht nur zu einem oft einschneidenden „Drehen" an den Wundergeschichten der Evangelien, sie verriet auch, daß S c h l e i e r m a c h e r w u ß t e, daß der in den Evangelien geschilderte Christus nicht ein in seinem Sinne „geschichtlicher", sondern der ins Wunderbare erhöhte — ungeschichtliche — m y t h i s c h e Christus ist[74].

Strauß, der trotz seiner anfänglichen Bewunderung für Schleiermachers Scharfsinn sich schließlich „beinahe auf allen Punkten" von Schleiermachers Leben Jesu „zu-

---

[73] *S. XXXIII.*

[74] *Ein anderes Beispiel von Schleiermachers angestrengter Bemühung, dem Mythischen in seinem Leben Jesu keinesfalls stattzugeben, bietet die äußerst gekünstelte Erklärung der Versuchungsgeschichte. Nach Schleiermacher kann die von Matth. (4,1 f.) und Luk. (4.1 f.) erzählte Versuchung nicht tatsächlich vorgefallen sein, weil eine solche Versuchung ohne ein einwilligendes Sichhingeben an den Versucher sich nicht denken läßt. „Aber eben dieß sich Hingeben macht die Sache als Geschichte unbegreiflich": „Wer sich absichtlich versuchen läßt, muß zuvor gewiß seyn, nicht zu unterliegen, so daß die Versuchung selbst zur leeren Form wird". Nach Prüfung der Versuche, die Entstehung der Geschichte durch Ekstase und Traum zu erklären, ergibt sich für Schleiermacher als die einzig mögliche Lösung: „daß die Sache eine Parabel ist, die Christus selbst erzählte, die aber geschichtlich aufgefaßt", d. h. mißverstanden wurde. Die parabolische Erklärung darf jedoch nicht so verstanden werden, als hätte Christus hier in dieser Form von verführerischen Gedanken gesprochen, die er selbst gehabt hatte. Christus spricht hier nur parabolisch von sich, indem er anhand der von ihm selbst erfundenen Geschichte seiner Versuchung darüber belehren will, welche Versuchungen „vom Teufel kommen". Kann man sich etwas Gekünstelteres denken als diese Lösung! Nur um der nächstliegenden Erklärung nach Art des Heldenmythus zu entgehen, nimmt Schleiermacher einen Christus an, der zu didaktischen Zwecken die Geschichte seiner eigenen Versuchung durch den Teufel erfindet: „Das Ganze für mythisch zu erklären, geht nicht an, weil im N. T. kein Mythus ist. Das Mythische gehört in die vorgeschichtliche Zeit. Abgesehen von dem Worte soll damit gesagt seyn, es ist eine innerhalb des Christenthums entstandene Dichtung. Aber wer könnte wagen, eine solche Parabel auf Christi Rechnung zu erzählen, — es lief gegen die Ehrfurcht der Jünger gegen Christus, sie konnten ihn nicht dem Teufel gegenüber stellen, wenn er es nicht selbst gethan hätte". Diese Erklärungen hat Strauß im Manuskript seines Exzerpts mit Frage- und Ausrufezeichen und einem „ohe!" kommentiert.*

rückgestoßen fand"[75], *erkannte die unwahre Halbheit seines Standpunkts. Zu Wilhelm Vatke, dem Freund gewendet, sagte er in Berlin abschließend über Schleiermacher:*

> *„Der Schleiermacher hat mich mächtig angeregt, ich bin ihm viel Dank schuldig; aber der Mann hat mich doch nicht befriedigt. Er bleibt auf halbem Wege stehen, er sagt nicht das letzte Wort. Dies Wort werde ich aussprechen, ich reise jetzt nach Tübingen zurück, und höre, Vatke: ich schreibe ein Leben Jesu nach meiner Idee!"*[76].

Herbst 1835 — rund anderthalb Jahre nach Schleiermachers Tod — war es soweit: Strauß hatte, ohne auf halbem Wege stehen zu bleiben, ein Leben Jesu nach seiner Idee geschrieben und klargestellt, was Schleiermacher nicht wahrhaben wollte: Der Christus der Evangelien ist ein mythischer[77].

In Strauß' „Leben Jesu" von 1835/36 war der Schritt über Schleiermacher hinaus getan, den dieser aus Gründen des Glaubens nicht tun konnte: Der Schritt von der Prüfung der historischen Wahrheit der evangelischen Geschichten zur Prüfung des Wahrheitsbewußtseins der Autoren — welcher Schritt die historisch-kritische Untersuchung der Quellen eines „Leben Jesu" erst vollendete. Die Menge des nach neuzeitlichen Kriterien erweislich Unhistorischen, das die Evangelisten über Jesu Person und Geschichte berichten, zeigte an, daß diese Kriterien bei ihnen noch nicht galten und forderte eine Erklärung ihrer Denkweise. Schleiermacher, der über den Anteil des Unhistorischen in den Evangelien nicht im Zweifel war, hatte in seiner Vorlesung, um keinen „mythischen Christus" zu bekommen, teils das Wunderhafte auf das historisch Mögliche zurückgeführt, teils wie im Falle der Versuchungsgeschichte Christus selbst zum Erdichter einer Geschichte gemacht, um ihn nicht Gegenstand einer Dichtung sein zu lassen; wobei er in Abwehr der historisch plausibleren Erklärung das Mythische auf das Vorgeschichtliche beschränkte. Strauß ging über diese korrektiv-defensive Behandlung des Unhistorischen hinaus, indem er es aus dem Stand der intellektuellen

---

75 *D. F. Strauß, Streitschriften. 3. Heft. 1837, 60.*

76 *H. Benecke, Wilhelm Vatke in seinem Leben und seinen Schriften. Bonn 1885, 75.*

77 *Das in Berlin gefertigte Exzerpt aus Schleiermachers Vorlesung blieb für Strauß mehr als ein Menschenalter lang die einzige Grundlage der Auseinandersetzung mit Schleiermachers Leben Jesu: Als Strauß anfangs der 60er Jahre in die Vorbereitungen seines „Leben Jesu für das deutsche Volk" (1864) eintrat, waren Schleiermachers Leben-Jesu-Vorlesungen noch immer nicht ediert, ihre Nachwirkung jedoch allenthalben erkennbar. Für die erneute Auseinandersetzung war Strauß somit noch immer auf das Berliner Exzerpt angewiesen, dessen nochmalige Durcharbeitung er am 10. 8. 1862 mit der Bemerkung abschloß: „totum relegi et marginalibus instruxi". Nachdem endlich 1864 Schleiermachers Leben-Jesu-Vorlesung von 1832 herausgegeben von K. A. Rütenik erschienen war, schritt Strauß zur abschließenden Auseinandersetzung mit Schleiermachers Leben Jesu. In ihrem Titel „Der Christus des Glaubens und der Jesus der Geschichte" nannte er das Inkompatible, das Schleiermachers Konzeption vereinigen wollte.*

Ausbildung der Autoren erklärte: Noch unbekannt mit den objektiven Kriterien der Wahrheit einer Geschichte fiel es diesen bei subjektiver Wahrheitsmeinung leicht, Erdichtetes als faktisches Geschehnis zu erzählen, wenn es zur Verherrlichung Christi diente; wobei Strauß an den zeitlich verschiedenen Verlauf der intellektuellen Entwicklung der einzelnen Völker erinnerte.

2. Editorischer Bericht

Die hier vorliegende Herausgabe von David Friedrich Strauß' Nachschrift der Vorlesung über „Theologische Encyclopaedie", die Schleiermacher im Wintersemester 1831/32 in Berlin gehalten hat[1], erfolgt unter Berücksichtigung der Besonderheiten der Handschrift in Anlehnung an die editorischen Grundsätze, die für die Kritische Schleiermacher-Gesamtausgabe gelten.

Zugrunde liegt das Manuskript von Strauß' Nachschrift, das sich unter der Nr. 7452 im Deutschen Literaturarchiv Schiller-Nationalmuseum in Marbach a. N. befindet.

Mit dankenswerter Bewilligung des Archivs wird es hier erstmals veröffentlicht.

Das Manuskript liegt in einem abgegriffenen, graubraunen, unpaginierten Pappband (Format: 23,1 × 17,5 cm) vor, der 273 beschriebene und 5 unbeschriebene Seiten (Format: 22,5 × 17 cm) umfaßt. Das beidseits beschriebene gelbliche Papier ist durchweg fest und unbeschädigt; die Schriftzüge von bräunlicher Tinte sind nur wenig verblaßt und insgesamt gut erkennbar. Der durch Kniff gekennzeichnete Seitenrand (ca. 5,4 cm) ist selten überschrieben und zeigt nur auf einer Seite eine Bemerkung von Strauß. Auf dem Vorsatzblatt des Bandes befindet sich rechts unten Strauß' eigenhändiger Namenseintrag und auf dem Titelblatt ebenfalls von Strauß' Hand der Titel „Schleiermachers theologische Encyclopaedie. Berlin Winter 1831/32." Die Rückseiten beider Blätter sind unbeschrieben. Der Eintrag auf der 1. Textseite rechts unten „Rep. [Repetent] Strauß" ist wahrscheinlich von fremder Hand.

Die Schreibweise des Originals ist grundsätzlich beibehalten. Das Manuskript der Nachschrift ist überwiegend in Strauß' persönlicher Abkürzungsschrift geschrieben. Die Abkürzungen wurden aufgelöst bis auf die heute noch gebräuchlichen und das von Strauß bevorzugte, heute ungebräuchliche p. = perge = fahre fort, das dem u. s. w. entspricht.

Strauß' Abkürzungsschrift fixiert in der Regel von einem Wort nur wenige Buchstaben, jedoch vom selben Wort keineswegs immer dieselben, wie auch dieselbe

---

[1] *Nach Kriegsverlusten, die die Universitätsbibliothek Bonn zu beklagen hat, ist die Nachschrift von David Friedrich Strauß die einzig bekannte dieser Vorlesung, die Schleiermacher über Theologische Enzyklopädie nach der 2. Auflage seines Kompendiums „Kurze Darstellung des theologischen Studiums zum Behuf einleitender Vorlesungen", Berlin 1830, gelesen hat.*

Abkürzung Verschiedenes bedeuten kann. Bei der Auflösung der Abkürzungen wurde jeweils nach dem sachlichen Zusammenhang entschieden; blieben innerhalb dieses Rahmens mehrere gleichwertige Auflösungen, so wurde nur eine in den Text aufgenommen, die anderen sind als mögliche Lesarten unter dem Text vermerkt.

Eine weitere Besonderheit der Handschrift bildet Strauß' uneinheitliche Orthographie: Neben der vorherrschenden älteren Schreibweise erscheint oft unmittelbar die neuere, wie z. B. „freier" neben „freyer" u. ä. Aufgrund der Feststellung, daß die ältere Schreibweise im ganzen überwiegt, wurden alle nicht eindeutig der neueren Rechtschreibung zugeordneten Abkürzungen nach der älteren aufgelöst.

Die Interpunktion des Manuskripts ist grundsätzlich beibehalten und nur in den wenigen Fällen, in denen eine Lesehilfe nötig erschien, durch gekennzeichnete Zusätze des Herausgebers ergänzt.

Strauß' Nachschrift im Kolleg war bestrebt, Schleiermachers freien Vortrag festzuhalten — eine Aufgabe, die er selbst so gekennzeichnet hat: „Sie gleicht der, einen Tänzer in voller Bewegung zu photographieren".[2] Es versteht sich von selbst, daß eine solche Niederschrift der Bearbeitung bedarf.

Die Bearbeitung des Manuskripts erfolgte nach der Maxime, den Charakter der unter solchen Bedingungen entstandenen Niederschrift insoweit zu bewahren, als es, ohne lästiger Mikrologie zu verfallen, möglich war.

Dabei wurden folgende auf das Manuskript bezogene Zeichen verwendet:

[1] ff	*Seitenzahl des unpaginierten Manuskripts*
[ ]	*Ergänzung des Herausgebers*
[O: ...]	*Schreibweise des Manuskripts (Originals), die jeweils unmittelbar nach Korrekturen offenkundiger Versehen durch den Herausgeber angegeben wird*
⟨ ⟩	*Streichung im Manuskript*
« »	*Versehentlich im Manuskript nicht durchgeführte Streichung*
⌊ ⌉	*Unleserliches bzw. unsichere Lesart*

Hervorhebungen, die im Manuskript durch Unterstreichung vollzogen sind, werden durch Sperrung wiedergegeben. Die Paragraphenzahlen der „Kurzen Darstellung", die im Manuskript ebenfalls unterstrichen sind, werden halbfett wiedergegeben.

Nicht wiedergegeben wurden bei der Bearbeitung die von Strauß selbst im Manuskript vorgenommenen Berichtigungen sowie die vom Herausgeber verbesserten kleinen Flüchtigkeiten, wie sie bei eiligster Schrift unvermeidlich sind.

---

[2] *David Friedrich Strauß, Gesammelte Schriften. Herausgegeben von Eduard Zeller. Bonn 1876/78, Band 5,9.*

Die dem Text vorangestellte Übersicht über Inhalt und Gliederung der Vorlesung sowie die laufenden Kolumnentitel, die durch Angabe der Themen die Übersicht erleichtern wollen, verdankt der Herausgeber der Mitarbeit der Schleiermacher-Forschungsstelle der Universität Kiel.

Der herzliche Dank des Herausgebers gilt dem Initiator dieser Edition, dem Leiter der Schleiermacher-Forschungsstelle der Universität Kiel, Herrn Professor Dr. Hans-Joachim Birkner. In Erkenntnis der beziehungsreichen Bedeutung von David Friedrich Strauß' Nachschrift der Vorlesung Schleiermachers über Theologische Enzyklopädie begründete er vor dem Gremium der Herausgebergemeinschaft des Schleiermacher-Archivs die Wichtigkeit der Publikation und bestimmte in liebenswürdiger Überredung den Herausgeber zur Übernahme der Edition.

Die Durchführung der Edition wäre dem Herausgeber nicht möglich gewesen ohne die Hilfe, die wiederum Herr Professor Birkner als Leiter der Schleiermacher-Forschungsstelle ihm in allen Stadien der Herausgabe zuteil werden ließ.

Anläßlich der Angleichung der Transkription des Herausgebers an die editorischen Besonderheiten der Kritischen Schleiermacher-Gesamtausgabe, die dankenswerterweise die Schleiermacher-Forschungsstelle übernahm, unterzog Herr Professor Birkner das vor mehr als einem Jahrzehnt abgelegte Transkript einer erneuten Vergleichung mit der Handschrift und stellte noch manche nötige Korrektur fest — eine Arbeit, die die leidenden Augen des Herausgebers allein nicht mehr hätten erbringen können.

Die Ausführungen, mit denen Herr Professor Birkner diese Edition auf Bitten des Herausgebers bevorwortet, ordnen Strauß' Nachschrift der Entstehungs- und Wirkungsgeschichte der Vorlesungen Schleiermachers über „Theologische Enzyklopädie" ein.

Herr Dr. Stefan Strohm, Württembergische Landesbibliothek, Stuttgart, hat mit vielen liebenswürdig erteilten bibliographischen Auskünften dem Herausgeber geholfen.

Walter Sachs

Schleiermachers theologische Encyclopädie

Berlin Winter 1831/32.

Faksimile des Titelblatts (Originalgröße)

Encyclopädie
der
theologischen Wissenschaften.

Diese Disciplin soll eine klare Uebersicht von den verschiedenen Disciplinen der Theologie in ihrem Zusammenhange geben. Sie ist nicht blos für
den Anfänger nüzlich, sondern auch für den, welcher sich schon ins
Einzelne der Theologie vertieft hat.

Eine allgemeine Uebersicht über einen zusammengehörigen Kreis von
Wissenschaften beruht auf 2 Punkten: 1) auf dem Begriff der zusammenhal-
tenden Einheit, — hier der christlichen Theologie, und 2) von dieser aus
die natürliche Gliederung derselben.

Einleitung.

§. 1. Der Begriff der Theologie wird zurückgeführt auf den allgemeinern
einer Wissenschaft. Es giebt 2erley Arten von Wissenschaften, reine oder
nothwendige und positive. Jene sind solche, welche vermöge ⟨ihrer⟩
einer Beziehung des Wissens auf das Seyn sich ergeben, wie zB die
Naturwissenschaft. Alle nothwendigen Wissenschaften faßt die Philosophie zusammen wogegen die übrigen Facultäten positive Wissenschaften
enthalten. So bezweckt die Medicin die Herstellung des menschlichen
Körpers in seinen NormalZustand, die Jurisprudenz die Hervorbringung
des Rechtes, die Theologie die Erhaltung des christlichen Glaubens in der
Gemeinschaft. Alle diese Wissenschaften sind positive, weil sie nicht blos
ein Seyn darstellen, sondern eines hervorbringen wollen.

Ist nun die practische Aufgabe der Theologie Alles, was in Beziehung
auf die christliche Kirche geschehen soll, — ist dann der Name Theologie
passend? [2] Wenn die den Staat zum Zwecke habenden Wissenschaften
Staatswissenschaften heißen, so sollten genauer die theologischen Wissen-

schaften kirchliche Wissenschaften genannt werden. Aus dem Namen
Theologie läßt sich nicht⟨s⟩ entwickeln, was sie ist, er hat viele Verirrung
angerichtet. Theologie ist auch der Name für einen Theil der philosophischen Wissenschaften, im vorigen Jahrhundert war sie ein Theil der
Metaphysik. Daher unterschied man rationale und geoffenbarte Theologie,
aber lezteres ist vollends gar ein unpassender Name. — Doch Namen
lassen sich nicht willkührlich ändern, nur muß genau bestimmt werden,
wie sie zu verstehen sind. Von dem Namen Theologie aus betrachtete man
gewöhnlich ⟨die⟩ dasjenige, was der Name zunächst bezeichnet, die Lehre
von Gott oder die Dogmatik als die Hauptsache der Theologie. Und dieß
entweder deßwegen, weil die Lehre der Dogmatik von Gott geoffenbart,
oder weil sie die höchste Wissenschaft von Gott (= rationale Theologie)
sey. Sollen so alle andern theologischen Wissenschaften nur Hilfswissenschaften der Dogmatik seyn, so wird die Theologie als practische Wissenschaft aufgehoben, ihre Bestimmung wäre nur, unter den Theologen die
Erkenntniß von Gott zu erhalten, und für die Kirche gienge sie verloren. — Wären Kirche und Staat eins, so wären alle andern positiven
Wissenschaften Theologie. So im Judenthum: da giebt es keine andre
Literatur, als theologische. Nur durch die Aufhebung jener Identität von
Kirche und Staat sind die theologischen Wissenschaften bestimmt begrenzt.

§. 2. Nicht alle Religionen verhalten sich gleichmäßig zur Theologie.
Das Verhältniß gestaltet sich verschieden, je nachdem sich die Religionen
mehr durch symbolische Handlungen oder durch Vorstellungen darstellen.
Das GottesBewußtseyn, der MittelPunkt unsres ganzen Gebietes, wird im
Menschen wirklich einmal in der Richtung auf die Vorstellung, und dann
als Eindruck, dessen natürlicher Ausdruck eine symbolische Handlung ist.

[3] §. 3. Kirchenleitung ist in Beziehung auf die Kirche so viel als
Regierung in Beziehung auf den Staat. Die Kirche ist nichts andres als die
Gesammtheit derjenigen, welche in ihrem Leben durch dieselbe Glaubensweise bestimmt werden, und in sofern sind sie einander gleich. Es fragt
sich, warum wir sie als eine ⟨Allgemeinheit⟩ Gemeinschaft ansehen, und
nicht als bloses Aggregat. Hier müssen wir auf die gesellige Natur des
Menschen zurückgehen, vermöge welcher es natürlich ist, daß diejenigen,
welche sich durch ein und dieselbe Glaubensweise verbunden finden, in
einem ganz eigenthümlichen Verhältniß zueinander stehen, was wir vorläu-
fig als das Verhältniß der Ähnlichkeit bestimmen können, welches Bewußtseyn sie in sich erregen, und einander mittheilen werden. Befindet sich
der Einzelne in dieser Beziehung ⟨auf⟩ in einem Zustand der Schwäche
oder Unsicherheit, so wird er natürlicher Weise zu einem andern seine
Zuflucht nehmen, und dieß ist ein Verhältniß das von der Ungleichheit

ausgeht, indem er sich an einen Stärkeren wendet. Dieses beydes zusammen ist der Begriff einer Gemeinschaft = einer Gesammtheit von Einzelnen, welche in einem Bewußtseyn der Ähnlichkeit in einem bestimmten Punkt (hier Glauben) sich verbunden finden, und sich zugleich in einem Zustand der Mittheilung befinden.

Ist nun nach allem diesem eine Kirchenleitung nöthig? Allerdings! Es kommt hiebey an auf die geschichtliche Bedeutung und Stätigkeit. Es muß Verhältnisse geben, in Beziehung auf welche die Klarheit und Sicherheit der Einsicht, und die Kraft der richtigen Behandlung nicht in Allen, sondern nur in einigen wenigen seyn kann. So wie ⟨wir das menschliche Geschlecht sich nur in großer Masse⟩ nur wenige Menschen sich das menschliche Geschlecht in dem Zusammenhang seiner Geschichte denken können, so werden wir auch sagen müssen, es liegt in der Natur der Sache, daß das eigentliche geschichtliche Bewußtseyn in der christlichen Kirche nur ein Antheil von Wenigen seyn kann. So wie es also ankommt auf eine Gemeinsamkeit des Handelns, die von dem geschichtlichen Bewußtseyn *[4]* abhängig ist, so werden wir auch sagen müssen, daß dieß nur von wenigen ausgehen kann. Die Kirchenleitung ist also die Thätigkeit der Wenigen, welche im Besiz des geschichtlichen Bewußtseyns sind, um die Identität und die Mittheilung des Glaubens zu erhalten.

Zur Verdeutlichung muß hier die Parallele zwischen Kirche und Staat vergegenwärtigt werden. Diese Frage gehört eigentlich in eine Bestimmte theologische Disciplin, ⟨gehört⟩ daher kann sie hier nur lehnungsweise oder im Allgemeinen erörtert werden. Diese Frage ist nämlich die Haupt-frage in der praktischen Theologie, das Wort in seinem ganzen Umfange genommen. Wie verhält sich nun die Gemeinschaft die wir Staat nennen, zu jener der Kirche? Die Regierung beruht im Staat 1) auf dem Gegensaz zwischen Obrigkeit und Unterthanen, was ein Verhältniß der Ungleich-heit ist. In der Kirche ist nach dem Vorigen die Gleichheit Hauptsache, die Ungleichheit untergeordnet. Beruht nun der Staat so sehr auf der Ungleichheit, daß ohne sie gar kein Staat ist: so ist umgekehrt die religiöse Gemeinschaft wesentlich eine zwischen Gleichen, die nur vorübergehend sich ungleich erscheinen, und eine KirchenLeitung ist nur bey einem großen geschichtlichen Umfang der Kirche nothwendig. Dieß gilt vom Staate nicht, ein Staat kann so klein seyn wie eine mäßige Stadt, — aber ein Staat ist nicht ohne den Gegensaz von Obrigkeit und Unterthan, welches Verhältniß der Ungleichheit bey der Kirche erst auf einer gewissen Entwicklungsstufe eintritt.

2) Die Obrigkeit hat eine G e w a l t, welche der Unterthan erleidet. Bey der Kirche ist es aber eine Corruption, wenn die Kirchenleitung eine

Gewalt ist, d. h. durch Wirkung auf die Sinnlichkeit vermittelt. Der Zweck
der KirchenLeitung ist derselbe wie der Zweck *[5]* der Obrigkeit, indem
beyde nur das Beste der Gesammtheit wollen, in Beziehung auf dasjenige,
was die Basis der Vereinigung ist. Allein wie man auf die Art der Wirksamkeit sieht, verschwindet die Ähnlichkeit, und tritt eine vollkommene
Differenz heraus. Ist die Kirchenleitung nur ein Accessorium in der Kirche,
so werden wir freylich sagen müssen, wir können uns sehr verschiedene
Arten und Weisen denken, wie diese Kirchenleitung geführt wird. Das
aber ist von diesen Weisen ganz unabhängig, daß ⟨alle⟩ nur diejenigen,
die an der Kirchenleitung Theil nehmen, auch Theologen seyn müssen.

Läßt sich der Saz auch umkehren? Müssen alle, die an der Kirchenleitung
Theil nehmen, auch Theologen seyn? Dieß leugnet die katholische Kirche,
⟨mehrere⟩ die Päbste waren gewöhnlich keine Theologen; aber dieß
kommt von dem hierarchischen Wesen der katholischen Kirche her. Davon
hat sich die ⟨katholische⟩ protestantische Kirche losgesagt, und dieß ist
ein HauptVerdienst der Reformation. Wenn einer die monarchische Spize
der katholischen Kirche, im Pabst, betrachtet, so wird freylich sogleich
einleuchtend, daß er ein guter Pabst seyn kann, ohne ein Theologe zu
seyn. Weiter herab wird freylich die Nothwendigkeit der Theologen größer. Aber auch wir Protestanten scheinen zuzugeben, daß NichtTheologen
zur Kirchenleitung gezogen werden können, wie dieß in allen presbyteria-
nischen Kirchen geschieht. In den Presbyterien, Synoden p sind Nicht-
Theologen. Doch sind dieß immer Menschen von allgemeiner Bildung,
die immer auch etwas von der Theologie in sich hat, ⟨da sie⟩ um so mehr,
da man nur solche wählen wird, die ein besonderes Interesse an der
Theologie haben.

In dem Ausdruck des Compendiums: die Theologie eigne nicht allen
pp ⟨dieß heißt nicht⟩ ist nicht enthalten, die übrigen dürfen nicht Theologen seyn; sie können es seyn zu ihrem Vergnügen, und dieß wäre gut. Es
liegt aber in der Natur der Sache, daß jeder der ein Theologe ist, an der
Kirchenleitung irgendwie Theil nehmen wird, wenn auch nicht auf *[6]*
officielle Weise. So wird einen ge wis sen Antheil an der Kirchenleitung
jeder Theologe haben, und auch umgekehrt, ⟨daß⟩ werden alle, welche
an der Kirchenleitung Theil nehmen, — wenn auch nicht eigentliche
Theologen seyn, — doch irgendwie an der Theologie Theil nehmen.

§. 4. Sagt ein Verhältniß aus zwischen der christlichen Theologie und
jeder andern, indem er sie in Beziehung auf den Begriff als das Maximum
darstellt. Hier bietet sich eine Parallele dar zwischen christlicher und
andern Theologien und zwischen Christenthum und andrer Religion. Die
christliche Theologie muß sich zu allen andern verhalten, wie sich die

christliche Religion zu allen andern verhält, könnte man hienach sagen. Dieß könnte vielen nicht gefallen, und sie könnten das Verhältniß so stellen, das Christenthum allein sey die wahre Religion, alle andern die falsche, und so müsse es auch mit der Theologie ⟨gefallen⟩ seyn. Gehen wir auf §. 1. zurück, und denken uns, daß zur Theologie nothwendig wissenschaftliche Elemente gehören, so werden wir sagen müssen, es könne nicht eine Theologie absolut falsch seyn, weil dieß wissenschaftliche Elemente nicht können. Denken wir freylich Theologie im engern Sinn als GottesErkenntniß, so wird, wenn eine Religion falsch ist, auch ihre Theologie falsch seyn; aber dieß wird nur gelten von demjenigen Gebiet, welches die Gotteserkenntniß enthält. Denken wir aber, daß eine Religion zu geschichtlicher Bedeutung ⟨ist⟩ gelangt ist, so können wir nicht denken, daß sie lauter Irrthum sey. — Der Irrthum ist immer nur an der Wahrheit, ein Irrthum ist Irrthum in Beziehung auf etwas, was Wahrheit ist. So mit den Religionen, wie zB mit dem Polytheismus, welcher eine Verirrung, aber des höchsten Strebens des menschlichen Geistes ist. Der absolute Irrthum wäre nur der absolute Skepticismus, *[7]* welcher alle Wahrheit leugnet, aber kein Princip der Gemeinschaft ist.

Der Saz, daß die christliche Theologie die ausgebildetste ist, weil sie die größte geschichtliche Ausbreitung hat, kann zweyfelhaft erscheinen. Wenn einer ⌊fragt⌉[1], Seit einigen Jahrhunderten hat sich im Orient der Buddhismus verbreitet, und giebt es nicht vielleicht mehr Buddhisten als Christen? ⟨?⟩ so wäre dieß schwer zu entscheiden. Ebenso mit den Sprachgebieten; das Messen ist immer zweyfelhaft, und so scheint auch der ganze Saz es zu seyn. Er ist deßwegen aufgestellt, weil ein so specifischer Unterschied ist zwischen der christlichen Theologie und allem Analogen in andern Religionen. Die jüdische Religion mußte wegen ihres hierarchischen Charakters alle BildungsElemente in sich aufnehmen, — aber dennoch ist wegen des isolirten Princips dieser Religion die Theologie sehr wenig geworden. Im Orient ist die Differenz des speculativen Denkens und Dichtens nicht so bestimmt herausgetreten, und daher konnte auch die Theologie nicht zu Stande kommen. Diese specifische Richtung hängt ⟨nun⟩ nicht von der Quantität, sondern von der Beschaffenheit der Bildungsgebiete ab, und ⟨daß nun⟩ daher kommt es, daß andre Religionen nur eine Mythologie keine Theologie haben, und darum kann man in einem gewissen Sinn sagen, die christliche ⟨Theologie⟩ Kirche ist die einzige, die eine eigentliche Theologie hat. Man kann fragen, ob es wohl dasselbige würde gewesen seyn, wenn wir uns das Christenthum denken,

---

[1] *Andere mögliche Lesart*: sagt.

so weit verbreitet als es ist, aber zugleich sollten wir denken, es sey kein
Kanon vorhanden gewesen? Wenn wir die ganze Gestalt der christlichen
Theologie betrachten, so nimmt das, was sich auf die heilige Schrift
bezieht, allerdings einen sehr großen Theil davon ⟨seyn;⟩ ein und fiele
diese weg, so sähen wir kein zusammenhaltendes Princip des Ganzen.
D. h., das Christenthum hätte dasselbe bleiben können, denn da liegt das
zusammenhaltende Princip in dem Glauben an Christum, nicht in der
Schrift. Da aber nun das Christenthum sich gleich zu gestalten anfieng
unter Verhältnissen, bey welchen es schriftliche Mittheilung gab, so würde
dieses eine theologische *[8]* Literatur haben auch ohne heilige Schrift —
es würden Darstellungen des christlichen Glaubens entstanden seyn, und
auch wissenschaftliche Forschungen desselben, denn dieß hängt unabhängig von der heiligen Schrift von einer eigenthümlichen Richtung des
Geistes ab. Aber wenn wir uns nun denken sollen, die ganze Beschäftigung
mit den heiligen Schriften ex professo existirte nicht, die wesentliche
Methode der Dogmatik, sich auf Bibelstellen zu berufen, existirte auch
nicht: was würde dann aus der Theologie geworden seyn? Betrachten wir
den Zustand des Christenthums im Allgemeinen, so ist in der protestantischen Kirche der Gebrauch der heiligen Schrift und ihre Werthschäzung
eine ganz andre als anderwärts. Dieß hat einen innern Grund, auf den man
selten fällt; er ist dieser, daß wenn wir uns die heilige Schrift wegdenken,
alsdann die ganze Theologie von selbst den Zuschnitt bekommen hätte,
⟨wie⟩ den sie jezt in der römischen Kirche hat. Denken wir uns nun die
wissenschaftliche Richtung, die in der christlichen Kirche vor Autorisirung
des Kanon entstand, so würde diese eine wissenschaftliche Theologie
hervorgebracht haben; die einzelnen vorhandenen NTlichen Bücher aber
wären nur der ungeschlossne Anfang der ganzen Reihe von Darstellungen.
⟨Denken wir uns nun die Ausbreitung des Christenthums.⟩ Denken wir
uns eine große Gemeinschaft so müssen wir in jedem, in welchem das
Bewußtseyn derselben lebendig ist, eine doppelte Richtung ⟨zu⟩ denken,
1) die Sucht nach Originalität, das ist eine antigeschichtliche Richtung, weil
sie die Stätigkeit aufhebt. Aber ebenso natürlich ist 2) die geschichtliche
Richtung, welche von der Richtigkeit eigner Produkte sich durch Anschlie-
ßung an das Vorhandene überzeugt. Was sind die Produkte beyder Richtungen? Die erste produzirt das Bestreben, die eignen Behauptungen aus sich
selbst zu begründen; aber indem sie doch verbreitet werden soll, so kann
er sie nicht aus seinem Individuellen in ihm begründen, sondern durch
das was ihm *[9]* mit Andern gemein ist, d. h. auf allgemein menschliche
Weise, und auf diesem Wege würde immer die Richtung nach einer
speculativen Begründung entstanden seyn. Aus dieser Zusammenstellung

darf nicht geschlossen werden, daß überall diese Richtung aus Originali-
tätssucht entstehe, sondern dieser Ausdruck ist nur gewählt als der strikte
Gegensaz gegen die andre Richtung.

Über die andre Seite ist nicht viel zu hinzuzusezen, denn jene Neigung
ist die natürliche, jeder wird durch das vorangegangene Geschlecht belehrt,
und befindet sich ursprünglich im Zustand der Empfänglichkeit, muß
daher um sich über eine Ansicht zu beruhigen, zeigen, daß er richtig
empfangen hat. Dieß ist ganz richtig, nur ist jeder auch berufen, die
menschlichen Dinge weiter fördern zu helfen. Hier beginnt nun der
Unterschied sich zu Tage zu legen. Die speculative Begründung des
Christlichen ist in einer gewissen Opposition gegen die Geltung der
heiligen Schrift als solcher, und die Tendenz, ⟨dass⟩ das was sich Einzelne
als Neues herstellten, durch die Analogie mit früherem zu begründen,
diese wird, wenn wir die heilige Schrift wegdenken, keinen Unterschied
gelten lassen zwischen dem Vorhandenen, sondern Jeder Frühere würde
als Gewährsmann gelten so weit als der welcher sich auf ihn beruft ihn
gelten läßt. Die protestantische Kirche macht hier bey dem protestantischen Kanon einen strengen Abschnitt, und sagt: was in diesem enthalten
ist hat eine ganz besondere Geltung, und wer seine eignen Produkte in
der Kirche will geltend machen, der muß auf dieses zurückgehen, weil
alles Andre keine Auctorität hat. Dieser Abschnitt wäre nicht möglich
ohne den Kanon. Nun die katholische Kirche macht ihn auch nicht, es ist
ihr gleich, ob einer eine Behauptung bestätigt durch die Berufung auf den
Kanon oder auf einen andern christlichen Lehrer. Eben dieses begünstigt
in der Theologie der römischen Kirche die speculative Richtung, die *[10]*
in der neuren Zeit stark hervorgetreten ist. So wie man beweisen kann,
daß das speculativ Begründete nicht im Widerspruch ist mit der kirchlichen
Lehre, so ist dann an eine Bewährung aus einer solchen geschichtlichen
Quelle, und aus dem NT gar nicht nothwendig zu denken, wenn es nur
nicht im Widerspruch ist. Der Unterschied also der in der Ausbildung
der Theologie entstanden wäre, wenn das Christenthum keinen Kanon
bekommen hätte, wäre der, daß die ganze theologische Methode nur die
katholische hätte seyn können; die protestantische Theologie hätte sich
nicht gestalten können. Es hätte⟨n⟩ eine Menge von Verunstaltungen des
christlichen Lebens und der christlichen Lehre geben können, wie sie in
der katholischen Kirche entstanden, auch eine Reaction hätte entstehen
können, aber nicht in dem eigenthümlichen Charakter des Protestantismus,
sondern entweder wären wir ebenso auf Auctoritäten zurückgegangen,
wie jeder sie sich hätte wählen wollen, oder wir wären frei unsern Gang
gegangen, aber die Haltung an die heilige Schrift hätte nicht entstehen

[können], wenn nicht durch die Reformation selbst der Kanon wäre gebildet worden, und dieß hätte allerdings geschehen müssen, wenn das Princip stark genug gewesen wäre, — dieß ist eingeschaltet, um gleich von vorn herein den richtigen Standpunkt zu geben, obgleich hier von einem Gegensaz zwischen Protestantismus und Katholicismus nicht die Rede seyn kann. Im

§. 5. wird aus allem Bisherigen die Definition der christlichen Theologie gegeben, die allem Folgenden zu Grunde liegt. In der Anmerkung zu §.1 war von dem Ausdruck positive Wissenschaft eine Erklärung gegeben worden. — Hier tritt an die Stelle des einfachen Ausdrucks wissenschaftliche Elemente (§ 1.) die Duplicität: wissenschaftliche Kenntnisse und Kunstregeln, und beydes begreift jener Ausdruck: Elemente — unter sich. Beyde Ausdrücke bedürfen einer Erläuterung. Das Adjectiv wissenschaftlich soll sich blos auf Kenntnisse beziehen, — in Kunstregeln liegt dieß schon von selbst. *[11]* ⟨Was sind dann⟩ Erschöpft nun aber diese Duplicität jenen einfachen Ausdruck? Wissenschaftliche Grundbegriffe sind einmal nicht unter den Kenntnissen, denn sie dürfen nicht als Kenntniß besessen werden.

Diese sind also hier ausgeschlossen. Dieß hat aber seinen guten Grund in der Art, wie die Theologie schon §. 1. bestimmt wurde. Bezieht sie sich doch auf eine bestimmte Gestalt des Gottesbewußtseyns, daher auf eine Voraussezung, und ⟨Grundsäze⟩ alle Grundbegriffe gelten nur unter dieser Voraussezung, während rein wissenschaftliche Grundbegriffe eine solche Voraussezung nicht gelten lassen. Wir haben es nun zwar in der Theologie zum Behuf ihrer wissenschaftlichen Gestaltung mit Begriffen zu thun, die aus wissenschaftlichen Grundbegriffen abgeleitet sind, aber nicht mit diesen selber. Betrachten wir die 2 Bestandtheile, Kenntnisse und Kunstregeln als wissenschaftliche Elemente⟨n⟩ so involvirt der Ausdruck, daß die Theologie Inbegriff derselben sey, die Einheit der verschiednen Elemente. Nun aber werden diese ⟨L1⟩ Elemente im 2ten Theil des §. auf die KirchenLeitung bezogen, so daß, was nicht zur Kirchenleitung gehört, auch nicht in die Theologie gehören kann. Nun ist hier ein bestimmter Ausdruck gewählt, und an die Stelle des Ausdrucks KirchenLeitung ist der Ausdruck KirchenRegiment gekommen. Die Differenz hievon näher zu bestimmen, gehört in die practische Theologie. Hier soll der Ausdruck nur etwas in sich fassen, was in dem von Kirchenleitung noch nicht liegt, und dieß ist bezeichnet durch den Ausdruck: zusammenstimmende Leitung. Jeder Christ der einen Einfluß auf Andre zu üben sucht in Beziehung auf das Christenthum, ist in der Kirchenleitung begriffen. Aber das ist nicht der Begriff von welchem wir hier ausgehen können, denn da könnten wir uns ja ganz entgegengesezte Tendenzen denken, während der Zweck der Theologie ist, diese Entgegensezung aufzuheben, und eine zusammenstimmende Leitung hervorzubringen.

⟨Wenn⟩ Es wird nun gesagt, ⟨werden⟩ die Theologie wäre nicht nöthig für den christlichen Glauben an und für sich, sondern nur sofern der christliche Glaube in einer Gemeinschaft ist, welche eine zusammenstimmende Leitung nöthig hat. Isolirt in *[12]* einem Einzelnen können wir uns den christlichen Glauben nicht denken, wohl aber in einer Familie. Der FamilienVater theilt den Glauben den Seinigen mit, und es entsteht eine Gemeinschaft, welche keine besondre Leitung nöthig hat, da die hausväterliche Gewalt durch Alles hindurchgeht und in der Mittheilung schon auch die Leitung ist. An allen kleineren, aber über den FamilienKreis hinausgehenden religiösen Gesellschaften, wie wir solche in Großbritannien und den nordamericanischen Staaten finden — ⟨sind alle⟩ sehen wir, daß sie ⟨sich⟩ um der Geringfügigsten Gründe willen wieder auseinandergehen. Die ganze Art und Weise jener Religionsgesellschaften begünstigt dieß. Da muß man sagen, sobald eine Veranlassung ist zu einer zusammenstimmenden Leitung, d. h. eine beginnende Differenz, so geht das Ganze auseinander, und es besteht nur, sofern es keine zusammenstimmende Leitung giebt. In solchen Gesellschaften würde man zu keiner Theologie kommen, wenn man nicht eine schon vorfinden würde. Denn jede solche Trennung müßte eine Umbildung der Theologie mit sich führen, was nicht geschieht. Die Theologie erscheint als ein Ueberkommenes, Traditionelles, und die Gemeinschaft allein als das sich Bewegende. So kleine Gesellschaften, deren geschichtliche Bedeutung fast null ist, können auch keine eigenthümliche Theologie haben. Eine ausgebildete Theologie hält die Kirche zusammen. So ist die protestantische Kirche realiter getrennt, aber das Leben in der Theologie ist Eines in ihr, und diese Einheit der Theologie vorzüglich erhält das Bewußtseyn der Einheit der Kirche, so wie das Uebergehen von Theologen von einer Landeskirche in die andre die Gewährleistung der Einheit der protestantischen Kirche ist.

Aus was für Elementen darf also die Theologie bestehen? Die wissenschaftlichen Kenntnisse müssen historisch seyn, was schon in dem Ausdruck Kenntniß liegt. Das andre Element muß technisch seyn, zu dem Hervorbringen eines Werkes gehören, und wir sehen hieraus schon im Allgemeinen die Gestaltung des theologischen Studiums. Hier wird aber *[13]* nicht ausgeschlossen, daß nicht könnten in einzelnen theologischen Disciplinen wissenschaftliche Grundbegriffe lehnungsweise vorkommen, wie zB die Eintheilung der theologischen Wissenschaften solche erfordert. Allein dieß betrifft nur die Form.

Denken wir uns die ersten Anfänge der christlichen Kirche, und fragen uns: gab es damals eine Theologie? so ist dieß zu verneinen. Fragen wir weiter: ⟨gab⟩ war damals die christliche Kirche unvollkommener, weil es keine Theologie gab? so werden diejenigen, welche die erste christliche Kirche für so viel vollkommener halten, es ebenfalls verneinen. Hierauf wollen wir uns nicht berufen, werden aber dennoch sagen müssen, daß der Werth des christlichen Glaubens in der Lebendigkeit ⟨und Stetigkeit⟩ und Wirksamkeit des Gottesbewußtseyns besteht, was alles in gleicher Vollkommenheit vor sich gehen kann ohne eine Theologie. Nur dieß besorgt die Theologie, daß die Momente des christlichen SelbstBewußtseyns sich richtig in Gedanken ausdrücken, was aber für den christlichen Glauben nicht wesentlich ist. Dem Gläubigen könnten unwichtige Ausdrücke für seinen Glauben entfallen, aber sie sind nur momentane Produkte, die in ihm nicht bleiben.

§. 6. Abgesehen von der Beziehung auf das KirchenRegiment fällt jedes theologische Element irgendeiner andern Wissenschaft anheim. Es sind hier geschichtliche und ethische Disciplinen angeführt. Es ist die Seelenlehre mit angeführt, und man kann zweyfeln, ob diese mit unter die ethischen Disciplinen zu zählen ist. In Beziehung auf die Theologie erscheint sie allerdings in einer ethischen Beziehung, und wirklich ist sie entweder eine naturwissenschaftliche oder eine ethische Disciplin, jenachdem man die Seele als ein gegebenes oder als ein zu behandelndes betrachtet. Philosophie ist hier nicht angegeben als eine der Wissenschaften, in welche einzelne theologische Elemente zurückfallen könnten. Aber ausgeschlossen sind eigentlich nur Naturwissenschaft und Metaphysik. Es kann nämlich nothwendig seyn, auf metaphysische Säze zurückzugehen, um den wissenschaftlichen Ausdruck einzelner theologischer Säze zu verstehen, aber zur Theologie selbst können sie nicht gehören, weil Metaphysik etwas vor allem Thatsächlichen ist, das Christenthum aber auf einer Thatsache beruht.

[14] §. 7. Die verschiedenen theologischen Kenntnisse verhalten sich zu dem Willen, zum Besten der Kirche thätig zu seyn, wie der Leib zur Seele. Auf ihrem Zusammenseyn beruht das Leben der Theologie. Weßwegen wenn ⟨daher⟩ etwas Mangelhaftes oder Falsches in die Willensrichtung hineinkommt, alsbald auch eine Abnormität in der Gestaltung der ⟨Kirche⟩ Theologie entsteht.

§. 8. Umgekehrt kann nur vermitteltst jener manchfaltigen Kenntnisse jenes innre Motiv zweckmäßig wirksam seyn. Dieß ist in unsrer und auch andern Kirchengemeinschaften der Grund der allgemeinen Ordnung, daß ein Antheil an der KirchenLeitung nur denen gegeben wird, welche sich über den Besiz der theologischen Kenntnisse ausweisen können, weil sie sonst auch mit dem Besten Willen nicht könnten zweckmäßig thätig seyn. Es giebt christliche KirchenGemeinschaften, die auf eine geringre Anzahl beschränkt und so geordnet sind, daß sie, wenn auch ein größrer Umfang stattfände, doch keine so große geschichtliche Bedeutung hätten. Bey diesen tritt dann auch die Theologie und jene Ordnung zurück. In der protestantischen Kirche finden wir diese Ordnung überall, so wie die Theologie. Denkt man sich die bischöfliche englische Kirche, — diese ist ein großes Corpus von großer geschichtlicher Bedeutung. Aber die Handhabung dieser Ordnung ist durch den aristokratischen Charakter der höheren Geistlichkeit mangelhaft, und ein vornehmer Mann kann ohne gehörige Kenntnisse die ordines bekommen. Aber darum ist auch die Leitung der Kirche schlecht. Die Gemeinschaftskirchen dagegen haben eine solche Ordnung garnicht, weil sie auch keinen öffentlichen Lehrstand haben, — aber es ist auch eine Gemeinschaft von kleinem Umfang und Bedeutung. Daher geht diese Gesellschaft auch ohne jene Ordnung ihren guten Gang. So die evangelische Brüdergemeinde. Sie ist der SeelenZahl nach gering, aber nicht ohne geschichtliche Bedeutung, — schon wegen ihres Mönchswesens. Sie hat nicht ganz dieselbe Ordnung, sie macht keinen bestimmten Unterschied zwischen Theologen und NichtTheologen. Es sind einzelne Männer zu den höchsten Würden *[15]* gelangt, ohne sich über theologische Kenntnisse legitimirt zu haben. Doch hat diese Gemeinschaft immer Sorge, daß ⟨Theologen⟩ Theologie vorhanden sey. In unsrer protestantischen Kirche haben immer auch Layen Antheil an der KirchenLeitung, doch mehr nur an der äussern, während der mit der religiösen Mittheilung zusammenhängende Theil immer genau mit der Theologie ⟨zusammenhängt⟩ verbunden bleibt.

Die Willensrichtung auf die Kirchenleitung geht zunächst von einer überwiegenden Frömmigkeit aus, wenn sie nicht anders ein falsches Motiv hat. Die wissenschaftliche Fähigkeit aber zur Herbeyschaffung der theologischen Kenntnisse ist damit nicht identisch, und daraus entwickelt sich die Möglichkeit einer bedeutenden Differenz. Wenn ⟨nämlich⟩ jedoch einer wegen seiner überragend frommen Richtung Theil an der Kirchen-Leitung wünschte, ⟨so⟩ ohne theologische Kenntnisse zu haben, so würde er sich entweder diese zu erwerben suchen, oder wenn dieß nicht möglich wäre, ⟨darauf⟩ auf die eigentliche KirchenLeitung verzichten. So zieht sich bey richtigen Motiven von selbst eine Grenze. Dennoch ist eine große Differenz möglich, welche die folgenden §§, von dem Gleichgewicht ausgehend, beschreiben.

§. 9. Religiöses Interesse und wissenschaftlicher Geist gleichmäßig vereinigt, und zugleich im möglichsten Gleichgewicht zu Theorie und Ausübung wird hier gedacht. Zur Erläuterung der lezteren hier einiges Weitre. Die Ausübung ist das, was unmittelbar aus ⟨der Richtung auf die Kirchenleitung⟩ dem religiösen Interesse entsteht. Das religiöse Interesse also richtet sich an und für sich auf die Ausübung, — der wissenschaftliche Geist unmittelbar auf die Theorie. Also sind beyde Differenzen dasselbe, nur giebt die erstere den innern Grund, die 2te den Zielpunkt an, — dieß ist die Idee eines Kirchenfürsten. Dieß ist eine Uebertragung eines kirchlichen Ausdrucks princeps ecclesiae, d. h. ein solcher, welcher sein Zeitalter geistig dominire, ohne daß eine amtliche Stellung inbegriffen würde. Alle andern unterscheiden sich von einem solchen, entweder durch das aufgehobene *[16]* Gleichgewicht jener 2 Punkte, oder durch die Verringerung des Grades, ohne Aufhebung des Gleichgewichts. Leztres interessirt uns nicht, sondern nur das erste.

§. 10. Derjenige, welcher von jener Idee einseitig abweicht durch das Uebergewicht des wissenschaftlichen Geistes, der ist, was wir den Theologen im engeren Sinne nennen; derjenige, in welchem sich das religiöse Interesse überwiegend entwickelt hat, den nennen wir jenem gegenüber den Kleriker, — dieß ist nicht so gemeint, als ob der Kleriker es deßwegen werde, weil er weniger wissenschaftlichen Apparat hat als der Theologe im engeren Sinne, oder daß der Theologe im engeren Sinn es deßwegen werde, weil das religiöse Interesse in ihm zu schwach wäre. Nicht wegen des minus auf der einen, sondern wegen des plus auf der andern Seite wird jeder was er wird. Das Uebergewicht der Ausübung, welches das religiöse Interesse fordert, ist mehr in der klerikalen Thätigkeit. Aber auch ein theologisches Leben ohne Einwirkung auf die KirchenLeitung läßt sich nicht denken. Nur hat der Theologe nicht die Richtung auf die unmittelbare und stetige Ausübung, wie sie im KirchenRegiment ist. — Hieße es statt Theologe im engeren Sinn — ein Theologischer Academiker, und statt Kleriker ein ausübender Geistlicher — so wäre das nicht ganz dasselbe gewesen. Nämlich Kleriker umfaßt mehr als ausübender Geistlicher. Es kann einer nicht unmittelbar ausübend seyn und doch ein Kleriker, wie die im höheren KirchenRegiment fungirenden. Ebenso kann einer ein Theologe seyn ohne academisches Lehramt. Betrachten wir diese Scheidung von dem Ausgangspunkt aus, und nehmen die Frage wieder auf: wie weit läßt sich diese Einseitigkeit ausdehnen, so läßt sich zB denken, es beschäftigt sich einer mit dem AT aus einem theoretischen Grund. Nun ist aber ein ⟨wissenschaftlicher⟩ überwiegend wissenschaftlicher Drang in ihm, der treibt ihn zu den semitischen Dialekten. Wenn er dieß so thut, daß er die Ausbeute auf das A.T. *[17]* anwendet, so hat seine Beschäftigung einen theologischen Charakter. Aber es kann ihm dabei auch das theologische Interesse ausgegangen seyn, und dann haben die Kenntnisse die er sich verschafft, den theologischen Charakter verloren. Wie stellt sich nun die Sache auf der andern Seite? Kann einem, der nur vermöge der religiösen Interessen sich theologisch gebildet hat, die Wissenschaft ganz ausgehen? Die Möglichkeit ist nicht zu bestreiten. Die Erfahrung giebt es häufig, so daß man schon oft gefragt hat, ob es nicht nüzlicher wäre, diejenigen, welche eine überwiegende Richtung auf die Ausübung haben, nicht erst theologisch durchzubilden, weil ihnen doch die wissenschaftliche Thätigkeit und Geist späterhin verloren geht. Diese Frage ist aber immer verneinend beantwortet worden. Und diese Verneinung kann nur unter der Voraussezung richtig seyn, daß man annimmt, es bleibe von der theologischen Bildung immer etwas in der Ausübung zurück. Dazu gehört aber, weil ein Geistiges nur als Lebendiges zurückbleiben kann, — wenn die Voraussezung richtig ist, daß jeder der in die unmittelbare Ausübung übergeht, auch eine wissenschaftliche Thätigkeit behält. Würde nun dem Kleriker jemals durch andre Geschäfte die theologische Beschäftigung unmöglich gemacht, so wäre es unnöthig, ihn durch die ganze theologische Wissenschaft hindurchzuführen.

§. 11. Hier wird die Sache so gefaßt, daß jede, vermitteltst theologischer Kenntnisse oder Kunstregeln unternommene Thätigkeit in das Gebiet der Kirchenleitung gehöre, also klerikalisch sey, so wie jede Aufstellung von Gedanken über eine solche Thätigkeit sey das Gebiet der Theologie im engeren Sinn. Man könnte sagen, auch das Denken sey ein Handeln. Aber was hier Handeln genannt wird, ist das aus sich Herausgehen, das Hervorbringen eines Werkes, und das Denken ist nicht blos Denken einer That, sondern das zusammenstellende, um seiner selbst willen angestellte Denken. ZB die Thätigkeit des Predigers ist eine Handlung, die vermitteltst der theologischen Kenntnisse und Kunstregeln geübt wird. Wenn aber jemand über dieses Gebiet der Thätigkeit eine Theorie aufstellt, so ist diese Aufstellung aus dem Gebiet der Praxis ausgeschlossen und ein Theil der theologischen Wissenschaften. *[18]* Wie aber, wenn einer theologische Werke herausgiebt? Sie gehören ins Gebiet der Theologie. Aber sie sind ein Aussichherausgehen, ein Wirken, so könnten sie auch zur Ausübung gehören. Aber denken wir ein rein wissenschaftliches theologisches Werk, so wird Niemand zweifeln, daß dieß zur Theologie gehöre. Denken wir aber eine Schrift mit Beziehung auf gegenwärtige Streitigkeiten, oder überhaupt auf Zustände in der Kirche, so kann dieß Werk ganz wissenschaftlich seyn — aber doch wird man fragen: war es recht, klug, dieß Werk jezt herauszugeben? und so ist es eine That, und gehört zur Ausübung. So giebt es allerdings streitige Fälle, aber dann sind es immer verschiedne Beziehungen, in welche ein Werk fallen kann.

In der Anmerkung ist gesagt, daß auch die rein wissenschaftliche Wirksamkeit des Theologen doch in das Gebiet der KirchenLeitung gehört, also klerikalisch ist, — und jede Vorschrift auch über die unmittelbare Ausübung sey theologisch. Darinn fährt

§. 12. weiter fort. Alle wissenschaftlichen Theologen nehmen auch an der KirchenLeitung Theil. Denn wenn sie in Wort und Schrift ganz abstrahirten von dem dermaligen Zustande der Kirche: so wäre dieß gar keine theologische Art mehr, den Gegenstand zu behandeln. Ein solcher hätte sich auf den rein wissenschaftlichen Standpunkt 〈gehoben〉 gestellt. So werden wir sagen müssen, der Antheil an der KirchenLeitung muß überall seyn bey jeder theologischen Thätigkeit. In diesem gemeinschaftlichen Gebiet der Theologie hat nur der eine mehr unmittelbar seine Impulse vom kirchlichen Interesse zu empfangen, der andre auch vom kirchlichen Interesse, aber nur sofern die wissenschaftliche Thätigkeit ihm dienen solle. So müssen die beyden Elemente in jedem Theologen seyn. Im Zusaz ist dieß noch strenger aufgefaßt. Der unkirchliche Theologe würde nur theologische Elemente im Sinne der besonderen Wissenschaft behandeln, der untheologische Kleriker wäre nicht zur KirchenLeitung berufen, sondern müßte selbst geleitet werden. Vergleichen wir nun diese beyden Thätigkeiten, so werden wir sagen müssen: unmittelbar können wir nicht sagen, daß sie einander widersprechen, *[19]* und in einem Individuum nur die eine seyn könnte. In der Kirche besteht aber eine solche Geschäftsvertheilung, daß der Beruf zur Kirchenleitung eine organisirte Manchfaltigkeit ist, und der Einzelne sich einen speciellen Zweig wählen muß. Dazu kann einer bewegt werden durch die Betrachtung

§. 13. entweder seiner eignen Natur oder durch die Betrachtung des Zustandes der Kirche. Lezteres ist im § nicht herausgehoben. Wenn nämlich einer auf einen kleineren Kreis beschränkt wäre, dann allein könnte das leztere Motiv auch wirken, sonst nicht. Denkt man sich einen kleinen Landestheil der ein kleines Ganze für sich bildete und sich gegen Fremde abgeschlossen hätte: dann könnte ein Einzelner zu sich sagen: Ausübende haben wir genug, aber es fehlt an wissenschaftlichen Theologen, daher will ich mich auf diese Seite werfen. Allein eine solche Abschließung findet nicht statt bey uns, und so kann der Einzelne nicht übersehen, wiefern er auf der einen oder andern Seite nothwendig ist. So findet nur der eine subjective Grund statt für die Bestimmung des kirchlichen Berufs.

Zusaz. Hier ist darauf aufmerksam gemacht, daß ohne inneren Beruf keiner ein Theologe oder Kleriker seyn kann. Wir haben der Beyspiele, daß einer dem Schein nach ohne Wahrheit Geistlicher ist, nicht viel; doch kommen sie vor. Es ist einer von aussen zu diesem Beruf bestimmt worden, und weil er zu spät selbständig wird, so muß er ohne Neigung darinn bleiben. Weit häufiger ist diese Erscheinung, wo große äussre Vortheile mit dem geistlichen Stand verbunden sind, wie in der bischöflichen Kirche von England. — Im 2ten Theil des Zusazes ist eine Bemerkung hinzugefügt, die von großer Erheblichkeit ist. Bey uns ⟨findet⟩ ist die kirchliche Thätigkeit Basis eines besonderen Standes. In der katholischen Kirche so, daß der geistliche Stand alle bürgerlichen negirt, daß er von allen übrigen bürgerlichen Verrichtungen ausschließt. In dem größten Theil der protestantischen Kirche ist es anders, weil die weltliche Obrigkeit die Kirchen-Leitung in Händen hat, und also die Kirchendiener in Analogie kommen mit den [20] Staatsdienern. Dieses ist nun nur als ein zufälliger Zustand anzusehen, und ⟨nebenbey⟩ weder die Organisation dieser 2 Hauptzweige der kirchlichen Thätigkeit noch sonst etwas hängt davon ab. Wir müssen uns den Fall denken, daß keiner seine ganze Lebensweise darauf bezöge, theologisch oder klerikalisch thätig zu seyn, sondern daß diese Wirksamkeit bestünde neben einer andern in der bürgerlichen Gesellschaft. Wenn Kirche und Staat ganz getrennt sind, so hat doch der Staat an jeden Einzelnen gewisse Forderungen. Nimmt nun der Staat von der Kirche Notiz, so erkennt er an, daß wer an der KirchenLeitung Theil nimmt, der auch dem Staat seine Pflicht leiste. Wo aber der Staat die Kirche nicht anerkennt, da müßte es noch einen bürgerlichen Beruf neben dem kirchlichen geben. Dadurch würde in dem Gebiete der kirchlichen Thätigkeit gar nichts geändert. Wir müssen also das ganze theologische Gebiet so construiren, daß es auch paßte, wenn jenes Verhältniß nicht stattfände.

§. 14. Hier wird die Nothwendigkeit, daß einer im Gebiete der Kirchenleitung eine Wahl treffe, aus der Natur der Sache dargethan, indem gesagt wird, daß Niemand die theologischen Kenntnisse vollständig inne haben könne. Hieraus folgt, daß schon innerhalb des einen Zweiges eine Theilung nöthig sey, was auch Einfluß auf den andern Zweig hat. Jene Unmöglichkeit wird gegründet 1) auf die Unendlichkeit des Inhalts der Theologie, 2) auf die Differenz der subjectiven Qualitäten. Was das 1te betrifft, so leidet dieß keinen Zweyfel. Denke man nur an KirchenGeschichte und Exegese. Auch das 2te ist klar. Nicht leicht wird einer ein gleiches Talent haben für die unmittelbare Ausübung und für die wissenschaftliche Thätigkeit, und in dieser letzteren sind selbst wieder Differenzen: das philologische Talent, die geschichtliche Forschung, sind eigenthümliche

Talente u.s.f. Hier tritt nun wieder dieselbe Möglichkeit ein seine Bestimmung zu nehmen, entweder aus dem subjectiven oder aus dem objectiven Grunde. Doch wird am Besten beydes *[21]* vereinigt. Meine Neigung, sagt einer, treibt mich zur historischen Theologie. Ganz kann ich sie nicht umfassen, aber hier ist ein Gebiet was noch nicht genug bearbeitet ist, und dieß will ich wählen. So wird das objective Motiv das specielle, das Allgemeine kann es nicht seyn, siehe oben.

Z u s a z . Hier ist das Obige auch auf die Kunstregeln ausgedehnt. Manche Geistliche haben ein Talent zu Casualreden, manche mehr zur eigentlichen Predigt. Nur lassen sich darnach die Functionen nicht theilen. Wohl aber darnach, ob einer mehr zum unmittelbaren Kirchendienst oder mehr zur Kirchenregierung Talent hat. Das Wohl der Kirche hängt sonach davon ab, daß in jedem Geschlecht das Gebiet der kirchlichen Thätigkeit völlig ausgefüllt wird. Fehlte in einer Reihe von Generationen das Talent für einen Theil des Gebiets, so könnte sich die Kirche nicht wohl befinden.

§. 15. Zerstört das Vorhergehende gewissermaßen, d. h. beschränkt es. Wollte sich nämlich einer von Vorn herein ganz auf einen einzelnen Theil beschränken, so wäre das Ganze nirgends. Nicht einmal in allen Zusammen, denn das Ganze ist der Zusammenhang, und der wäre nicht vorhanden, sondern in jedem ein isolirter Theil. Zudem würde dann jeder Theil seinen theologischen Charakter verlieren. Jeder Einzelne würde sich um nichts andres als um sein eignes Gebiet bekümmern, es fände dann kein Zusammenwirken, keine Kirchenleitung, und somit keine theologische Wissenschaft mehr statt. Daraus entsteht nun eine Folge, daß nämlich, wenn die Theologie bestehen soll, auf irgendeine Weise das Ganze in Jedem seyn muß. Alle diejenigen, die sich mit einem einzelnen Theile so beschäftigen, daß sie das Ganze nicht haben, — die sind immer auch schon auf dem Wege, dieses Einzelne auf nicht theologische Weise zu treiben.

§. 16 giebt nun an, wie neben der Vertheilung der einzelnen theologischen Wissenschaften, doch ihre Einheit vorhanden seyn könne, nämlich dann, wenn jeder neben der besonderen Beschäftigung mit einem einzelnen Zweige noch *[22]* die Grundzüge aller übrigen inne hat.

§. 17 wird von dem Antheile an den einzelnen Disciplinen gehandelt. Es wird einer gedacht, welcher eine einzelne Disciplin zur Vollkommenheit zu bringen sucht, (entweder in sich selbst, oder objective, d. h. weiter zu fördern als sie gediehen ist, doch läßt sich dieß schwer trennen); die Grundzüge aller theologischen Disciplinen muß er inne haben, — wie kommt er nun dazu, sich eine einzelne besonders auszuwählen? Da wird nun zuerst die Eigenthümlichkeit des Talents wieder aufgenommen, dann

aber auch die Vorstellung von dem Bedürfniß der Kirche. Oben wurde
gesagt, dieß lezte könne nur vorkommen in kleineren KirchenGemeinschaften, wo einer das Ganze übersehe, und einen Ausschlag geben könne.
Aber dieß bezog sich nicht auf die Wahl der einzelnen Disciplinen, denn
je weiter man ins Einzelne geht, desto leichter ist der Zusammenhang des
Gebiets zu übersehen; da kann einer sagen: hier fehlt es noch, das Bisherige
ist zu revidiren, oder über das Bisherige hinauszugehen und weiter fortzu-
schreiten. Eben diesen Punkt hebt der

Zusaz heraus, indem er hinzusezt, daß der gute Fortgang der Kirche
davon abhänge, daß die entstehenden Talente mit dem Bedürfniß der
Kirche im Verhältniß stehen. Heftete sich in einer Zeit die Liebhaberey
ausschließlich auf ein schon vorangeschrittenes Gebiet der Theologie, so
würde die Einseitigkeit immer größer. Indessen sollte dieß eigentlich ein
Gegenstand seyn, in Beziehung auf welchen man sich ganz ⟨dem⟩ auf das
Naturergebniß sollte verlassen können. Denn dieß finden wir überall, daß
es eine solche Manchfaltigkeit der Talente giebt. Zwar nicht alle gleichzeitig, sondern die Ausgleichung erfolgt immer erst mit der Zeit, sonst würde
ja die Geschichte etwas sich immer Gleichbleibendes, Langweiliges seyn.
Aber in einem abgeschlossenen Gebiet kann jeder seinen Talenten mit
Rücksicht auf das gemeine Bedürfniß noch eine besondre Beugung geben.
[23] Doch wird hinzugesezt, daß derjenige am meisten wirken kann, und
zwar in klerikaler Hinsicht, welcher die meisten Disciplinen gleichmäßig
umfaßt. Denken wir uns die eigentlich theologische Thätigkeit, so finden
wir die oben angegebene Differenz, und fragen wir, welche sind am
geschicktesten, die Theologie fortzupflanzen, so giebt es 2 Richtungen.
Diejenigen welche eine einzelne Disciplin weiter fördern wollen, und auf
neue Darstellungen ausgehen, diese pflegen wenig Neigung zu haben, in
dem zu versiren, was schon wissenschaftliches GemeinGut ist. In diesen
ist der Geist der wissenschaftlichen Forschung überwiegend, ⟨nur⟩ in
denen aber, welche das GemeinGut umfassen, ist die Richtung auf die
Ausübung überwiegend, — das Lehren aber ist auch eine Ausübung. Das
Leben der Wissenschaft aber kann nie anders als fortschreiten, soll es also
um die Theologie wohl stehen, so müssen beyde Richtungen beysammen
seyn. — Von hier aus werden nun

§§ 18 und 19 diese beyden Richtungen besonders verfolgt, und im [§]
18 angegeben, was jedem Theologen, seine persönliche Richtung sey,
welche sie wolle, unerläßlich ist, im 19. §. hierauf wird von der besonderen
Virtuosität gehandelt.

Nöthig ist jedem Theologen

1) die Anschauung von der Zusammengehörigkeit der theologischen
Disciplinen, dh. welche und warum gerade diese Disciplinen zur Theologie
gehören.

2) Dasselbe von jeder einzelnen Disciplin, wie jede als ein⟨e⟩ eigener
Organismus besteht und in sich gegliedert ist. Beydes ist nun in einem
solchen Zusammenhang, daß das 2te vom 1ten abhängig ist, aber Beydes
ist in sofern gleichartig, daß es dabey nicht auf materiale Kenntnisse
ankommt, sondern nur auf die Form. ⟨Wird dann von dem Materiellen⟩

3) Die Bekanntschaft mit den Hilfsmitteln, um in jeder Disciplin das
jedesmal Erforderliche herbey zuschaffen. Dieß ist auch etwas Gemeinsames, und von den materialen Kenntnissen gesondertes. Daß dieses *[24]*
für jeden nothwendig ist, ist offenbar. Denken wir uns die klerikale
Thätigkeit, so muß dieser allerdings vorausgehen ein gewisses Material
von Kenntniß, allein es kann auch jeder in den Fall kommen, sich eine
Kenntniß ⟨zu⟩ verschaffen zu müssen, die er nicht hat, — und dann muß
er wissen wo er sie findet.

4) Das lezte Stück ist das, was zum richtigen Gebrauch fremder Leistung
gehört. Er ist hier bezeichnet durch den Ausdruck Anwendung von
nothwendigen Vorsichtsmaßregeln. — In den theologischen Wissenschaften wie in andern giebt es eine Verschiedenheit der individuellen Ansicht.
Wenn nun einer in dem Fall ist, Resultate fremder Untersuchungen zu
brauchen, so wird er dieselbigen bey Vielen finden können, aber bey jedem
wieder etwas anders. Nun muß er sich entscheiden, welcher von denen,
die voneinander abweichen, am geschicktesten gewesen ist, das Richtige
zu finden? Denn wenn er sich hierüber keine Entscheidung bilden kann,
so bleibt er entweder schwankend, oder muß die Untersuchung selbst
anstellen.

Im Zusaz wird nun angegeben, wohin diese 4 Elemente gehören. Die
ersten machen eben die theologische Encyclopädie aus. Der 1te allein wäre
zu wenig, daher die Encyclopädie gewöhnlich noch den 2ten hinzunimmt.
Der 3te ist die theologische Literatur, die von vielen mit der theologischen
Encyclopädie verbunden wird. Allein im eigentlichen Begriff liegt dieß
nicht, es ist schon ein Weitergreifen, was aber sehr nüzlich seyn kann unter
gewissen Umständen. Unter uns ist dieser Punkt in mehreren Handbüchern
schon behandelt, auf welche verwiesen werden kann. — Vom 4ten Punkt
ist gesagt, daß er noch nicht als Disciplin ausgearbeitet ist, und über
denselben auch wenig allgemeine Regeln sich geben lassen. Es muß jeder
in jeden Schriftsteller sich selbst hineinleben, um zu finden, wie weit und
worinn man ihm trauen kann.

[25] § **19.** ist die Aufgabe dessen gefaßt, der ⟨sich⟩ in einen einzelnen Zweig hineingehen will. Seine Aufgabe ist Reinigung und Ergänzung. Dieß sind 2 ganz verschiedne Geschäfte. Es kann einer materialiter nichts hinzuthun, und sich doch durch Reinigung ⟨Vieles⟩ vieles Verdienst erwerben. Die Reinigung betrifft nicht blos das Materiale, Wegschaffung falscher Resultate und Behauptungen, — sondern auch die Form und Methode, und wer hierinn eine Reinigung macht, der kann schon sehr viel leisten. Die christliche GlaubensLehre zB. geht von den einzelnen Lehren zurück auf die Schrift. Dieser Punkt, Beweißstellen aufzustellen, ist es, durch ⟨welchen⟩ dessen Revision sich manche Theologen großes Verdienst erworben haben, durch Aufstellung der Art, wie Beweißstellen müssen aufgesucht und beygebracht werden. Dieses Geschäft kann betrieben werden entweder durch Sichtung der Materialien: zu dieser Lehre führt man diese Stellen an, aber diese und diese taugen nicht. Oder es kann auch von den Principien ausgegangen werden, und gesagt: was nach diesen Principien nicht beweißt, das darf gar nicht angeführt ⟪zu⟫ werden. Die Ergänzung hängt damit genau zusammen, und muß von jedem angestellt werden, der sich in einen einzelnen Theil hineinwirft.

Zusaz. Wer sich weder Reinigung noch Ergänzung zum Zweck macht bey der Beschäftigung mit einem einzelnen Theil der Theologie, der ist eigentlich nichts in derselben.

§. **20** giebt nun an, wie weit diese encyclopädische Darstellung in dem gegenwärtigen Grundrisse geht, nemlich nur auf die Organisation, also auf den ersten und im Zusammenhang damit auch den 2ten Punkt von §. 18.

Der Zusaz spricht sich über einige Differenzen aus. Manche Encyclopädien befassen sich auch mit dem Materialen. ZB eine Encyclopädie der Naturwissenschaft wird die Grundzüge der Mineralogie, Zoologie p angeben. Wenn nun zugleich gesagt würde: bey den Thieren sieht man diese Differenzen für die hauptsächlichsten an und theilt sie darnach — so wäre dieß immer noch bloß formell. Wenn aber gesagt würde: dieß sind die merkwürdigsten *[26]* Thiere dieser Abtheilung p, so wäre dieß schon das Materiale. Die formelle Encyclopädie enthält nur die Organisation der ganzen Wissenschaft und ihrer Zweige, sie enthält gleichsam blos die Ueberschriften. Man kann sich allerdings das Materiale und Formale verschiedentlich scheiden. Man kann sagen, man könne ja ein Minimum von Materie hineinbringen, allein dieß nützt nichts, und die Auswahl desselben ist willkührlich. Wenn man nun das dazunimmt, daß nicht alle einzelnen theologischen Disciplinen schon gleichmäßig bearbeitet sind, daß nun die encyclopädische Darstellung zum Behuf des UniversitätsStudiums

gegeben wird, und man richtet sich nach dem lokalen und temporären
Zustand: so kann es geschehen, daß die einzelnen Wissenschaften in der
Encyclopädie ungleich behandelt werden, indem bey den einzelnen mehr,
bey den andern weniger Material mitgegeben wird, — was oft passend
seyn kann, immer aber unförmlich ist.

Auch die Methodologie wird oft in die Encyclopädie aufgenommen,
dh. die Art, wie das theologische Studium zu betreiben ist. Wenn wir
uns nun die Encyclopädie als dem eigentlichen theologischen Studium
vorangehend denken, so ist natürlich, daß auch ein guter Rath gegeben
wird, wie man zu dem Material gelangen soll. Dieß ist nicht dasselbe mit
dem 3ten HauptPunkt von § 18, der Bekanntschaft mit den Hilfsmitteln.
Sie kann einen Theil der Methodologie ausmachen, aber sie ist es nicht
ganz. Die Art und Weise aber, ein Studium zu betreiben, die hängt gar
zu sehr von der Natur und Gewöhnung des Einzelnen ab, so wie von der
⟨Zeit⟩ Art, wie er seine Zeit theilen muß. Was objectiv gesagt werden
kann, muß schon durch die Organisation der Disciplin selbst sich ergeben.

§. 21 wird nun das eigentlich Wissenschaftliche charakterisirt im Gegensaz gegen die blos empirische Auffassung. Hier ist besonders Rücksicht
genommen auf das Verhältniß des Christenthums zu andern Religionen,
und der kirchlichen Gemeinschaft zu andern Gemeinschaften. Es wird
also hier zurückgegangen auf die 2 Hauptpunkte, den Inhalt der Theologie
als eines Inbegriffs wissenschaftlicher Elemente, und den Zweck *[27]* der
Theologie: die Leitung der christlichen Gemeinschaft. Beydes soll als ein
Wissen, nicht als ein blos empirisch Gegebenes vorhanden seyn. Zwar ist
das Christenthum eine Thatsache und diese kann nur empirisch aufgefaßt
werden. Aber etwas andres ist das Wesen des Christenthums in seinem
Gegensaz gegen andre Glaubensweisen. Das Christenthum ist eine eigne
Gestaltung des GottesBewußtseyns, und eine darauf sich gründende Gemeinschaft. Nun was das Besondre des Christenthums ausmacht, das ist
nur auf thatsächlichem Wege zu haben, wie zB das Besondre eines Staates,
Volkes. Aber wenn ich nun das Wesen dieses Staates im Gegensaz gegen
Andre erforschen will, so gehe ich von dem Besonderen des Staates auf
den allgemeinen Begriff des Staates zurück, und stelle die Differenz des
Besondern in Beziehung zu diesem allgemeinen Begriff auf. Dieß ist
eine rein wissenschaftliche Operation, die aber von jenem empirisch[en]
ausgeht. Das Christenthum beruht ganz auf der geschichtlichen Erscheinung Christi, und auf der Art wie sie aufgefaßt wurde. Fragen wir aber;
wie unterscheidet sich die von dieser Thatsache ausgegangene christliche
Frömmigkeit von anderer? darüber ist ein Wissen ⟨möglich⟩ nöthig,
welches nicht mehr das Thatsächliche ist, weil auf den allgemeinen Begriff

der Frömmigkeit zurückgegangen ⟨wird⟩ und sie in ihrer Modificabilität erkannt werden muß. Dieß ist ein auf das Empirische gegründetes, aber wissenschaftliches Erkennen.

Der 2te Punkt nimmt nun einen anderen Bezug, nicht die Unterscheidung des Gehaltes der christlichen Frömmigkeit von anderer, sondern die Construction der christlichen Gemeinschaft und den Gegensaz gegen die andern Gemeinschaften, die nun unter der christlichen auch bestehen, — um nun den Einfluß des religiösen Princips auf ⟨andre⟩ die Gesellschaft zu ermessen. Auch hievon giebt es eine empirische Auffassung. Wenn einer sagt: die christliche Kirche ist die Gemeinschaft, welche Christus gestiftet hat, und die sich nun so gestaltet hat, und in diese Differenzen auseinandergegangen ist: so ist dieß ein empirisches Auffassen, kein Wissen. Ein Wissen wäre, wenn gefragt würde: was ist das Wesen einer auf die Frömmigkeit sich beziehenden Gemeinschaft im Unterschied von einer bürgerlichen? und von da muß zum Geschichtlichen übergegangen werden, in wiefern dieses der Idee *[28]* entspricht.

Dieß ist im Z u s a z kürzer ausgedrückt in der Formel, daß das Wesen des Christenthums allerdings mit der Geschichte zusammenhänge und dadurch die Art des Erkennens desselben modificirt werde, was aber dem Obigen keinen Eintrag thut. Es wäre an keine wissenschaftliche Theologie zu denken ohne ein solches Wissen um das Christenthum. Auf was für wissenschaftliche Regionen muß man nun zurückkommen, wenn dieses Wissen um das Christenthum, woraus dann die Theologie sich entwickelt, soll dargestellt werden?

§. 22. Geht nun aus von dem Begriff der frommen Gemeinschaft, nicht von der Frömmigkeit in der einzelnen Seele, weil nur auf jene die Theologie sich bezieht. Nun ist hier ein Dilemma aufgestellt. Das was durch diesen Begriff bezeichnet wird, ist entweder eine Verirrung, oder ein nothwendiges Element in der menschlichen Existenz. Man könnte sich fragen, ob sich nicht auch ein Drittes denken ließe⟨⟨n⟩⟩? Nun sagt ein jeder sich leicht selbst, daß ein starker Verdacht vorhanden seyn muß, daß es ein Drittes gebe zwischen einer Verirrung und etwas Nothwendigem. Einer Verirrung steht das Richtige gegenüber, aber nicht alles, was nicht falsch ist, scheint auch nothwendig zu seyn. Die Sache aber ist diese, daß sich dieß grade aus dem Begriff der Gemeinschaft ergiebt. Eine Gemeinschaft, und zwar eine so umfassende, wenn diese nicht eine nothwendige Basis hat, so ist sie eine Verirrung. Es ist zB oft in der Philosophie über den Staat gefragt worden, wenn noch kein Staat vorhanden wäre, ob es rathsam wäre einen Staat zu gründen? Diese Frage beruht eben auf einem solchen Unterschied zwischen Nothwendigem und richtigem. Denn wenn der Staat richtig und ebendamit nothwendig wäre, so wäre es nicht beliebig ihn zu stiften oder nicht. Wenn ich diese Frage für eine Zuläßige hielte, so könnte jenes Dilemma nicht stattfinden. Es läßt sich aber nachweisen, daß die Vereinigung zum Staat eine nothwendige ist, *[29]* weßwegen sich auch die Entstehung des Staates in die vorgeschichtliche Zeit verliert. Jede nicht nothwendige Verbindung ist eine Verirrung. Was nichts Nothwendiges ist im geistigen Leben, das ist ein Verschwindendes. Was aber eine Gemeinschaft bildet das wird als ein Bleibendes betrachtet. Die schönen Künste scheinen nicht eben nothwendig. Wenn wir aber denken, wie sie sich verzweigen und bleibend organisiren, so sehen wir, es muß etwas Nothwendiges was sich immer von selbst wieder reproducirt zu Grunde liegen. Man kann geradezu von allen Gemeinschaften, von welchen man sagen kann, daß sie auf keinem nothwendigen Element beruhen, behaupten, daß sie eine Verirrung sind.

Im Zusaz ist angeführt, daß jene Behauptung, daß fromme Gemeinschaften eine Verirrung seyen, die Basis einer anonymen Schrift über das Wesen des Protestantismus ⟨die Basis⟩ bildet[2]. Früherhin wurde behauptet, sowohl die Frömmigkeit als die fromme Gemeinschaft sey eine Verirrung. Aber in diesem Buch wird die Frömmigkeit anerkannt, und nur die Gemeinschaft der Frommen als Verirrung betrachtet. Dieß leugnen wir nun. Der Bildung frommer Gemeinschaften liegt ein nothwendiges Princip zu Grunde, und dieß ist die Frömmigkeit, das Bewußtseyn der Beziehung des menschlichen Wesens zum göttlichen.

§. 23 wird dieß weiter ausgeführt was §. 21 aufgestellt war, nemlich der Begriff des Gegensazes zwischen einem Gleichartigen und einem Andern. Aus dem Begriff der frommen Gemeinschaft muß sich auch die Möglichkeit der Differenzen ergeben. D. h. es muß in diesem Begriff selbst ein Theilungsgrund vorhanden seyn. Die Entwicklung eines Begriffs muß auf eine Mehrheit von Merkmalen zurückgehen, die in diesem Begriff vereinigt sind. Denken wir nun, in dem Begriff an sich sehe man nichts zu theilen, so muß man doch zugeben, wenn wir nur 2 Merkmale des Begriffs haben, so können sich diese verschieden verhalten, und darinn liegt schon eine Differenz. A ist B und C. Da können nun B und C entweder gleichen Antheil haben an A oder ungleichen. Oder die Ungleichheit ist allgemein, die Gleichheit *[30]* findet sich nirgends. Die Ungleichheit aber ist eine doppelte Unterordnung. — Der 2te Punkt ist aber, daß hier aufgestellt

---

[2] *Das Buch „Betrachtungen über das Wesen des Protestantismus" erschien 1826 anonym in Heidelberg im Verlag Carl Winter. Als Verfasser ist der Jurist und Publizist Karl Gustav Jochmann (1789—1830) bekannt.*

wurde, die Subsumtion der geschichtlich vorhandenen verschiedenen frommen Gemeinschaften unter diese aus der Natur des Begriffs hervorgegangenen Eintheilungen.

Es entsteht nun die Frage, wo die Nachweisung der Nothwendigkeit frommer Gemeinschaften ihren Ort haben muß? Hier ist nichts andres zu nennen, als die Ethik, weil die fromme wie jede Gemeinschaft durch freie Thätigkeit entsteht und besteht. So ist diese Nachweisung ein ethisches Element. Die davon ausgehende 2te Aufgabe im 23 §., ist nun gesagt, gehöre in die Religionsphilosophie. Darüber erklärt sich der Zusaz, nemlich daß der Ausdruck Religionsphilosophie häufig auch in anderm Sinne gebraucht werde. Doch giebt es auch ganze Werke welche die Disciplin so fassen, wie sie hier genommen ist. Der Name, ist gesagt, bezeichne eine Disciplin, die sich in Beziehung auf die Idee der Kirche ⟨sich⟩ ebenso zur Ethik verhalte, wie sich die Politik in Beziehung auf die Idee des Staates zur Ethik verhalte, und wie die Ästhetik sich in Beziehung auf die Idee der Schönheit zur Ethik verhält. Die Ethik kann also als nothwendig nachweisen den Rechtszustand, ebenso die Kunstbildung, und zu gleicher Zeit wird gezeigt werden können, daß aus diesen wesentlichen Elementen sich Gemeinschaften bilden, Staat, Kunstschulen p. ⟨Diese Analogie⟩ Zugleich soll nun nachgewiesen werden, was für wesentliche Differenzen es in der frommen Gemeinschaft giebt. Dieß ist dasselbe in den andern 2 Punkten. Wenn der Rechtszustand als nothwendig erwiesen ist und der Staat, so muß dann auch gefragt werden, was für wesentliche Differenzen in Beziehung auf den Staat möglich seyen? Dieß ist eine rein philosophische Frage; wenn aber dann gefragt wird, wie sich hiezu die wirklichen Staaten verhalten? so ist dieß eine Beziehung des empirisch Aufgefaßten auf jenes philosophisch Aufgefaßte. Betrachten wir nun den theologischen Gehalt, so kommt hier schon ein christlich theologischer Gehalt zum Vorschein, indem dem Christenthum sein Ort angewiesen wird, und also das geschichtliche Daseyn des Christenthums bezogen wird auf das allgemeine Daseyn frommer Ge- *[31]* meinschaften in verschiedener Form. Nun ist

§. 24 hieraus ein Zweig der theologischen Wissenschaft deducirt als philosophische Theologie. Dieß ist der 1te bestimmte Theil der theologischen Wissenschaft, der sich ergeben hat. Hier ist nur im Allgemeinen zu handeln von seinem Inhalt und von seiner Benennung. Nun wird also das §§. 22. und 23. angegebene als eine Wissenschaftliche Grundlage betrachtet, und was dazugehört, aus dieser Grundlage das Wesen des Christenthums und die Form seiner Gemeinschaft darzustellen, das ist die philosophische Theologie. Keineswegs ist dieß so gemeynt, als ob der individuelle Charakter des Christenthums rein philosophisch sollte abgeleitet werden, denn das Christenthum ist eine geschichtliche Form der Frömmigkeit. Sondern die Subsumtion ⟨seines⟩ des Christenthums unter den allgemeinen Begriff der Frömmigkeit und ihrer Differenzen ist gemeynt. Nehmen wir an, es wäre das Wesen der Frömmigkeit gesezt in die Beziehung unsres Seyns auf das höchste Wesen. Nun sollen die wesentlichen Differenzen aufgesucht werden. Gesezt man könnte sagen, es giebt 2erley Art diese Beziehung aufzufassen, entweder so, daß gegenüber der endlichen Manchfaltigkeit das höchste Wesen als Einheit gesezt würde, oder so daß die Manchfaltigkeit in das höchste Wesen selbst gesezt würde: so würde man sagen können, das eine sey die monotheistische, das andre die polytheistische Form, und dieß wäre eine Nachweisung allgemeiner Differenz aus dem Begriff. Würde nun aber gesagt, das Christenthum gehört unter die monotheistischen Religionen, so wäre dieß Subsumtion des Geschichtlichen unter das Allgemeine. Dasselbe gilt auch von dem 2ten Punkt, der Form der Gemeinschaft. Alles dieses zusammen wird hier philosophische Theologie genannt.

Der Zusaz verbreitet sich über diese Benennung und legt zugleich den status causae vor. Wenn nemlich die Benennung erst gerechtfertigt werden muß, so geht daraus hervor, daß sie noch nicht allgemein angenommen ist. Der status causae ist, daß diese Wissenschaft als eine Einheit noch nicht existirt. Deßwegen aber existiren doch ihre 2 Theile, Apologetik und Polemik, nur hat man diese 2 Theile nie zusammengefaßt, und diese Zusammenfassung muß hier gerechtfertigt werden. — Was die Benennung betrifft, so ist ⟨klar⟩ schon gesagt, daß, was in dieser Disciplin vorkommt, unmittelbar auf die Ethik und ReligionsPhilosophie *[32]* zurückgeht, und schon diese Beziehung würde die gemeinsame Bezeichnung rechtfertigen.

§. 25. Wird nun ein andrer Theil der theologischen Wissenschaft deducirt. Was wir als philosophische Theologie deducirt haben, hat eine rückwärtsgehende Richtung, indem es das Gegenwärtige an philosophische Principien anknüpft. Der Theil aber, von welchem hier die Rede ist, hat die entgegengesezte Richtung, auf den Zweck, auf das Ende. Daß der Zweck der christlichen Theologie die Leitung der Kirche ist, wurde oben ausgeführt. Die Thätigkeit welche hierzu gehört, ist hier charakterisirt durch Zusammenhalten und Anbilden. Dieß bezieht sich auf die Gemeinschaft, welche älter ist als die Theologie, und sofern ist die Leitung ein Zusammenhalten. Der Ausdruck Anbilden bezieht sich darauf, daß wir nicht voraussezen, daß der Einzelne schon durch seine Geburt im Gebiete der christlichen Gemeinschaft sey, woraus die Aufgabe entsteht, wenn die Gemeinschaft fortdauern soll, während die Individuen vergehen, so müssen die entstehenden Individuen angebildet werden. Von beyden, Zusammenhaltung und Anbildung, wird gesagt sie müssen extensiv und ⟨L 1⟩ intensiv seyn. Lezteres geht auf den Grad, in welchem in jeder beliebigen Ausdehnung das eigenthümliche Wesen vorhanden ist. Das extensive heißt, daß die Gesellschaft in ihrem Volumen erhalten wird, — das intensive heißt, daß die Christen so gute Christen bleiben, als sie gewesen sind. Hier ist die Fortschreitung nicht ausdrücklich mit einbegriffen, allein diese liegt schon im Begriff eines solchen geschichtlichen Ganzen. — Das Wissen nun um diese Thätigkeit bildet sich zu einer Technik, einer Kunstlehre, einer Anweisung wie etwas vollbracht werden müsse. Diese Technik ist die praktische Theologie. Wenn das Wissen selbst Technik genannt würde, so hätte man auch technische Theologie sagen können, während der Ausdruck praktisch den Gegensaz zu theoretisch einschließt, welcher nicht existirt, da ja die praktische Theologie selbst eine theoretische ist.

Der Zusaz stellt den Status causae vor. Er ist der, daß die Bearbeitung dieser Disciplin noch sehr ungleich ist. Es werden *[33]* hier 2 Elemente unterschieden und damit eigentlich die Organisation dieser Disciplin anticipirt. Nemlich sehr reichlich ist bearbeitet Alles, was zur Geschäftsführung im einzelnen gehört, d. h. die gewöhnliche Ausübung des Geistlichen in einer einzelnen Gemeinde. Dieß schließt nun schon die Vermuthung von einzelnen Unterabtheilungen dieser Geschäftsführung ⟨voraus⟩ in sich. Dagegen ist die praktische Theologie sehr sparsam bearbeitet in Allem, was die Anordnung der Kirche im Großen betrifft. Hier kommt uns gleich entgegen der Gegensaz zwischen Katholizismus und Protestantismus. Die katholische Kirche hat aus der Anordnung der Kirche im Großen eine Art von Geheimlehre gemacht, und daher konnte dieß nicht disciplinarisch behandelt werden, weil die Maximen nach welchen gehandelt wird, nicht zur Publicität kommen. Was die protestantische Kirche betrifft, so hat der Umstand, daß die Leitung der Kirche im Großen nicht disciplinarisch behandelt ist, ⟨ihren⟩ seinen Grund darinn, daß die höchste Kirchenleitung nicht bestimmt von der Staatsregierung geschieden ist, so daß es noch streitig ist, ob die Kirchendiener StaatsBeamte seyen oder nicht. Ohne eine solche Trennung aber läßt sich eine solche Disciplin nicht aufstellen, oder die Theorie muß der Praxis vorangehen, was immer sehr selten ist. — Daß nun diese 2 Theile, philosophische und praktische Theologie, so zusammengestellt sind, soll nichts für die Ordnung des Studiums bestimmen, sondern es war natürlich, die Endpunkte zusammenzustellen, auf welche beyde sich das Mittlere bezieht.

§. 26 ist nun die Deduction eines 3ten Theils gegeben. Offenbar kann keine wissenschaftliche Anweisung zur Kirchenleitung gegeben, oder we-

nigstens angewandt werden, ohne die Kenntniß von dem jedesmaligen
Zustande des zu leitenden Ganzen, und so tritt diese Kenntniß als ein
besonderes Ganze[s] auf, welches die Bedingung der Anwendung der
praktischen Theologie ist, aber selbst nur vorhanden seyn kann mittelst
der philosophischen Theologie. Wollte man den gegenwärtigen Zustand
blos empirisch fassen, so würde dieß nichts helfen, er muß betrachtet
werden in seiner Beziehung auf die Idee, ob er dieser angemessen ist oder
nicht. Nun wird noch ein 2ter Punkt aufgestellt: der jedesmalige Zustand
eines Ganzen kann nur erklärt werden vermöge der Kenntniß des geschichtlichen Verlaufs. Beydes gehört zusammen und bildet zugleich die
historische Theologie.

[*34*] Faßt man nun diese Elemente zusammen, so lassen sich wohl
keine weiteren Theile der christlichen Theologie als positiver Wissenschaft
finden. Habe ich die Principien wonach ich den gegenwärtigen Zustand
beurtheile, habe ich den gegenwärtigen Zustand selbst nebst seiner Genesis
begriffen, und habe ich die Regeln für die Geschäftsführung: so bin ich
mit Allem ausgerüstet, was zur Kirchenleitung gehört. Jede theologische
Disciplin also muß in einen dieser 3 Theile gehören, und daß dieß geschieht, dieß ist die Probe für unsre Eintheilung.

Der Zusaz ist nur eine Beweißführung für das 2te Element der
historischen Theologie im Zusammenhang mit dem ersten. Die Gegenwart
ist der Keim der Zukunft, und diese soll aus jenem Keime richtig entwickelt
werden. Dieß ist nicht möglich, wenn man nicht weiß, wie das Gegenwärtige sich aus dem Vergangenen entwickelt hat.

§. 27 wird nun das Verhältniß der historischen Theologie zu den 2
andern Zweigen der Theologie angegeben, sie ist nemlich die Bewährung
der philosophischen und die Begründung der praktischen. Dieß wird aber
an die Bedingung geknüpft, daß sie jeden Zeitpunkt in seinem Verhältniß
zur Idee des Christenthums darstelle. Wie ist nun die historische Theologie
die Bewährung der philosophischen? Im Zusaz wird gesagt, sie sey dieß
(und das Andre) nur in dem Maße, als eine manchfaltige geschichtliche
Entwicklung schon vorliege. Wenn das Wesen der philosophischen Theologie darinn besteht, das Wesentliche der christlichen Religion und Gemeinschaft im Gegensaz zu andern zur Darstellung zu bringen, — so kann
die Geschichte diesen Aufstellungen zur Bewährung dienen, wenn die
Betrachtung gewisser Zustände als Fortschritte oder Rückschritte gemäß
der philosophischen Theologie zusammenstimmt mit dem allgemeinen
christlichen Bewußtseyn. Wenn wir auf den gegenwärtigen gespaltenen
Zustand des Christenthums sehen, und wir denken vorzüglich an den
Gegensaz zwischen Protestantismus und Katholizismus, so hat man oft

gesagt, beyde Kirchen müssen ihre eigne Dogmatik haben, sonst wären sie nicht 2 Kirchen, beyde müssen im Besondern eine eigenthümliche praktische Theologie haben, — aber 2erley müssen sie gemein haben, *[35]* nämlich Geschichte und Philosophie. Was die Geschichte anlangt so müßte sie allerdings gemeinsam seyn, wenn die Geschichte etwas rein Objectives oder dessen mechanische Wiederholung wäre. Dieß wäre aber ⟨l 1⟩ gar keine theologische Wissenschaft. Sobald sich aber die historische Theologie dazu versteht, das Verhältniß gegebener Zustände zur Idee des Christenthums zu bestimmen, so ist auch die historische Theologie verschieden, wie zB aus der verschiedenen Auffassung der Reformation erhellt. Die Schäzung der Begebenheiten bey einem protestantischen und katholischen Geschichtsschreiber ist von Anfang an verschieden. Man sagt der Geschichtsschreiber soll unparteyisch seyn; aber dieß kann er doch nicht soweit, daß er aus seiner eignen Haut herausgeht. Unparteylich kann er nur dann in diesem Sinne seyn, wenn er blos bey dem Äusserlichen stehen bleibt.

Die historische Theologie soll auch die Begründung der praktischen seyn. Wenn wir die historischen Momente theils als Fortschritte, theils als Rückschritte betrachten, so müssen ⟨man sagen, wenn⟩ Maximen entstehen, um zu bezeichnen, wie das was früher geschehen ist, zu bewirken oder zu vermeiden sey. — In diesem Verhältniß der philosophischen, historischen und praktischen Theologie liegt zugleich das Methodologische, in welcher Ordnung sie zu studiren sind, — wovon §. 29 weiter.

§. 28. Die historische Theologie ist der eigentliche Körper des theologischen Studiums. Dieß läßt sich auf 2erley Weisen verstehen, einmal der Masse nach, daß die größten Massen theologischer Elemente in der historischen Theologie sind. Aber der Körper ist keine blose Masse sondern eine Organisation. Die historische Theologie ist am manchfaltigsten in sich organisirt, die andern beyden einfacher, was von selbst daraus hervorgeht, daß die eine nur die Grundbegriffe aufzustellen hat, die andre nur die Kunstregeln. — Zu diesem Körper des theologischen Studiums verhalten sich nun die 2 andern theologischen Disciplinen als Übergänge, die eine zur eigentlichen Wissenschaft, die andre zum theologischen Leben. ⟨Die philosophische Theologie ist⟩

Der Zusaz geht auf eine gewisse Universalität der historischen Theologie. Sie schließe sowohl die philosophische als die praktische auf *[36]* geschichtliche Weise in sich. Es gab eine Kirchenleitung ehe es eine Theologie gab, also auch ehe es die Geschichte der Kirche, eine historische Theologie gab. Wenn also die ⟨historische⟩ Theologie eintritt, so hat immer die Kirchenleitung schon eine Geschichte, und diese muß die

historische Theologie in sich aufnehmen, sie muß zeigen, wie die Kirche
zu verschiedenen Zeiten ist geleitet worden. Die Maximen dieser Leitung
muß die historische Theologie zur Darstellung bringen. Dasselbe muß
auch von der philosophischen Theologie gelten. Sobald sich Differenzen
im Christenthum entwickelt haben, so muß auch Verschiedenheit gewesen
seyn in der Vorstellung von dem eigenthümlichen Wesen des Christenthums. Dieß war schon in den Anfängen des Christenthums, zB in dem
Gegensaz von Judenchristen und Heidenchristen, — diese hatten eine
ganz andre Ansicht vom Wesen des Christenthums als jene, also eine
verschiedne philosophische Theologie. Dieß muß ebenfalls die historische
Theologie darstellen. So schließt sie die 2 andern auf geschichtliche Weise
in sich. Werden wir nun nicht ebenso sagen müssen, daß die praktische
Theologie die 2 andern enthält auf technische Weise, und daß die philosophische Theologie beyde andern in sich schließt, aber nur implicite, weil
sie die Principien enthält? Dieß ist nun eben das Wesen der Theologie als
eines Ganzen, daß ⟨hier⟩ kein Theil derselben absolut ausser dem anderen
ist. Darin liegt ein Grund der Zuversicht, daß in dieser Organisation alle
theologischen Disciplinen enthalten seyn werden.

§. **29.** Die im §. 27 enthaltene Ordnung des theologischen Studiums
wird nun in diesem §. weiter ausgeführt und weiter im 30. §. Dem § 27
zufolge müßte das theologische Studium anfangen mit der philosophischen
Theologie. Man kann sagen, daß es geschichtlich damit angefangen habe;
Hier aber wird gesagt, daß das theologische Studium damit zwar beginnen
sollte, daß aber dazu erforderlich wäre, daß die philosophische Theologie
als Einheit ausgebildet wäre, was aber nicht der Fall ist. Was demnach
zuerst und vor allem andern in der Wirksamkeit gewesen ist, (die philosophische Theologie) ist noch heute nicht wissenschaftlich ausgebildet. Für
die encyclopädische Darstellung aber bleibt es bey der im § 27 *[37]*
angegebenen Ordnung. Bleiben wir nun dabey stehen, daß die philosophische Theologie noch nicht als Einheit der Disciplin ausgebildet ist, aber
ihre einzelnen Theile sind ausgebildet, so berechtigt dieß doch nicht, das
Studium damit anzufangen, denn in dieser Vereinzelung hat man nicht
das, was die philosophische Theologie für das Studium leisten soll. Hier
muß anticipirt werden, daß in der philosophischen Theologie die 2 Disciplinen, Polemik und Apologetik, Eines bilden, in dieser Einheit aber
⟨dieß⟩ ist dieser HauptTheil nicht ausgebildet, sondern nur jede dieser
Disciplinen für sich. So aber können sie nicht leisten, was durch die
philosophische Theologie geleistet werden soll. Nun fragt sich also — das
Verhältniß zwischen der historischen und praktischen Theologie bleibt, —
aber es fehlt, indem das Studium der historischen Theologie anfängt, das

Fundament dieser, das in der philosophischen Theologie liegt. Hierüber wird nun gesagt, es müssen eben die einzelnen Theile der philosophischen Theologie fragmentarisch mit dem Studium der historischen gewonnen werden. In dieser kommen nämlich auf eine geschichtliche Weise auch die Hauptsäze der philosophischen Theologie vor, und dadurch muß sich die philosophische Theologie im Studirenden gestalten. In der historischen Theologie müßte also vorkommen, was zu gewissen Zeiten als das Wesen des Christenthums gegolten hat, wie sich die Ansicht darüber verschieden modificirt hat: daraus nun muß sich jeder seine eigne Vorstellung von dem Wesen des Christenthums bilden, und dann hat er das Fundament für sich, worauf er zu bauen hat. Wenn nun hier gesagt wird, dieß seze das Studium der Ethik voraus, so ist davon schon oben die Rede gewesen. Indem nämlich aus der Ethik die ReligionsPhilosophie abgeleitet ist, so würde es ohne das Studium der Ethik nicht wohl möglich seyn sich eine philosophische Theologie zu bilden. Es kommt ja darauf an, in der Geschichte zu unterscheiden, was Fortschritt und Rückschritt ist, und dazu kann man die Principien in der Ethik finden, welche die Wissenschaft der Principien der Geschichte ist, daher des Maßstabs wornach ⟨zu bauen⟩ die Erscheinung der Geschichte an die Idee gehalten wird.

Der Zusaz stellt ein Dilemma auf das hart klingt, aber zu reiflicher Erwägung zu empfehlen ist. Es ist nämlich von der historischen Theologie gesagt, daß ohne Beziehung auf ethische Säze dieses Studium nothwendig in geistlose Ueberlieferung ausarten müsse. Was hier nur von *[38]* der historischen Theologie gesagt ist, gilt von der Geschichte überhaupt. Es ist zu unterscheiden das blose Auffassen einer räumlichen und zeitlichen Erscheinung und die eigentlich geschichtliche Auffassung, die immer auch ein Urtheil über die Erscheinung in sich schließt. Dieß wird recht klar wenn man sich vergegenwärtigt, daß nichts was eigentlich Geschichte ist, ohne Urtheil seyn kann, denn der Inhalt wird aufgenommen auf geistige Weise nur vermittelst eines Urtheils, indem ja der Inhalt auf Begriffe zurückgeführt werden muß. Die Principien dieses Urtheils sind aber immer ethischer Natur. Dasselbe muß nun auch von der historischen Theologie gelten. Das fortwährende Studium der historischen Theologie muß also auch zur Entwicklung der philosophischen Theologie beytragen, weil immer auf die ethischen Säze zurückgegangen wird und zwar auf diejenigen, welche sich auf das Religiöse beziehen.

Aus diesem mangelhaften und mechanisch gewordenen Studium der historischen Theologie ist zu erklären der verworrene Zustand der Theologischen Disciplinen. Da die historische Theologie der eigentliche Körper des theologischen Studiums ist, so müssen wir sagen: wird die historische

Theologie nur mechanisch betrieben, so muß dieß auf alle theologischen Disciplinen Einfluß haben. Wäre die philosophische Theologie als Einheit der Disciplin ausgebildet, dem ungeachtet aber würde die historische Theologie nur als Ueberlieferung betrieben, so wäre dieß eine Verwirrung in sich selbst, die philosophische Theologie müßte auch blos Mechanisch seyn, sonst müßte sie auf die historische Einfluß haben. Dann also hätte man die Principien, nur daß sie nicht in Anwendung kämen. So ist es aber nicht, sondern man gebraucht keine Principien, weil man keine hat.

Hieraus wird nun gesagt, erklärt sich auch der Mangel an Sicherheit in der KirchenLeitung.

§. 30 wird nun, wie in dem vorigen von der philosophischen Theologie ausgegangen war, von der praktischen ausgegangen. Diese ist nämlich, wie schon oben gesagt war, sehr ungleichförmig ausgebildet, es fehlt noch ganz die Technik in Beziehung auf die Kirchenleitung im Großen. Diese kann nur ausgebildet werden, wenn sich die historische Theologie immer mehr losmacht von dem blos Traditionellen, und sich immer *[39]* mehr einen ethischen Charakter giebt. Nun ist aber auch im 2ten Theil des §. von dem schon bearbeiteten Theil der praktischen Theologie, der Mittheilung der Regeln für die einzelne Geschäftsführung, gesagt, daß sie nur mechanisch ⟨Wirken⟩ wirken kann, wenn ihr nicht die historische Theologie vorangegangen ist. Wenn wir diesen Theil betrachten, so finden wir eine große Menge von Lehrbüchern in Beziehung auf etwas an sich ganz Zufälliges, nämlich die öffentliche Mittheilung in der Form der Predigt. Diese Zufälligkeit ist am allerreichlichsten behandelt. Hier kann man nicht gerade sagen, daß die Vorschriften mechanisch wären. Doch ist auf 2erley aufmerksam zu machen. Wenn das Zufällige nicht als solches erkannt wird, so können die Vorschriften darüber nicht aus der Natur der Sache genommen seyn, und so wird immer etwas Mechanisches dabey seyn. Das greift dann gar sehr auch in die Kirchenleitung im Großen hinein. Was nun das große Detail in diesen Bearbeitungen betrifft, so geht dieß meistens auf Fremdes zurück, auf Rhetorisches, von welchem die Anwendung auf das Christenthum nur richtig seyn kann wenn das Wesen des Christenthums richtig aufgefaßt ist in der philosophischen und historischen Theologie.

Der Zusaz warnt nun, die praktische Theologie einem grundsäzlichen Studium der historischen und philosophischen Theologie voranzuschicken. Daraus folgt nämlich eine Oberflächlichkeit in der Praxis, d. h. daß man sich der Gründe der Thätigkeit nicht bewußt ist, deren man sich nicht bewußt seyn kann ohne philosophische und historische Theologie. Wenn man die Geschichte nicht gegenwärtig hat, worinn auch die praktische Theologie geschichtlich mitenthalten ist, und man also nicht vergleichen kann den gegenwärtigen Zustand dieser Angelegenheit mit den frühren, so entsteht daraus die Gleichgültigkeit gegen die wissenschaftliche Fortbildung, denn wenn man ganz in der Praxis wie sie einmal ist, befriedigt ist, so hat man auch keinen Reiz sich wissenschaftlich fortzubilden.

§. **31.** Faßt das Bisherige zusammen und sagt, daß es nichts geben könne, was zum theologischen Studium gehöre, das nicht in einer von diesen 3 Abtheilungen zu finden sey. Dabey wird die Richtigkeit des Verfahrens in dieser Encyclopädie vorausgesezt, daß nämlich aus der Beziehung der Theologie auf die Kirchenleitung ihre wesentlichen Elemente hergeleitet sind. Es giebt nun allerdings eine andre Verfahrungsweise, daß man nämlich von dem Gegebenen ausgeht. Man sagt: Zum theologischen [40] Studium gehört gegenwärtig dieses und dieses. Die theologische Literatur enthält diese verschiedenen Theile, — und nun wird gefragt: wie hängt dieses unter sich zusammen? Schlägt man nun hiebey nicht unsre Methode ein, so kann es nur eine willkührliche Zusammensezung geben. Es könnte ja a) einer sagen: dieß ist das theologische Studium jezt, aber vor Jahrhunderten gieng die theologische Literatur nicht in diesen Rubriken auf und gliederte sich das theologische Studium nicht so, und es fragt sich ob jenes nicht besser war? Dagegen ist nun kein andres Mittel, als die Theologie ihrem Zweck nach zu theilen. Daher haben wir aber eine Eintheilung erhalten, die mit dem Gegebenen nicht übereinstimmt, indem wenigstens viele Theile in dem gegenwärtigen Zustand einen ganz andern Plaz und Werth haben als sie haben sollten. — Allerdings scheint nun dagegen eine Einwendung gemacht werden zu können. Wir haben für die menschlichen Dinge kein bestimmtes Maß, und können nicht sagen, was für ein Ganzes der geschichtlichen Entwicklung lang oder kurz ist. Wenn wir aber vom Christenthum nicht leugnen können es hat schon mehrere Perioden durchgemacht, wo allemal nach einem gewissen Punkte etwas wieder von vorn angefangen hat, — so wäre es etwas Sonderbares, wenn irgendein wesentliches Element noch gar nicht sollte zum Vorschein gekommen seyn. Wenn also jemand aus dem Princip des Christenthums Elemente ableitete, die bisher nicht vorhanden waren, so würde wohl jeder dieß sehr verdächtig finden. Dieß ist nun hier nicht der Fall, mit Ausnahme der philosophischen Theologie, welche aber auch in ihren Theilen schon vorhanden ist; aber auch dieses ist nicht so dem Geschichtlichen entgegen, denn selbst der Zusammenhang beyder Disciplinen der philosophischen Theologie war wirklich vorhanden, wurde nur nicht wissenschaftlich aufgefaßt.

Im Zusaz ist gesagt, vorausgesezt die Eintheilung sey erschöpfend, so würde immer der Umstand eintreten, da man die Theile nur successive

behandeln kann, daß man von jedem würde Manches voraussezen ⟨zu⟩
müssen, was erst in dem andern seinen Ort hat. Dieß würde dasselbige
seyn, bey welchem Theile wir auch anfangen wollten. Damit hat es nun
diese Bewandtniß. *[41]* Erstlich kann es nicht anders seyn, und 2tens kann
es kein wesentlicher Nachtheil seyn. Wenn wir nämlich darauf sehen, wie
die christliche Theologie von Anfang an entstanden ist, so war die christliche Kirche immer schon früher, und so ist auch jezt für jeden Einzelnen
die christliche Kirche früher als die Theologie. Wenn nun der angeführte
Umstand sich so verhielte, daß wir, wenn wir den ⟨ersten⟩ einen Theil
behandeln, wir aus dem andern etwas voraussezen müßten in seiner
wissenschaftlichen Gestalt, dann wäre es übel, wir wären in einem Kreise
befangen. So ist es aber nicht, es wird nur die Kenntniß von demjenigen,
was in der christlichen Kirche ist vorausgesezt, nicht als Element der
Theologie, sondern so wie es sich im Bewußtseyn jedes gebildeten Christen
findet. Also wird nur vorausgesezt, was nothwendig vorauszusezen ist,
daß jeder das Bewußtseyn der christlichen Kirche in sich trage. Auf
dieselbige Weise wie hier gezeigt ist, daß es unschädlich sey, würde sich
nun auch die Unendlichkeit zeigen. Dieses hat seinen Grund darinn, daß
wir die christliche Kirche als einen Organismus eines geistigen Lebens
behandeln, da kann es nicht anders seyn, — der gegenseitige Zusammenhang aller einzelnen Glieder ist ein wesentliches Merkmal des Organischen,
und es läßt sich keine genaue Betrachtung des Einzelnen aufstellen ohne
das Ganze. Fände dieß statt, so wäre der Verdacht begründet, daß die
Behandlung eine mechanische sey.

———————

Erster Theil.
Philosophische Theologie.

Einleitung.

Nach §. 24 besteht die Aufgabe der philosophischen Theologie darinn, das Wesen des Christenthums als dasjenige wonach es eine eigenthümliche Gestaltung der Religion ist, zur Darstellung zu bringen, und die dadurch mitbestimmte Form der christlichen Gemeinschaft. Dabey war zurückgegangen auf die Ethik, welche nachzuweisen habe alle Formen freier geistiger Thätigkeit im menschlichen Leben. Ist nun die fromme Gemeinschaft etwas Wahrhaftes, so muß sie sich nachweisen lassen in dem Complexus freyer Thätigkeiten, die der Natur des Menschen entsprechen. In das Gebiet dieser Wissenschaft gehört auch noch, die Modificabilität dieser Thätigkeit nachzuweisen, das Maß möglicher Differenzen in dieser zu bestimmen. Daher bekommen wir eine weitere, aber schon angewandte philosophische Disciplin, die ReligionsPhilosophie, welche die Differenzen, die innerhalb des religiösen Elements möglich sind, auseinandersezt, und das Eigenthümliche der geschichtlich gegebenen Glaubensgemeinschaften darauf bezieht, und diese untereinander classificirt. Unter diese gehört wesentlich auch das Christenthum; die Religionsphilosophie also hat zu zeigen, wie das Christenthum sich zu den übrigen Glaubensgemeinschaften verhält in Bezug auf die Modificabilität der frommen Gemeinschaft überhaupt, wobey aber das Christenthum als historisch Gegebenes vorausgesezt wird.

§. **32.** sagt nun, das Christenthum lasse sich weder rein construiren, noch blos empirisch auffassen. Es sey vielmehr eine kritische Operation, das Wesen des Christenthums nachzuweisen, woraus folgt, daß die philosophische Theologie eine kritische Disciplin ist. Der Ausdruck ⟨christlich⟩ kritisch ist sehr weitschichtig, wir müssen uns näher verständigen, wie der Ausdruck zu verstehen ist. Dieß ist im §. selbst gegeben, wo gesagt wird, kritisch sey die philosophische Theologie weil sie aus dem Gegeneinanderhalten des im Christenthum historisch gegebenen und der Differenz im

Begriff frommer Gemein- *[43]* schaften bestehe. In Bezug auf §. 23 ist nun zu bemerken, ⟨als ob die⟩ daß es so aussieht, als ob die philosophische Theologie somit dasselbe wäre, was dort Religionsphilosophie heißt. Aber die Religionsphilosophie hat dieß zu leisten in Bezug auf alle geschichtlich gegebenen Glaubensweisen, und sie hat die geschichtliche Entwicklung aller dieser Glaubensweisen in ihrer Beziehung zu dem Wesen der Religion zu erkennen. Da ist das Christenthum nur eine einzelne geschichtliche Erscheinung, wie alle andern. Die philosophische Theologie fängt nun allerdings mit diesen Resultaten der Religionsphilosophie an. Diese aber ist auch als wissenschaftliche Disciplin noch nicht ausgebildet; es giebt eine Menge einzelner Versuche, nicht über einzelne Religionen blos, sondern auch einer Zusammenstellung; aber man kann noch nicht sagen, daß die Religionsphilosophie in diesem Sinne in den Complexus der philosophischen Wissenschaften aufgenommen wäre. Daher steht es mit der philosophischen Theologie nicht so, daß sie nur auf die Resultate der Religionsphilosophie zurückgreifen könnte, sondern es muß die Operation selbst gemacht werden: Daher muß dieß in der philosophischen Theologie selbst geschehen, unerachtet, wenn die Religionsphilosophie ausgebildet wäre, wir nur auf ihre Resultate zurückgehen müßten.

Nun wollen wir die Voraussezung betrachten, daß das Wesen des Christenthums sich weder construiren noch empirisch auffassen lasse. Dieß ist der allgemeine Begriff des Individuellen im Gebiete des Lebens. Wir können nämlich durch das Herabsteigen von allgemeinen Begriffen zu untergeordneten niemals zu dem wirklichen Einzelnen kommen. Das Einzelne ist immer irrational gegen das Allgemeine und Besondere. So in der Naturbeschreibung sind überall allgemeine Begriffe zu Grunde gelegt von dem behandelten Theil der Natur, und von diesem werden Classen abgeleitet, aber die einzelnen Erscheinungen lassen sich nicht so construiren. Wo nun das Wissenschaftliche aufhört, da fängt das Empirische an, aber doch läßt sich das eigenthümliche Wesen nicht blos empirisch auffassen. Nehmen wir ein einzelnes Wesen, ⟨daß⟩ das wir ganz genau aufgefaßt haben durch die Vorstellung, so haben wir darinn nur die Totalität der äussern Erscheinung. Aber die Subsumption dieser mit andern ⟨was⟩ unter ein Allgemeines, woraus allein ihr Verhältniß zu andern sich ergiebt, haben wir damit nicht, und so auch nicht das eigenthümliche Wesen. ZB im Politischen läßt sich der Begriff des Staates und der verschiednen Arten des Staates Monarchien p construiren; aber daraus haben wir noch nicht das eigenthümliche Wesen eines einzelnen Staates. *[44]* Jeder einzelne Staat ist entweder Monarchie p, aber er ist nicht dieses selbst, sondern nur eine Modification davon. Man kann freylich den Begriff von Demokratie p

noch weiter eintheilen, aber auch damit werden wir nicht auf die einzelnen
Staaten kommen, denn jeder von diesen wird etwas in Beziehung auf den
Begriff Zufälliges enthalten, was aber doch zu seinem Wesen gehört. Daher
muß die Auffassung des Individuellen aus beydem gemischt seyn, es kann
als Einzelnes nicht construirt werden, aber als das Wesen in sich schließend
auch nicht blos empirisch erkannt. Im Zusaz sind die einzelnen Glaubensgemeinschaften verglichen mit den einzelnen Menschen, und so wenig
diese nach ihrem individuellen Charakter sich construiren lassen, ebensowenig auch die Eigenthümlichkeit der Gemeinschaften. Dieß beruht auf
einer Analogie, die so klar ist, daß man im gemeinen Sprachgebrauch
einzelne Gemeinschaften moralische Personen nennt. Wenn wir nun sagen,
der einzelne Mensch verhält sich doch ganz anders zu seinen Volksgenossen
als zu Fremden: so ergiebt sich, daß das Volk selbst ein Individuum ist,
eine Persönlichkeit höherer Art weil sie eine Menge und Aufeinanderfolge
von Persönlichkeiten producirt. Dieß wird nun auf den Staat übertragen,
und weiter werden wir sagen können, daß jede Gemeinschaft Mehrerer,
welche auf ein wesentliches Element des geistigen Lebens zurückgeht, sich
als eine solche Persönlichkeit behandeln läßt.

Wie ist nun näher der Ausdruck kritisch zu nehmen? Er ist erklärt durch
das Gegeneinanderhalten des empirisch Gegebenen und der Gegensäze des
Begriffs selbst. ⟨Wenn man⟩ Wenn die Ethik unter mehreren Formen der
menschlichen Thätigkeit auch die Frömmigkeit gefunden hat, so muß die
ReligionsPhilosophie dieses Gebiet weiter theilen, und der Vergleich des
historisch gegebenen damit ist hier kritisch genannt. In dem Ausdruck
kritisch liegt das Vergleichen und Sondern, das durch die Vergleichung
Bestimmen. Ist nun unter der Voraussezung der ReligionsPhilosophie
diese Operation möglich? Diese Frage reducirt sich nun darauf, ob die
Erscheinung festgehalten werden kann in ihrem Unterschiede von andern,
um sie als *[45]* einen festen Gegenstand an das wissenschaftliche Element
zu halten. Es hat ein geistreicher Schriftsteller auf die Frage, was das
Christenthum sey, geantwortet, es sey das, was die Christen seit 18 Jahrhunderten machen. Darinn liegt das Wahre, daß sich das Christenthum festhalten läßt als geschichtliche Erscheinung, troz allem Wechsel. Der Anfangspunkt des Christenthums ist uns bestimmt gegeben, denn dieß ist das
Auftreten Christi, und alles, was sich seitdem daran angeknüpft hat, was
die Christen gemacht haben, läßt sich unterscheiden von Anderem. Freylich
ist immer etwas Zweyfelhaftes dabey. Wenn einige von Christo glaubten,
er sey die WiederErscheinung eines alten Profeten, so ⟨haben sie⟩ fragt
sich: sind diese Christen gewesen? und gehören sie mit in die Erscheinung,
die wir festhalten müssen? — so ist dieß zweyfelhaft, aber dieß sind immer

nur die äussersten Grenzen, welche schwanken. Ebenso im weitren Verlauf
mit den Ketzern. Es giebt aber dabey immer einen Kern in der Mitte, von
dem jeder zugeben muß, daß er das Wesentliche in der Erscheinung des
Christenthums sey, während man das Andre bey Seite läßt, bis man durch
die von dem Festen aus unternommene kritische Operation auch allmählich
ein Urtheil darüber bekommt.

§. 33 *[O: 32]* bezeichnet den Ausgangspunkt der philosophischen Theologie. In der früheren Ausgabe stand blos, daß die philosophische Theologie sich über das Christenthum stellen müsse[3]. Dieß sah ein Recensent so
an, als ob es hieße, sich über Christum stellen. Daher ist jezt ein Zusaz
gemacht worden, daß dieß nur im logischen Sinne zu nehmen sey, denn
es ist ein allgemeiner Sprachgebrauch, daß man den allgemeinen Begriff,
(wie hier des Gottesbewußtseyns und der Glaubensgemeinschaft) den
höheren nennt. Nur aus diesem allgemeineren Begriff können die möglichen Differenzen in Gegensäze gebracht werden, auf welche dann die
einzelnen historischen frommen Gemeinschaften kritisch bezogen werden.
Das Christenthum wird also nicht aus dem höheren Begriff abgeleitet,
sondern es wird historisch vorausgesetzt, und bekommt durch jene Ableitung nur seinen bestimmten Ort in dem Complexus aller frommen Gemeinschaften.

Der Zusaz macht eine Bemerkung über den Werth dieses Sazes, daß
er nämlich nicht blos für die christliche, sondern auch für jede andre
Theologie gelte. In dem 1. Theil des Zusazes ist noch eine Erklärung
gegeben über die Art und Weise zu dem Verständniß einer bestimmten
Glaubensweise zu gelangen, etwas anders als *[46]* dieß oben ausgedrückt
war, nämlich durch Verständniß des Neben und Nacheinanderseyns mit
andern Glaubensgemeinschaften. Diese andern müssen aber ebenso kritisch
aufgefaßt worden seyn, und je mehr es hierüber Vorarbeiten giebt, desto
besser kann unsre philosophische Theologie sich ausbilden. Dieser Punkt
hat für die christliche Theologie nur in 2erley Beziehung einen bestimmten
Werth, nämlich einmal muß allerdings etwas Festes aufgestellt werden
über das Verhältniß des Christenthums zum Judenthum als einer vorherbe-
standenen Gemeinschaft, und über diesen Punkt findet noch ein großer
Dissensus statt, welchen zu schlichten eine Aufgabe der philosophischen
Theologie ist. Die 2te Beziehung ist die des Christenthums auf andre ihm
in gewissem Sinne verwandte Religionen, denn je fremder desto weniger

---

[3] *In der 1. Aufl. der Enzyklopädie hieß es S. 12, § 4:* „Der Standpunkt der philosophischen
   Theologie in Beziehung auf das Christenthum überhaupt ist nur über demselben zu
   nehmen." *S. Heinrich Scholz' krit. Ausgabe der „Kurzen Darstellung", S. 14. Anmerkung.*

hat der Vergleich Nutzen. Das am meisten Verwandte nun ist das Monotheistische, und da wäre ausser dem Judenthum das Verhältniß des Christenthums zum Islam auszumitteln.

§. 34 hat es nun mit demjenigen Theil der Aufgabe zu thun, welcher
die Beziehung der geschichtlichen Erscheinung zu der Idee des Christenthums ist. Da wird nun gesagt, daß dieses Verhältniß eines bestimmten
Zustands zur Idee sich zeige 1) durch den Inhalt dieses Zustandes, 2)
durch die Art wie er geworden ist. — Das erste giebt nun wohl jeder zu,
daß, wenn man den Inhalt eines Momentes wirklich auffassen kann, sich
bestimmen lassen müsse, was von diesem Momente aus in den künftigen
bleiben muß oder was in den künftigen geändert werden muß, d. h. was
der Idee angemessen ist oder nicht. Weniger deutlich kann das 2te scheinen,
nämlich gleichsam absehend von dem Inhalt zu sagen, daß die Wahrheit
eines geschichtlichen Moments bestimmt werden kann durch die Art wie
es geworden ist. Wenn wir zB denken, es sey ein Dogma zu Stande
gekommen in einer gewissen Bestimmtheit durch eine politische Intrike,
so werden wir geneigt seyn zu sagen, — ganz abgesehen vom Inhalte, —
dieß könne keinen Werth haben, weil es gar nicht zeigt, daß die Idee des
Christenthums darauf Einfluß gehabt habe. Denn das ist es, worauf die
ganze Position beruht, daß, was wir den Begriff oder das Wesen des
Christenthums nennen, nicht blos eine abstracte Vorstellung ist, sondern
eine der geschichtlichen Erscheinung innwohnende Kraft ist, und der
Ausdruck geworden[4] soll nur die Art anzeigen, wie etwas aus der innerlichen Kraft des Christenthums hervorgegangen ist oder nicht. *[47]* So
werden wir sagen müssen, was nicht aus dem Wesen des Christenthums
hervorgegangen ist, dieß muß verbannt werden, denn wäre es auch zufällig
richtig, so müßte es doch wieder aufgehoben und auf richtigem Wege
wieder erzeugt werden.

Der Zusaz zu dem §. nimmt nun eine solche Möglichkeit gar nicht an,
indem er behauptet, daß der Inhalt eines Zustandes, welcher der Idee
entspricht, auch aus der Idee hervorgegangen seyn muß, und umgekehrt,
Was nicht aus der Kraft der Idee hervorgegangen ist, das kann auch nicht
das Richtige seyn. Ebenso was unrichtig ist, das muß auch auf falschen
Wegen entstanden seyn. Wenn wir also zu Grund legen die Einheit einer
Kraft die der Erscheinung zu Grund liegt, so muß jede Action dieser

---

[4] *Zitat, in welchem Schl. auf den Text des § 34 sich bezieht; dieser lautet:* „Wie sich irgendein
geschichtlich gegebener Zustand des Christenthums zu der Idee desselben verhält, das
bestimmt sich nicht allein durch den Inhalt dieses Zustandes, sondern auch durch die
Art, wie er geworden ist." *Vgl. Scholz, a. a. O. S. 14.*

Kraft ein Spiegel dieser Kraft seyn, sie muß darinn zu erkennen seyn.
Wenn in einer geschichtlichen Erscheinung etwas andres zu erkennen ist
als diese Kraft, so muß sie auch aus diesem andern entsprungen seyn.
Denken wir nun so auf der einen Seite diese innere Kraft, auf der andern
Seite aber die Möglichkeit fremdartiger Einwirkungen — so denken wir
immer auch die Möglichkeit, daß von demselben Punkt aus Verschiedenes
geschehen könne. Ist auf einem gewissen Punkte die Kirche noch nicht in
ihrer Vollendung, so werden Elemente von entgegengeseztem Werthe in
dem Momente vorhanden seyn, und daher ist möglich, daß im folgenden
Momente das Unangemeßne weggeschafft wird, oder aber daß es über-
handnimmt. Jenes ist Fortschritt, dieses Rückschritt. Diese verschiedenen
Möglichkeiten sezen einen verschiedenen Prozeß voraus, eine verschiedene
Art des Werdens. — Sind nun so beyde Momente bedingt durcheinander,
so muß es dasselbe Resultat geben, ob ich auf den Inhalt oder auf die
Genesis sehe. Oder eines von beyden kann in mehreren Fällen zweyfelhaft
seyn: der Inhalt kann mich zweyfeln lassen, ob er der Idee angemessen
ist; nun sehe ich auf die Genesis, und finde ich nun, daß er nicht auf die
rechte Weise entstanden ist, so bin ich schon entschieden, daß der Inhalt
selbst falsch ist. Sehen wir nun nochmals auf die Möglichkeit, daß auch
auf unrichtige Weise etwas Richtiges entstehen könne. Unsre gegenwärtige
Trinitäts-Lehre ist ein Produkt der arianischen Streitigkeiten; und in diesen
Verhandlungen ist sehr viel vorgekommen von verdächtiger Art, Intriken,
Leidenschaften pp und was auf einem leidenschaftlichen Wege entsteht
und doch soll ein Lehrsaz werden, *[48]* das kann unmöglich so das
Richtige seyn. Daraus würde folgen, wenn die unrichtige Genesis nachgewiesen ist, so müßte es umgebildet werden. Die vorhin angenommene
Möglichkeit aber würde noch unbenommen lassen, daß der Inhalt richtig
wäre. Gleichzeitig mit dieser TrinitätsLehre entstand auch ihr Gegensaz,
die arianische, als strenger Gegensaz muß die eine richtig, die andre falsch
seyn, ⟨nun⟩ und doch sind beyde leidenschaftlich entstanden. Nun wird
aber Niemand behaupten, daß dieß ein strenger Gegensaz sey, sondern
Gegensäze zum athanasianischen giebt es noch andre als die arianische pp.
Wie wäre es nun möglich bey einer solchen Lehre das Leidenschaftliche
abzustreifen, den Inhalt aber zu lassen? Hier ist aber die Form der Lehre
durch Leidenschaft entstanden, und diese Form ist das Wesentliche. Wir
bekommen so zu unterscheiden einen wesentlichen und einen geschichtlichen Inhalt, und nur der lezte soll ⟨anders werden⟩ weggewischt werden.
So werden wir sagen können: der Ausdruck Person oder Hypostase sey
nur im Gegensaz entstanden, und zufällig, das Wesentliche sey davon
unabhängig. Aber so wie wir jenen Ausdruck ändern, so wird auch das

geschichtliche Factum aufgehoben, und nur von diesem ist die Rede. Insofern ist der Saz richtig, daß Ursprung und Inhalt durcheinander bedingt seyen.

§. 35. Hier erst kann erörtert werden, wie fern die Ethik ⟨Princip⟩ die Wissenschaft der Geschichtsprincipien ist. Hier wird vorausgesezt, daß der menschliche Geist eine Lebenseinheit ist, die sich in Raum und Zeit entwickelt. Die Geschichte muß die Tendenz haben, die wesentlichen Momente dieses Geistes der Erscheinung immer mehr einzubilden, und insofern die Ethik jene Momente darstellt, so ist sie die Wissenschaft von den Principien der Geschichte. So wie man die SittenLehre gewöhnlich ansieht, so stellt sie nur Aufgaben, wie sie gefordert werden vom einzelnen Menschen, und dieß scheint in Bezug auf die Geschichte ausgeschlossen. Denken wir uns aber 1) diese Aufgaben am Anfang gestellt, so können sie nur in einem Zeitverlauf gelöst werden, und diese Form der zeitlichen Lösung ist mitaufzustellen. Fassen wir die ganzen sittlichen Aufgaben als Eines, und stellen sie so: *[49]* der Mensch soll sich der Vollkommenheit befleißigen, so liegt darinn schon, daß er dieß nur in der Zeit thun kann, und dieß ist das eine Element der Geschichte. Andrerseits ist die Aufgabe jedes Einzelnen zugleich die des andern, und sobald wir uns ein Anerkennen der Identität des Geistes in den Einzelnen denken, so entsteht eine Gemeinschaftlichkeit, und dieß ist das andre Element der Geschichte. Wenn zB das Erkennen aufgestellt wird als eine solche nothwendige Thätigkeit des menschlichen Geistes, so kann dieß im Einzelnen erst in allmähliger Entwicklung geschehen, aber ebenso folgt auch von selbst, daß jeder suchen muß, die Wahrheit mitzutheilen, und da haben wir also die Gemeinschaftlichkeit. Wenn wir nun sagen, es entwickelt sich hieraus in dem Maß als die Menschen miteinander in Verbindung stehen, ein gemeinsames Streben, das Wissen zu Stande zu bringen, — so ist dieß ein geschichtliches Resultat, und die Ethik stellt die Principien dazu auf, und nun weiß jeder daß es nicht ein zufälliges ist. In diesem Sinn ist die Ethik die Wissenschaft der Geschichtsprincipien.

Die Abzweckung des § ist nun, zu sagen, daß die Aufgabe der philosophischen Theologie, zu finden was im Verlauf des Christenthums Ausdruck seiner Idee sey und was nicht — ihrer kritischen Natur nach aus der Ethik herausfalle. Diese Betrachtung gehört auch nicht mehr in die ReligionsPhilosophie,sondern in die positive Theologie, weil sie ihren unmittelbaren Bezug hat auf die Kirchenleitung. Hier ist nun einander gegenüber gestellt der positive Werth, daß nämlich ein geschichtlich gegebenes reiner Ausdruck seiner Idee sey, der negative Werth ist bezeichnet als KrankheitsZustand. Dem entspricht nun eigentlich ⟨Gesundheit⟩ der Ausdruck Gesundheitszustand, und wirklich nur sofern die Erscheinung reiner Ausdruck der Idee ist, ist sie gesund. Aufzustellen nun was so oder so anzusehen ist, oder Principien der Beurtheilung aufzustellen, ist Aufgabe der philosophischen Theologie. Hier sind wir nun schon in der unmittelbaren Beziehung auf die Kirchenleitung und da erscheint die Aufgabe der philosophischen Theologie hiedurch schon erfüllt.

§. 36 wird aber doch noch eine neue Forschung aufgegeben. Es wird nämlich das Faktum vorausgesezt, daß das Christenthum sich in eine Mehrheit von KirchenGemeinschaften theile. Dieses Faktum wird hier vorausgesezt. Insofern nun die Organisation der Theologie auf dieses Faktum gebaut wird, so ist diese darauf gebaute Organisation entweder selbst eine bedingte, sie gilt nur solang das Faktum vorhanden ist; oder das Faktum [50] ist ein nothwendiges, bey dem es sein Bewenden hat. Was wollen wir nun zu diesem Factum sagen? daß es ganz bestimmt vorhanden ist, und unsre Theologie dadurch bestimmt ist, ist offenbar. Man muß aber in Bezug auf obiges Dilemma in einer Hinsicht das eine, in der andern das Andre behaupten. Vorübergehend ist die gegenwärtige Gestalt des Gegensazes, Niemand wird behaupten, daß der Gegensaz zwischen Katholizismus und Protestantismus in ihrer jezigen Gestalt immer fortdaure, und da sie aufeinander wirken, so müssen wir auch eine Annäherung für möglich halten. Aber wir können behaupten, die Christenheit wird immer in eine Mehrheit von KirchenGemeinschaften getheilt bleiben, weil nicht alle in gehöriger Verbindung stehen; aber diese Theilung kann zu verschiedenen Zeiten eine ganz verschiedene seyn.

In dem Zusaz wird nun auf das Verhältniß Rücksicht genommen, in welchem diese getrennten Gemeinschaften zueinander stehen. Jede könnte alle andern als krankhaft gewordene Theile erklären, und selbst in dieser Voraussezung, wird gesagt, fallen doch die Ansprüche aller dem kritischen Verfahren anheim, weil es doch untersucht werden muß, ob es sich wirklich so verhält. Die protestantische Kirche hat diesen Anspruch niemals gemacht, alle andern für ihrem Wesen nach krankhaft zu erklären, wenn sie gleich behauptet hat, daß sie vom krankhaften Zustand der anderen sich freygemacht habe. Es giebt hier 2 Fälle; wenn die christliche Kirche nur geografisch getrennt wäre, so läge darinn kein Grund einer solchen Ansicht. Aber wenn die Trennung durch Streit entstanden ist, wie im Verhältniß der protestantischen und katholischen Kirche, so werden wir es hier natürlich finden, daß jede die andre für krankhaft erklärt, denn der Streit konnte gar nichts andres betreffen als dieses. Die Folgerung daraus ist die, auch unsre philosophische Theologie kann sich nicht weiter erstrecken, als daß sie protestantisch sey. Das bisher ausgeführte Allgemeine findet seine besondre Anwendung in der protestantischen Kirche. Hier sind 2 Krankheitszustände einer einzelnen Gemeinschaft möglich, entweder kann sich in die eine etwas eingeschlichen haben, was nur der andern angehört, oder könnte als Opposition gegen die andre zu weit gegangen, und etwas aufgestellt seyn, was über das Christliche hinausgeht.

§. 37 wird nun das Ganze zusammengefaßt, und gesagt, es wären nun 2 HauptAufgaben hier gestellt, die eine das eigenthümliche Wesen des Christenthums aufzustellen in seinem Verhältniß zu andern GlaubensWeisen; die 2te *[51]* §. 35 die Methode um den Werth einzelner Momente in der Entwicklung des Christenthums zu schäzen. Die 2 Aufgaben erschöpfen den Zweck der philosophischen Theologie, sie sind die Begründung der historischen, weil nun der Maßstab gegeben ist, das Historische zu würdigen. Zugleich ist sie eben dadurch auch die Norm für die praktische Theologie, weil sie angiebt, was erstrebt, und was ausgemerzt werden soll. Nun wird noch der wissenschaftliche Charakter der Disciplin bestimmt, daß sie nämlich der historischen Kritik angehöre. Nämlich dieselbe Aufgabe findet auch auf andern geschichtlichen Gebieten statt, wo es eine wesentliche menschliche Gemeinschaft giebt und eine Leitung derselben. Hier ist immer aufgegeben eine Schäzung dieses Gebiets in Beziehung auf andre ähnliche, und eine Schätzung der einzelnen Momente des Verlaufs in Beziehung auf die Ideen und Aufgaben.

§. 38 wird die Regel aufgestellt für die ⟨philosophische Theologie⟩ Form der philosophischen Theologie. Bisher war von ihrem Gehalt die Rede, — nun wird gesagt, alle Bestandtheile der philosophischen Theologie, welche an sich der Kritik angehören, werden theologische Elemente nur durch die Beziehung auf die Kirchenleitung. Nun haben wir schon eine 2fache Duplicität. Die eine bezieht sich auf die 2 Aufgaben, die andre bezieht sich auf das Christenthum als Allgemeines und auf die besondre protestantische Glaubensweise.

§. 39. wird die Frage von der Form der Disciplin und ihrer Organisation weiter besprochen. Hier kann nur zu Grunde gelegt werden die Beziehung auf die Kirchenleitung, und diese muß nun genau aufgefaßt werden. Hier ist nun zunächst Rücksicht genommen auf etwas, das § 25 von der christlichen Kirchenleitung gesagt war, sie sey ihrem Zwecke nach zusammenhaltend und anbildend. Hier ist jenes ausgedrückt durch das Erhaltende, was extensiv gemeynt ist, §. 40 ist dasselbige intensiv aufgefaßt. In Beziehung auf ihre Erhaltende Richtung wird gesagt, müsse die Kirchenleitung die Ueberzeugung von der Wahrheit der christlichen und protestantischen GlaubensWeise fortpflanzen. Ohne dieß könnte das Christenthum sich nicht erhalten. Dazu liegt nun die Grundlage in der Darstellung des eigenthümlichen Wesens des Christenthums, — nicht so, als ob man einem demonstriren müßte, er solle ein Christ werden, — sondern die Verwandtschaft des religiösen Elements im Menschen mit dem Christenthum die muß sich durch das Leben im Christenthum entwickeln, *[52]* aber daß ein Jeder nun die Eigenthümlichkeit des christlichen Glaubens als eine Gestaltung des religiösen Elements sich rechtfertigen könne, und sich seine eigne Verwandtschaft zu dieser Gestaltung klarer mache, dieß giebt dann die Ueberzeugung vom Christenthum. Wenn ⟨L 1⟩ der Mensch sich auch in das Christenthum hineingelebt hätte, und es würde ihm später gezeigt, das Christenthum sey eine krankhafte Erscheinung, so müßte er es ja wieder aufgeben.

　　Dieser §. nennt den 1ten Theil der philosophischen Theologie A p o l o - g e t i k, wie der 40te § den 2ten Theil Polemik. ⟨L 1⟩ Zu dem apologetischen Theil gehören nun Untersuchungen über das eigenthümliche Wesen des Christenthums und des Protestantismus. Es sollen sich aber nun die Untersuchungen über das Wesen des Protestantismus zu der besondern Gemeinschaft gerade so ⟨haben⟩ verhalten wie die über das Christenthum zur christlichen Gemeinschaft überhaupt, d. h. wie diese auf andre Religionen Rücksicht nehmen, so jene auf die andern Confessionen. Der Ausdruck Apologetik ist hergenommen von dem gerichtlichen Sprachgebrauch, als Vertheidigung. Dieses sezt einen Angriff voraus und dieß ist nun aus dem Bisherigen nicht klar, wie es damit zusammenhängt, und weßwegen diese Untersuchungen den Namen der Vertheidigung bekommen. Dieß hängt aber so zusammen. Es ist Thatsache, daß es immer einzelne Menschen gab, die das religiöse Element ganz vernachläßigt haben, und zwar mit einem gewissen Bewußtseyn. Diese müssen auch bestreiten, daß das religiöse Element der menschlichen Natur wesentlich sey. Nun aber beruht die religiöse Gemeinschaft darauf daß jenes Element ein wesentliches sey, und sobald diese Behauptung angegriffen wird, so muß sie vertheidigt werden. Nun diese Vertheidigung des religiösen Elements ist Gegenstand der christlichen Kirche nicht unmittelbar aber doch indirekt, und so könnte diese rein ethische Verhandlung schon den Namen Apologetik führen. Sobald wir aber in eine besondre Gemeinschaft hineinkommen, ist es doppelt nothwendig, daß sie sich gegen solche Angriffe vertheidige, und was dort ein rein wissenschaftliches Interesse hat, bekommt hier zugleich ein praktisches. Wenn also das Christenthum angegriffen wird, was von Anfang an geschehen ist, so muß es sich auch vertheidigen. Das Christenthum ausserhalb aller socialen Beziehung gedacht, so würden die Untersuchungen über sein Wesen eine andre Gestalt, *[53]* die einer blosen Einleitung in die Dogmatik bekommen, und wäre der Name Apologetik nicht an der Stelle gewesen. Nun aber ist das Christenthum von Anfang an verfolgt worden, nicht von solchen, die das religiöse Element überhaupt verwarfen, sondern von solchen, die in andern religiösen Gemeinschaften lebten. Da kam es also darauf an, zu zeigen, daß das Christenthum ebenso begründet sey wie diese andern Religionsgemeinschaften begründet zu seyn glaubten, nämlich in dem religiösen Elemente der menschlichen Natur. Die gewöhnliche Erklärung von Apologetik ist, daß sie auseinanderzusezen habe die Beweißgründe für den göttlichen Ursprung des Christenthums. Dieß klingt anders, ist aber ganz dasselbe. Ueberall in allen religiösen Gemeinschaften ist auf ein ihren Gliedern gemeinsames Gottes-Bewußtseyn zurückzugehen, daher ist es natürlich, daß man dieses von Gott herleitet auf irgendeine Weise. Zu sagen nun, man wolle beweißen, daß das Christenthum sich zum religiösen Princip so und so verhalte, dieß hat denselben Inhalt, als zu sagen, Beweißgründe von dem göttlichen Ursprung desselben. In dem Begriff Beweißgründe liegt, daß man die Menschen genügend überzeugen wolle von der Göttlichkeit des Christenthums, daher sie zu Christen zu machen suche. Dieß liegt aber nicht ursprünglich in der Apologetik, welche nur den Menschen beweisen will, daß sie das Christenthum müßten bestehen lassen. Daß nun aber die Apologetik nicht blos die Einleitung zur Dogmatik bildet sondern eine eigne Disciplin, dieß hat seinen Grund lediglich in dem historischen Umstand, daß das Christenthum von Anfang an ist angegriffen worden. Sonst wäre die Apologetik nur der Anknüpfungspunkt der Dogmatik an die ReligionsPhilosophie.

Was nun die specielle Apologetik des Protestantismus betrifft, so hat sich dieser nie als göttliche Offenbarung behauptet, sondern nur, daß er die ursprüngliche göttliche Offenbarung erhalten, während sie in den übrigen Gesellschaften alterirt worden sey. Auch hier würden diese Untersuchungen nur in der Einleitung zur Dogmatik stehen, wenn der Protestantismus nicht wäre angegriffen worden. Aber die Reformation konnte sich nicht ohne Streit entwickeln, ⟨sondern⟩ sie wurde nicht blos durch Gründe sondern auch mit Gewalt angegriffen, ganz wie das Christenthum in seinen Anfängen. Daher verhält sich seine besondre Apologetik ganz wie die allgemeine.

Da das Christenthum nun eine welthistorische Geltung erlangt hat, und nicht mehr *[54]* so angegriffen wird: wäre es nicht jezt besser, den Untersuchungen über das Wesen des Christenthums ihren ursprünglichen Plaz einzuräumen? Es ist dieß allerdings neuerlich fast die überwiegende Methode geworden, und der Sache nach ist es ganz dasselbe. Doch ist es auch gut, die Apologetik besonders fortbestehen zu lassen. Denn es giebt noch speculative theoretische Gegner, die das religiöse Element überhaupt oder das Christenthum selbst in seiner Eigenthümlichkeit angreifen, solche welche nur einen menschlichen Ursprung der besonderen Religionen annehmen. So lang dieser theoretische Widerspruch noch dauert, der allerdings nicht gegen die äussre Existenz, ⟨aber sondern doch⟩ sondern gegen die innern Fundamente geht, so lang ist die besondre Abhandlung von Nutzen.

Der Zusaz spricht von dem Bestreben, andre zum Christenthum oder Protestantismus herüberzuziehen. Dieß sagt der § sey eine klerikalische Praxis, die zB geübt wird in dem MissionsWesen. Zu zeigen, daß das Christenthum größre Ansprüche auf die Existenz hat, als die übrigen GlaubensFormen, was beym MissionsWesen die Hauptsache ist, dazu müßte es allerdings Kunstregeln geben, die aber nicht mehr zur Apologetik gehören.

§. 40 hat es mit dem 2ten Theil der philosophischen Theologie zu thun. Polemische Theologie ist ein alter kirchlicher Ausdruck. Hier ist der Sprachgebrauch vom Angriff her genommen, wie vorher von der Vertheidigung. Hier ist aber dieses rein zurückgeführt auf die § 35 angegebenen Untersuchungen, nämlich die Principien aufzustellen zur richtigen Würdigung der einzelnen Zustände des Christenthums, um herauszubringen, was Gesundheits- und was KrankheitsZustand ist. Hier also ist keine Beziehung nach aussen, sondern rein nach innen. Beziehen wir diese Functionen auf die Kirchenleitung, so ist es zum Behuf der innern Kirchenleitung nothwendig, zu erkennen, was weiter ausgebildet, und was ausgemerzt werden muß, und die Erkenntniß des Leztren ist Geschäft der Polemik. In der KirchenGeschichte werden wir eine Menge von polemischen Elementen finden, denn jede Abschätzung der Begebenheiten in der Kirchen-Geschichte muß eine Anwendung polemischer Säze seyn, ohne dieß wäre die Geschichte blose Chronik. Aber dieß wäre eine Anwendung für die blose Betrachtung; und es wird ebenso nothwendig seyn, diese Abschätzungen zu machen in Beziehung auf das Gegenwärtige, und so wie Jemand falsche *[55]* Principien hat in Abschätzung der Gegenwart, so muß er auch in der Kirchenleitung fehlen. Auch hier findet sich eine allgemein-christliche Polemik, und eine speciell protestantische. Freylich werden sie sich nicht ganz so verhalten, wie allgemeine und specielle Apologetik, was in der Verschiedenheit ihrer Richtungen seinen Grund hat. Wenn das Christenthum in eine Manchfaltigkeit von KirchenGemeinschaften zerfällt ist, so sind diesen die Untersuchungen über das Wesen des Christenthums gemeinschaftlich, und jede hat die Gültigkeit des Christenthums zu vertheidigen. Also die allgemeine Apologetik kann für alle dieselbe seyn. In jeder dieser KirchenGemeinschaften nun giebt es theils festzuhaltende, theils auszumerzende Elemente — in einem Zustand der Spaltung des Christenthums nun giebt es in diesem Sinn keine allgemeine Polemik. Rein wissenschaftlich wohl aber in der Praxis nicht.

Der Zusaz ist ganz parallel dem vorhergehenden. Es müsse sich auch ein Verfahren bilden, um die Ueberzeugung von der Unangemessenheit gewisser Momente zur Idee geltend zu machen, ⟨die⟩ was aber der praktischen Theologie angehört.

§. 41 stellt einen Gegensaz auf zwischen diesen 2 Theilen der philosophischen Theologie, und hierinn liegt die Differenz dieser Behandlung von andern. Die Apologetik nemlich nimmt ihre Richtung nach aussen, gegen die übrigen Glaubensgemeinschaften, die ausser dem Christenthum bestehen. Die ⟨specielle⟩ Polemik aber ⟨nimmt⟩ bleibt ganz in das Gebiet einer einzelnen Religion oder KirchenGemeinschaft eingeschlossen. Die allgemeine Polemik muß, wie schon oben angegeben, eigentlich bey allen dieselbe seyn, wenn die verschiedenen christlichen Gemeinden sich gegenseitig als christliche anerkennen. Gewöhnlich aber ist dieß mehr oder weniger nicht der Fall, und insofern zB die katholische Kirche den Protestantismus als eine Häresie behandelt, so wird sie eine Polemik gegen uns führen nicht in ihrem besondern Namen, sondern sofern sie sich als das ganze Christenthum nimmt. Dieß wird in unsrer allgemeinen Polemik nicht vorkommen, weil wir auch die katholische Kirche für eine christliche halten.

Von hier aus werden sich nun die §en vertheilen. Die Apologetik nimmt ihre Richtung nur nach aussen, die Polemik nur nach innen, so jedoch, daß das Äussre und Innre ein andres ist bey der speciellen als bey der allgemeinen. Gewöhnlich sagt man, die Polemik habe eigentlich ihre Richtung nach aussen. Wir wollen bey der allgemeinen Polemik stehen bleiben. Da hat es von jeher Einzelne gegeben, *[56]* die gegen alle positive Religion sich erklären, Deisten, Atheisten. Diese zu bekämpfen wäre eine Richtung nach aussen, weil solche Menschen nicht zur christlichen Kirche gehören wollen. Aber was soll diese Polemik für einen Zweck haben? Soll sie den Zweck haben, diese zu bekehren? oder die KirchenGlieder vor Ansteckung zu verwahren? Im leztern Falle wäre es aber die allgemeine Apologetik, das Bestreben, dem Christenthum sein gutes Recht zu sichern. Soll es aber ein Bekehrungsversuch seyn, so wäre es keine theologische Disciplin, sondern eine Praxis, mit der Tendenz, die Kirche zu erweitern, es ist also eine besondre Richtung des MissionsWesens, das noch Niemand als Polemik angesehen hat. Diese Meynung kommt daher, daß man häufig meynte, das Christenthum lasse sich andemonstriren, was sich aber demonstriren läßt in dieser Beziehung, das gehört in die Apologetik, und ist nichts weiter als der Beweiß, daß mich der Andre in meinem Besizstand lassen muß. Sobald ich aber den Andern bekehren will, so geht die Demonstration aus, ich muß Bedürfnisse in ihm wecken p. Ebenso hat man gesagt, müsse es eine Polemik geben gegen die Katholiken. Diese kann's aber gar nicht geben, und auch auf diesem Gebiete haben wir nur das Apologetische zu leisten. Die protestantische Kirche ist entstanden aus der Katholischen durch Opposition gegen die Mißbräuche. Aber wovon man dabey ausgegangen ist, das ist nur die richtige Anschauung der christlichen Kirche, und dieß ist eben das Apologetische. Fragt man: haben wir Ursache, den Streit jezt wieder anzufangen? so wird dieß verneint und gesagt werden müssen, wir haben uns nur zu vertheidigen, wenn wir angegriffen werden. Bey einer Bekämpfung der Katholiken könnte nur der Zweck seyn, sie zu Protestanten zu machen, dazu bedürfte es aber einer Technik, und die Sache gehörte zur praktischen Theologie. Ein solches herüberziehendes Verfahren könnte sich auch blos immer auf Einzelne beziehen.

Daher kann dieß keine besondre Disciplin seyn, sondern es gehört in die praktische Theologie als ein hypothetischer Theil derselben, weil nur in einzelnen unbestimmten Fällen Gebrauch davon gemacht werden kann. Also die Apologetik nimmt ihre Richtung nach aussen, indem sie voraussezt, daß man angegriffen wird. Wenn das Christenthum gar nicht mehr angegriffen würde, *[57]* und ebenso der Protestantismus, dann würde diese Gestaltung verschwinden, wenn sie nicht zu tief schon in die Organisation der Theologie eingewurzelt wäre. Die Polemik aber hat immer ihre Richtung nach innen. Gegen Unchristen giebt es gar keine Polemik, zB gegen Judenthum, Islam Polytheismus, oder auch gegen einzelne Deisten p. Das Polemische ist dabey immer das Falsche, das Wahre nur das Apologetische. Alles was in gewisser Weise gegen die Deisten p geschrieben worden ist, ist immer eigentlich apologetisch gewesen, man hat dem Christenthum sein Recht sichern wollen, und dieses rein defensive Verfahren ist nicht geeignet Polemik zu heißen. Die Richtung nach innen ist nun, in der Erscheinung des Christenthums und Protestantismus zu unterscheiden, was corrigirt und eliminirt werden soll. Hier kann nun freylich eine schiefe Stellung genommen werden, welche die allgemeine Richtung unsres Sazes aufzuheben scheint. Man kann sagen: wir sind in der protestantischen KirchenGemeinschaft, und sehen wir allein auf diese, so haben wir keine Polemik als gegen das, was in unsrer Kirche Verderbtes ist. Aber wir sind doch mit unsrer Kirche in die allgemeine Kirche gestellt, und so haben wir doch eine Polemik zu führen auch gegen das, was dem

Christenthum überhaupt zuwider ist. So haben wir also von unsrem allgemein christlichen Standpunkt eine Polemik gegen den Katholicismus zu führen. Hier werden aber die 2 Gesichtspunkte nicht bestimmt geschieden. Sobald nämlich die Christenheit in einzelne Gemeinschaften getheilt ist p. Das Absehen der Reformatoren war auf die ganze Christenheit gerichtet, was sie für wahr hielten, wollte sie auf die ganze Christenheit übertragen; sie waren noch in der ganzen Kirche, und was ihnen entgegen war, sahen sie nur als Sache von Einzelnen an. Da nahm also die Polemik ihre Richtung nach innen, weil die Reformatoren noch in derselben Kirche mit den Katholiken stunden. Sobald aber die protestantische Kirche sich organisirt hatte, hörte dieß Verhältniß auf, denn die Sonderung besteht ja eben darinn, daß beyde Gesellschaften getrennt bestehen, jede ihren Weg für sich geht, und sich um die andre nicht kümmert. Hier findet nun die specielle Apologetik ihre Stelle. Sobald man also unterscheidet zwischen dem Zustande der Einheit und der Mehrheit von KirchenGemeinschaften, so wird man einsehen, daß jezt jede Polemik gegen den Katholicismus eine äussre wäre, zu der wir gar nicht ⟨ ⎿ ⏋⟩ veranlaßt sind. Die protestantische Kirche kann jezt durch *[58]* ihre Existenz auf die katholische Kirche wirken, indem die Katholiken sich mit uns vergleichen können, und hieraus kann sich Privatinteresse bilden; aber die Kirche selbst hat nichts mehr gegen die Katholiken zu thun, ausser wenn sie angegriffen wird.

§. **42.** Wir haben 2erley Aufgaben gefunden, und jede ist wieder in sich gedoppelt. Da können wir nun entweder die philosophische Theologie Theilen in 1) die allgemeine und 2) in die specielle, und dann die allgemeine und specielle philosophische Theologie wieder a) in Apologetik und b) Polemik; oder wir können theilen wie geschehen ist. An und für sich könnten beyde Eintheilungen gleich gut seyn, aber der Thatbestand ist schon vorhanden, die 2 Disciplinen sind getrennt vorhanden, während der andre Unterschied nicht so hervortritt. Dieß muß uns bestimmen.

Daß nun die Apologetik zuerst gestellt wird kommt daher, die Apologetik hat es zu thun mit der Darlegung des eigenthümlichen Wesens des Christenthums im Verhältniß zu andern Glaubensweisen. Die Polemik hat es zu thun mit der Abschätzung der einzelnen Momente in der Geschichte des Christenthums in Beziehung auf ihren negativen oder positiven Werth. Diese Beurtheilung kann ich aber nur anstellen auf die Erkenntniß von dem Wesen des Christenthums hin. So ist also diese Voranstellung wesentlich. Hätten wir aber die andre Eintheilung vorgezogen, so hätten wir ebenso nothwendig das Allgemeine voranstellen müssen. Hieraus geht hervor, daß wir auch in unsrer Eintheilung zuerst von der allgemeinen Apologetik handeln müssen, dann erst von der speciellen. Dieß ist hier

nicht durch Unterabtheilungen geschieden, doch ist der Scheidepunkt
leicht zu finden. In den §§ die vom Allgemeinen handeln, wird nun
als Aufgabe der Apologetik aufgestellt eine Reihe zusammenhängender
Begriffe, § 43 die Wechselbegriffe des Natürlichen und Positiven, § 45 die
Begriffe Offenbarung, Wunder und Eingebung, § 46 Weissagung und
Vorbild, § 47 Kanon und Sacrament, § 48 die Begriffe Hierarchie und
KirchenGewalt. Da wir hier schon bey dem sind, was in der philosophischen Theologie Princip der praktischen ist, so sind dieß die lezten
hiehergehörigen Begriffe und §. 50 ist der Uebergang zur speciellen Apologetik. Ist nun hier nicht über das blos Formelle der Encyclopädie hinausge-
gangen? *[59]* Deßwegen nicht, indem blos die Aufgaben gegeben, aber
nicht gelöst werden, es sind alles dieß nur die Ueberschriften, welche die
Kapitel der Apologetik haben müssen. Das Ganze ist also nichts andres
als nur die Organisation der Apologetik.

———————

Erster Abschnitt.
Grundsätze der Apologetik.

§. 43. wird aus der Ethik vorausgesetzt, daß das religiöse Element sich
nur verwirklichen kann in einer Manchfaltigkeit von Erscheinungen, die
⟨L1⟩ ein Ganzes zusammen bilden. Im Staat zB hätten wir zwar die
Apologetik der Monarchie zu führen, hätten aber doch auszugehen von
den manchfaltigen Staatsformen, die wir als einen Complexus auffassen
müßten in welchem sich die Idee darstellte. Der Zweck der Apologetik
kann nicht seyn, zum Christenthum herüberzuführen, ausser wenn einer
das Christenthum allein als wahr, die übrigen Religionen als falsch sezte,
dann könnte keine vollständige Anerkennung des Christenthums stattfinden, ohne die andern aufzugeben. Darinn liegt aber nicht, daß wir Christen
die andern Glaubensweisen müßten für wahr halten, sondern nur dieß,
daß die eine Glaubensweise kann die andre neben sich bestehen lassen.
Dieses Zusammenbestehen ist uns auch in der Geschichte gegeben, und
wir müssen darum ausgehen von diesem Mittelding von Verfolgen und
Annehmen, welches das Anerkennen und Bestehenlassen ist. Dabey kann
einer wohl glauben, das Christenthum sey falsch, nur ist er überzeugt, daß
es mit allem andern zusammenbestehen kann. Es ist also hier nicht um
Beweise zu thun die zur Annahme des Christenthums führen müssen. Vom

göttlichen Ursprung muß freylich in jeder Apologetik die Rede seyn, weil jede Glaubensweise sich nur auf diese Weise ableiten kann.

In diesem § ist nun aufgestellt, woraus die socialen Verhältnisse des Christenthums hervorgehen, daß nemlich die Religion sich in einer Mehrheit von Gesellschaften verwirklicht hat. Das eigentliche Ziel der Darstellung ist nun, daß dem Christenthum ein Ort in diesem Complexus gebühre, und dazu gehöre die Darlegung der Einheit und die Dar-*[60]*legung der Differenz. Die Einheit nämlich mit allen Religionen im weitesten Sinn, also auch mit den niedersten Religionen, denn diese können doch nur begriffen werden als Äusserungen desselben Princips, aus welchem auch die übrigen Religionen hervorgehen. Die Differenz geht zurück auf die möglichen Gegensäze innerhalb dieser Einheit, diese bilden die verschiedenen Örter, in welche die einzelnen Gemeinschaften müssen eingeordnet werden. Es ergiebt sich zB aus dem Begriff der Gegensaz des Polytheismus und Monotheismus, so wären dieß 2 Örter, in welche die verschiednen Religionen eingeordnet werden könnten.

Dieß geschehe, wird gesagt, mittelst der Wechselbegriffe des Natürlichen und Positiven. Hier ist ein bestimmter Sprachgebrauch angenommen, und dieß ist ein Zurückgehen auf ein Thatsächliches. Leider ist es ein Sprachgebrauch, über dessen Bedeutung man nicht einig ist. Die Grenzbestimmung dieser 2 Wechselbegriffe ist sehr schwankend und verschieden bestimmt. Diese Begriffe haben ein Verhältniß zu den 2 vorher aufgestellten Punkten der Einheit und Differenz der Religionen. Dieß Verhältniß ist dieses, Das Positive ist nicht etwa die Differenz selbst, sondern der Charakter der Differenz im Gegensaz zur Einheit. Das Natürliche ist auch nicht die Einheit selbst, sondern der Charakter der Einheit im Gegensaz der Differenz. Die Einheit selbst ist der Begriff der frommen Gemeinschaft. Wie drückt nun der Ausdruck: ⟨Einheit⟩ Natürliches den Charakter der Einheit p aus? Man redet eben so auf dem Gebiete des Staats von einem natürlichen und positiven Recht. Unter dem positiven Recht versteht man das wirklich irgendwo geltende, und da wird kein Recht in seiner Bestimmtheit aufgefaßt werden können, das nicht ein Positives wäre. Dieß klingt nun so, daß man auch sagen könnte das positive Recht ist das existirende, das natürliche das nichtexistirende. Dieß ist in gewissem Sinne wahr. Das Recht ist aber nur in Beziehung auf einen geselligen Zustand, und ⟨dieß⟩ die Geselligkeit ist ein menschliches Thun, so ist dieß Recht ein natürliches. Ebenso werden wir sagen können, die frommen Gemeinschaften wären etwas Natürliches. Es ist aber das Verhältniß der Ehegatten nicht überall dasselbe, es hat verschiedne Formen, Polygamie und Monogamie, Scheidung erlaubt und verboten p.

Dieß ist das Positive. Dasselbe werden wir nun sagen können von allen Elementen der frommen Gemeinschaft. *[61]* Sie sind überall auf bestimmte Weise vorhanden wenn sie auch aus der Natur des menschlichen Geistes zu begreifen sind. Dieses Verhältniß also vermöge dessen das Religionsgesellige aus der Natur des Geistes zu begreifen ist, ist das Natürliche daran, das aber, daß es überall ein Bestimmtes ist, ist das Positive. Damit ist aber der Begriff des Positiven nur formell bestimmt, der Inhalt dieses Positiven im Christenthum ist hier nicht gegeben.

Im Zusaz wird gesagt, daß die Aufstellung dieser Begriffe der Religionsphilosophie angehört, und daß sie in der Apologetik auch andrer Religionen ihre Stelle haben müßten. Daraus folgt, daß ⟨wenn⟩ die Religionsphilosophie die Aufgabe hätte, nachdem die Ethik die Religion als GemeinschaftBildendes nachgewiesen hätte, so hätte dann die Religionsphilosophie die früher in der Ethik angegebenen Differenzen weiter zu entwickeln, und die historischen Religionen darunter zu subsumiren. Wenn die Religionsphilosophie so ausgebildet wäre, so könnte die Apologetik diese Ausführung aus der Religionsphilosophie entlehnen. So lange dieß aber nicht der Fall ist, muß es in der Apologetik geschehen. Aber da geschieht es nun nicht in Beziehung auf alle andern Glaubensgemeinschaften, sondern nur so, daß der Ort des Christenthums gefunden werden kann.

§. 44. wird der Gebrauch beschrieben, der von der Aufstellung dieser Begriffe gemacht wird. Die Aufgabe ist, eine Formel aufzustellen für das eigenthümliche Wesen des Christenthums. Diese kann nur aufgestellt werden in Beziehung auf jenen Begriff des Positiven. Der Ausdruck Formel hat ursprünglich seinen Siz in der Mathematik. Der Ausdruck Definition war hier zu erwarten Aber das Individuelle kann nicht definirt werden, und es ist nur ein Schein, wenn man einen Saz, der das Individuelle darstellen soll, eine Definition nennt, er kann nur ein Allgemeines geben, kein Individuelles. Wenn man nun aber doch diese Erklärung überall mitdenken soll, wo vom Christenthum die Rede ist, so ist eben der Ausdruck Formel das Zweckmäßigste, weil er dasselbe besagt. Warum soll aber das eigenthümliche Wesen des Christenthums in Beziehung gestellt werden zu dem Wesen andrer frommer Gemeinschaften? Eben deßwegen, weil wir es mit Individuellem zu thun haben, welches sich nicht bestimmen läßt als mit Beziehung auf ein andres Individuelles. Allein dieß ist auch vollkommen abgethan mit der Angabe der verschiednen Classen der Religion.

Der Zusaz beschränkt nun die Möglichkeit, die Aufgabe zu lösen, indem *[62]* er sagt, diese Formel könne sich nur im Gebrauch recht bewähren. Wenn wir fragen, was meynt man mit dem Ausdruck Menschen-Kenntniß, so ist dieß eine Leichtigkeit, das Eigenthümliche des einzelnen Menschen aufzufassen, einerseits es unterscheiden von dem was er mit Andern gemein hat, andrerseits von dem, was in ihm selbst ein Wechselndes ⟨giebt⟩ ist. Dazu gehört aber Uebung und Takt, erst indem er den Menschen mit dem Bilde von ihm im Leben verfolgt, bekommt er die Probe, daß sein Bild richtig ist. Dasselbe gilt nun von dem Individuellen überhaupt. Denken wir einen Staat, so muß sich auch in ihm so etwas auffinden lassen. Jeder Staat durchläuft aber viele Veränderungen, und da nun ein richtiges Bild von seiner constanten Eigenthümlichkeit aufzustellen, ist höchst schwierig.

§. **45.** wird der Lösung der Aufgabe näher gegangen, und gesagt, wie das Christenthum seine Anerkennung bewerkstelligen muß. Nämlich einerseits dadurch, daß es sagt, es trägt die Einheit in sich, und auch die Differenz. So weit ist die Aufgabe schon in den vorherigen §§. gelöst. Hier wird nun ein Auch hinzugefügt, und gesagt, es könne seine Anerkennung auch bewirken durch Darstellung seiner Entstehung. Dieß hat seinen Grund in dem schon oben gesagten, daß eine bestimmte Glaubensweise allemal auch ein Gemeinschaftsprincip sey. Ein solches wird nun eine geschichtliche Erscheinung, wenn es eine Consistenz gewinnt, und Raum und Zeit erfüllt. Ein jedes solches Ganze, welches nur in freyen Handlungen der Menschen besteht, wird auf dieselbige Weise fortbestehen, auf die es entstanden ist und umgekehrt. Sobald man sich ein Fortbestehen denkt, in welchem die Formel der Entstehung ⟨ist⟩ nicht mehr ist, so hat man nicht mehr dasselbe sondern ein Andres vor sich. Dieß ist ein wichtiges Princip. In dem ganzen Verlauf eines solchen geschichtlichen Ganzen muß die Art seines Entstehens in jedem Moment aufzufinden seyn. Dann muß sich auch in der Art der Entstehung dasselbe offenbaren, wodurch es eine bestimmte geschichtliche Erscheinung ist; so daß sich beydes ergänzt, diejenige Anerkennung, die durch Nachweisung des Inhalts, und diejenige, die durch Darlegung des Ursprungs bewirkt wird. Alle Religionen die einen bildlichen Kreis ausfüllen, behaupten geoffenbart zu seyn, d. h. sie behaupten eine göttliche Abkunft ihres eigenthümlichen *[63]* GottesBewußtseyns. Nun von dieser allgemeinen Voraussezung aus ergiebt sich gleich für die Apologetik die Aufgabe diesen Begriff richtig zu stellen, und das Christenthum unter denselben zu subsumiren. Die andern beyden Begriffe haben eine genaue Beziehung zu diesem ersten und zu dem HauptPunkt. Denn wenn ein ursprüngliches Factum angenommen wird, auf welches der Begriff einer göttlichen Abkunft bezogen werden soll, so kommt es darauf an, die Art zu bestimmen, wie das seyn kann, und den

Gegensaz, der darinn liegt, gegen die gewöhnliche natürliche Entstehung auseinanderzusezen. Und so sind die Begriffe W un d e r und E i n g e b u n g schon verwandt mit dem der O f f e n b a r u n g. Fragen wir, ob diese Begriffe ebenso wie die § 43 ihren eigentlichen Siz in der Religionsphilosophie haben, so ist zu sagen, wenn die Religionsphilosophie sich nur weit genug entwickelt, so muß sie allerdings auch diese Begriffe behandeln. Aber die theologische Disciplin der Apologetik kann auf die Religionsphilosophie nicht warten, und wir geben diesen Begriffen ihre eigenthümliche Stellung in der Apologetik. Gewöhnlich werden sie behandelt in den Prolegomena zur christlichen GlaubensLehre. Aber auch hier werden wir den apologetischen Charakter an ihnen erkennen, und sie sollten von da weggenommen, und in der Apologetik behandelt werden, damit sich die Dogmatik auf sie beziehen kann. Wenn aber einmal die socialen Verhältnisse des Christenthums vollkommen geordnet sind, und weder aus dem Gebiete der Philosophie oder andrer Religionen mehr ein Widerspruch gegen das Christenthum entsteht, dann hätten sie ihren rechten Ort in den Prolegomena, nur müßte ihnen dann auch die apologetische Form mehr genommen werden. Wenn man diese Begriffe in ihrer apologetischen Geltung betrachtet, so kann es nicht darauf ankommen, zu beweisen, daß die christliche Offenbarung, Wunder und Eingebung die einzig wahren seyen, — dieß alles geht über den apologetischen Charakter hinaus: für den Christen versteht es sich von selbst; es wäre etwas Polemisches und könnte nur den Zweck haben, andre ReligionsVerwandte zu Christen zu machen, — wovon hier nicht die Rede seyn kann. Aber auch wenn man diese Begriffe in der Einleitung zur Dogmatik behandelt, gehört dieses exclusive Verfahren nicht hinein, weil die Dogmatik nur für die Kirche wie sie ist, nicht für die Verbreitung derselben bestimmt ist.

§. 46. Wird die scheinbar entgegengesezte Seite herausgehoben, und dafür die Begriffe W e i s s a g u n g und V o r b i l d in Anspruch genommen. Wenn man von der allgemeinen Thatsache ausgeht, daß alle geschichtlichen Religionen geoffenbarte seyn wollen, so liegt darinn, daß sie ihre Genesis gewissermaßen aus dem allgemeinen Zusammenhang herausreißen, und an ein solches Factum, welches eine göttliche Abkunft ist, *[64]* anknüpfen. Dadurch sezt sich jede aus dem allgemeinen Zusammenhang heraus, und allem Gleichzeitigen entgegen. Die Begriffe des §. aber sind anknüpfende Begriffe, welche auf ein Früheres zurückgehen. Sie werden nämlich nicht in dem Sinn genommen, daß innerhalb des Christenthums Weissagung und Vorbilder seyen, sondern ausserhalb desselben. Das ist also der Gegensaz, daß in den Begriffen des vorigen §. eine isolirende, in diesem aber eine anknüpfende Tendenz liegt. Diese ist aber nothwendig, weil die

gesammte historische Entwicklung auch als Eine Reihe anzusehen ist. Die
Richtung des vorigen §. hebt den Unterschied von früher und gleichzeitig
auf: Jeder andern Religion, sey sie älter oder jünger p, müssen wir uns
entgegensezen. In diesem §. ist das Umgekehrte herausgehoben, nämlich
die innre Differenz ist eigentlich aufgehoben, und nur der Unterschied des
Früher und Später ist ⟨aufgehoben⟩ herausgehoben. Das Christenthum
muß sich als in dieser geschichtlichen Stätigkeit nachweisen in Beziehung
auf alle früheren Glaubensweisen ohne Unterschied. Im §. steht nur
Judenthum und Heidenthum, aber das Leztre ist eben so umfassend, daß
wir Alles darunter begreifen ausser dem Judenthum und Christenthum —
denn von dem jüngren Islam kann hier nicht die Rede seyn. Die Sache so
umfassend gedacht, wird die Aufgabe eine viel größre als man sie gewöhnlich faßt. Man bezieht sie nämlich sonst nur auf das Judenthum. Das
kommt aber auch daher, weil man es gewöhnlich nur für nothwendig hält,
die geschichtliche Stätigkeit des Christenthums mit dem Judenthum zu
zeigen. Stellen wir uns aber auf den allgemeinen historischen Standpunkt.
Das Christenthum hat seinen Anfang genommen im Judenthum, aber
seine geschichtliche Consistenz gewann es nur dadurch, daß es sich aus
dem Heidenthum erweiterte. So ist es also eine Einseitigkeit, nur auf das
Judenthum Rücksicht zu nehmen. Es hat auch schon sehr frühe solche
christlichen Lehrer gegeben, die dieß bestimmt geahndet und die Sache
ganz so dargestellt haben. Sie sagen, was für die Juden das Gesez gewesen
sey in Beziehung auf das künftige Christenthum, das sey für die Heiden
die Philosophie gewesen. Und wie der Siz des Vorbildlichen im Judenthum
der Opferdienst ist, so kann man dieß auch von dem heidnischen Opferdienst sagen. Die Wichtigkeit der Aufgabe, diese geschichtliche Stätigkeit
nachzuweisen, liegt allerdings wesentlich darinn, daß deßwegen, weil
das Christenthum nicht entstanden ist unter Menschen ohne *[65]* alle
Religiosität, so muß das Recht derer, die ihre Religiosität mit dem Christenthum vertauscht haben, nachgewiesen werden. Es kann immer gesagt
werden, jeder, der in einer Religionsgemeinschaft geboren und erzogen
ist, gehört derselben an, — so die einen der jüdischen Gemeinschaft, die
andern ihren mythologischen Culten. Ein solches Herausgehen aus einer
Gemeinschaft, in welcher man bestanden hat, bedarf einer Rechtfertigung,
und dieß kann nur so geschehen, daß gezeigt wird, die Glaubensweise in
der ich stand, hat sich selbst als eine unvollkommne erkannt in Beziehung
auf die zu welcher ich übertrat.

Im Zusaz ist gesagt, daß die richtige Behandlung dieser Begriffe als
die höchste Aufgabe der Apologetik könnte angesehen werden, weil sie die
Grundlage für das Verfahren ist, die christliche Kirche aus Nichtchristen zu

erweitern. Und auch auf solche bezieht es sich, die in der christlichen Kirche geboren sind, welche wir auch in das geschichtliche Bewußtseyn stellen müssen. — Nun giebt es in Beziehung auf diese Begriffe ein ZuViel und ein Zuwenig. Das Zuviel hat sich lange geltend gemacht, indem man Weissagungen und Vorbilder zu häufen suchte. Aus diesem ZuViel ist hernach durch den Gegensaz das Zuwenig entstanden, und dieser Gegensaz muß nun immer mehr aufgehoben werden.

§. 47. hat es nun schon zu thun mit dem Geschichtlichen in dem Christenthum selbst, daß es nämlich als geschichtliche Erscheinung ein sich Veränderndes ist, und hier entsteht immer die Aufgabe die Einheit festzuhalten. Diese kann sich in einer geschichtlichen Erscheinung nur dadurch documentiren, daß es in jedem Augenblick etwas giebt, was die Einheit des Wesens ⟨documentirt.⟩ repräsentirt. Dieß soll geleistet werden durch die Begriffe Canon und Sacrament. — Diese Begriffe scheinen dem Christenthum eigenthümlich. Man hat Analogien im Judenthum gesucht mit dem christlichen Sacrament, aber diese Analogien sind sehr schwach. Ebenso auch der geschichtliche Zusammenhang, durch welchen man glaubt, daß das eine an die Stelle des Andern getreten sey, da die ⟨Taufe lange neben⟩ Beschneidung lange Zeit neben der Taufe bestand, wie das OsterLamm neben dem Abendmahl. Ein Kanon ist im AT auch, aber der Begriff ist nicht derselbe. Der ATliche Kanon war die Gesammtliteratur die aus jener Zeit übergeblieben war, es gab, ⟨damals gar kein.⟩ als der Kanon constituirt war, gar kein hebräisches Buch, das nicht im Kanon gestanden hätte. *[66]* Zwischen Kanon und Sacrament ist der Unterschied, daß das Sacrament die Identität der Gemeinschaft, der Kanon die der Auffassungsweise des Glaubens darthun soll. Der apologetische Charakter dieser Begriffe begründet sich eben darinn, daß das Christenthum von Anfang an weit weniger Stabilität gehabt hat als andre Religionswesen, und deßwegen es andern erscheinen mußte als ein so Fließendes, daß sich nichts darinn festhalten ließ. Nun aber beruht der Anspruch auf ein geschichtliches Daseyn auf dieser Einheit im Wechsel. So sagen wir nun, wir sind dieses geschichtliche Ganze, weil wir diesen Kanon und diese Sacramente immer gehabt haben. Weil diese Begriffe streng genommen dem Christenthum eigenthümlich sind, so können sie nicht mehr in die Apologetik gehören, sondern wir befinden uns hier auf einem eigenthümlich christlich theologischen Gebiete.

Der Zusaz sagt, daß die Apologetik es mit den dogmatischen Theorien über diese Begriffe nicht zu thun habe. Nämlich diese Begriffe werden hier aufgefaßt als in die allgemeine Apologetik gehörig. Betrachten wir aber die christliche Kirche in ihrer Geschiedenheit, so finden wir auch diese verschiedenen Begriffe verschieden realisirt, nämlich der Kanon hat in der römischen Kirche größren Umfang und geringre Gültigkeit, und ebenso giebt es eine größre Menge von Sacramenten. Die dogmatische Theorie bezieht sich auf diesen Gegensaz, und unterscheidet sich bestimmt von der apologetischen Behandlung.

§. 48. ist das Verhältniß des Christenthums als Gemeinschaft zu andern menschlichen Gemeinschaften [betrachtet], zu andern, nämlich nicht religiösen, sondern solchen, in welchen dieselben Menschen leben, die in der christlichen Kirche sind. Da ergiebt sich die Möglichkeit, das beydes nicht zusammenbestehe. Und sobald einer sagt: in der christlichen Kirche Seyn, dieß besteht nicht zusammen mit den andern ethisch nothwendigen Gemeinschaften, so ist dieß ein Angriff auf die historische Geltung des Christenthums. Darauf beziehen sich die Begriffe von Hierarchie und KirchenGewalt. Dieser apologetische Charakter sezt wieder einen Angriff oder wenigstens seine Möglichkeit voraus, zu gleicher Zeit aber haben diese Begriffe ihren Ort auch noch anderwärts. Nämlich die christliche Kirche als eine Gemeinschaft muß eine bestimmte Gestaltung haben, und bestimmte übertragene Functionen, was freylich in verschiedener Form kann gedacht werden; die apologetische Aufgabe ist nun zu zeigen, daß jede in der christlichen Kirche mögliche Form der Leitung zusammen-
[67] bestehen kann mit andern Organisationen. ⟨Diese Beschaffenheit der Organisation der christlichen Kirche kann⟩. ⟩ Nun haben wir zunächst den Staat neben der Kirche als eine organisirte Gemeinschaft. Beyde haben auch das gleiche Element, nämlich die Familie, und da entsteht die primitive Aufgabe, daß die Familie muß bestehen können sowol als Glied der Kirche, wie des Staates. Man könnte sagen, damit wäre die ganze Aufgabe gelöst, denn wenn in den Elementen kein Widerspruch ist, so kann er auch im Ganzen nicht seyn. Das Allgemeinere ist aber, daß die Kirche dem Staat nicht im Wege steht. Da könnte man aber sagen, kein Staat ist das, was er nach der ethischen Construction seyn sollte, und die Kirche darf nicht blos nicht im Widerspruch seyn mit dem Staat wie er seyn soll, sondern wie er ist. Die Sache historisch betrachtet finden wir einen durch mehrere Jahrhunderte hindurchgehenden Conflikt beyder. Wenn nun ⟨die seit der Reformation⟩ schon frühe die Kirche im Begriff scheint sich ein Uebergewicht über den Staat zu verschaffen, so manifestirt sich in der protestantischen Kirche die entgegengesezte Stellung, daß der Staat sucht, die Kirche in die politische Organisation hineinzuzwängen. Im

Zusaz ist auch noch der Wissenschaft gedacht. In diesem Gebiet giebt es freylich keine so constante Gesellschaft; doch überall, wo ein Volk zu geschichtlicher Bedeutung kam, wurde eine solche wissenschaftliche

Organisation angestrebt, und diese findet sich oft im Conflict mit der politischen sowohl als der religiösen Organisation. Ein Streit zwischen den philosophischen Schulen und dem Priesterthum findet sich schon im Alterthum, und ebenso später. Aber nicht minder giebt es ein solches Mißverhältniß zwischen Wissenschaft und Staat. In der christlichen Welt erscheint es bald ⟨ganz⟩ als Bewährung des Staates, die Wissenschaft zu erwecken, bald erscheint die Kirche im Besiz des Wissens, bald kommen eigne wissenschaftliche Organisationen zu Stande wie die Universitäten des MittelAlters. Die ethische Construction kann nun weit eher diese Organisation für das Wissen als wesentlich darstellen, aber das nur später zur Entwicklung kommt als die 2 andern, und es ist wegen des häufigen Conflikts nöthig, das Verhältniß der christlichen Gemeinschaft zu derselben festzustellen. Verschieden sind gewiß diese Organisationen der Kirche und des Wissens, denn der Frömmste ist nicht der Wissendste, beydes hat also ein verschiedenes Maß, und beydes ist daher verschieden. Sobald aber die Wesentlichkeit des einen wie des andern ethisch nachgewiesen ist, so muß auch von ⟨der⟩ jeder Form der religiösen Gemeinschaft, also auch von der christlichen nachgewiesen werden ihre Verträglichkeit mit wissenschaftlichen und Staatsgesellschaften. *[68]* Die Begriffe Hierarchie und KirchenGewalt beziehen sich auf die Kirchenleitung, und es muß gezeigt werden, daß sie geübt werden können, ohne Nachtheil der Wissenschaft und des Staates. Seitdem der römische Katholizismus sich gestaltet hat, hat er überall einen entschiedenen Einfluß geübt auf die Wissenschaften, wo die kirchliche Auctorität befehlen will, was wissenschaftlich richtig sey oder nicht. Das constante Resultat davon ist der codex librorum prohibitorum. Nur daß dann sehr oft auch der katholische Staat der Wissenschaft zur Hilfe kommt und diese Ausübung der kirchlichen Autorität nicht anerkennt. Wogegen, seitdem der Protestantismus diese Gewalt des Katholizismus gebrochen hat, die Wissenschaft oft angreifend zu Werke gegangen ist gegen die ⟨wissenschaftliche⟩ kirchliche Organisation. In beyden Beziehungen nun besteht das apologetische Verfahren in der richtigen Aufstellung dieser 2 Begriffe. Wie verhalten sich diese untereinander? KirchenGewalt ist die Organisation der Kirchenleitung ihrem Inhalte nach, und hier ist auseinanderzusezen, auf [was] sich die Gewalt der Kirche erstreckt, und es muß dann nachgewiesen werden daß sie den Einzelnen nicht hindert, in allem Bürgerlichen sich der Autorität des Staates zu fügen, und daß der Einzelne ebensowenig gehindert sey, auf dem wissenschaftlichen Gebiete jede Forschung anzustellen. Wenn dann einer auf wissenschaftlichem Weg zur Ueberzeugung von der Nichtigkeit des Christenthums käme: dann hat er seine Freyheit sich der Kirche zu entziehen;

aber indem nun die christliche KirchenGewalt dieß zugiebt, so drückt sie damit die Ueberzeugung aus, daß dieß nur aus Irrthum geschehe, und zwischen der Organisation der Kirche und der Wissenschaft kein wahrhafter Streit seyn könne. Der Begriff Hierarchie hat es nun mit dem Verhältniß der verschiedenen Functionen der KirchenLeitung unter sich zu thun. Hierarchisch ist die Abstufung, in welcher die Einzelnen in Beziehung auf die Kirchenleitung stehen. Das Wort hat seine Geltung darinn, daß der Ausdruck ἀρχή die obrigkeitliche Auctorität aber als etwas vom Gesez übertragenes ausdrückt, und die andre Hälfte des Wortes bezeichnet die Anwendung auf den religiösen Kreis. Es kann leicht seyn, daß, wenn man auf den Inhalt sieht, die Kirchenleitung in keinem Widerspruch mit dem Staate sey, wenn man aber auf die Vertheilung der Functionen sieht, so stellt sich einer heraus, besonders wenn einer der *[69]* in der Kirche untergeordnet ist, im Staat dominirt oder umgekehrt.

§. 49. wird eine Folge aus dem Bisherigen dargestellt. Alle diese Begriffe müssen immer auf das eigenthümliche Wesen des Christenthums zurückgehen, diese Formel kommt also hier in mehrfache Anwendung. So wird die Folge gelten, daß je leichter sich dieß ineinanderfügt, desto mehr auch die Ueberzeugung befestigt werden muß, daß das Wesen des Christenthums richtig aufgefaßt ist. Vom

§. 50. an ist von der speciellen, für uns der protestantischen ⟨Kirchengemeinschaft⟩ Apologetik die Rede, und diese muß denselben Weg einschlagen wie die allgemeine. Denn der Protestantismus verhält sich zur christlichen Kirche überhaupt, wie diese selbst zur allgemeinen Idee der Religion p. Es gestaltet sich also hier dieselbe Aufgabe. Ganz dasselbige wie die §. 43 aufgestellten Grundbegriffe von natürlich und positiv kann nicht vorkommen, aber doch etwas Analoges, nämlich die Stelle des natürlichen nimmt das christliche ein, und die Stelle des Positiven muß das Speciellprotestantische einnehmen. ⟨So wie v⟩ Es liegt in der christlichen Kirche selbst, eine Manchfaltigkeit von ⟨L ⟩⟩ verschiedenen Erscheinungen hervorzubringen. Diese müssen in der christlichen Kirche begründet seyn, und da ist das Eigenthümliche das Positive und das Natürliche das, worinn dieß begründet ist. Wollen wir uns denken, daß Katholizismus und Protestantismus einen reinen Gegensaz bilden, und doch sey der Katholizismus keine Corruption: so müssen wir den Grund ihres Zusammenbestehens im Wesen des Christenthums finden. So muß also eine Formel für das eigenthümliche Wesen des Protestantismus aufgestellt werden. Ohne apologetische Veranlassung hätte diese in der Einleitung zur protestantischen Dogmatik ihren Ort. Eine solche Formel für das eigenthümliche Wesen des Protestantismus ist schwer, weil schwer zu

bestimmen ist, was denn zum Protestantismus gehört. Es giebt eine
Menge von kleinren Religionsgemeinschaften, die geschichtlich nicht mit
demselben Punkte zusammenhängen, die wir aber doch auf die Seite des
Protestantismus stellen müssen, so die Anabaptisten, die sich von der
protestantischen Kirche gesondert haben, ja zum Theil ihre eigenthümlichen Ansichten aufgestellt haben, ehe sich die protestantische Kirche
gebildet hatte. Dasselbe gilt von den Quäkern, obgleich sie in wesentlichen
Punkten von uns abgehen, so sind sie doch ebenso wie wir dem Katholizismus entgegengesezt. Wegen dieses Schwankens der Grenzen ist die Aufgabe sehr schwer, das Wesen des Protestantismus zu bestimmen. *[70]* Was
die Begriffe von §. 45 betrifft, Offenbarung p, so können diese hier
nicht aufgestellt werden, weil die protestantische Kirche sich keinen unmittelbaren göttlichen Ursprung zuschreibt. Was aber die Begriffe von Weissagung und Vorbild § 46 betrifft, so findet sich hier eine ausgedehnte
Analogie, und dieser Gegenstand ist auch von Anfang an behandelt
worden. Indem nämlich die Protestantische Kirche nichts Neues seyn
wollte, sondern nur ein Zurückgehen auf das Ursprüngliche und Ächte,
so mußte sie nachweisen, daß, was sie aufstellte, dem Wesen nach schon
früher vorhanden gewesen sey. Jede Opposition gegen die katholische
Kirche war in der Analogie der Weissagungen, und dieß ist der Begriff
den man mit dem Ausdruck testes veritatis bezeichnete. Ebenso können
auch viele praktische Versuche die aber zu keiner wirklichen Organisation
gelangt sind, als Vorbilder angesehen werden. Nun was die § 47 aufgestellten Begriffe von Kanon und Sacrament betrifft, so hat der Protestantismus keinen eignen Kanon und keine ⟨verschiedenen⟩ eignen Sacramente;
denn die Differenz des Kanon betrifft nur das AT. Nun aber treten hier
die analogen Begriffe auf von Confession und Ritus. Die christliche
Kirche im Allgemeinen ist ein sich beständig veränderndes, sie ist eine
geschichtliche Einheit nur, wenn ein Stätiges im Wechsel nachgewiesen
werden kann, dieß geschieht in Beziehung auf die christliche Kirche
überhaupt durch Kanon und Sacramente, in Beziehung auf die protestantische Kirche durch Confession und Ritus. ⟨Sacramente⟩ Confession und
Ritus sind die allgemeinen Typen der Lehre und des Cultus, und sofern
hier ein sich gleichbleibendes gesezt wird, so wird dasselbe dadurch
erreicht wie oben, nämlich die Identität des Beharrlichen im Wechsel.
Diese Aufgabe ist apologetisch für den Protestantismus höchst wichtig,
weil die katholische Kirche uns immer vorwirft, die protestantische Kirche
existire gar nicht, sie sey in beständigem Fluß, nirgends sey dasselbe an
allen Orten und zu verschiedenen Zeiten. Daran schließt sich dann von
selbst die Analogie mit dem was §. 48 aufgestellt ist, mit Hierarchie und

KirchenGewalt. Die katholische Kirche scheint uns ganz abzusprechen daß wir eine Hierarchie und Kirchengewalt haben. Wir müssen aber nachweisen, daß die protestantische Kirche aus dem nicht herausgehe, was für die ⟨protestantische⟩ Kirche nothwendig ist, wenn sie soll zusammenbestehen können mit den übrigen Organisationen. Dieser Conflict hat sich [71] ganz entgegengesezt gestellt für Katholizismus und Protestantismus. Läge es in der Natur unsrer Kirche, sich dem Staat und der Wissenschaft zu unterwerfen, so thäte sie Verzicht auf ein selbständiges Daseyn, es muß also nachgewiesen werden, daß dieß gegen das Princip des Protestantismus geschieht, und daß dieser eine Organisation haben wolle, welche von ihm selbst ausgehe und von Staat und Wissenschaft unabhängig sey, und daß, wo es anders sey, dieß nur in temporärem Übergewicht des Staates p den Grund habe.

In der protestantischen Kirche war das Erste, daß man die Untersuchungen auf den Kanon gründete. Damit aber die Untersuchung sich nicht in verschiedene Resultate ins UnEndliche spalten möge, wurden die Haupt-Resultate der Untersuchung in der Confession niedergelegt. Dabey kommt es aber nicht darauf an, was in der Confession enthalten ist, als ob sie überall und immer dasselbe ist, sondern nur auf die Tendenz zur Einheit kommt es an. Ebenso mit dem Ritus. Die Anfänge der Reformation waren in vielen Stücken eine Änderung des Gebräuchlichen. Die katholische Kirche hatte aber damals nicht einen und denselben Ritus, denn jeder Bischof hatte das Recht, bey seinem Amtsantritt den Ritus zu bestimmen, doch war durch die Abhängigkeit von Rom die Einheit im Ganzen erhalten. Daran änderten nun die Reformatoren nach ihrem Dafürhalten, und hier war wieder die Gefahr des Zerfalls. Es mußte daher eine Tendenz in die Kirche kommen, die Gebräuche gemeinsam festzustellen, aber keineswegs als unabänderlich für alle Zeiten und Orte, sondern mit Vorbehalt der Freyheit nur so, daß sich überall die Tendenz zur Einheit ausspricht, und jeder KirchenGenosse sich zu Haus findet auch in einer anderen protestantischen Gemeinde. Insofern erfüllt dieser Begriff als ein in seiner Erscheinung Bewegliches und Lebendiges doch die Aufgabe, die Einheit in der protestantischen Kirche zu erhalten.

In Beziehung auf die Begriffe Hierarchie und KirchenRegiment wird §. 50 gesagt, kam es besonders an auf das Verhältniß der Kirche zum Staat. § 48 war ⟨besonders⟩ auch auf die Wissenschaft Rücksicht genommen, von dieser braucht also nach § 50 in der speciellen protestantischen Apologetik gar nicht die Rede zu seyn weil ⟨sie⟩ nämlich die Protestantische Kirche mit der Anerkennung der eignen Untersuchungs-Freyheit angefangen hat, sie hat sich also auch gar nicht dagegen zu rechtfertigen, daß in ihrer Constitution ein solcher Eingriff begründet sey. Aber ebensowenig ist nöthig eine Sicherstellung gegen die Wissenschaft von Seiten der protestantischen Kirche. Wenn es geschehen könnte, daß die Wissenschaft an und für sich in ein Bündniß trete mit der römischen Kirche, so daß es eine äussre Polemik *[72]* gegen die protestantische Kirche gäbe, so wäre eine solche Sicherstellung gegen die Wissenschaft nöthig; allein dieß ist nicht zu denken, und die Tendenz zum Katholizismus in unserer Zeit ist nur Sache Einzelner, die katholische Kirche hat auch keine Rücksicht darauf genommen, sie will ihre Geltung nicht auf die Wissenschaft, sondern nur auf ihre eigne Auctorität gründen.

§. 51 wird gesagt, daß ein solcher Zustand der Theilung der Kirche auch auf die allgemeine Apologetik Einfluß habe, und so auch die Apologetik des Christenthums eine andre sey in der protestantischen Kirche. Im Zusaz werden einige Beschränkungen angebracht. Die Differenz könne um so klarer seyn, je schärfer die Apologetik von der Dogmatik gesondert wird. Doch werden auch so die Differenzen niemals ganz = 0 werden, auch wenn die allgemeine Apologetik von der speciellen getrennt wird. Den protestantischen Charakter können wir nie verleugnen. Die 2te Beschränkung ist die, daß diese Differenzen zu groß werden können, und so die eigenthümliche Idee verfehlen durch die Vermischung der speciellen Apologetik mit der allgemeinen, wenn man nicht das Christenthum überhaupt, sondern nur den Protestantismus als christlich geltend machen will, und so die andern ausschloß. Die katholische Kirche wird nie eine andre Apologetik aufstellen 〈könnte〉 können als eine solche, weil die Linie des Unterschieds 〈für〉 von häretisch und unchristlich fast verschwindet. Bey uns ist dieß anders. Wenn eine 〈christliche Kirche〉 Kirchengemeinschaft noch so viel unsrer Ueberzeugung Widerstrebendes enthält, aber sie will doch christlich seyn und basirt sich, wenn auch durch lauter falsche Schlüsse, auf das Christenthum, so sprechen wir ihr nicht ab, christlich zu seyn.

§. 52. ist nun die Rede von dem, was eine einzelne KirchenGemeinschaft in Beziehung auf ihren Gegensaz zu andern, um sich darinn geltend zu machen, zu leisten hat. In dem Christenthum ist die Einheit das Ursprüngliche gewesen, es ist von einem einzigen Punkte, von Christo ausgegangen, und namentlich sind die jezigen Gegensäze erweislich späterer Ursprungs. Wären sie nun aus der Einheit entstanden durch eine freywillige partielle Scheidung, so würde die im §. aufgestellte Aufgabe gar nicht gelten. Die KirchenGeschichte zeigt, daß niemals seit das Christenthum in die lateinische Welt übergegangen war, eine wirkliche Harmonie stattgefunden habe zwischen der lateinischen und der griechischen Kirche. Wenn sie nun in dieser Beziehung sich freywillig geschieden hätten, und gesagt: wir wollen in unsrer und ihr in eurer *[73]* Sprache das Christenthum ausbilden, weil wir die HauptPunkte nicht gegenseitig in unsre Sprachen übertragen können, — dann wären sie mit gegenseitiger Anerkennung geschieden, und keine hätte sich jemals vertheidigen müssen. So war es aber nicht, sondern der jezige Gegensaz ist aus einem Streit entstanden. Nun steht aber auch so ein jeder Theil in historischem Zusammenhang mit dem andern, und da ficht jeder Theil den Zusammenhang des Andern mit dem Ursprünglichen polemisch an. Die einen sagen, der andre Theil sey nur durch Anarchie und Revolution entstanden, oder durch eine Corruption der ursprünglichen Auffassung, jenes mehr in gesellschaftlicher, dieses mehr in dogmatischer Beziehung. Das erste ist der Vorwurf, den die katholische Kirche dem Protestantismus macht. Die Vertheidigung dagegen liegt in den geschichtlichen Momenten, und kann nur geschichtlich geführt werden. Die Polemik des Protestantismus gegen den Katholizismus, die wir nicht anerkennen, ist aber die, daß es nothwendig gewesen sey, die vielen Corruptionen, welche in die Kirche gekommen seyen zu eliminiren, und darinn liegt eine solche Neigung, auch apologetisch anzuknüpfen an das Ursprüngliche der Lehre, und ihre Identität mit demselben nachzuweisen, wie die katholische Kirche den vorzüglichen Werth darauf legt, die Identität des KirchenRegiments nachzuweisen.

Nun ist im Zusaz gesagt, da das Christenthum ursprünglich Eines gewesen, aber der Geschichte zufolge Gegensäze entstanden, so ist auch möglich und wirklich, daß deren mehrere nacheinander entstehen, und aufeinander folgen. Nun kann nicht ein Gegensaz auf den Einen folgen, ohne daß der Andre verschwunden ist, sonst könnte er nur eine Unterabtheilung des ersten seyn. Daraus folgt, daß man, so wie ein Gegensaz gegeben ist, auch die Möglichkeit seines Verschwindens denken muß, und davon handelt, als von der lezten Aufgabe die specielle Apologetik.

§. 53. Die specielle Apologetik soll die Formeln für dieses Verschwinden divinatorisch in sich schließen. Man könnte hier fragen: wenn man auf dieselbe Weise auf die allgemeine Apologetik zurückgeht, so ist das religiöse Element überall dasselbe, und diese Einheit ist früher als die verschiedenen religiösen Gestaltungen. Soll nun auch in der allgemeinen Apologetik gesagt werden, da der Gegensaz der verschiedenen Religionsgemeinschaften ein gewordener ist, so muß man auch sein Ende voraussezen, und das Christenthum muß sich bewußt seyn, daß es einmal in seiner besonderen Erscheinung ein Ende haben wird. Und es giebt eine Menge von Darstellungen des Christenthums in unsern Tagen, *[74]* deren Tendenz dieß ist, und dieß fängt immer schon an, wenn man eine Perfectibilität des Christenthums in Beziehung auf Christum selbst annimmt. Nun läßt sich aber deutlich machen, daß diese Folgerung und Anwendung unsres Sazes falsch ist, denn eben weil man sagen muß, die Identität des religiösen Elements ist nur innerlich ein früheres, aber in der Erscheinung ist es nur gegeben als ein Manchfaltiges: so ist damit gegeben, daß diese Differenz und damit das Christenthum nur dann aufhören wird, wenn die Differenz zwischen Innerlichem und der Erscheinung aufhört, d. h. am Ende der Geschichte, aber niemals in dem Verlauf derselben. Was nun aber das Verschwinden der Gegensäze innerhalb der christlichen Kirche betrifft, so muß sich natürlich immer weniger Anlaß zum apologetischen Verfahren zeigen ⟨gegen solche Gemeinschaften, gegen⟩ in solchen Punkten, in welchen sich der Gegensaz abschleift als ⟨gegen⟩ in Andern. Es müssen also in der speciellen Apologetik diejenigen Punkte hervorgehoben werden in welchen die Gegensäze sich am meisten abschleifen, gegenüber von denen, in welchen sie noch am schroffsten sind, womit dann angedeutet ist, wo der Gegensaz am ersten schwinden wird. Wenn wir das Verhältniß zwischen Katholizismus und Protestantismus betrachten, und an ein Verschwinden desselben denken: so läßt sich 2erley denken. Der Katholizismus ist der Siz der Mißbräuche, von welchen der Protestantismus sich losgemacht hat; daraus wird die Aufhebung der Mißbräuche postulirt, ⟨worauf⟩ womit der Katholizismus in den Protestantismus sich auflösen würde. Die richtige Ansicht ist aber die andre, daß nämlich aus dem Katholizismus alles Mißbräuchliche entfernt werde, und er doch noch einen Gegensaz gegen den ⟨Katholizismus⟩ Protestantismus einschließen kann.

Zweyter Abschnitt.
Grundsätze der Polemik.

§. 54. Der nach innen gerichteten Tendenz der Polemik gemäß könnte man sagen: stellen wir uns als Protestanten auf den allgemein christlichen Standpunkt, so hätten wir die Corruption des Christenthums im Katholizismus pp zu bekämpfen. Dieß ist oben geleugnet und gesagt, daß die allgemeine Polemik nur gegen Etwas im Katholizismus, nicht gegen den Katholizismus an sich gerichtet sey. Aber ebenso auch gegen Etwas und Mancherley im Protestantismus.

Hier werden nun 2erley Krankheitsformen angegeben: Zurücktreten der Lebenskraft und beygemischtes Fremdartiges. Jenes ist ein quantitativer, dieses ein qualitativer Fehler. Im Zusaz ist auf die Analogie nicht blos im thierischen Organismus, sondern auch im politischen hingewiesen, wo auch oft die gemeinsame Lebenskraft zurücktritt und das Persönliche in demselben Maße vorherrschend wird, oft aber auch Elemente aus andern Staatsformen aufgenommen werden, — beydemale zum Ruin des Staates, wenn nicht durch eine kräftige äussre oder innre Opposition abgeholfen wird.

§. 55. Hier wird die eine Art der Krankheitszustände, die welche von zurücktretender Lebenskraft herrühren, selbst wieder getheilt, und so näher die Sitze der Krankheiten angegeben. Es ist nämlich eine Schwächung der christlichen Frömmigkeit denkbar neben einer starken Richtung auf die Gemeinschaft, wobey aber der christliche Charakter nicht in demselben Maße hervortritt. — ⟨L1 L1⟩ — Andrerseits giebt es aber auch ein höheres Interesse für das eigenthümlich Christliche neben Mangel an Trieb zur Gemeinschaft. Beydes aber ist ein KrankheitsZustand, sowol wenn bey der innigsten Gemeinschaft das Positive des Christenthums verdunkelt ist, als auch wenn bey klarster Einsicht in das Positive die Gemeinschaft abnimmt.

Zusaz. Der NormalZustand der Kirche ist eine Fiction wie der NormalgesundheitsZustand im Menschen, da man keinen in jeder Beziehung ganz gesunden Menschen finden wird. So ist der NormalZustand der Kirche im geschichtlichen Verlauf der Kirche nicht zu finden, sondern blos ein Princip der Beurtheilung für die geschichtlichen Bewegungen, je nachdem sie Annährung *[76]* oder Rückschritt sind; wenn leztrer nachgewiesen werden kann, so ist Material für Polemik vorhanden.

§. 56. Indifferentismus wird hier als Bezeichnung genannt für denjenigen quantitativen KrankheitsZustand, der in Zurücktreten des eigenthümlich Christlichen besteht. Indifferent ist gewöhnlich soviel als gleichgültig, der keinem von Mehreren einen Vorzug giebt. Denken wir Einen, abgestoßen von seiner Angehörigkeit an eine gewisse Religionsform, der nun die Erscheinungen des religiösen ⟨Gebiets⟩ Elements betrachtete, und sagte, alle religiösen Gemeinschaften seyen gleich: so wäre das noch kein Indifferentismus. Sagt er es aber als Glied einer KirchenGemeinschaft, so wäre das schon [ein] Saz der Praxis, nicht der Theorie, mithin Indifferentismus. Diese Erscheinung wiederholt sich häufig in der christlichen Kirche. Oft sagt man: das Positive des Christenthums ist Nebensache, die Hauptsache ist die Frömmigkeit überhaupt, oder das Handeln. Wenn wir uns denken, wie in vielen Gemeinden die öffentlichen ReligionsVorträge wenig vom Christlichen gefärbt sind, wie aber die Sacramente immer am stärksten das Eigenthümlichchristliche aussprechen: so kann man sagen:

alle Gleichgültigen können gute KirchGänger seyn, aber das Sacrament wird ⟨sie gleichgültig⟩ ihnen weniger anliegen.

§. 57. Handelt von der Schwächung des Gemeinschaftstriebes oder vom **Separatismus**. Je mehrere dergleichen Abgesonderte in der Gemeinschaft sind, desto schwächer wird sie. Der eigenthümliche christliche Typus der Frömmigkeit kann dabey in allen seyn, obgleich nach einer Seite hin immer auch der Separatismus eine Schwächung des Eigenthümlichen der christlichen Frömmigkeit in sich schließt.

Zusaz. Es kann Richtungen geben auf partielle Aufhebung der Gemeinschaft, was noch kein Separatismus ist. Gewöhnlich scheidet man nicht genau genug zwischen eigentlichem Separatismus und dem Streben, kleine Gesellschaften zu gründen innerhalb der großen Gemeinschaft der Kirche. Der Separatismus streng genommen ist die Tendenz, den Einzelnen in Beziehung auf das religiöse Element zu isoliren. So ⟨lange⟩ weit solche Absonderungen sporadisch sind, so sind sie noch nicht Gegenstand wissenschaftlicher Betrachtung; hier wird der KrankheitsZustand immer als dem Ganzen zugehörig angesehen, so daß sich jeder Einzelne im Gegensaz zur Gemeinschaft findet. Die sich sondern Wollenden stellen sich dann natürlich zusammen, was aber streng genommen nur heißen kann, daß sie gemeinschaftlich gegen das Gemeinschaftliche polemisiren, ohne unter sich eine Gemeinschaft wieder aufzurichten.

[77] **§. 58.** Handelt von den qualitativen KrankheitsZuständen, worinn ein Fremdartiges sich zu organisiren sucht. Auch hier sind 2 Regionen zu unterscheiden, in welchen sich die Krankheit zeigen kann, nämlich entweder in der Lehre oder in der Verfassung. Wenn sich in jener etwas Fremdartiges organisirt, so ist das Häresis, wenn in dieser — Schisma. Die **Häresis** ist zu bestimmen als eine Durchdringung des eigenthümlichen Princips des Christenthums von fremdartigen Principien, welche nun jenem ihren Character aufdrücken. Damit sich die Häresis nicht verbreite, wurde sie von der Kirche ausgeschlossen. Schisma deutet etymologisch nur auf das Bestreben, eine kleinere Gemeinschaft im Gegensaz gegen die große hervorzubringen, ohne daß gerade Fremdartiges darinn enthalten seyn müßte. Aber dann ist es auch nicht Schisma zu nennen. Andrerseits hat die Kirche manches Fremdartige aufgenommen, ohne daß ein Schisma daraus entstanden wäre. Seit der Anerkennung der katholischen Kirche durchdrang manches jüdische und heidnische das Christenthum so, daß es gar nicht mehr als Spaltung erschien wegen der Allgemeinheit der Krankheit. Dagegen erschien als Spaltung das Bestreben derer, die das Fremdartige ausmerzen wollten.

Zusaz. Aus Häresis wird immer Schisma wenn die Kirche die Häretiker ausschließt, indem diese nicht anders ihren Gemeinschaftstrieb befriedigen können. Inwiefern hat die katholische Kirche ein Recht, die Protestanten als Schismatiker zu betrachten? In den Reformatoren war kein Bestreben nach einer besonderen Gemeinschaft, sie wollten vielmehr das Ganze reformiren; nun sie aber von der Kirche ausgeschlossen wurden, und die Verwalter des kirchlichen Bandes sich zurückgezogen, mußten sie eine neue Gemeinschaft stiften. So haben wir gegen die Katholiken in dieser Beziehung immer den Gegeneinwand, daß man uns gezwungen hat, auszuscheiden, zugleich aber sehen wir, wie von verschiedenen Gesichtspunkten aus einer als Schisma ansieht, was der Andre nicht. Dasselbe gilt von der Häresie, denn mit verschiedener Ansicht tritt auch verschiedene Beurtheilung ein, der eine behauptet, es sey ein fremdartiges Princip beygebracht, der Andre glaubt nur das früher Gemeinschaftliche einseitig angewandt zu haben. Ähnlich verhält es sich auch mit Indifferentismus und Separatismus. Die Separatisten werden nicht leicht geradezu behaupten, das Princip des Christenthums sey nicht gemeinschaftstiftend, sondern sie werden ihr Ausscheiden aus einer Corruption der KirchenGemeinschaft erklären, aus welcher sie scheiden. Und bey Lehrstreitigkeiten werden den Streitenden alle diejenigen als Indifferentisten erscheinen, welche an dem Streit keinen Theil nehmen. *[78]* Insofern sind diese Begriffe schon so aufzustellen, daß sie nicht verdreht werden können.

§. 59. Wie die ganze philosophische Theologie kritischer Natur ist, so können auch nicht nur die apologetischen, sondern ebenso die polemischen Grundbegriffe nur durch ein kritisches Verfahren festgestellt werden. Das rein Formale daran kann aus dem Begriff der Gemeinschaft abgeleitet werden; ist aber von ihrem Material die Rede, wie sie in einer bestimmten Gemeinschaft vorkommen, so lassen sie sich nur durch das kritische Verfahren feststellen, so daß nur eine Annäherung an die Richtigkeit möglich ist, und die Begriffe sich erst in der Anwendung ⟨erst⟩ in Wissenschaft und Kirchenleitung bewähren können.

Im Zusaz wird nun gesagt, daß wegen der Weitschichtigkeit der Begriffe von Häresis und Schisma in diesen Begriffen selbst, in Verbindung mit dem Begriff von dem Wesen des Christenthums, eine Theilung gemacht werden müsse, um das historisch Gegebene desto leichter zu subsumiren. Die Richtigkeit dieser Theilung bewährt sich aber hinwiederum durch die leichte Anwendung auf die Manchfaltigkeit des Gegebenen. In Zuständen heftiger Streitigkeiten kann leicht etwas als Krankheit dargestellt werden, was es doch nicht ist, oder daß etwas Krankhaftes nicht als solches erkannt wird, — zum Schaden der Kirche. Die philosophische Theologie und

näher die Polemik muß die Kirchenleitung in den Stand sezen, das Krankhafte sogleich zu erkennen und zu bestreiten.

§. 60. Giebt nun das Verfahren an in Beziehung auf die Subsumption
einzelner Erscheinungen unter jene Begriffe. Hier, wie in der Apologetik,
kommen nun wieder die beyden Elemente vor: das Verhältniß der Erscheinung zum Wesen und die Art der Entstehung; aus beyden muß der Beweiß
geführt werden können. In der Wirklichkeit tritt das Fremdartige oft nicht
so heraus, besonders wenn es sich in Einzelnen, und nicht in großen
Gemeinschaften zeigt; je bestimmter aber die Begriffe gefaßt sind, desto
leichter wird man mit der Subsumption des Einzelnen darunter ins Klare
kommen, woraus die Wichtigkeit dieses Zweiges der Theologie erhellt;
denn sind die Begriffe für die Beurtheilung der kirchlichen Erscheinungen
schwankend, so ist dieß von größtem Schaden für die christliche Kirche.
Durch falsche Begriffe und unrichtige *[79]* Anwendung derselben — zB
Mysticismus, Pietismus p — ist schon viele Störung in die Kirche gebracht
worden.

§. 61. Macht den Uebergang von der allgemeinen zur speciellen Polemik, die aber sowenig als die specielle Apologetik im einzelnen hier
ausgeführt wird, da sie denselben Gang zu nehmen hat wie die ⟨L 1⟩
allgemeine. In dem Wesen des Christenthums, das jede einzelne KirchenGemeinschaft aussprechen soll, und in dem Begriff der Gemeinschaft, dergleichen eine jede bilden will, hat die specielle ⟨Apologetik⟩ Polemik ebenfalls
die 2 Punkte, aus welchen theils durch Abschwächung der Lebenskraft,
theils durch Einmischung von Fremdartigem, die Krankheitszustände
entspringen. Auch in den partiellen KirchenGemeinschaften giebt es Indifferentismus, wie zB viele Protestanten indifferent sind gegen ⟨die⟩ den
Gegensaz zu dem Katholicismus. Betrachten wir andrerseits den Gegensaz
zwischen Lutheranern und Reformirten, der früher jenen andern Gegensäzen ganz gleichgeachtet wurde, und sehen nun wie jezt beyde theilweise
Eins geworden sind, und fragen: wie hat dieß geschehen können? so
werden wir sagen müssen: es hat ein Indifferentismus gegen diesen Gegensaz vorangehen müssen. Wäre der Gegensaz schroff geblieben, so wäre
keine Vereinigung möglich gewesen, zu unsrer Zeit sowenig als früher.
Die der Vereinigung Widerstrebenden sehen sie als einen krankhaften
Indifferentismus an. Die Polemik hat nun dahin zu wirken, daß dieses
Widerstreben aufgegeben werde.

Im Zusaz wird nun gesagt, daß bey getheilter christlicher Kirche
Indifferentismus und Separatismus ursprünglich nur in einer einzelnen
KirchenGemeinschaft einheimisch seyen und sich auf diese beziehen kön-
nen, als Indifferentismus in Beziehung auf das protestantische Christen-

thum, als separatistische Neigung, sich von der protestantischen Kirche zu trennen; allerdings aber können solche Uebel dann auch in der ganzen christlichen Kirche zugleich überhand nehmen, in welchem Fall ein allgemeiner Grund davon aufzusuchen wäre.

Was die Begriffe von Häresis und Schisma betrifft, so sollte man nie häretisch nennen, was sich von der Lehrweise einer besondern christlichen Gemeinschaft unterscheidet, noch schismatisch, was sich von einer solchen ParticularKirche trennt. Häretisches kann jezt füglich nicht mehr entstehen, weil ein fremdes religiöses Element nicht in solcher Weise mächtig werden kann in der Kirche, daß es sich auf besondre Weise organisirte. Dieß war natürlich in der Zeit, *[80]* als sich das Christenthum aus Juden- und Heidenthum herausbildete. Könnten wir jezt große Bekehrungen unter den Heiden denken, welche schon eine bestimmte Religionsform gehabt, und nunmehr weiter auch selbst das Christenthum in einer neuen Lehrentwicklung ausbildeten: dann wären Häresien denkbar, aber die neue Lehrentwicklung müßte hinzukommen, was aber unwahrscheinlich ist, da sie die Lehre ausgebildet empfangen werden von denen, die sie bekehrten. — Wenn man sich aber ein wissenschaftliches Princip in der Bildung der christlichen Lehre mehr als formell wirksam dächte, so wäre dieß ein fremdartiges Princip, und wenn dieß constitutiv auf die Lehre einwirkte, so könnte ein Analogon von häretischer Lehre sich bilden. Was das Schisma betrifft, so hat es Zeiten gegeben, wo das Christenthum in allgemeinem Schisma war, durch die Organisation der Hierarchie, welcher die fremdartige Idee des jüdischen Priesterstandes zu Grunde lag. Lassen sich ferner KirchenVerfassungen nachweisen, die entstanden sind, indem bestimmte bürgerliche Elemente zur Basis der Kirchenverfassung genommen werden, so sind dieß allerdings Bedingungen eines Schisma — allein dieß gehörte in die allgemeine Polemik, weil es in allen christlichen KirchenGemeinschaften vorkommen kann. In der englischen Kirche besteht ein solches Schisma, denn da ist die königliche Gewalt eingetreten, und hat die KirchenAngelegenheiten organisirt, die Presbyterianer sind die Evangelischen, die Episcopalen die Schismatiker. Ändert man jedoch den Gesichtspunkt und sieht beydes als reformatorische Tendenzen an, so ist nicht nöthig, eines von beyden als Schisma anzusehen.

§. 62. Die höchste Aufgabe ist, krankhafte Zustände schon im Entstehen zu unterscheiden, ob sie mehr als solche oder als Keime zur Entwicklung neuer Gegensäze anzusehen seyen. Ein solcher Keim war in der englischen Kirche das Auseinandertreten der Episcopalen und Presbyterianer, indem die einen sich mehr demokratisch, die andern mehr monarchisch constituirten analog der Landesverwaltung. Schismatisch wäre es zu nennen, wenn

es von dem Streben der bürgerlichen Gewalt ausgegangen wäre, die Kirche
in sich hineinzuziehen, — was nur von der EpiscopalKirche gesagt werden
kann, da die Presbyterianer in keiner Verbindung mit dem Staate stehen.
Fragen wir nach der Art, wie eine Manchfaltigkeit particularer *[81]*
KirchenGemeinschaften aus der Einheit, und nach der Art wie σχίσματα
entstehen, so wird dieß ziemlich dieselbe seyn, beydemale gehen Einzelne
voran, die Genesis ist ⟨dieselbe⟩ in soweit dieselbe. Doch werden in den
dabey wirksamen Triebfedern, in der Art des Verfahrens schon behandelte
Unterschiede bemerkbar seyn.

Der Zusaz macht auf die Fehler aufmerksam, welche aus dem Verken-
nen dieses Unterschieds in der Kirchenleitung entstehen. Hemmt man
nämlich in der Entwicklung was Keim einer neuen Modification des
religiösen Elements enthält, so erzeugt man Indifferentismus oder Separatismus indem gehemmt wird, was frey seyn sollte. Umgekehrt durch
falsche Toleranz läßt man aufwachsen, was zerstört werden sollte.

Schlußbetrachtungen über die philosophische Theologie

§. 63. Giebt das Verhältniß der beyden Disciplinen, der Apologetik und
Polemik an, daß sie sich ausschließen, was bey jeder richtigen Theilung
stattfinden soll, und diese so sich gegenseitig bedingen, so daß die eine
die andre voraussezt, — was gleichfalls nothwendig ist aber nur bey der
Theilung eines organischen Ganzen. Entgegengesezt sind sie sich nach
Inhalt und Tendenz; dem Inhalt nach sind sie entgegengesezte Größen
ihre Richtung nimmt die eine nach aussen, die andre nach innen. Aber sie
bedingen sich auch, keine kann sich richtig entwickeln, wenn sich die
andre nicht richtig entwickelt, da sie beyde von einem Punkte, der Bestimmung des Wesens des Christenthums ausgehen. Das Verfahren der Apologetik und Polemik ist ein kritisches, bestehend in Subsumption und
Ausschließung eines Gegebenen in Beziehung auf ein bestimmtes Allgemeine. Die christliche Kirche, wie sie ist, ist das Gegebene; die apologetische Aufgabe ist daher Darstellung ihres Wesens, ihre Ansprüche auf
geschichtliche Existenz als vollkommen begründet darzustellen; in ihr als
Gegebenem sind aber auch die krankhaften Zustände mitenthalten, welche
ausgesondert werden müssen, um das Wesen rein herauszubekommen,
welche Aussonderung eben Aufgabe der Polemik ist, welche demnach
vorausgesezt wird in der Apologetik. Ebenso findet aber auch das Umge-

kehrte statt. Wenn wir in der protestantischen Kirche zB. *[82]* richtig
zeigen und eliminiren wollen, was dem protestantischen Princip nicht
entspricht, so muß uns das Eigenthümliche des Protestantismus gegeben
seyn.

§. 64. Der gemeinsame Centralpunkt beyder Wissenschaften ist die Auf-
stellung vom Wesen des Christenthums, und dieser Begriff wird in der
Apologetik nach aussen, in der Polemik nach innen gewendet. Dieses
Zusammenhangs wegen können sie nur miteinander durch gleiches Fort-
schreiten zum Ziel gelangen. Aber eben deßwegen nur durch unendliche
Approximation, weil ein völlig gleichmäßiges Fortschreiten nie zu denken
ist. Noch übler wird es natürlich, wenn man von vorn herein vom
Centralpunkt aus, oder gar schon in diesem, den rechten Weg verfehlt.

§. 65. Wie der vorige § sich auf das Verhältniß der 2 Elemente der
philosophischen Theologie bezog, so dieser auf das Verhältniß der ganzen
philosophischen Theologie zu der historischen. Die philosophische Theologie soll die historische voraussezen, oder vielmehr ihren Stoff, aber nicht
in wissenschaftlicher Bearbeitung, welche ja nur möglich ist, wenn die
philosophische Theologie schon ganz fertiggestellt ist. Es ist ein großer
Unterschied zwischen Voraussezung des geschichtlichen Stoffs und der
⟨historischen Form⟩ wissenschaftlichen Form desselben. Würde auch diese
vorausgesezt, so wäre dieß ein Cirkel, wie schon oben bey §. 31 —
angemerkt worden ist. Wenn es seine Richtigkeit damit hat, daß diese
Disciplin eine kritische ist, so sezt sie voraus die ethischen und religiösen
Grundbegriffe einerseits, und andrerseits den geschichtlichen Stoff, — und
daraus kann sich dann das Kritische entwickeln.

[83] Das Studium der philosophischen Theologie sezt nach diesem § die
Kenntniß des Stoffs der historischen schon voraus, nämlich nicht als
wissenschaftliche Kenntniß, sondern nur so, wie sie bey jedem gebildeten
Christen vorausgesezt werden darf, und besonders bey einem solchen, der
sich dem theologischen Studium widmen will, in welchem das geschichtliche Bewußtseyn besonders lebendig seyn muß. Die philosophische Theologie begründet aber erst die historische Anschauung des Christenthums,
weil sie den Maßstab an die Hand giebt zu der Abschätzung der einzelnen
Momente. Unter historischer Anschauung ist aber nicht blos der pragmati-
sche Zusammenhang, daher die causale Verbindung zu verstehen, sondern
das Wesentliche ist der Entwicklungswerth der einzelnen Momente, d. h.
wie sie sich verhalten zu dem richtig erkannten Wesen des Christenthums.
So ist also eine richtige philosophische Behandlung des Christenthums
nur möglich unter Voraussezung einer vollkommenen philosophischen
Theologie. Thun wir einen Blick auf den Stand der historischen Theologie,

so sieht man deutlich den Einfluß des gegenwärtigen Zustandes der philosophischen Theologie. Die Trennung der 2 Disciplinen wäre das Wenigste, aber daß man über die einzelnen Begriffe noch nicht einig ist, dieß hat die Folge, daß man auch über die einzelnen Begebenheiten noch nicht einig ist. Fragen wir nun nach der Ursache dieser Uneinigkeit, so liegt sie nicht in dem Material, sondern in den ethischen und religionsphilosophischen Grundbegriffen und: in dem Verhältniß der wissenschaftlichen und religiösen Interessen in dem Einzelnen. Die Ausgleichung davon muß sich zuerst manifestiren in einer allen genügenden Formel ⟨des Christenthums⟩ über das Wesen des Christenthums und Protestantismus.

§. 66 handelt von dem Verhältniß der philosophischen Theologie zur praktischen, welches im Allgemeinen schon aufgestellt worden ist als ein Gegensaz; nämlich die philosophische Theologie ist der Anfang, der sich zunächst an die reine Wissenschaft, die praktische derjenige Theil der sich unmittelbar an die Ausübung anknüpft. Nun wird hier aber ein zweyfaches Verhältniß aufgestellt; auf der einen Seite stehen sie so einander gegenüber, auf der andern aber beyde der historischen. Als das Gemeinschaftliche beyder gegen die historische wird angegeben, daß diese rein contemplativ wäre, die philosophische und praktische aber unmittelbar auf die Ausübung gerichtet. Schon dieß kann paradox erscheinen, daß die historische Theologie rein contemplativ seyn soll. Aber verstehen wir darunter die reine Anschauung, so ist unleugbar, die Geschichte will nur Anschauung. Dieß geschieht freylich nur indem von Principien ausgegangen wird. Wenn die historische Theologie rein contemplativ genannt wird, so heißt dieß, sie will nichts andres als das Geschehen — freylich nicht blos mechanisch, sondern wissenschaftlich — auffassen, *[84]* und in dem Bewußtseyn wieder auflösen. Die praktische Theologie dagegen als Technik ist nicht ein Wissen um des Wissens willen, sondern um eines Gebrauchs willen. Dieß kann von der geschichtlichen Betrachtung nicht gesagt werden. Insofern aber alle theologischen Disciplinen sich auf die Kirchenleitung beziehen, so muß auch die historische Theologie eine solche Beziehung auf das Practische haben, — aber diese liegt eben in der praktischen Theologie. Am meisten kann Wunder nehmen, wenn von der philosophischen Theologie gesagt wird, sie sey auf die Ausübung gerichtet, da sie doch an die rein wissenschaftlichen Disciplinen sich knüpft. Es ist nicht so zu verstehen als ob die apologetischen und polemischen Leistungen der unmittelbare Zweck der philosophischen Theologie wären. Es ist allerdings noch ein großer Unterschied zwischen der Apologetik und Polemik und der Technik für die apologetischen und polemischen Leistungen. Denn diese sind immer geschichtlich bedingt und einzelne, es sind also für eine Technik ganz besondere Beziehungen nöthig, und diese Technik gehört in die praktische Theologie hinein. Wenn gefragt wird: wie sind in gewissen Fällen Angriffe auf das Christenthum abzuschlagen? p, so muß die Antwort aus den allgemeinen Principien der praktischen Theologie abgeleitet seyn. Wenn aber gesagt wird, daß beyde Disciplinen nur um dieser Leistung willen aufgestellt werden, und erst in ihnen ihre Bestimmung vollenden, ist [dieß] schwierig mit dem Bisherigen zu vereinigen. Wir dürfen nur daran uns erinnern, warum diesen Disciplinen gerade diese Namen gegeben worden sind. Die Bezeichnungen Apologetik und Polemik sind erst aus der socialen Stellung des Christenthums hervorgegangen, und eben dadurch haben auch die Elemente dieser Wissenschaften ihre Gestaltung bekommen. Aber diese Elemente selbst waren auch schon in der historischen Theologie nothwendig, nur nicht in dieser Form. Und ihre theologische Abzweckung würde nicht recht erkannt werden, wenn wir sie nicht auch in ihrer Beziehung auf die Gegenwart und die praktische Theologie sezten. So kann also gesagt werden, sie vollenden erst in dieser Leistung ihre Bestimmung, wodurch ihre Bestimmung für die historische Theologie nicht aufgehoben wird. Das Andre, daß sie nur um dieser Leistungen willen aufgestellt werden, gilt von ihrer Aufstellung in dieser bestimmten Gestalt als Apologetik und Polemik. —

Der 2te Theil des Zusazes zeigt, wie philosophische und praktische Theologie *[85]* einander entgegenstehen. Die philosophische Theologie fixirt den Gegenstand erneut, den die historische Theologie entwickelt, und die praktische behandelt. Dieß Fixiren ist die Aufstellung der richtigen Formel. — Daß die praktische den Gegenstand behandelt, dieß bezieht sich auf die Erscheinung im Verhältniß zur Idee wie die philosophische Theologie die Einheit des Wesens im Manchfaltigen ⟨behandelt⟩ erkennt, so behandelt die praktische Theologie das gegebene Manchfaltige in Beziehung auf jene Einheit des Wesens.

§. 67. In der Einleitung wurde gesagt, wenn wir die ganze Masse des theologischen Studiums übersehen, so folge, daß keiner sich dieselbige auf gleiche Weise aneignen könne; wir haben ferner gesehen, daß nicht so getheilt werden dürfe, daß einer nur einen Theil sich aneigne, und dem andern ganz fremd bleibe. Daraus wurde gefolgert, daß in jeder Disciplin unterschieden werden müsse, das was zu dem Gemeinsamen gehöre, und was für die [sey], die sich dessen besondern Gebieten widmen. Dieser Unterschied wird für die philosophische Theologie für null erklärt, was aber blos von einem Minimum zu verstehen ist. Es wurde gesagt, jeder müsse sich seine philosophische Theologie selbst produziren, d. h. er dürfe sie nicht blos traditionell überkommen. ⟨Mag⟩ Wenn ein Theolog sich

einem einzelnen Theile widmet, so wird er manches aus andern Theilen
traditionell entlehnen müssen, nur mit richtigem Bedacht. Dieß kann von
der philosophischen Theologie nicht gelten, von ihr kann einer nichts blos
traditionell bekommen —; aber ebensowenig kann er auch blos einem
Theil der philosophischen Theologie sich selbstthätig widmen. Wenn aber
dieses Null nur ein Minimum seyn soll, so liegt dieß in der Beziehung auf
apologetische und polemische Leistungen. Diese Anwendungen auf die
Gegenwart, aus welcher die besondre Technik für apologetische und
polemische Leistungen hergenommen werden muß, sind nicht mehr GemeinGut, aber diese liegen auch schon auf der Grenze; in der eigentlichen
Wissenschaft ist eine solche Theilung ganz unzuläßig. Aus den Begriffen
über das Wesen des Christenthums und Protestantismus müssen sich die
Principien für Alles in der philosophischen Theologie entwickeln. — Wenn
nun gesagt wird, diese philosophische Theologie könne nicht traditionell
behandelt werden, so ist damit nicht gemeint, ⟨wenn⟩ daß sich jeder eine
eigene philosophische Theologie machen solle, vielmehr wäre es ganz
vortrefflich, wenn alle sich dieselbige bildeten, aber auch dann *[86]* bliebe
es, daß jeder sie selbst producirt haben müßte. Wenn ich Principien von
einem Andern aufnehme, so bin ich nicht der Thätige, sondern er. Freylich
lassen sich solche Zustände der Kirche nachweisen, wo eine so große
Einstimmung herrscht, daß es scheint, als ob es gleichgültig wäre ob jeder
sich wirklich selbst diese Principien construirt, oder ob er sie nur nimmt
wie er sie findet. Es kann eine solche Gewalt von gewissen Principien in
der Kirche geben, daß nichts davon abweichendes bestehen kann, und
dieß sind solche Zeiten, in denen man ⟨L 1⟩ am wenigsten unterscheiden
kann, ob einer sich seine Principien selbst producirt hat oder nicht. Doch
thut dieß der Forderung keinen Eintrag; ja wenn wir fragen: sind diese
Zeiten mit so einförmigem Gepräge der ersten Grundsäze die besten oder
nicht? so werden sie schwerlich sehr hoch anzuschlagen seyn, unerachtet
Alles dann recht objectiv zu seyn scheint; denn dieß sind solche Zeiten,
wo ein gewisser Stillstand eingetreten ist in Beziehung auf die lebendige
Selbstthätigkeit in der Theologie. Wenn dieß daher rührte, daß die Wahrheit vollständig gefunden wäre, und nun kein Zweyfel mehr Jemandem
einfallen könnte, dann wäre es etwas Vortreffliches; im Gegentheil kämen
dann wieder andre Zeiten, wo Alles von Grund aus aufgerührt wird, und
die Verwirrung deßhalb um so größer werden muß, weil vorher mehr als
man bemerken konnte jeder nur mit dem Strome schwamm, wenn man
die Stagnation so nennen kann. Sowohl aus dem allgemein christlichen als
aus dem protestantischen Standpunkt kann man sagen, daß ein solcher
Zustand der Einförmigkeit in den Principien nur dann ein günstiger seyn

kann, wenn sich nachweisen läßt, daß es dabey nicht an Selbständigkeit
fehlt, sondern der Zustand das Resultat eigner Überlegungen ist. Dann
folgt, daß die Gegenstände sich auf allgemeine Weise so gestellt haben,
und dann liegt auch eine große Bürgschaft darinn daß die Resultate richtig
seyen. Wenn sich aber dieß nicht nachweisen läßt so ist wahrscheinlich,
daß auf solche Uebereinstimmung ein desto größrer Zwiespalt folgen
werde.

§. 68 hat es mit dem dermaligen Zustand beyder Disciplinen zu thun,
und wiederholt als allgemeines Resultat, daß sie ihrer Ausbildung noch
entgegensehen. 1) Nämlich hat bey der ⌐continuirlichen⌐[5] Verbreitung des
Christenthums, sobald *[87]* die literarischen Männer im Christenthum
nicht mehr ganz vereinzelt standen, — da hat es nothwendig, auch abgesehen von Verfolgungen, apologetische Leistungen geben müssen. So haben
wir auch die Apologien des Justin, Athenagoras, und größtentheils gehört
hieher Origines' περὶ ἀρχῶν. Dieß sezt aber keine disciplinarische Ausbildung der Apologetik voraus, obwol man sagen könnte, sie müssen alle
apologetischen Grundbegriffe in sich schließen. Auch dieß ist nicht der
Fall, weil die Apologien bedingt sind durch den Angriff, wobey es darauf
ankommt, wie tief dieser eindringt. So kann es apologetische Leistungen
geben, die vollkommen ihren Zweck erfüllen, ohne daß sich aus ihnen die
Disciplin der Apologetik ausbilden ließ. So lange nun diese Disciplinen
nicht ausgebildet sind und ihren hier angewiesenen Ort nicht haben, so
müssen die apologetischen Begriffe in der Einleitung in die Dogmatik
stehen. Ebenso kann es einen Ort geben für die polemischen Elemente in
der Einleitung in die praktische Theologie, wenn nur diese selbst schon
mehr als nur im einzelnen bearbeitet wäre. — Dieses bringt nun Verwirrungen hervor, die sich auch in allen dogmatischen Streitigkeiten nachweisen
lassen. Es müssen nämlich so Elemente in die Einleitung zur Dogmatik
kommen, die offenbar ganz der Art nach different sind von den Säzen der
Dogmatik selbst. Dieß liegt eigentlich in der Natur der Sache, jede
Einleitung zu einer Darstellung eines speciellen Gebiets muß ja seine
Verhältnisse zu andern und den höheren angeben, daher muß man dieß
immer sondern; aber es wird umso leichter verabsäumt, je größer die
Differenz ist, weil man sie in dieser Größe nicht vorausezt. Daher sind
viele Gegenstände, die hieher gehören, dogmatisch behandelt worden. ZB
die Theorien der Begriffe Wunder und Weissagung und Eingebung werden
oft rein dogmatisch behandelt und hieraus wird nun bewiesen, daß zB die
ATlichen Weissagungen einen Beweißcharakter haben pp. Wenn dieß

---

[5] *Andere mögliche Lesart*: continuirten.

dogmatisch bewiesen werden soll, so muß es bewiesen werden aus Schriftstellen, und dann entsteht ein Cirkel, wenn die Göttlichkeit des Christenthums bewiesen werden soll aus etwas das selbst erst auf diese Göttlichkeit
sich gründet. Ebenso bey den Wundern. Nun neuerlich haben wir einige
Anfänge der Apologetik bekommen, die als solche von vielen Seiten zu
rühmen sind[6]. Von der Polemik ist dieß nicht zu sagen.

---

[6] *Vermutlich meint Schleiermacher das Werk von Karl Heinrich Sack, 1789—1875, „Christliche
Apologetik. Versuch eines Handbuches, Hamburg 1829“, das er auch in der 2. Auflage von „Der
Christliche Glaube“, 1830/31, erwähnt (§ 2).*

Zweyter Theil.
Von der historischen Theologie.

Dieß ist in Rücksicht auf den Umfang die bedeutendste, besonders in
dieser Darstellung, die etwas in die historische Theologie zieht, was sonst
davon getrennt wird. Aber überhaupt ist dieß der größte und ausgebildetste
Theil des theologischen Studiums. Es ist hier der Anfang damit gemacht
zurückzugehen auf das was über ⟨positive⟩ Theologie als positive Wissenschaft gesagt war, und also zu sehen, wohin abgesehen von dieser positiven
Beziehung, das Material der historischen Theologie gehöre. Da sagt

§. 69. Daß die historische Theologie ihrem Material nach ein Theil der
neueren Geschichtskunde sey; und hier ist nicht blos von ihrem Material
die Rede, sondern ihrer Organisation nach sey sie der neueren Geschichtskunde coordinirt. Der Ausdruck neuere Geschichtskunde ist hier in dem
Sinn genommen, daß er die Zeit von der Entstehung des Christenthums
an bedeutet. Der theologische Gesichtspunkt wird sich immer nur so
aussprechen können, wir werden nicht wollen, für das Gebiet der positiven
Theologie diese Trennung machen, daß wir sagten, ein Theil von dem
geschichtlichen Verlauf des Christenthums gehört zur alten, ein andrer zur
neueren Geschichte. Denn dann müßte man hienach auch die Darstellung
scheiden, und sagen, es herrschte ein andres Princip in derjenigen Periode,
die der alten, und ein andres in der die der neueren Geschichte angehört. —
Nun ist gesagt, die historische Theologie sey allen Gliedern der neueren
Geschichtskunde coordinirt. Dieses kann nun nicht mehr gesagt werden
blos in Beziehung auf die einzelnen Elemente, sondern nur in Beziehung
auf die einzelnen ⌊organisirten⌋[7] Theile. Sobald wir uns Geschichtsfor-
schung im Allgemeinen denken, und es ist dabey die Rede von längst
vergangenen Zeiten, die aber in dem eigentlich geschichtlichen Gebiete
liegen, und von welchen noch wirkliche Ueberbleibsel der Thatsachen
vorhanden sind, so sind diese Thatsachen Monumente, solche Gegenstände, woran die Zeit noch kann angeschaut werden. Dazu gehören auch

---

[7] *Andere mögliche Lesart:* organischen.

die Documente, und da giebt es einen Zweig der Geschichtskunde der sich mit diesen Urkunden beschäftigt. Wenn wir fragen: hat die ⟨theo⟩ historische Theologie auch einen solchen Zweig? *[89]* so ist dieß offenbar. Hier haben wir also Elemente der historischen Theologie, und wir haben einen Ort dafür in der Wissenschaft der Geschichte. Die historische Theologie bedarf derselben ebenso wie die andre Geschichte. Dasselbe Element gehört in einen bestimmten Theil der historischen Theologie, welches zugleich den Ort hat in einem ebenso bestimmten Theil der Geschichtskunde überhaupt. Dieß ist im 2ten Saze des § gesagt.

Der Zusaz bestimmt noch genauer dieses Verhältniß zwischen der historischen Theologie und der Geschichtskunde im Allgemeinen. Die historische Theologie gehört nämlich in die innre Geschichtskunde, in die Bildungs und SittenGeschichte. Die äussre Seite der Geschichte hatte allerdings bedeutenden Einfluß auf die Art, wie sich das Christenthum fortpflanzte, wenn zB keine Völkerwanderung gewesen wäre, so würde das Christenthum nicht an diese Völker gekommen seyn pp; aber sowie man den theologischen Standpunkt festhält, so sind die Thatsachen, die hier in Betracht kommen, nur solche die dem innern Gebiet angehören, denn die ganze Geschichte des Christenthums ist eine Entwicklung von Gesinnungen und eine neue Art des geistigen Lebens, das Äussre ist mehr Nebensache. Dazu sind 2 Ausdrücke gewählt von denen der eine mehr moralisch, der andre mehr nach der Entwicklung des Wissens hin ⟨ist⟩ gewandt ist. Das Christenthum hat eine neue Entwicklung in dieser innern Geschichte angefangen, weil der Eintritt des Christenthums in die Völker eine ganz neue Entwicklung bey ihnen herbeygeführt hat. Also diese Art, wie das Christenthum so seinen Ort fand in der Bildungsgeschichte ist immer eine andre als der Ort desselben in der Theologie, daher wir immer beydes sondern müssen: dieses geschichtliche Gebiet als der positiven Theologie angehörig und als der neueren Geschichtskunde angehörig. — Der Zusaz hat noch einen polemischen Theil der vielleicht jezt nicht an seinem Ort steht, aber in einer solchen Darstellung muß man von dem, was in der Gegenwart zufällig ist, abstrahiren. Es ist nur ein paar Generationen, wo noch gesagt wurde, das Christenthum habe nur einen nachtheiligen Einfluß auf die geistige Entwicklung des menschlichen Geschlechts ausgeübt. Von dieser Voraussezung aus, wird nicht nur dieses Material ganz anders abgeschäzt, sondern bekommt auch eine ganz andre Gestaltung; denn man verfolgt niemals dasjenige als ein constantes Princip, dessen Resultate man für blos negativ ansieht. Nämlich wer von dieser Voraussezung ausgeht, die bey den englischen und französischen Freydenkern häufig ist, der sagt, Alles, was in *[90]* der geschichtlichen Entwicklung aus dem Christenthum hervorgegangen ist, ist eine negative Größe, die wieder aufgewogen werden muß. Es liegt nun in der menschlichen Natur, daß man nur das Gute auch als ein positives betrachtet, und ihm eine Continuität zuschreibt, dem Bösen aber thut man dieß nicht, und so zeigt sich, daß jene Männer dem Christenthum keine wahre Einheit zuschreiben, sondern es als ein beständig wechselndes betrachten, daher eignet es sich auch nicht, in dem geschichtlichen Gebiete als ein bestimmtes Element aufgeführt zu werden.

§ 70 wird nun gesagt, daß als theologische Disciplin die historische Theologie betrachtet, sich das Verhältniß anders stelle, indem nun die übrigen Theile der Geschichte ihr untergeordnet werden. Man kann nämlich das Christenthum nicht geschichtlich betrachten, ohne auch von der übrigen Geschichte Notiz zu nehmen, aber sie wird untergeordnet. Zu theologischen Disciplinen gestalten sich aber diese wissenschaftlichen Elemente durch ihre Beziehung auf die Kirchenleitung.

Im Zusaz wird etwas bevorwortet, was sich von selbst zu verstehen scheint, daß nämlich unerachtet sich das Verhältniß so ändert, doch die Principien der geschichtlichen Forschung keineswegs geändert werden können, sondern dieselben bleiben für die historische Theologie wie für jeden andern Theil der Geschichte. Hier wird also vorausgesezt, daß es allgemeine Principien gebe für die Behandlung eines geschichtlichen Gegensazes, — diese Principien werden eine allgemeine historische Propädeutik bilden. — §§ 70—78 gehören nun ganz in eine solche allgemeine historische Propädeutik, und sie hätten weggelassen werden können, wenn eine solche Propädeutik anerkanntermaßen vorhanden wäre; denn alles dieß sind allgemeine Principien ⟨ohne⟩ der historischen Behandlung ohne Rücksicht auf das Christenthum. Es sind darin 2 Aufgaben behandelt, indem vorausgesezt wird, daß der geschichtliche Stoff gewissermaßen ein unendlicher ist, so muß um es darzustellen, eine Zusammenfassung stattfinden und für diese Zusammenfassung des Manchfachen, die immer auch eine Sonderung ist, muß es Regeln geben, die nun hier aufgestellt sind.

§ 71—78. Es wird vorausgesezt daß der historische Stoff eine Fläche sey mit Länge und Breite, die Länge ist der Zeitverlauf, die Breite das im Stoff liegende Manchfaltige, und dieß sind also die 2 Richtungen, in Beziehung auf welche Zusammenfassung und Sonderung betrachtet werden muß. §§ 71—73 haben es nun besonders *[91]* mit der Längendimension zu thun, worauf § 74 das Andre dazugenommen wird.

§ 71 wird der Begriff eines geschichtlichen Momentes angegeben, und dieser gleich in 2 relativ entgegengesezte Formen getheilt. Ein Moment

ist eine qualitative Einheit von Zeiterfüllung, nämlich unter qualitativer
Einheit wird verstanden, daß von der Manchfaltigkeit dessen, was die
Breite constituirt [*O: construirt*] abstrahirt wird, also gleichviel ob sie ein
einfaches oder ein vielfaches ist. Was die Länge betrifft, so ist es Einheit
der Zeiterfüllung, dieß liegt in Moment schon; eine solche geschichtliche
Einheit wird hier gesagt könne angesehen werden entweder als plözliches
Entstehen, oder als allmähliche Entwicklung. Nämlich ein plözliches Entstehen ist derjenige Zeitinhalt, welcher nicht als Fortsezung eines früheren
ins Bewußtseyn kommt, sondern als rein für sich betrachtet. Wird er in
seinem AbhängigkeitsVerhältniß von dem Früheren betrachtet, so ist er
eine Fortbildung des Früheren. Dieß sind die 2 Formen, unter welchen
geschichtliche Momente existiren können.

Der Zusaz stellt nun den Gegensaz auf zwischen dem einzelnen und
allgemeinen Leben. Im Gebiete des einzelnen Lebens läßt sich dieser
Gegensaz sehr streng fassen, sein Anfang wäre das plözliche Entstehen,
von da an aber ist alles Andre nur Fortbildung, bis das Ende nun auch
wieder plözliches Verschwinden ist. Im gemeinsamen Leben ist dieser
Gegensaz nicht so streng, und blos relativ. Dieser Gegensaz zwischen dem
gemeinsamen und einzelnen Leben ist aber selbst nur ein relativer. Denken
wir uns im einzelnen Leben das Factum von der Entstehung eines Gedankens nicht in dem Zusammenhang eines Denkverlaufs: so ist dieß an sich
immer nur eine Entwicklung, es muß dieser Gedanke einen Zusammenhang mit dem früheren Leben haben, doch läßt es sich immer auch als ein
plözliches Entstehen ansehen, wenn man blos auf die Denkthätigkeit sieht.
Im gemeinsamen Leben ist das Uebergehen einer Anzahl Menschen in die
Gemeinschaft und Geselligkeit der Anfang des Staates, und läßt sich als
ein absoluter Anfangspunkt ansehen, aber die innern Bedingungen, daß
diese Menschen einen Staat bilden konnten, diese waren schon vorher
gegeben, und so war auch das Hervorbrechen des Staats, auch durch das
Vorherige bedingt. Der Gegensaz ist also auch hier ein relativer, nur
daß die einen Momente sich überwiegend dazu eignen als plözliches
Hervorbrechen, die andern als Fortbildung betrachtet zu werden.

§. 72. wird hieraus die Formel für die Längsdimension aufgestellt, daß
der Gesammtverlauf eines geschichtlichen Ganzen ein Wechsel ist von
Momenten beyderley Art. *[92]* Dadurch wird also ausgeschlossen, daß
ein Gesammtverlauf bestehen könne aus lauter Momenten der einen Art.
Zum GesammtVerlauf gehört Anfang und Ende und also wird wenigstens
immer auf das Ende hin gesehen, und es ist kein besonderes Ganze für
sich, wenn es nicht auch einen Anfang hat. Der Anfang kann verborgen

seyn und das Ende noch nicht gegeben, aber im Begriff eines GesammtVerlaufs ist immer beydes eingeschlossen.

Der Zusaz sagt, man könne nicht behaupten, daß es unmöglich sey daß irgendein geschichtliches Ganzes von seinem Anfang an so verlaufen könnte daß 《alle》 zwischen Anfang und Ende alle Momente nur Fortentwicklung wären — wobey aber dem Anfang und Ende immer jener andre Charakter bliebe. So wie man aber, wird weiter gesagt, die Breitendimension als Manchfaltiges in Gedanken nimmt, so wird man schon zugeben, daß unter dieser Voraussezung das Vorige unmöglich sey; nämlich so wie man sich dieses denkt, die Kraft selbst die sich entwickelt, als ein Manchfaltiges, so wird jeder gestehen müssen, diese Manchfaltigkeit könne gar nicht zu Bewußtseyn kommen, wenn alle ihre Theile sich immer gleichmäßig entwickeln. Wenn wir im einzelnen Leben unterscheiden das Somatische und das Psychische, so ist diese Entwicklung nicht gleichmäßig, es entwickelt sich [eine] ganze Reihe von Thätigkeiten auf der Seite des leiblichen Lebens, ehe sich im Seelenleben etwas zu unterscheiden giebt. Entwickelte sich beydes völlig gleichmäßig, so würde in jedem Momente beydes als vollkommen Eins erscheinen. Sezen wir also diese Differenz, so müssen wir auch Differenzen in der Entwicklung sezen. Dann werden aber Zwischenpunkte eintreten, wo sich die verschiedenen Functionen mehr ausgleichen, und diese Momente unterbrechen also den Verlauf. Diese Unumgänglichkeit aber bey Seite gelassen, müssen wir sagen: wenn ein Gesammtverlauf aus lauter gleichmäßigen Entwicklungen besteht, so ist jede Theilung des geschichtlichen Stoffes der Länge nach rein willkührlich. Wenn aber ein solcher Wechsel stattfindet, so theilt sich das Ganze von selbst.

§. **73** wird dieses weiter ausgeführt, aber so, daß nicht die Rede ist von einer Reihe von Fortbildungsmomenten, die durch einen einzigen Moment der entgegengesezten Art unterbrochen wird, sondern die lezteren sind auch als Reihe dargestellt. Nur hat diese Reihe einen andern Charakter, diese Momente bilden keinen solchen Zusammenhang unter sich, sondern wenn die andern eine Linie bilden, so bilden *[93]* diese nur eine Reihe von discreten Punkten. Denkt man an die französische Geschichte, so wird die französische Revolution eine solche Masse bilden, die einen Contrast ausmacht mit dem Früheren. Das Frühere war eine Reihe von allmählichen Fortbildungen, diese aber bildet eine Masse von plözlichen Momenten. Aber auch diese nehmen einen Zeitraum ein, und bilden also auch eine Reihe, aber es muß auch wieder eine Linie, ein stetiger Verlauf darauf folgen. Dieß könnte man gleich in die Napoleonische Zeit [sezen]; weil aber dieß so kurz gedauert hat, daß ⟨man⟩ es nicht als Periode für sich betrachtet werden kann, so dehnen wir die Sache noch weiter aus, und sagen: die Revolution ist beschlossen durch die Restauration. Weil aber auch da keine ruhige Fortbildung angieng, so können wir nicht abschließen, bis eine solche längere Zeit ruhiger Fortbildung erfolgt. Eine solche geschichtliche Linie nun, die zwischen 2 Punkten entgegengesezter Art liegt, nennt man Periode, eine Masse dagegen von Momenten die nur als plözliches Entstehen angesehen sind, und welche zwischen 2 Perioden liegt, wird bezeichnet durch E p o c h e. Dieß bedeutet eigentlich Einhalt, weil nämlich die bisherige Fortentwicklung aufhört, und eine neue entsteht. Der Ausdruck Periode ist weniger geschickt weil er etymologisch keine fortlaufende Linie, sondern eine cyklische Bewegung bezeichnet, er ist aber einmal festgestellt. Wäre nun das Christenthum ein blos fortschreitendes, so wäre es blose Bequemlichkeit ihn nach der Länge zu theilen, und es muß daher ermittelt werden, wie es damit steht.

Der Zusaz macht darauf aufmerksam, daß je länger ein solcher Zustand dauert, dessen Momente nicht zusammenhängend betrachtet werden können, desto weniger werde die Identität des Gegenstandes festgehalten werden können. Diese nämlich, die Zeiterfüllung, besteht aus dem Zusammenseyn von Bleibendem und Wechselndem. Von einem Staat, welcher sich in einem revolutionären Zustande befindet wo keine ruhige Fortbildung ist, von dem kann man nicht sagen, daß er derselbige ist mit dem vorherigen ruhigen Verlauf und mit den verschiednen Momenten der Umwälzung. So war Frankreich eine Monarchie, dann wurde es Republik, dann wieder Monarchie, dann eine andre Monarchie. In der Staatsform war also die Identität nicht mehr, sondern nur in der Identität des Volksstammes. Dieß läßt sich auch auf das Christenthum anwenden: es muß um so schwieriger halten, die Identität des Gegenstandes festzuhalten, *[94]* je länger solche revolutionären Zustände dauern, und nur wenn wieder eine ruhige Fortentwicklung folgt, tritt die Identität wieder sicher vor Augen. Soll es nun die Aufgabe der christlichen Theologie geben, nämlich eine Kirchenleitung, so muß auch die Formel, welche das Wesen des Christenthums darstellt, eine solche seyn daß sich auch alle etwaigen revolutionären Momente in diese Formel auflösen lassen, und uns den Zustand als denselben darstellen. Denn sonst würden wir hier in größre Verlegenheit gerathen als beym Staat, denn hier existirt die zusammenhängende Masse des Volkes vor dem Staat, wogegen beym Christenthum die Gemeinschaft erst durch es selber geworden ist.

§. 74 wird nun die andre Dimension betrachtet, welche die Breite eines geschichtlichen Ganzen constituirt, nämlich die im ersten Anfang schon gegebne Manchfaltigkeit der sich entwickelnden Kraft. Dabey wird aber

vorausgesezt, daß es doch wieder als Einheit betrachtet werden kann, sonst
hätte es gar keinen gemeinsamen Verlauf. Wenn wir zB die Geschichte des
Staates denken, so werden wir gleich unterscheiden die äussre Geschichte,
die Verhältnisse zu andern Staaten, und die innre Geschichte, die Entwicklung der Verfassung, der Cultur. Damit tritt nun zugleich die Möglichkeit
und Wahrscheinlichkeit hervor, daß jedes dieser Momente relativ wenigstens seinen eigenen Verlauf habe, daß Fortschritte in dem einen seyn
können, während im andern Rückschritte p. Auf die Geschichtliche Behandlung hat dieß in dem Maße Einfluß, als der Zeitgehalt des einen
Moments ⟨in der einen⟩ ein verschiedener ist. Nun ist hienach

§. 75. die Verschiedenheit der historischen Methode angezeigt. Das
2fache Verfahren unterscheidet sich so, daß man entweder die Breite ganz
läßt, und die Länge theilt, oder umgekehrt.

Der Z u s a z sagt, es lassen sich auch beyde Methoden ⟨auch⟩ verbinden, — hier kam es nur darauf an die Differenz festzustellen. Man theilt
nur die Länge, wenn man von den verschiedenen Theilen, in welche das
Ganze zerfällt möglichst abstrahirt, und es als eines darzustellen sucht. So
wie man den Stoff nicht zerfällt, so bleibt man bey dieser Methode, dann
muß man aber um so mehr das Ganze der Länge nach theilen, d. h. die
Punkte aufsuchen, welche eine Epoche bilden. Die 2te Methode ist nun,
den geschichtlichen Stoff nach seinen verschiednen Elementen zu theilen;
ob man hernach jedes von diesen auch wieder in Perioden theilt, dieß ist
etwas Zufälliges. *[95]* So beym Staat werden zuerst beschrieben seine
Äussren Verhältnisse, dann die Geschichte seiner Verfassung, dann seine
Culturgeschichte, — das wären 3 ganz verschiedene Darstellungen, ob
jede von diesen auch wieder getheilt wird, ist Nebensache. Der Zusaz
sagt, daß die geschichtliche Behandlung um so unvollkommener sey, je
willkührlicher die Eintheilungen sind. Wenn im Gegenstand keine solche
Differenzen sind, wie oben beschrieben, so müßte man nur nach äussren
Gründen theilen. Auf der andern Seite bey der Eintheilung des Gegenstandes nach seinen Elementen, kommt eine solche Willkührlichkeit schwerer
vor als auf der ersten Seite, der Periodentheilung; denn wenn der Gegenstand sich nicht theilt, so ist hier gar keine Veranlassung zur Theilung
und Aussereinandersezung.

§. 76 ist die Regel auseinandergesezt, nach welcher die eine Methode
oder die andre bey verschiedenen Gegenständen vorzuziehen ist. Es ist
offenbar, daß wenn sich die Elemente in einem geschichtlichen Stoff nicht
bestimmt voneinander sondern, so ist die Eintheilung der Breite nach
nicht postulirt. Ebenso wenn gar nichts Revolutionäres in dem Verlauf
eintritt, da ist eine Eintheilung in Zeitabschnitte nicht indicirt. Jede von

diesen Methoden ist also um so stärker indicirt, je mehr das eine und je weniger das andre vorhanden ist. Ist beydes gleichmäßig der Fall, so ist die Verbindung beyder Methoden indicirt. Es ist aber nur dann gleichmäßig indicirt, wenn die Epochen in den verschiedenen Elementen zusammentreffen, wenn zB in einem Staat eine Epoche in der äussern Geschichte, zB ein Sieg auch eine Epoche würde für die innre Geschichte. Wo dieß aber nicht ist, da kann für jedes der verschiedenen Elemente eine Eintheilung der Länge nach indicirt seyn, aber es ist nicht dieselbige, die Knotenpunkte treffen nicht zusammen, dann herrscht also die Eintheilung der Breite nach und die der Zeit nach ist untergeordnet.

§. 77 ist nun noch ein andrer Punkt hervorgehoben. Sehen wir auf das Zerfällen des geschichtlichen Stoffs in seine verschiedenen Elemente, so werden wir sagen, daß diese Sonderung sich verschieden gestalten wird in Beziehung auf den Zeitraum, wo die ruhige Entwicklung, und wo das plözliche Entstehen dominirt. Denkt man sich die französische Revolution als eine solche Epoche, mit der Dauer von 89—30 so ist hier zu gleicher Zeit der Mangel an ruhiger Fortbildung, sowohl in den äussern Verhältnissen, bey Krieg und Frieden, als auch in den innern Verhältnissen, in der Verfassung, Religion p. Da ist es dann schwer die Elemente zu sondern, jedes Moment will da nach *[96]* allen Richtungen etwas für sich seyn. Wogegen in der früheren Geschichte, da finden sich wohl auch untergeordnete Momente dieser Art, doch aber wird sich der geschichtliche Stoff gesondert behandeln lassen.

Wenden wir dieß auf unsern Gegenstand an, und denken, daß man lange Zeit die KirchenGeschichte nach Jahrhunderten behandelt hat — was ist dieß für ein Verfahren? offenbar eine reinwillkührliche Eintheilung, die nur richtig seyn könnte, wenn [es] in der Natur der Sache gar keinen EintheilungsGrund der Länge nach gäbe. Ebenso was die andre Eintheilung betrifft, hat man immer nur in jedem Jahrhundert unterschieden die res secundas et res adversas. Auch dieß ist eine willkührliche Eintheilung, die den Natürlichen Zusammenhang zerreißen muß. Denn so gehen die Sachen in der Welt gar nicht, daß die günstigen Begebenheiten einen inneren Zusammenhang unter sich haben, und ebenso die ungünstigen, und beyde keinen untereinander. Diese Behandlung gehört einer Zeit an, wo der richtige Begriff der Geschichte untergegangen war, oder wenigstens auf diesen Gegenstand nicht angewandt wurde.

§. 78. Wird nun die Einheit eines geschichtlichen Stoffes in entgegengesezter Richtung als bisher behandelt. Fragen wir: wie verhält sich ein solcher einzelner geschichtlicher Stoff, da die ganze menschliche Geschichte ein Ganzes ist? Man könnte dieß für die Zeit leugnen, wo die verschiedenen Theile des Geschlechts ganz getrennt waren. Aber man muß die Geschichte theilen in solche Theile, die sich geschichtlich bewegen, und die nicht. Jene stehen alle im Zusammenhang, und diese haben eigentlich keine Geschichte gehabt. Also werden wir die Idee festhalten können, wo es einen geschichtlichen Stoff giebt, da ist auch jede Sonderung eine nur untergeordnete. Bisher haben wir nur betrachtet einen gesonderten geschichtlichen Stoff, von dem wir nun sagten, daß er in sich selbst wieder einer Sonderung fähig sey. Gehen wir aber aufwärts, so sehen wir, daß dieser besondere Gegenstand einem großen Ganzen angehört. Nehmen wir das Christenthum, so ist es eine geschichtliche Erscheinung des religiösen Elements in dem menschlichen Geist, ein Theil von der Gesammterscheinung von diesem, und muß sich auch als solcher construiren lassen, und dann geht die Geschichte des Christenthums in die allgemeine ReligionsGeschichte zurück, und ebenso diese selbst wieder in die gesammte Geschichte der menschlichen Intelligenz. Daraus entsteht die Frage, wie soll dann der einzelne Gegenstand betrachtet werden, wenn man ihn willkührlich herausnimmt. Je mehr man das Recht haben will ihn zu isoliren, desto mehr muß man ihn als ein an einem bestimmten Punkt *[97]* anfangendes darstellen können. Aber in der allgemeineren Sphäre könnte dieser Anfangspunkt als ein Punkt in der allmenschlichen Fortentwicklung erscheinen. Dieß findet seine Anwendung auf jeden geschichtlichen Stoff. Die Entstehung jedes Staates kann man auf diese 2fache Weise ansehen. Es beginnt mit dem Staat ein neues, das bürgerliche Leben; sofern aber die Masse schon vorher als Natureinheit dagewesen ist, so ist dieß nur ein EntwicklungsPunkt in dem Daseyn der Masse. Dasselbe läßt sich aber auch anders ansehen. Denken wir uns diese Form der Existenz als eine allgemeine Aufgabe, so ist dieß ein besondrer geschichtlicher Gegenstand, die Entwicklung der Idee des Staates in der Menschheit zu verfolgen. Da werden die Anfänge sehr verschieden aufgefaßt werden können. Davon ist

§. 79 die Anwendung auf das Christenthum gemacht. Das Christenthum kann betrachtet werden als einzelner Zweig der Entwicklung der Religion oder bestimmter des Monotheismus, oder aber als ein bestimmtes geschichtliches Ganzes. Wollte man die Geschichte des Christenthums behandeln nur als eine solche Periode, so würde sie nicht in der Form einer theologischen Disciplin behandelt. Diese Folgerung wird § 80 gezogen. Natürlich wird diejenige Behandlungsweise, die das Christenthum abgesondert behandelt, auch mehr in das Einzelne hineingehen können als die andre; denn in dem lezteren Falle sind die Theilungsgründe nur aus dem großen Ganzen genommen und es verschwindet hier dasjenige als zu klein,

was bey der andern Form sich kann geltend machen. Also schon die
Ausführlichkeit der Darstellung kann sich gehörig entwickeln nur bey
abgesonderter Behandlung. Aber dieser Gesichtspunkt ist noch nicht der,
bey dem wir stehen bleiben können, sondern wir müssen sagen,

§. **80** Jede Behandlung des Christenthums die dieß mit andern zusam-
menfaßt ist nicht theologisch, denn die Theologie, weil sie ihre Tendenz
in Beziehung auf das Christenthum hat, geht sie auch [nicht] ausserhalb
desselben hinaus. Es muß hier ganz fest das Princip aufgestellt werden,
daß diese ganze geschichtliche Behandlung eine theologische Disciplin nur
dann ist, wenn sie das Christenthum ganz isolirt. Der Zusaz sagt, worauf
es dabey ankommt. Der Anfang des Christenthums muß als Ursprüngliches
aufgefaßt werden. Dieß geht auf die Apologetik zurück, die ja das Christenthum als besonderes geschichtliches Ganzes darstellen will. Hier war von
allen Glaubensweisen gesagt, daß sie ihre eigenthümliche Gestaltung des
Gottesbewußtseyns als eine göttliche Mittheilung ansehen, und damit
hängt zusammen, daß der Anfang des Christenthums als ein Ursprüngliches
gesezt werden muß. Dieß ist die Grund-*[98]*voraussezung des christlichen
Glaubens wie jedes anderen positiven.

§. **81** geht die eigentliche Construction der historischen Theologie an.
Sie ist zu entwerfen von dem Gesichtspunkt der Kirchenleitung, und mit
dieser, als der Hervorbildung einer Zukunft aus der Gegenwart, hängt die
Kenntniß des gegenwärtigen Zustandes am nächsten zusammen. Daß diese
Kenntniß zur historischen Theologie gerechnet wird, dieß rechtfertigt sich
zB aus dem Ausdruck Naturhistorie, wo auch von keiner Geschichte,
sondern nur von einer Beschreibung eines Gegebenen die Rede ist. Da
könnte [man] also die Kenntniß des gegenwärtigen Augenblicks, auch
abgesehen von der Art wie er geworden ist, eine Geschichte nennen. Nun
haben wir aber auch den Gegensaz in unsrer Sprache zwischen historisch
oder aposteriorisch, und dem speculativen oder apriorischen, und auch in
dieser Hinsicht fällt dieser Theil der Theologie unter die historische. Diesen
Sinn hat also das Beywort ge schich tliche Kenntniß des gegenwärtigen
Moments, daß sie eine Beschreibung seyn soll, und keine wissenschaftliche
Construction. Man könnte aber ferner sagen, es sey zur Kirchenleitung
nicht nöthig, die Kenntniß des gegenwärtigen Zustandes besonders herauszuheben als eigne Wissenschaft, weil sie das Resultat des Werdens ist, also
in der historischen Theologie vorkommen muß. Dagegen ist zu bemerken,
es ist die Möglichkeit aufgestellt, daß der Stoff der Geschichte auch
theilbar ist der Breite nach, und da würde auch der gegenwärtige Moment
ein so getheilter seyn. Sehen wir nun auf die Kirchenleitung, so gehört
dazu eine Kenntniß des Gegenwärtigen in seinem Zusammenhang, nicht

wie es die Geschichte getheilt in seine verschiedenen Zweige giebt. Daher ist diese Kenntniß eine andre als die, welche sich als Resultat der Erzählung von selbst ergiebt, und so muß jedenfalls diese geschichtliche Kenntniß des gegenwärtigen Moments einen besonderen Theil bilden. Für diese ist hier kein Name gegeben, weil sie noch einmal in 2 Theile zerfällt.

§. 82. wird nun gesagt, daß wenn die Gegenwart verstanden werden soll so muß sie als Resultat der Vergangenheit betrachtet, und diese ebenfalls zur Kenntniß gebracht werden. Dieß ist die Kenntniß des eigentlich geschichtlichen Verlaufs. Schon in dem Saz der Apologetik, daß jedes Gewordene sich auch rechtfertigen müsse aus der Art wie es geworden ist, war dieser Grundsaz enthalten. Aber auch abgesehen von dieser Aufgabe muß man [99] sagen, daß auch in seiner Bedeutung das Gegenwärtige nur verstanden werden kann aus der Vergangenheit. Unter Bedeutung ist zu verstehen der Zusammenhang mit Andern, denn dieser constituirt seinen Werth für das Ganze.

Der Zusaz zu diesem §. will diesem 2ten Theil, der Kenntniß des gesammten geschichtlichen Verlaufs nur den gleichen Rang sichern mit dem 1ten Theile, indem er dagegen protestirt, daß diese solle als Hilfswissenschaft für die Kenntniß der Gegenwart betrachtet werden. Sondern wegen der praktischen Einwirkung unmittelbar muß ich die Vergangenheit kennen, und ebenso den gegenwärtigen Moment, welcher nur ein Durchgangspunkt ist.

§. 83. wird die Einleitung gemacht, um einen 3ten Theil der historischen Theologie aufzustellen, nämlich die Kenntniß des Urchristenthums. Das eigenthümliche Wesen einer geschichtlichen Erscheinung, wird gesagt, komme am reinsten zur Anschauung in den frühsten Erscheinungen. Dieses scheint im Widerspruch damit, daß die geschichtliche Entwicklung als eine Vervollkommnung gedacht wird, welchen Saz wir nicht aufgeben können, da die Vervollkommnung der christlichen Kirche der Zweck der KirchenLeitung ist und damit der ganzen Theologie. Wenn wir nun dieses feststellen, und rückwärts gehen, so werden wir sagen müssen: wenn in einem frühern Momente eine dem eigenthümlichen Wesen des Christenthums gemäße Wirksamkeit stattgefunden hat, so muß der spätre Moment dieses Wesen vollkommener ausdrücken als der frühre. So würde also herauskommen, daß der erste Zustand der unvollkommenste gewesen wäre. Dagegen wird aber hier gesagt, die ursprüngliche Lebensäusserung brächte das Wesen am reinsten zur Anschauung. Hier ist also ein sehr scheinbarer Widerspruch, den wir uns auflösen müssen. Wenn wir das Eine aufheben wollen, und sagen: es ist nicht nothwendig, daß der folgende Moment jedesmal eine Vervollkommnung des frühern sey, so geben wir die ganze Kirchenleitung und Theologie auf. Wenn wir das Andre aufgeben wollten, daß die frühste Lebensäusserung die reinste sey, so würden wir die normale Dignität der heiligen Schrift aufheben, welche der Ausdruck jener frühsten Lebensäusserung ist. Ja es würde auch geschlossen werden müssen, daß auch Christus selbst nur ein unvollkommenes Moment darstelle über welches wir hinausgehen müßten, — dieß würde das Wesen unsres christlichen Glaubens, und bestimmt unsre protestantische Theologie aufheben, in deren Charakter es liegt, auf die heilige Schrift zurückzugehen. Es soll nun ein Saz auf-[*100*]gestellt werden, der beyde Widersprüche vereinigt. Schon im 1ten Theil ist auseinandergesezt daß in jedem Moment einer geschichtlichen Erscheinung Elemente von entgegengesezter Art beysammen sind, solche, die aus der eigenthümlichen geistigen Kraft hervorgehen, und solche die als fremde Einflüsse einen krankhaften Zustand darstellen. Je weiter sich ein geschichtliches Ganze verbreitet, um desto mehr krankhafte Elemente können zum Vorschein kommen. Dieß kann nicht bezweyfelt werden, denn es liegt in dem Begriff der Verbreitung eines solchen lebendigen Ganzen, daß es nur Leben aufnehmen kann aber welches vorher von diesem eigenthümlichen Princip nicht durchdrungen war, also bringt jedes solches fremde Elemente mit herein, welches erst nach und nach zu assimiliren ist. Dieser Saz vereinigt die beyden vorigen auf diese Weise: die Verbreitung selbst ist Wachsthum, und die Erscheinung in ihrem größeren geschichtlichen Umfang ist ein Beweiß von einer größeren Kraft die wirksam gewesen ist, und in der kleineren Erscheinung nicht lag. Hierinn liegt also, daß der spätere Moment ein Zuwachs ist. Wenn wir aber sagen: mit diesem Wachsthum gehen auch Elemente mit hinein, die erst umgewandelt werden müssen, so sagen wir das scheinbare Gegentheil, nämlich daß in dem früheren Zustande weniger krankhafte Elemente waren, also können sich die beyden Säze nicht widersprechen. Mit dem Saze §. 83 ist also nicht gesagt, daß auch der früheste Moment der vollkommenste wäre, weil er nur eine quantitativ geringe Manifestation des Wesens ist, aber er ist der reinste, weil wir am wenigsten von ihm zu sondern haben. Dieß läßt sich leicht deutlich machen. Wenn wir den Gegensaz zwischen Heidenchristen und Judenchristen betrachten, so war dieser Gegensatz ein krankhafter Zustand, die Judenchristen wollten Fremdartiges ins Christenthum bringen, aber auch in den Heidenchristen war ein fremdes Element. Wenn wir nun Christum allein betrachten, so waren diese 2 Elemente ausser ihm. Seine Idee war durch das Unvollkommene im Judenthum nicht afficirt, wenngleich seine menschliche Natur unter den Bedingungen der Volksfrömmigkeit stand. Da war also das noch ausserhalb der Erscheinung des Christenthums was später in sie hineinkam.

Hätte nun Christus seine Jünger sich ganz assimilirt, so hätten auch sie den Gegensaz noch ausser sich, aber da war auch die Erscheinung nur ein Minimum, und die Kraft auf der *[101]* niedrigsten Stuffe ihrer Manifestation, doch war diese Manifestation die reinste. Man könnte nun aber glauben, es sey der Widerspruch nur scheinbar gehoben, indem die blose quantitative Erweiterung keine Vervollkommnung wäre. Allein in einem jeden hinzukommenden Moment ist eine Assimilation des Fremdartigen vorhanden, welche eine gewisse Virtuosität des Wirksamen ist, also nicht blos eine quantitative Erhöhung.

Im Zusaz ist dieß deutlich gemacht aus einer Analogie, von dem Glauben an ein vergangenes goldenes Zeitalter. Dieser Glaube ist im Widerspruch mit dem an die Fortschreitung der Geschichte. In diesem Widerspruch wären auch wir, wenn wir das Urchristenthum als ein goldenes Zeitalter der christlichen Kirche ansähen. Aber dieß liegt auch nicht im §. Die Aufgabe ist nur, überall im Verlauf das eigenthümliche Wesen nachweisen zu können, und da wird nun anerkannt, je mehr wir das ursprüngliche Princip als ein vollkommenes denken, desto mehr muß es sich im Verlauf als ein die Geschichte vervollkommnendes ergeben. Aber wenn wir nun fragen: von wo aus ist das Wesen am leichtesten zu erkennen? von dem Punkt aus, wo es mit allen möglichen andern Kräften im Kampf ist? oder von dem aus, wo es noch allein für sich ist? so ist die Antwort klar. Da werden wir nun sagen müssen die christliche Kirche ist in der Zeit nicht nur gewachsen, sondern ihr Princip hat auch in seiner Kräftigkeit sich vollkommener manifestirt.

§. 84 wird nun bestimmt der Grund angegeben, warum die Kenntniß des Urchristenthums besonders herausgehoben wird, nämlich um in jedem späteren Augenblick das Wesen des Christenthums reiner darstellen zu können. Dieß ist dasselbe mit dem oben über den Kanon gesagten.

§. 85 werden nun die 3 Theile der historischen Theologie zusammengefaßt, und gesagt, daß in ihnen die historische Theologie beschlossen sey, so daß sich andre Theile derselben nicht denken lassen. Ein andres sind die Hilfswissenschaften, § 86. Es kann nun freylich nicht die Rede von einem 4ten seyn, denn ein geschichtlicher Verlauf ist abgeschlossen in Anfang Ende und was zwischen beyden liegt. ⟨Es ist aber in Beziehung von.⟩ In diesem: Vollkommen beschlossen liegt nun aber nicht blos, daß sonst nichts in dieß Gebiet gehörte, sondern auch daß dieß nothwendig darinn enthalten sey? Hier könnte nun gesagt werden, warum andre ähnliche Gebiete eine Disciplin wie die des Urchristenthums nicht haben? Wenn wir einen Staat betrachten, so werden wir sagen müssen, zu seiner besonnenen Leitung *[102]* gehören 1) Kenntniß des gegenwärtigen Zustands 2) vom bisherigen Verlauf, weil die Gegenwart nur als Resultat der Vergangenheit verstanden werden kann. Haben wir nun hier auch etwas der Kenntniß des Urchristenthums als besonderen Theils Gleichartiges? Nein. Es fragt sich also, was denn der Grund der Differenz sey, daß im Gebiete des Staates eine solche Disciplin nicht stattfindet, in der Theologie aber soll sie den 2 andern gleichgelten. Die Rechtfertigung davon liegt darinn, daß der Staat nicht ebenso Anspruch darauf machen kann, aus einem solchen reinen Anfangspunkt entstanden zu seyn, der sich als ein plözliches Entstehen manifestirt, denn dadurch wird das Princip von § 83 nicht anwendbar, daß das eigenthümliche Wesen am reinsten zur Anschauung komme in dem ersten Zustand desselben. Es war zwar im Zusaz dieß auch auf alle verwandten Erscheinungen ausgedehnt, und man hätte glauben können, darunter sey das Politische gemeynt. Nun giebt es ein großes geschichtliches Gebiet, wo das Religiöse und Politische sich nicht recht sondern; daher kann man sagen, was da in dem Zusaz angeführt werde, diese Fiction und Tradition von einem vergangenen goldenen Zeitalter also von einem ursprünglich vollkommenen Zustand, die beruht darauf, aber sie ist auch von der Art, daß der Staat in eine solche Beschreibung nie hineingehört, ein solcher Urzustand wird immer als ein nichtbürgerlicher beschrieben. Damit hängt zusammen, daß man glaubt der Staat sey nur durch Aberrationen von der ursprünglichen Humanität entstanden, was eine sehr untergeordnete Ansicht ist. Von unsrem Standpunkt aus ist zu bedenken, daß wo ein Staat naturgemäß entsteht, da immer eine zusammengehörige Masse von Menschen schon da war, da ist also die Entstehung des Staates keine so plözliche Erscheinung wie die des Christenthums in Christo. Daher läßt sich auf das politische Gebiet dieß nicht anwenden.

Die Ordnung betreffend ist die Kenntniß des Urchristenthums vorangestellt, weil sie sich an die Aufgabe der philosophischen Theologie anschließt, zunächst an die allgemeine Apologetik und Polemik, deren Zweck war, das eigenthümliche Wesen des Christenthums als eigenthümliche religiöse Erscheinung zu rechtfertigen, und seinen Begriff so aufzustellen, daß er auch zur Beurtheilung gebraucht werden kann. Stellt sich nun in dem Urchristenthum das Wesen des Christenthums am reinsten dar, so schließt sich die Kenntniß desselben am nächsten an die philosophische Theologie an. Nun könnte man leicht glauben, diese Ordnung gelte nur unter der Voraussezung, daß die allgemeine Apologetik und Polemik als theologische Wissenschaften ausgebildet seyen. Nun sind sie aber *[103]* weder in rechter Abgrenzung noch in rechtem Zusammenhang aufgestellt. Aber wenn wir auch von dem gegenwärtigen Zustand ausgehen, und denken, daß die Elemente von Apologetik und Polemik erst müssen gewonnen werden, so ist schon gesagt, daß dieß nur geschehen könne in dem Studium der historischen Theologie, und zwar, ist hinzuzusezen, nur insofern als die Kenntniß des Urchristenthums vorangeschickt und dadurch ein Maß gegeben ist, nach dem die geschichtlichen Erscheinungen beurtheilt werden können. Daß nun in der Ordnung, wie die historische Theologie in das Bewußtseyn aufgenommen wird, das 2te die Kenntniß des folgenden Verlaufs ist, bedarf keiner Erläuterung [*O:* Erweiterung].

§. **86** wird nun von den Hilfswissenschaften der historischen Theologie gehandelt. Diese Rubrik ist in der philosophischen Theologie nicht aufgestellt worden, welche es nur mit Principien zu thun hatte. Diese Hilfswissenschaft der ⟨theologischen⟩ historischen Theologie wird reducirt auf die Punkte 1) das Geografische 2) die geschichtlichen Nebenlinien, 3) das Verstehen der Monumente.

In Beziehung auf das G e o g r a f i s c h e ist nicht nöthig weiter zu erörtern, daß man die geschichtlichen Entwicklungen nur versteht durch die Kenntniß des Räumlichen, worinn sie erfolgen. Dieß ist im größten wie im kleinsten Gebiet wahr. Im größten Gebiet ist es die Differenz der Zonen, dasselbige gilt auch im einzelnen, denn alles Geschichtliche hat seine Beziehung auf die Lokalität und ist nicht zu verstehen ohne diese Voraussezung. Daher die allgemeine Gewohnheit, das Geografische dem Historischen voranzuschicken. Das 2te ist was zur Kenntniß der äussern Verhältnisse des Gegenstands beyträgt. Diese Verhältnisse eines bestimmten geschichtlichen Gebietes sind die zu andern analogen Gebieten, hier die Verhältnisse des Christenthums zu andern Glaubensgemeinschaften, ebenso das Verhältniß der christlichen Kirche zu den politischen Verhältnissen ihrer Mitglieder, also die politische Geschichte ist eine Hilfswissenschaft der historischen Theologie. Das 3te ist, was zum Verstehen der Monumente gehört. ⟨Dieß ist⟩ Dazu kommt am Ende des §. der Ausdruck Documente, was eine Species von Monumenten ist. Monument ist alles, was aus der Vergangenheit als solcher übrig ist, also nicht in die Gegenwart als solche gehört. Ein Altes Gebäude was aber noch im Gebrauch ist, gehört sofern es in dem Gebrauch ist, der Gegenwart an, aber wenn nun seine Existenz eine andre ist, als wie in der Gegenwart solche Organe entstehen so ist es ein Monument. Wenn wir Protestanten wollten gothische Dome bauen (nicht solche artigen Miniaturen *[104]* wie die neue Werdersche Kirche)[8]

---

[8] *Die „Werdersche Kirche" in Berlin wurde von K. F. Schinkel erbaut und war 1831 vollendet. Schinkel hatte 2 Entwürfe vorgelegt: der eine war in klassizistischem, der andere in gotischem Stil gehalten. Dieser wurde gebilligt und ausgeführt. Karl Friedrich Schinkel (1781—1841) gilt als der bedeutendste deutsche Architekt des 19. Jahrhunderts.*

so wäre dieß nicht zweckmäßig, wenn sie aber einmal vorhanden sind, so werden sie auch gebraucht, weil aber nicht mehr so gebaut wird, so sind sie Monumente. Documente sind schriftliche Monumente, Schrift im weitesten Sinn, auf Stein, Pergament pp. Es ist ein Factum aus der Vergangenheit, was in diesen Documenten ⟨ent⟩erhalten ist, und insofern sind sie auch Monumente. Das Verständniß dieser ist Hilfswissen der Geschichte, weil sie die Quelle sind für die Kenntniß der Vergangenheit. Was nämlich nicht der Vergangenheit selbst angehört, ist keine Quelle, sondern etwas Abgeleitetes. Die Schriften einer historischen Person aus einer gewissen Zeit sind unmittelbare Quellen für die Kenntniß der Zeit. Die Erzählungen, die einer vorträgt aus einer früheren Zeit die er nicht erlebte, sind keine Quellen, und ihre Sicherheit beruht auf den vom Geschichtsschreiber benüzten Quellen. Wo wir nun gar keine Quellen haben, da müssen wir die Darstellungen 2ter Hand vergleichen, und hier verdient derjenige, der viele Monumente benüzen konnte, mehr Glauben. Die Monumente sind es immer, auf die man zurückkommen muß. Fassen wir dieß recht, daß alle Geschichtskunde nur aus Denkmalen geschöpft werden kann, und daß jede Geschichte nur ein rechtes Verständniß giebt wenn man den Schauplaz und den Zusammenhang der Verhältnisse kennt, so zeigt sich, daß hier alle Hilfswissenschaften der ⟨Geschichte⟩ historischen Theologie zusammengestellt sind.

Sind nun diese HilfsWissenschaften für alle Disciplinen der historischen Theologie dieselben? Unmittelbar geht diese Darstellung der Hilfswissenschaften nur auf den geschichtlichen Verlauf. Da sich aber das Erste und Lezte in das Mittlere auflösen lassen, so werden wir sagen müssen: wenn wir den geschichtlichen Zustand der Gegenwart nehmen, so müssen wir den Schauplaz und die äussern Verhältnisse kennen. Freylich für den gegenwärtigen Moment kann man nicht in demselben Sinn von Monumenten reden, ausgenommen inwiefern die Documente darunter begriffen sind. Wenn es darauf ankommt eine Thatsache des Moments richtig aufzufassen, so wird man sich in den Mittelpunkt derselben stellen müssen, welcher das Entstehen der Documente für diese Thatsache enthält. —

Was die Kenntniß des Urchristenthums betrifft, so ist offenbar, daß die 2 ersten Hilfskenntnisse hier ebenso nothwendig sind, und die 3te um so mehr, je mehr *[105]* das Urchristenthum in der Zeit zurückliegt. Wir sind in Beziehung auf das Urchristenthum ganz an Documente gewiesen. Es gehen also diese Hilfswissenschaften durch alle Theile der historischen Theologie hindurch.

Nun wird im Folgenden jeder der Theile der historischen Theologie in ⟨ihrer⟩ seiner Eigenthümlichkeit betrachtet, besonders um Virtuosität und Gemeinbesiz zu scheiden. Bey der ⟨historischen⟩ philosophischen Theologie war dieser Unterschied = 0 gesezt, weil die Principien nur selbständig angeeignet werden können. Je mehr nun aber in der historischen Theologie die Einzelheiten ins UnEndliche gehen, desto nothwendiger wird die Scheidung. Diese ist aber nicht dieselbige für alle 3 Disciplinen der historischen Theologie, sondern muß bey jeder aus ihrem Wesen hervorgehen.

§. 87 handelt von der Kenntniß des Urchristenthums im Verhältniß zu den beyden andern Disciplinen. Dieß ist besonders herauszuheben in der Beziehung, daß die ersten Lebensäusserungen des Christenthums auch das Wesen des Christenthums am reinsten zeigen. Nun fragt sich aber: Was sind diese ersten Äusserungen, und wo ist das Urchristenthum abzugrenzen? Dieß geschieht §. 87 so, daß zurückgegangen wird auf die 2 Punkte die das eigenthümliche Wesen der christlichen Kirche constituiren ⟨zurückgegangen⟩, daß es eine Gemeinschaft in Beziehung auf eine bestimmte Form des religiösen Elements ist, und eine solche, in welcher sich das eigenthümliche Wesen vorzüglich als Gedanke, in der Lehre ausspricht. Gemeinschaft und Lehre sind also die 2 relativ sich sondernden Momente. Im Anfangspunkt, als einfache Einheit, darf diese Sonderung noch nicht vollzogen seyn — und dieß allein ist die Art wie man die Abgrenzung des Urchristenthums machen kann.

Der Zusaz macht darauf aufmerksam, wie wenig hier etwas ganz Genaues aufgestellt werden könne, indem jede Formel zulasse sowohl daß man rückwärts, als daß man vorwärts gehe. Die gewöhnliche Art der Abgrenzung ist, das apostolische Zeitalter festzusezen, aber dieß ist ebenso unbestimmt, und wenn man Alles, was während des apostolischen Zeitalters als Christenthum erschienen ist, wollte zum Urchristenthum ziehen, so würde man schon eine Menge von apokryfischem mit aufzunehmen haben. Daher ist der Ausdruck apostolisches Zeitalter nicht geeignet, und besser wäre zu sagen: apostolische Wirksamkeit, worunter man auch das, was die Apostel anerkannt haben, mit zu begreifen hätte. Die hier gewählte Formel ist es aus dem Gesichtspunkt der sich von selbst ergab, eine Grenze zu ziehen *[106]* zwischen Anfangspunkt und weiterem Verlauf. Die Periode des Urchristenthums sey die Zeit in welcher Lehre und Gemeinschaft in Beziehung aufeinander erst werden. Im weiteren Verlaufe werden sie gesondert, und von hier aus, vom 2ten Theile aus ist jene Formel für den ersten gemacht. Aber sie ist dem Zweck gemäß. Der erste Anfang muß sich immer als ein Einfaches schlechthin von dem nachherigen geschichtlichen Verlauf der immer eine Breite ist, sondern. Nun ist hier der Uebergang von dieser Einfachheit zu jener Sonderung aufgefaßt. Das

eigenthümliche Wesen des Christenthums kommt also am reinsten zur
Anschauung in denjenigen Äusserungen, ⟨in welchen⟩ welche sich auf
einen noch nicht in Lehre und Gemeinschaft gesonderten Zustand beziehen. Daß aber auch hiemit noch verschiedene Punkte gesezt werden
können, darüber erklärt sich der Zusaz. — Fragt man, wie weit diese
Periode gehe, so kommt ungefähr dasselbe heraus, wie bey der gewöhnlichen Bestimmung.

§. **88.** hat es mit dem Inhalt dieser Disciplin zu thun, und hier ergiebt
sich, daß derselbe ganz gleich ist mit dem was man gewöhnlich exegetische
Theologie nennt. Nun ist 1) diese Gleichheit nachzuweisen 2) zu erklären,
wie sich dieß Beydes verhält, daß Kenntniß des Urchristenthums eine
treffendere Erklärung wäre als der Name exegetische Theologie.

1) Der §. erklärt sich darüber, daß die Kenntniß des Urchristenthums
nur aus den vorhandenen Documenten gewonnen werden könne. Der
Ausdruck exegetische Theologie wird dann bezogen einerseits innerhalb
des christlichen Zeitraums auf das NT, andrerseits auch auf das AT. Von
diesem ist hier gar nicht die Rede, worüber unten. Hier ist also der
Ausdruck nur in dem Sinne genommen, wie er sich auf das NT. bezieht.
Ist nun dieß wahr, daß die Kenntniß des Urchristenthums ganz aus
denjenigen Urkunden genommen werden muß, welche das NT bilden?
Dem Bisherigen nach müßten wir sagen, sie sey zu nehmen aus allen
Documenten, die uns aus jenem Zeitraum übrig sind, und welche geschichtlich auszumitteln wären. Eusebius in seiner KirchenGeschichte und
auch in seinen andern Werken hat eine Menge von Auszügen aus älteren
christlichen Schriften. Wenn er nun auch solche enthielte, die aus dem
apostolischen Zeitraum und Gebiet wären: so stünden diese *[107]* nicht
im NT, wir würden sie aber doch hieher ziehen müssen, aber unter die
exegetische Theologie könnten wir die Beschäftigung mit denselben nicht
befassen. Doch wenn wir auch streng bey der Bedeutung des Ausdrucks
exegetische Theologie stehen blieben, so würden doch die ⌊secundären⌋
Auszüge wesentliche Hilfsmittel der exegetischen Theologie seyn. Für die
Wissenschaft, wie wir sie fassen wären sie mehr, nämlich wesentliche
Elemente. Ferner fragt sich, wie stehen denn die Patres apostolici zu unsrer
Disciplin? Hier zeigt sich also der Charakter dieser Wissenschaft in ihrer
Schwierigkeit. Unter diese Bücher gehört der Pastor hermae, welcher in
der ersten Kirche gleiches Ansehen mit dem NT. gehabt hat, öffentlich
vorgelesen, und den Katecheten erklärt worden ist. Bleibt man nun bey
dem Ausdruck exegetische Theologie stehen, ≪bleibt≫ so muß man sagen,
wenn dieser Pastor ⟨ebenso⟩ ein NTliches Buch geworden wäre, so würde
er auch in die exegetische Theologie gehören, daß er nicht hineingehört,

dieß ist Folge von dem Urtheil der Sammler des NTs. Aus unsrem Gesichtspunkt dagegen müssen wir sagen: wenn das erwiesen ist, daß diese Schrift aus jener Zeit herrührte, und daß sie als eine solche anerkannt wurde, durch welche das Wesen des Christenthums mitgetheilt werden konnte, wie dieß offenbar bey ihr der Fall war, alsdann können wir aus ihr Elemente zur Kenntniß des Urchristenthums hernehmen, und unsre Vorstellung vom Wesen des Christenthums wäre unvollständig wenn wir diese Schrift nicht zuzögen, ebenso die Briefe des Barnabas pp. Was ist nun also, um das Wesen des Christenthums zu erkennen, das Sicherere, von unserem Gesichtspunkt auszugehen, oder von dem der gewöhnlichen exegetischen Theologie, welcher sich streng an das NT hält. Dieser hält sich an eine Auctorität. Dieß thut der unsre nicht, dadurch wird aber möglich, daß wir in unsre Vorstellungen andre Elemente hineinbringen, als wenn wir vom NT als gegeben ausgehen. Wissenschaftlicher ist aber offenbar dieß Verfahren, welches keine Auctorität voraussezt, welche nur Auctorität von Theologen ist, was wir auch seyn wollen. Darinn liegt nun nicht die Anmaßung, das NT als Gegebenes zu ändern, sondern nur dieß, daß man richtiger thut, auf eine begriffsmäßige Bestimmung zurückzugehen. Wir müssen nun fragen: wie kommt dieß, daß man dieses Buch mit den Katecheten durchgegangen, aber es doch nicht in den Kanon *[108]* aufnahm.

Das Buch enthielt Visionen die aber in eine Moral ausgiengen. Nun kann man sagen, man glaubte diese Form brauchen zu können, um den Katecheten die Moral einzuschärfen; hätte man die Schrift in den Kanon aufgenommen, so hätte man erklärt, daß die Visionen wirklich seyen und vom heiligen Geist herrühren. Also die moralischen Säze des Buches muß man ansehen als den Punkt, worinn der Lebenswandel der Christen sollte in seinem Unterschied vom Heidnischen dargestellt werden. Aber jene Visionen wollte man nicht dargestellt wissen als zum eigenthümlichen Wesen des Christenthums gehörig, dieß wäre also aus dem Wesen des Christenthums auszuschließen. In der Ableitung und Bezeichnung also, in welcher hier die Sache dargestellt ist, liegt die Veranlassung, kein Resultat blos traditionell aufzunehmen, sondern immer wieder auf das Ursprüngliche zurückzugehen.

2) Was nun die Differenz der 2 Benennungen betrifft, so stellt der Ausdruck exegetische Theologie das Ganze nur dar als Beschäftigung mit gewissen schriftlichen Documenten. Nun ist aber auch ein Theil der Erkenntniß des geschichtlichen Verlaufs auch nichts Andres als dieß, und wir haben kein Princip, das Frühere vom Späteren zu sondern. Soll dieß Princip ein Begriff seyn oder eine Auctorität? Das Leztere ist nicht

wissenschaftlich, der Begriff aber wird durch den Ausdruck verdunkelt. Nun die Bezeichnung ist so allgemein, daß sie nicht abgeschafft werden kann, aber der Begriff der wissenschaftlichen Disciplin ist nicht aus derselben abzuleiten.

§. **89.** Stellt den Unterschied zwischen allgemeiner Kenntniß und Virtuosität auf. Dieß wird dargestellt ⟨als⟩ im Vergleich mit der philosophischen Theologie als der dieser noch am nächsten liegende Punkt. In der Kenntniß des Urchristenthums, sofern diese beständig zum Grunde liegen soll bey der Betrachtung des ganzen ferneren Verlaufs und dem Urtheil darüber, ist selbst nur das Princip enthalten, und da kann es also nichts geben, was eine besondre Virtuosität ausmacht. Anders verhält es sich mit dem was Hilfswissenschaft dieser Disciplin ist. Die Sprachkenntniß ist Hilfswissenschaft, aber jeder muß sie erwerben.

Anders ist es in der katholischen Kirche, welche die Vulgata sanctionirt hat zu einer Zeit wo *[109]* das Lateinische die gewöhnliche Sprache der abendländischen Christenheit war. Da war also die SprachKenntniß gewisserweise ausgeschieden. Genauer betrachtet werden wir immer hier Manches finden, was nicht eigentlich zu dem Zweck der Wissenschaft gehört. Es kann einzelne Stellen genug geben, von denen wir sagen werden, es ist nicht dieselbe Nothwendigkeit, daß sich jeder über sie seine eigne Auslegung bilde, weil sie nichts enthalten, ⟨weil⟩ was zur Kenntniß des Urchristenthums gehört. Dann werden wir wieder sagen, daß die Linie schwer zu ziehen ist auf diesem Gebiete zwischen Elementen desselben und zwischen Hilfswissenschaft. An und für sich ist die Kritik, zB der Handschriften eine Hilfswissenschaft. Allein insofern hier Resultate vorkommen können in Beziehung auf Elemente, die wesentlich zur Kenntniß des Urchristenthums gehören, so hört hier das Hilfswissenschaftliche auf und da müßte sich jeder sein kritisches Urtheil selbst machen. Genaueres hierüber in der Folge.

§. **90** geht zum 2ten Theil über, zum geschichtlichen Verlauf des Christenthums mit Ausschluß des Urchristenthums in seiner besonderen Bedeutung, und ebenso des gegenwärtigen Moments, aber auch nur sofern er besonders betrachtet wird, denn sonst gehört auch wieder AnfangsPunkt und Schluß in den Verlauf. Dieser kann nun entweder als Ganzes dargestellt werden oder getheilt in Geschichte der Lehre und der Gemeinschaft. Dieß sind die Wissenschaften, die man KirchenGeschichte und Dogmengeschichte nennt. Der Ausdruck ein Ganzes bezieht sich nur auf die Breite, keineswegs soll gesagt werden, daß man den Verlauf auch der Länge nach ungetheilt lassen könnte. Dieß ist

§. **91** als gleich nothwendig hinzugefügt, ob die Trennung der Breite nach gemacht sey oder nicht. Die Länge wird also getheilt durch die schon früher erörterten Begriffe von Perioden und Epochen. Nun ist hier noch weiter gegangen, und ausser diesen Punkten sind noch andre Punkte unterschieden. Wenn man sich in einem geschichtlichen Verlauf eine Epoche denkt, so denkt man sich zugleich, daß der Verlauf nachher einem andern Gesez folge und andre Elemente habe als der vorher. Nun ist schon im Allgemeinen bemerkt, daß der Gegensaz zwischen Punkten, die in einer fortgehenden Entwicklung liegen, und solchen, die ein Neues anfangen, nur ein relativer sey, weil auch das Plözliche vorbereitet sey, und auch in der allmähligen Entwicklung Momentanes enthalten. Wenn sich demnach die Epoche vorher vorbereiten soll, so muß sie in gewissen Punkten vorher schon als Minimum enthalten seyn, aber je weiter *[110]* zurück desto weniger. Dieß giebt den Begriff vom CulminationsPunkt, wo die Entwicklung der Periode in ihrer Ungestörtheit noch ist, und noch keine Spur der nächsten Epoche zu sehen. Denkt man sich in der KirchenGeschichte die Zeit der päbstlichen Auctorität als eine Periode bildend, so ist die Reformation der Punkt wo sie gebrochen wurde. Nun gehen wir rückwärts und finden vorbereitende Protestationen, aber dann kommen wir auf einen Punkt, wo dergleichen noch nicht vorkommen, und wo dieses Princip ungestört und am höchsten entwickelt ist; dieß ist der Begriff des CulminationsPunktes. Hier ist die Sache als Gegensaz dargestellt. Wenn eine Epoche ein neues Princip bringt, so sind alle Punkte nach dieser Epoche mit denen der vorigen im Gegensaz. So lassen sich nie Zwischenpunkte finden. Wird aber durch diese Dublirung von Punkten nichts Ungeschichtliches hineingebracht? Deßwegen nicht, weil dabei auf den verschiedenen Charakter der Perioden, also auf ihre Continuität gesehen wird. An solchen HauptPunkten läßt sich der Entwicklungspunkt des Ganzen am Besten zur Anschauung bringen. Wenn wir freylich die Linie als Aggregat von Punkten betrachteten, wie die Chronik, so hätten alle Punkte gleiche Dignität.

§. **92** hat es wieder mit der Sonderung des Universellen von der Virtuosität zu thun, und es wird gesagt, daß dieser Gegensaz in dieser Disciplin sein Maximum erreiche. Dieß ist leicht einzusehen. Denken wir uns ein geschichtliches Gebiet wirklich durch die Darstellung erschöpft, so müßte darinn jede Einzelheit ihren Ort finden. Von diesen werden viele für die historische Betrachtung minder wichtig seyn aber sie gehören doch zum ganzen Zusammenhang. Hier bekommen wir den Begriff einer SpecialGeschichte, welche sich zuerst rein lokal bestimmt. Behandelt einer die Geschichte einer Diöcese, eines Klosters, so kann wenn der Gegenstand nicht ganz unbedeutend ist, sich der ganze geschichtliche Verlauf daran klarmachen lassen. Aber dabey wird eine Menge von Einzelheiten in Anwendung gebracht werden, Urkunden, Daten p welche in der Totalität der geschichtlichen Betrachtung verschwinden. Dieß ist das Gebiet der Virtuosität. Es kommt hier darauf an, auf eine gewisse Weise die Grenze zu ziehen. Das Minimum für jeden Theologen ist ein solches Nez von EntwicklungsPunkten, ohne diese giebt es keine klare Anschauung des Christenthums in seiner Geschichte. Aber nun giebt es einen großen Spielraum zwischen diesem Allgemeinsten und zwischen jener Virtuosität, welchen jeder nach seiner Individualität ausfüllt; da kann also nichts bestimmt werden als die äussersten Grenzpunkte. Es ist etwas *[111]* wovon es mehrere Beyspiele giebt, daß wir sehr specielle geschichtliche Stoffe, die nicht in das allgemeine Gebiet gehören, doch so geschichtlich behandelt sehen, daß auch der NichtVertraute davon lernen kann, indem man dabey die Genesis des geschichtlichen Verfahrens sieht.

Von §. 93. geht nun die Betrachtung der lezten Disciplin der historischen Theologie in Beziehung auf ihre Organisation. Diese ist die Darstellung des gegenwärtigen Moments aber auf andere Weise als wie er als Schlußpunkt der KirchenGeschichte vorkommt. Hier wird er vorkommen nach den verschiedenen Abtheilungen des Stoffes, nicht in seinem Zusammenhang unter sich. Hier ist gemeynt, daß man die Gegenwart kennen muß, so wie man die Zukunft daraus entwickeln muß, also Alles Gegenwärtige in seinen Verhältnissen, in seinem Zusammenwirken und Widerstreit aufgefaßt. Wenn wir dieß ansehen als aus dem Begriff der christlichen Theologie hervorgegangen, so gilt auch die Aufgabe für einen jeden Moment. §. 93 bereitet nun die Betrachtung der Sache dadurch vor, daß er sagt, es eigne sich nicht jeder Moment gleich gut zu solcher Darstellung. Am meisten nämlich eigne sich dazu der CulminationsPunkt einer Periode, am wenigsten ein Punkt, der in der Epoche liegt, oder in deren Nähe. Man könnte nun aus einigem Früheren den Schluß machen, daß sich die Sache umgekehrt verhalte. Denken wir uns einen revolutionären Zustand, so ist dieß ein solcher wo sich alle die Gegenwart constituirenden Punkte unmittelbar nahe gebracht sind als Punkte der kräftigsten Reibung, wo alles von Allem absolut abhängt. Denkt man sich aber die ruhige Fortbildung, und dabey daß der Gegenstand eine gewisse Breite hat, so könnte man sagen, während dessen lasse sich die Gegenwart nicht gut als Ganzes darstellen, weil jeder Zweig seine ruhige Entwicklung für sich hat. Beydes ist aber nicht im Widerspruch. Während einer Epoche kann nicht irgendein Element des Ganzen in einer ruhigen Entwicklung für sich dargestellt werden, es muß immer mit Beziehung auf alles Andre dargestellt werden.

Daraus folgt aber nicht, daß ein solcher Zeitpunkt auch gut als ein Zusammenhang dargestellt werden könne, denn es ist auch Alles in Gährung und in der Bewegung gegeneinander. Daher denken wir uns zB die Reformation als Epoche so ist, eine zusammenhängende Darstellung von irgendeinem Moment zu geben, hier unmöglich; ⟨aber⟩ und ebenso wenn wir fragen wie hat sich von 1501 — pp die Lehre entwickelt, oder wie hat sich die KirchenVerfassung entwickelt? so läßt sich dieß nicht für sich sondern nur in Verbindung mit allem Andern beantworten. ⟨Also als⟩ Als ein Zusammenwirken von entgegenstrebenden Momenten läßt sich *[112]* dieß darstellen, aber nicht als zusammenhängendes Ganze. Warum sich ein CulminationsPunkt am besten im Zusammenhang darstellen läßt, dieß liegt darinn, daß hier das Gesez der Periode am meisten ausgebildet und am ungestörtesten durch fremde Principien erscheint.

Der Zusaz drückt dieß auf eine andre Weise aus. Hier ist nur gesagt, daß alles Einzelne während einer revolutionären Epoche nur in der Form des Staates mit Anderm könne zur Erörterung kommen. Dieß nimmt rückwärts ab, und die Möglichkeit einer zusammenhängenden Darstellung zu, — das Maximum davon ist der CulminationsPunkt. Am Ende des Zusazes ist einerseits auf die ReformationsEpoche gewiesen, auf der andern auf die apostolische Zeit. In diesen Punkten konnte die zusammenhängende Darstellung noch nicht gelingen weil sie zu nahe an der Epoche lagen. Will jemand im apostolischen Zeitalter ⟨ein Bestimmtes)⟩ zB Lehre oder Gemeinschaft auf einem gewissen EntwicklungsPunkte darstellen, so sind hier immer noch die einzelnen Punkte noch im Streit und der Zusammenhang nur ein zufälliger. Nun wird also

§. 94 Der Sache näher gegangen, und da findet sich zusammengefaßt was sich vorher zu widersprechen schien, und gesagt wird, die Aufgabe lasse sich in einem CulminationsPunkt am besten lösen, aber sie zerfalle auch in die Darstellung der Lehre und des geselligen Zustandes. Allerdings kann Beydes niemals in gänzlicher Unabhängigkeit seyn. Wenn bedeutende Veränderungen in der Lehre auffallen, so werden auch solche im geselligen Zustande sich zeigen. Auch umgekehrt lassen sich zwar Veränderungen in dem geselligen Zustand denken ohne Veränderung des Lehrinnhalts, aber gewiß nicht ohne Veränderung ihrer Form und Entwicklung. Aber jedenfalls werden in solchen CulminationsMomenten beyde Elemente am meisten gesondert seyn. Die Kenntniß des gegenwärtigen Moments zerfällt also in 2 Disciplinen, in die Kenntniß von der Lehre wie sie jezt ist in ihrem Zusammenhange, und die Kenntniß des gesellschaftlichen Zustands in dem Ganzen.

§. 95. Wird zuerst von der Darstellung des gesellschaftlichen Zustandes gehandelt, und diese bezeichnet als kirchliche Statistik. Dieß ist aus dem politischen Gebiet entlehnt wo man den Zustand des Staates in Beziehung auf Ausdehnung, Volksmenge, Verfassung pp wie er im Momente ist, darunter begreift. Es ist Herr Stäudlin[9] der erste gewesen der dieses Ausdrucks sich bedient, und eine solche Darstellung gegeben hat. Die Disciplin als solche ist also allerdings noch jung, und sie kann nur durch eine beständige Aufmerksamkeit auf Alles *[113]* was sich in der Kirche ereignet, im Gang erhalten werden[10]. Eine KirchenZeitung sollte sich dieß zum einzigen Ziel sezen, eine MaterialSammlung für eine kirchliche Statistik zu seyn. Aber kein einziges von den Instituten, die wir jezt unter diesem Namen haben, hat sich dieß Ziel rein gehalten, sondern sie haben sich durch das Polemische fortreissen [lassen], was auch die Thatsachen verdächtig macht und des rein historischen Charakters beraubt. Die Aufgabe zu einer solchen Disciplin war immer vorhanden, auch in Zeiten, die sich weniger zu einer solchen Darstellung eigneten. In solchen Zeiten kann man weniger sehen, wohin sich die Entwicklung neigt, nämlich in der Zeit unmittelbar nach einer Epoche; in einer Zeit vor einer Epoche sind in das Princip der Periode schon fremde Elemente streitend eingedrungen, und eben in solcher Zeit muß man den Stand des Streites kennen. Auch der Kirchenhistoriker muß an Punkten, die sich besonders eignen, einen Ueberblick über den Gesammtzustand geben.

§. 96 nimmt auf die Trennung der Kirche in mehrere Gemeinschaften Rücksicht. Dieß geschieht erst hier bey der Darstellung des gegenwärtigen Zustandes, weil bey der Exegese die Kirche für alle Gemeinschaften dieselbe ist, und die KirchenGeschichte sich eben nur in allgemeine und SpecialGeschichte theilt. — Aber hier müssen wir fragen, in einem Zustand der Theilung ist da die Aufgabe dieselbe oder nicht? ist es nothwendig, den Zustand auch der LandesKirche zu kennen, welche dem einzelnen Theologen fremd ist? Der §. verneint hier jede Beschränkung und behauptet, der Gegenstand der Disciplin bleibe immer derselbe. Allerdings liegt uns der Zustand der eignen Kirche am nächsten, und jeder andern um so näher, je mehr sie mit uns in Berührung stehen. Ja, wir auf dem Continent werden sagen, die deutsche katholische Kirche interessirt uns mehr als die

---

[9] *Stäudlin, Karl Friedrich, Kirchliche Geographie und Statistik. 2 Bände. Göttingen 1804.*

[10] *Schleiermacher selbst hatte sich das zum Ziel gesetzt. Nach Heinrich Scholz' Erkundungen im Berliner Lektionskatalog las er 3mal über Kirchliche Statistik (und Geographie). Vgl. H. Scholz (Hg.), F. Schleiermacher, Kurze Darstellung des theologischen Studiums. Kritische Ausgabe. Leipzig 1910. S. 40 Anmerkung.*

bischöfliche Kirche in England. Die orientalische Kirche scheint uns gar nicht zu interessiren; aber wenn wir nur an das MissionsWesen denken, so sehen wir schon, daß wir nichts dürfen ausschließen.

§. 97. Nun kommen wir zu der andern Disciplin des 3ten Punktes. Den eigentlichen Streitpunkt können wir auf später versparen. Es ist hier gesagt, daß die Darstellung der Lehre wie sie jezt ist, die Disciplin sey welche Dogmatik heißt. Dieß ist ein sehr angefochtener Saz, weil er der Dogmatik eine ganz andre Stellung giebt als man dieß gewöhnlich thut. Aber eben diese Stellung hat zu verderblichen Ansichten Anlaß gegeben, und darinn liegt die Veranlassung diesen andern Gesichtspunkt aufzustellen. Man sagt, so sey die Dogmatik etwas rein *[114]* Historisches, und der Dogmatiker sagt nur Thatsächliches aus, das [*O:* die] mit seiner Ueberzeugung nichts zu thun habe [*O:* haben]. Gehen wir aber auf die anfängliche Ansicht zurück, so fällt diese Einwendung weg, denn es wird ja keiner Theologe ausser vermöge seiner Ueberzeugung von dem Christenthum. Auch mit Exegese und KirchenGeschichte beschäftigt sich niemand so eigens, als Vermöge seiner Ueberzeugung vom Christenthum. Ebenso giebt Niemand eine Darstellung christlicher Lehre wie sie jezt ist, als nur vermöge seiner Ueberzeugung. Auch kann jeder nur so wie er davon überzeugt ⟨ist, davon⟩ ist, den Zusammenhang darstellen. Wir können dieß aber versparen. Es haben viele Theologen von verschiedenen Schulen einen Unterschied gemacht zwischen kirchlicher Dogmatik und eigentlicher wissenschaftlicher Dogmatik oder rationaler Theologie. Hier soll nun von nichts andrem [*O:* andres] geredet werden als von der kirchlichen Dogmatik, und dieß werden dann alle gelten lassen. Eine Darstellung von der Lehre wie sie jezt ist, kann nur eine kirchliche Dogmatik seyn. Stellte einer nur Privatüberzeugungen dar, so könnte dieß ein schönes Buch seyn aber keine Dogmatik. In solcher sucht man nur eine Darstellung wie sie wirklich gilt. Nun ist aber in unsrer Kirche die Lehre nicht festgestellt sondern beweglich. Es können also zu derselben Zeit Darstellungen der Lehre erscheinen, die sehr von einander abweichen, die aber alle Dogmatik heißen können. Die eine wird mehr Vergangenes enthalten, was aber auch gegenwärtig kirchlich ist; die andre mehr Zukünftiges, was aber auch schon gegenwärtig ist. Ob es nun ausser solcher kirchlichen Dogmatik noch etwas giebt was man christliche Dogmatik nennen kann, ohne daß es kirchlich wäre, diese Frage wird verspart bis zur eigentlichen Ausführung der Disciplin.

Gewöhnlich nennt man die Dogmatik systematische Theologie, und sah sie auch als Theologie κατ' ἐξοχήν an [*O:* dar] der alle andern theologischen Disciplinen als Hilfswissenschaften untergeordnet sind. Wenn man sagt:

die exegetische Theologie ist nur eine Hilfswissenschaft für die Dogmatik,
denn man will aus dem Kanon nur die christliche Lehre ermitteln, so ist
dieß falsch; denn unmittelbar kann man daraus nur ermitteln den Zustand
der Lehre im apostolischen Zeitalter. Nun erscheint zwar in dieser Zeit
das christliche Bewußtseyn in seiner größten Reinheit; aber nicht in seiner
größten Ausdehnung und Klarheit. Das christliche Bewußtseyn ist in einer
beständigen Entwicklung, der Kanon bleibt immer Norm, aber nicht
Hilfsmittel, denn der christliche Lebenswille geht nicht aus dem Kanon,
[115] sondern aus dem christlichen Princip hervor, das sich durch den
Kanon nur läutert. Sagt man ferner die KirchenGeschichte ist nur ein
Hilfsmittel für die Dogmatik, weil man nur wissen will, durch welche
Zustände die Lehre bis jezt hindurchgegangen ist, so ist dieß falsch, denn
man kann von jedem früheren Punkte auch eine Dogmatik aufstellen, also
war diese Wissenschaft immer für sich und unabhängig für sich. Dieß ist
ein Irrthum, der dem scholastischen Zeitalter angehört; aber es ist auch
nachzuweisen, daß dieß die größte Corruption des dogmatischen Strebens
gewesen ist. Weil wenn nun die Reformation uns von dem Scholastischen
losmachen will, so müssen wir uns auch hievon losmachen. — Das Gute
an dem Ausdruck systematische Theologie ist, zu zeigen, daß sie kein
Aggregat seyn soll, aber dieß liegt in unsrer Bezeichnung und Stellung
ebenso.

§. 98. stellt einen Gegensaz auf gegen 96. Von der kirchlichen Statistik
wird gesagt, sie bleibe dieselbe auch für den Zustand der getheilten Kirche.
Von der Dogmatik wird aber gesagt, daß bey getheilter Kirche jede
KirchenGemeinschaft nur ihre eigne Lehre dogmatisch behandeln könnte.
Darinn liegt schon daß sie mit der eignen Überzeugung wesentlich zu
thun hat. So wie nämlich die Kirche getheilt ist, so ist auch die Lehre
nicht dieselbe, aber in dem dieß [so ist], so steht jede partiell im Gegensaz
mit der andern. Daher wenn die Lehre im Zusammenhang dargestellt
wird, so kann dieß nur geschehen von der Voraussezung der KirchenGemeinschaft selbst. Wenn wir die katholische Lehre darstellen, so können
wir wohl zeigen, wie die katholischen Theologen dieß im Zusammenhang
denken, aber wir werden diesen Zusammenhang nicht anerkennen, denn
es giebt Punkte in der katholischen Lehre worinn wir mit ihr einverstanden
sind, und Punkte wo wir nicht mit ihr einig sind. Man kann also den
gedachten Zusammenhang referiren, aber nicht ihn selbst constituiren. Es
wird hier Symbolik und comparative Dogmatik verglichen. Die Symbolik
stellt getrennt voneinander die verschiedenen Lehren dar; die comparative
Dogmatik zB vom protestantischen Standpunkt aus, construirt sich protestantisch, und bringt nur gelegentlich die Abweichungen bey. Da bildet

dann eine Lehre das Centrum, um welches sich die andern gleichsam lagern. Sehen wir nun dadurch, daß in der evangelischen Kirche die Lehren nicht so festgestellt seyn können wie in der katholischen, so folgt, daß es in der evangelischen Kirche zu derselben Zeit verschiedene Darstellungen der Lehre geben kann. Dieß müssen wir aber als ganz untergeordnet betrachten, und es wird *[116]* sich zeigen, daß diese abweichenden Darstellungen wenigstens in dem Gegensaz gegen den Katholizismus eins sind. Die Differenz in dem gleichzeitigen Bestand der Lehre kann in einer so lebendigen KirchenGemeinschaft wie die unsre, so groß seyn, daß sie auch noch auf die Darstellung der CardinalPunkte einwirkt, aber dennoch muß die christliche und protestantische Identität im Gegensaz gerade gegen die andern Kirchen, die einen festen Lehrbegriff haben, mit zum Vorschein kommen.

§. 99 fängt der Unterschied an behandelt zu werden zwischen GemeinGut und Virtuosität. In Beziehung auf die christliche Statistik sind wir mehr zu wissen berufen von denen, mit welchen wir in beständiger Beziehung stehen als mit andern. Der Unterschied in dieser Beziehung ist nicht geringer auf diesem Gebiet als in der eigentlichen historischen Theologie. Wenn wir die Statistik und Dogmatik parallelisiren, so sind beyde unendlich. Wir dürfen nur die Differenzen in einem einzelnen Lehrpunkt nehmen, und ebenfalls die Differenzen in der evangelischen Kirche in Beziehung auf die Verfassung: so werden wir dieß zugeben müssen, und eben hieraus constituirt sich dieses Maximum des Unterschiedes.

§. 100. wird zuerst festgestellt der Hauptpunkt in dem Gebiete, welches sich jeder aneignen muß. Jeder muß sich seine geschichtliche Anschauung (auch des gegenwärtigen Moments) selbst bilden. Denn von dieser hängt seine ganze Wirksamkeit ab. Daraus folgt nun daß auch seinen Zusammenhang der Lehre sich jeder selbst bilden muß, und sich keiner ⟨etwas⟩ denselben nur traditionell aneignen kann. Traditionell aufnehmen kann man nur das Factum, nicht die Lehre im Zusammenhang. Wer die Lehren so aufnehmen wollte, der würde auch in der Kirchenleitung nur eine Maschine seyn.

§. 101 wird das 2te angeführt, daß jeder auch müsse seine eigne Behandlungsweise der geschichtlichen Darstellung (auch für Dogmatik p) selbst machen; denn indem man die Kenntniß davon haben muß, so muß man auch auszuscheiden wissen, was Urtheil des Einzelnen, und was Factum ist. Anders kann man die Kirchlichkeit einer solchen Production gar nicht messen. Dazu wird dann

§. **102** noch die historische Kritik als das allgemeine Organon angenommen, und dieß gilt in Beziehung nicht blos auf die Dogmatik, sondern auf die ganze geschichtliche Theologie. So kommen wir auf das zurück, was Anfangs gesagt wurde: die Theologie ist nichts andres als eine historisch kritische Wissenschaft.

[117]　　　　　　Erster Abschnitt.
　　　　　　Exegetische Theologie.

Der Anknüpfungspunkt ist §. 83 und 84 in den Säzen, daß das eigenthümliche Wesen des Christenthums am reinsten aus den frühsten Zuständen erkannt werde, und daß wir diese frühsten Zustände in den schriftlichen Documenten aus der urchristlichen Zeit dargestellt finden. Wenn wir uns im Voraus eine Uebersicht machen wollen von den einzelnen Disciplinen, die hier behandelt werden, so ist es zuerst die höhere theologische Kritik, dann die niedre, dann die Wissenschaftliche Sprachkunde, dann die Hermeneutik, und endlich die Kenntniß dessen was sich zu diesen Allen als Apparat verhält, d. h. die ausserhalb der Disciplin liegenden Bedingungen derselben. Dieses mußte in seinem Zusammenhang deutlich gemacht, und daher mußte auf jene §§ zurückgegangen werden.

§. **103** wird eine Beschränkung aufgestellt, daß nicht alles was aus jener Zeit vorhanden ist Gegenstand der exegetischen Theologie seyn könne, sondern nur diejenigen Denkmale, welche dafür gehalten werden, zu der normalen Darstellung des Christenthums beytragen zu können. Die Behutsamkeit der Ausdrücke deutet hin auf Schwierigkeiten, die nicht übereinstimmend zu lösen sind. Nimmt man den negativen und positiven Saz des § 2, so ist das Resultat, daß nicht alles was in der Zeit des Urchristenthums ist aufgeschrieben worden, in gleichem Verhältniß steht zu der Idee des Urchristenthums obgleich nach § 83 ⟨als⟩ in der Zeit entstanden in welcher jene ursprünglichen normalen Äusserungen entstanden waren. Wenn wir nun sagen, es ist hier eine Ungleichheit, und wir haben doch das Urchristenthum aus dem gesammten Verlauf als ein Zeitabschnitt herausgenommen, so werden wir sagen müssen, es giebt keinen ⟨Zeitpunkt⟩ Zeitabschnitt in welchem Alles was sich als christlich giebt, diese Dignität an sich trüge. Dieß ist an den ersten Anfang des Christenthums anzuknüpfen. Nehmen wir die Zeit des Lebens Christi so wird jeder sagen müssen: wenn die Äusserungen Christi nicht die Idee des Christenthums rein enthielten, so wäre Christus gar nicht der, als welcher er angenommen wird. Da scheint man also sagen zu können: wenn sich auch kein Zeitabschnitt fixiren läßt, *[118]* in welchem Alles jene Dignität hatte, so müssen doch die Äusserungen Christi sie gehabt haben. Aber wir haben alle Äusserungen Christi nur aus der 2ten Hand und nun werden wir gleich sagen müssen: es kann richtige und minder richtige Auffassungen der Äusserungen Christi gegeben haben. Hätten wir die Aussagen Christi in ihrer ursprünglichen Unmittelbarkeit, so würden diese einen Complexus bilden, dem sich nichts andres gleichstellen könnte. So kann ⟨also⟩ aber kein Zeitraum von dieser Ungleichheit ausgeschlossen werden. Anders wäre es, wenn Christus selbst geschrieben hätte, und uns dieß authentisch aufbewahrt wäre. Die Aufgabe ist aber, aus dem Gegebenen dieses Normale zu eruiren. Die Reden Christi selbst aber, die uns überliefert sind werden uns veranlassen, den Complex des eigentlich Normalen nicht zu eng zusammenzuziehen, da er den Jüngern seinen göttlichen Geist verspricht. Wenn wir also solche vom göttlichen Geist gewirkte Äusserungen der Jünger unvermischt hätten, so würden wir sie in denselben Complexus hineinziehen. Nun aber können wir nicht behaupten, daß Alles was wir von ihnen haben, auch nothwendig diesen Charakter haben müsse, denn es könnte ja seyn, daß das was der göttliche Geist in ihnen wirkte, zusammengeflossen wäre mit ihrem Eigenen, und es müßte das Erstere immer erst eruirt werden. Wenn man diesen Complexus wirklich eruirt hätte, so wäre dann der Begriff des NTlichen Kanon ⟨derselbe⟩ verwirklicht wie er

§. 104 aufgestellt ist. Die Idee des NTlichen Kanon ist die, daß er eine möglichst vollständige Sammlung von solchen Schriften sey, welche die ursprünglichen Äusserungen des Christenthums in sich enthalten. Wenn wir nun sagen, der Kanon wie wir ihn haben, ist dieses, so heißt dieß soviel als wir glauben, daß die christliche Kirche diese Aufgabe, solche Schriften auszumitteln gelöst habe. Hier ist an das zu erinnern was über den Kanon in der philosophischen Theologie gesagt wurde. In den obigen Ausdrücken liegt die Differenz zwischen der protestantischen und katholischen Kirche. Wenn man nämlich der Kirche Unfehlbarkeit zuschreibt, so fällt jene Aufgabe und ihre Lösung in Eins zusammen, was bey uns Protestanten anders ist. Ob der wirkliche Kanon der Idee entspricht, ist bey uns Gegenstand der Untersuchung. *[119]* So ist der Zusaz zu modificiren, welcher sagt, daß das Verständniß des Kanon die einzige Aufgabe der exegetischen Theologie ist, d. h. daß sich aus dieser Aufgabe alle Zweige der exegetischen Theologie entwickeln lassen müssen. Wenn dabey noch gesagt wird, diese Sammlung ist der einzige ursprüngliche Gegenstand der exegetischen Theologie, so ist die Sammlung als ein Actus zu verstehen, und dieser Actus ist der einzige ursprüngliche Gegenstand der ⟨Lkirchlichen1⟩ exegetischen Theologie. Dieser actus braucht aber nicht in einer früheren Zeit als vollkommen abgeschlossen angesehen zu werden. Die Sammlung als geschlossenes Ganze anzusehen ist katholisch.

§. 105 stellt die wesentlichen Elemente des Kanon rein aus der Idee, wie sie § 103 aufgestellt war, auf und sagt: wesentlich gehören in den NTlichen Kanon nichts als dieses beydes: die Documente von der Wirksamkeit Christi an und mit seinen Jüngern, und die Documente von der gemeinsamen Wirksamkeit seiner Jünger. Eine Wirksamkeit Christi mit seinen Jüngern gab es nur für diejenigen, die wirklich mit ihm gelebt haben; eine Wirksamkeit Christi an seinen Jüngern könnte freylich weiter gedacht werden, wenn man eine mittelbare dazunähme, aber an und mit sind zusammenzudenken, und Jünger also auf seine persönlichen Schüler zu beschränken. Darinn soll nicht liegen daß die Verfasser der kanonischen Schriften solche Jünger gewesen seyn müssen, sondern diese Jünger müssen nur die Gegenstände derselben seyn. — Wie unterscheiden sich diese 2 Elemente, und wie läßt sich behaupten, daß wenn wir dieses beydes haben, wir auch das Wesentliche haben? Haben wir zuerst Documente von der Wirksamkeit Christi selbst an seinen Jüngern, wodurch er Menschen zu seinen Jüngern ausbildete: so hat dieß nicht anders geschehen können als durch eine Darstellung der Idee des Christenthums wie sie ihm inne-wohnte, also auch seiner eigenthümlichen Worte. Dieß kann also nur gewesen seyn Rede und Gespräch Christi. Das 2te Element, gemeinsame Wirksamkeit der Jünger, schließt Christum persönlich aus, und ist ge-schichtlich ein Späteres. Ist dieses nicht ein Ueberflüssiges, und wäre es nicht an dem ersten genug? Gehen wir an jenen Ausspruch Christi zurück, daß er sagt: der Geist der Wahrheit wird euch erinnern an Alles was ich euch gesagt habe, und er wird euch in alle Wahrheit leiten, so beantwortet er *[120]* die Frage verneinend. Ausser dem Erinnern an ihn soll ja nach diesen Worten noch ein weiteres Leiten in alle Wahrheit hinzukommen. Unsre beyden Elemente gehen also auf jenen Ausdruck Christi selbst zurück, und weil Christus nun nichts geschrieben hat, so haben wir seine Äusserungen nur aus der Erinnerung seiner Jünger welche aber weil die Jünger Organe des göttlichen Geistes sind, ganz entsprechend seyn muß seinen Worten, und in dem was von der gemeinsamen Wirksamkeit der Jünger gesagt ist, haben wir das was der Geist der Wahrheit in ihnen wirkte. Und zwar nicht nur in Lehre und Schrift, sondern auch in dem was von ihren Thaten erzählt wird. Wäre also der Unterricht Christi an seinen Jüngern vollständig gewesen, so würde Christus den 2ten Ausdruck nicht hinzugefügt haben; und doch könnten wir genöthigt seyn, das 2te Element dazuzunehmen, weil wir ⟨in keiner⟩ den Unterricht Christi

nirgends ganz besizen. Nun aber entsteht die Frage: sind wir hinlänglich
autorisirt, mit diesen 2 Elementen abzuschließen? oder müssen wir nicht
sagen: da wir auch das 2te in seiner Vollständigkeit nicht haben, so müssen
wir auch das 3te noch dazunehmen — die Tradition der römischen Kirche.
Dieser Scheidepunkt ⟨von⟩ der evangelischen und katholischen Kirche
ist im § nur durch das Wort wesentlich ausgedrückt. Die Rechtfertigung
unsrer Beschränkung gehört in die specielle protestantische Apologetik,
wo unser Kanon zu rechtfertigen ist gegen den Vorwurf der Unvollständigkeit.

Der Zusaz behandelt eine Frage, die innerhalb der evangelischen Kirche
öfters aufgestellt worden ist, ob die Documente von der Wirksamkeit der
Jünger Christi auf dieselbige Weise die ursprünglichen reinsten Äusserungen des Christenthums enthalten, wie die Documente von Christo selbst,
oder ob die Lehren der Apostel ebenso kanonisch sind wie die Lehren
Christi selbst. In der neueren Zeit ist diese Frage häufig ventilirt worden, in
sehr verschiedener Absicht. Bey einem ist der Zweyfel an dieser Gleichheit
aufgestellt worden, weil ⟪man⟫ Manches was sich in die kirchliche Lehre
eingeschlichen hat als Menschensazung — mehr aus der Stiftung der
Apostel als Christi bewiesen werden kann. Aber das Hilfsmittel ist dann
doch immer *[121]* ein übles, weil es die Einheit des Kanon zerstört, und
dann läßt sich des ersteren Dignität auch nicht in seiner ⟨Reinheit⟩
Geltung erhalten. Hat in die Äusserungen der Apostel sich Fremdartiges
eingeschlichen, so wird man auch sagen müssen: in die Art wie die Apostel
die Aussprüche Christi aufgefaßt haben, hat sich auch schon solches
eingeschlichen, — und wir haben jene Äusserungen nur in ihrer Auffassung. Daher wird hier jeder Unterschied in der kanonischen Dignität
beyder Elemente geleugnet, und zwar nicht blos so daß man der Wirksamkeit der Apostel die normale Dignität nicht abstreitet, sondern daß man
sie auch nicht wie Fortbildung zu der Wirksamkeit Christi betrachtet schon
dieß hat die entgegengesetzte Tendenz. Wenn man sagt: in den Aussprüchen
Christi finden wir keine bestimmte Anweisung zur Absonderung des
Christenthums vom Judenthum; in der Kirche ist hernach von den Aposteln diese Praxis eingeleitet worden, — aber dieß ist nicht mehr die
ursprüngliche Idee Christi, sondern eine weitere Entwicklung derselben.
Nun weiß man nicht mehr, wie weit eine solche Fortbildung gehen kann,
und man kommt auf eine Perfectibilität des Christenthums über Christum
selbst hinaus. Dann würde die Idee des Kanon gänzlich wegfallen, während
die Idee des Kanon bey der andern Ansicht bleibt, und nur die Bestandtheile fallen. Denn nun kommt es gar nicht mehr darauf an was Christus
selbst gesagt, sondern es kommt nur auf die richtige Fortbildung an.

Daher liegt in dem Zusammenstellen dieser Elemente und in der Ausschließung jedes 3ten aufs Bestimmteste die ⟨NTliche⟩ protestantische Idee von
dem NTlichen Kanon.

§. 106 ist der Saz aufgestellt, daß die Grenzbestimmung des Kanon
nicht vollkommen fest sey. Dieser Saz bildet schon den Uebergang zu der
Auseinandersezung der Aufgaben der höheren Kritik im Folgenden. Denn
wenn der Kanon auf vollkommen feste Weise zu bestimmen wäre, so
würde diese Aufgabe nicht existiren. Die katholische Kirche kann sie also
eigentlich auch nicht anerkennen. So wie wir aber das Ausgehen von dem
aufgestellten Begriff festhalten, so muß zugegeben werden, daß diese
Bestimmung immer schwankend bleiben muß, und die Untersuchung
immer fortgeht. Diese Unsicherheit wird im Folgenden als eine 2fache,
eine räumliche und zeitliche vorgestellt.

Der Zusaz scheint die Unsicherheit wieder zu bestärken, indem gesagt
[122] wird, ⟨aber⟩ es ließe sich wohl eine feste Bestimmung aufstellen,
aber ihre Anwendung werde schwankend bleiben. Im § steht, weder
die Zeitgrenze noch die Grenze der Personen die dem Urchristenthum
angehören, ließe sich genauer bestimmen. Wollte man sagen, die Apostel
haben den eigenen Unterricht Christi vollständig genossen, und sich das
eigenthümliche Wesen des Urchristenthums angeeignet, — und wenn man
sonach sagen wollte, Schriften der Apostel mußten nothwendig diese
normale Dignität an sich tragen; so wäre dieß eine sichre Bestimmung,
aber erstaunlich eng, und würde einen großen Theil unsres gängigen
Kanon ausschließen. Wollten wir nun weiter gehen und sagen: es haben
auch Andre, nicht Apostel, den Unterricht Christi genossen, und auch
deren Schriften, wenn wir solche haben, wollen wir kanonische Auctorität
zuschreiben. Dieß wäre nun zu weit, denn viele können den Unterricht
Christi falsch aufgefaßt haben. Wenn wir nun beydes verbinden, und sagen
wollten: solche unmittelbaren Schüler Christi, deren Produkte von den
Aposteln gekannt gewesen sind, und von ihnen gelten gelassen wurden,
seyen kanonisch — so wäre dieß eine solche Bestimmung, nur daß man
sagen müßte wir müssen dieselbe ausdehnen auf die unmittelbaren Schüler
der Apostel, wenn diese ihre Produkte gekannt und wenn auch stillschwei-
gend autorisirt hatten. So hätten wir eine Bestimmung, welche Zeit und
Personen gemeinsam umfaßte. Die Zeit wäre die, solange es unmittelbare
Schüler der Apostel gab, und die Grenze der Personen wäre, daß die
Verfasser Schüler Christi und der Apostel gewesen seyn müßten, und ihre
Schriften von den Aposteln anerkannt. Nun könnte man sagen: diesem
Kanon ist man auch in der Kirche gefolgt, indem die Evangelien des
Marcus und Lucas von jeher durch die Auctorität des Paulus und Petrus

gerechtfertigt worden sind. Wenn nun aber in unserem Kanon Schriften sind, deren Verfasser und Verhältniß zu den Aposteln ungewiß ist, wie die Verfasser der katholischen Briefe und eben jener Evangelien: so wird der Kanon wieder unsicher. Nun wird dieß in den 2 folgenden §§ als ein doppeltes Schwanken dargestellt 1) zwischen apostolischen Schriften und Schriften apostolischer [123] Väter, und 2) zwischen kanonischen und apokryfischen Schriften.

§. 107 Z u s a z wird die Zeit der apostolischen Väter bestimmt als liegend zwischen der Zeit des Werdens und des Gewordenseyns des Kanon. Nun werden wir also in vielen Fällen unsicher seyn, ob eine Schrift soll eine kanonische seyn, so als ob sie soll als einem der apostolischen Väter angehörige angesehen werden. Von diesen Schriften haben einige eine Zeit lang als kanonisch gegolten, wie die Briefe des Barnabas, Clemens von Rom und Polycarp, weil diese Männer Schüler der Apostel waren — sie konnten aber nur als kanonisch gelten unter der Voraussezung, daß die Apostel sie anerkannten. Daraus aber daß ein Apostel eines solchen Mannes erwähnt und ihn grüßt, folgt jene Anerkennung nicht. Nun aber haben auch mehrere von unsern jezigen kanonischen Schriften früher nicht im Kanon gestanden, wie die Briefe des Jacobus und Judas, und dieß sind solche über welche man wegen der Ungewißheit der Personen im Dunkeln ist. Von der Anerkennung dieser Schriften zur Zeit der Apostel kann gar nicht die Rede seyn, weil sie erst später erschienen. Da kann man also untersuchen: sind jene Schriften mit Recht aus dem Kanon geworfen, und sind diese mit Recht in den Kanon gekommen, und hätte man sie nicht zur Sammlung der apostolischen Väter stellen sollen.

§. 108. Wie §. 107 die äussre, so stellt dieser § die innre Grenze des Kanon als schwankend dar. Im Zusaz ist der Begriff der normalen Dignität noch genauer kritisirt. Es ist hier von dem normalen Charakter einzelner Säze die Rede. Bisher hatten wir diese Schriften nur im Ganzen vor Augen. Hier ist gesagt, wir müssen dieß anwenden auf einzelne Säze. Dieß erhellt aus dem Grund, warum wir diese ersten Äusserungen des Christenthums besonders hervorheben. Wir thun dieß nur, um ein sichres Verfahren zu haben in der folgenden geschichtlichen Entwicklung, um unterscheiden zu können, was eine gesunde und was eine krankhafte Lebensäusserung in der Kirche sey. Dieß sind also Einzelheiten, und Einzelheiten können nur an Einzelheiten gemessen werden. Für den Gebrauch kommt es also auf einzelne Säze an, und da kann es Schriften geben, welche neben normalen auch nicht normale Säze enthalten. Solche Schriften [124] wären aus dem Kanon herauszuwerfen, denn sobald wir eine solche Vermischung wollten aufnehmen, so müßte man Alles aufnehmen, was nur etwas enthielte, das mit dem Kanonischen zusammenträfe. Kanonisch kann also nur eine Schrift seyn, deren einzelne Säze alle, aber nur in dem Maß als sie einen Lehrgehalt haben, auch den normalen Charakter haben. Hier ist aber zu dem normalen Charakter noch etwas Andres gestellt, nämlich die Fülle der aus solchen normalen Säzen zu ziehenden Folgerungen und Anwendungen. Hier ist also auf den Gebrauch des Kanonischen zurückgegangen. Ist dieß aber wirklich eine besondre Eigenschaft? Was sich aus einem Saz entwickeln läßt, das ist eigentlich keine Eigenschaft des Sazes, sondern derer die den Saz gebrauchen. Man macht aber überall auf wissenschaftlichem Gebiet einen Unterschied zwischen fruchtbaren und unfruchtbaren Säzen. Was hat es damit für eine Bewandtniß? Denken wir auch[11]

so muß diese Differenz als null angesehen werden, in jedem Einzelnen muß das Ganze gegeben seyn, wenn es nur mit rechten Augen angesehen wird. Wenn wir aber die Sache geschichtlich betrachten, so findet dieser Unterschied seine Anwendung. Sehen wir auf andre Wissenschaften, so ändert sich in verschiednen Zeiten die Methode bedeutend, und demnach ist von vielem in der alten Mathematik jezt bey veränderter Methode kein Gebrauch mehr zu machen. Ebenso in der Theologie können viele Säze in den patristischen Schriften vollkommen wahr seyn, aber sie sind für uns unfruchtbar, wir können keinen Gebrauch mehr davon machen, wegen der geänderten Methode. Sofern liegt der Grad der Anwendbarkeit p in dem Verhältnisse der Schrift mit der Zeit. Daraus könnte man schließen, daß der Kanon mit der Zeit sich ändern müsse, indem immer mehr am Kanon unbrauchbar würde. Mehr praktisch betrachtet: wenn es mehrere Schriften gäbe von Personen, denen kanonische Auctorität einwohnte, die sich aber ganz mit Einzelheiten beschäftigten, so daß wir sie jezt nicht mehr anwenden könnten, so könnte diese nicht in den Kanon *[125]* gehören. Davon ist hier die Rede. — Die vollkommene Reinheit, wird nun gesagt, sey nur in Christo anzunehmen, weil in den Aposteln schon ihre eigne Auffassung dazukam. Die Anwendbarkeit, müssen wir sagen, wird umso größer gewesen seyn, je mehr ein Schriftsteller in der geschlossenen Anschauung der ganzen Entwicklung der christlichen Kirche sich befand. Je mehr ein Schriftsteller im Moment lebte, desto mehr gieng er in ⟨den⟩ solche Einzelheiten ein. Daher können kanonische Schriften nur von solchen Verfassern herrühren, welche einen Einfluß auf die ganze Kirche hatten, also auch sie ganz in ihrer Vorstellung trugen.

---

[11] *Im Manuskript ist der Rest der Zeile frei gelassen.*

§. 109. zieht daraus die Folgerung daß es ein Schwanken giebt zwischen Kanonischem und Apokryphischem. Der Ausdruck Apokryphisch ist schwierig, es kommt auf das Etymologische nicht an wir nehmen ihn nur sofern er diesen relativen Gegensaz bezeichnet. — Christliche Schriften aus der k a n o n i s c h e n Z e i t, welchen wir die kanonische Auctorität absprechen heißen die Apokryphen nur sofern sie darauf Anspruch machen, der kanonischen Zeit anzugehören, wenn sie auch aus einer späteren Zeit sind. Apokryphisch wird eine Schrift seyn, nicht nur wenn sie einzelnes Unreine enthält, worauf nachweislich ausserchristliche Elemente gewirkt haben, — sondern auch wenn sie einen in der Anwendbarkeit so beschränkten Inhalt hätte, daß sie nicht könnte nach Art der kanonischen Schriften gebraucht werden. — Mit dieser 2ten Schwankung hat es dieselbe Bewandtniß wie mit der ersten. Es könnte wohl seyn daß der Brief des Judas nach seinem Autor der kanonischen Zeit angehörte, auch daß man alle einzelnen Stellen darinn so erklären könnte, daß nichts mit der christlichen Lehre in Widerspruch stünde; aber wenn man fragt ist diese Schrift eine solche von welcher ein Gebrauch gemacht werden kann zur Prüfung andrer Aussprüche: — so ist wenig Gebrauch von dieser Schrift zu machen — und es entsteht die Frage: ob sie nicht besser wäre ausgeschlossen worden. Wogegen unter den Briefen der Apostolischen Väter manche sehr anwendbar auf dem Gebiete der christlichen SittenLehre sind, wobey sich also fragt ob sie nicht besser in den Kanon wären aufgenommen worden?

[126] §. 110. Wird die Aufgabe der höheren Kritik gestellt wie sie in der protestantischen Kirche stattfinden muß. Die Kirche muß in der Bestimmung des Kanons immer begriffen seyn; denn was ein Unbestimmtes ist, wie hier der Begriff des Kanon und die Subsumtion unter denselben, ⟨so ist das Unbestimmte⟩ das ist immer eine Aufgabe zur Bestimmung. Wenn wir nun sagen: dieß war keine definitive Bestimmung, wie ⟨die⟩ der Kanon eingerichtet war in Kirchen die die katholischen Briefe nicht hatten p, so werden wir sagen müssen: auch die späteren Bestimmungen des Kanon sind keine definitiven, denn es war keine Autorität da, die dieß definitiv bestimmen konnte. Diese Bestimmung also fortzusezen und zu vervollkommnen, dieß ist die Aufgabe für die höhere Kritik. Es giebt allerdings unter den symbolischen Schriften der protestantischen Kirche, besonders der reformirten Seite, solche, die mit der Aufzählung des Kanon anfangen. Dadurch würde dieser §. aufgehoben, denn damit hätte die protestantische Kirche den Kanon für bestimmt genommen. Aber dieß war ein unbewußtes Katholisiren, und ebendeßwegen können wir diese Schriften nicht als verbindlich anerkennen. Dieses Recht konnten sich die

Theologen nicht anmaßen, den Kanon zu fixiren, wie sie auch nur auf
den gegebenen Kanon zurückgiengen. Also dieß müßten wir als eine
Verirrung löschen, und die Untersuchung über den Kanon immer im
Gange erhalten. Darinn daß die protestantische Kirche in der Bestimmung
des Kanon immer begriffen seyn soll, darinn soll nicht liegen ein Jagdma-
chen auf Unächtes, sondern nur die Untersuchung über den kanonischen
Werth der einzelnen Theile der Sammlung immer im Gang zu erhalten,
und also so wie diese kritischen Beschäftigungen etwas Neues ergeben,
dieses wieder in das Gebiet der gemeinsamen Untersuchung hineinzuziehen, — im Gegensaz gegen die katholische Kirche und auch einige
symbolischen Bücher der unsrigen.

Im Zusaz ist diese Aufgabe verglichen mit der Aufgabe, die Verfasser
der einzelnen Schriften richtig aufzufinden. Beydes wird oft verwechselt,
so verschieden es auch ist. ZB wenn man auch vollkommen gewiß ist,
daß der Brief an die Hebräer nicht vom Apostel Paulus ist, so hört er
nicht auf kanonisch zu seyn; ebenso mit [dem] 2. [Brief] Petri, wenn nicht
einer *[127]* das, daß er dem Petrus zugeschrieben ist für einen Betrug
erklärt, und sagt, eine betrügliche Schrift kann nicht kanonisch seyn. Die
Aufgabe, über die Kanonicität einer Schrift zu entscheiden ist aber in
Beziehung auf die Kirchenleitung viel wichtiger als die über die Verfasser-
schaft [*O:* Kanonicität], obwohl sie damit zusammenhängt.

§. 111 kommen nun die 2 Aufgaben vor, von welchen schon gesagt
wurde, daß sie nicht das Wesentliche seyen in der genauen Bestimmung
des Kanon sondern nur 2 mögliche Formen welche vorkommen ⟨sind⟩
können, daß nämlich vielleicht Schriften, die im Kanon befindlich sind,
genau genommen unkanonisch sind oder umgekehrt. Dieser Frage liegt
der alte Unterschied von Protokanonisch und Deuterokanonisch zu
Grunde, und es fragt sich, ob nicht das Deuterokanonische ganz unkanonisch sey. In der Anmerkung ist ein Beyspiel angeführt von einer Untersuchung über ⟨eine⟩ ausserkanonische Schriften, nämlich über einen Brief
an die Korinther und einen Brief der Korinther an Paulus, welche neuerlich
einen Vertheidiger[12] gefunden haben. Das Andre, wie gesagt bezieht sich
besonders auf das Deuterokanonische.

§. 112. wird die Sache noch weiter geführt, daß nämlich diese Aufgabe
nicht nur von ganzen Büchern, sondern auch von einzelnen Abschnitten
gilt. Dieß betrifft diejenigen Stellen NTlicher Bücher, welche, weil sie in

---

12 *Gemeint ist: Wilhelm Friedrich R i n c k : Das Sendschreiben der Korinther an den Apostel Paulus*
  und das dritte Sendschreiben Pauli an die Korinther. In armenischer Übersetzung erhalten, nun
  verdeutscht und mit einer Einleitung über die Ächtheit begleitet. Heidelberg 1823.

mehrerer Autorität fallen, in Beziehung auf ihre Ächtheit zweyfelhaft sind, denn findet man nun, daß sie nicht ursprüngliche Bestandtheile dieser Bücher sind, wie die Perikope von der Ehebrecherin in Johannes, das Ende des Evangelium Marci, die 2 ersten Kapitel des Matthäus — so werden wir sagen: sie gehören nicht in den Kanon, weil sie nur als Bestandtheile dieser Bücher aufgenommen wurden.

In der Anmerkung wird nun umgekehrt gesagt, daß auch ein unkanonisches Buch kanonische Stellen enthalten kann, allerdings nur als Anführung aus kanonischen Büchern, und diese Stellen müßten, wenn es solche gäbe, als Fragmente der NTlichen Sammlung angehängt werden, — dieß ist nur angeführt, um die Aufgabe der NTlichen höheren Kritik in ihrem ganzen Umfange zur Anschauung zu bringen. Es folgt nun § 113 und **114** noch etwas über das Verfahren in der Behandlung der Aufgabe, *[128]* was aber doch nicht über den formellen Gehalt der Encyclopädie hinausgeht, denn es wird hier auch nur gleichsam die Ueberschrift der Methode gegeben. Hier ist von äussern und innern Merkmalen geredet, deren Congruenz der Maßstab für die Richtigkeit einer Annahme sey. Dieß ist nun anzuwenden auf die 2 streitigen Grenzen, nämlich aus der Congruenz dieser Merkmale muß bestimmt werden, in wiefern etwas nicht dem kanonischen Gebiet der Zeit und dem Raum nach gehört, sondern dem Späteren einerseits und andrerseits dem apokryphischen. Dieß geht zunächst aufs Äussre; das Innre ist das Doktrinelle, wenn man nämlich wahrscheinlich machen kann ⟨aus⟩ daß eine Formel, ein Gedanke, sich im Zusammenhang denken läßt mit dem Kanonischen oder nicht. Wenn etwas, das seinem Inhalte nach den sicher kanonischen Schriften nicht entspricht, doch der Zeit nach aus dem kanonischen Zeitalter ist, so muß es dem Raume nach dem apokryphischen Gebiet angehören und umgekehrt. Diese Vergleichung muß also immer stattfinden, und dieß ist die allgemeine Formel für die Methode.

Wenn in solchen blos epigrafischen Vorträgen irgendeine Bestimmtheit seyn soll, so muß man sich mathematischer Ausdrücke bedienen, wie MittelPunkt und Periferie, ohne eigentliche Beziehung auf den Raum. — Wenn wir uns nun denken, [daß] diese Untersuchungen fortgehen, was ist denn nun das Resultat? so wird nun

§. **114** der endliche Abschluß der Untersuchungen hypothetisch angenommen, daß nämlich sicher ausgemittelt werden könnte, was kanonisch oder nicht sey. Dieß ⟨könnte⟩ müßte doch auf die äussre Gestaltung des NTlichen Kanon nicht nothwendig einen Einfluß haben. Wenn wir zB gewiß wüßten, den Abschnitt mit der Ehebrecherin habe Johannes nicht geschrieben, so folgt nicht, daß er aus dem Text geworfen werden müsse.

Freylich eine kritische Edition wird dieß thun können; aber in der kirchlichen Gestalt des Kanons würde dieß nicht dasselbige seyn, es würde nicht nothwendig seyn daß neue Abdrucke unsrer kirchlichen Uebersezung den Abschnitt wegließen, denn darinn geben wir ja nur Luthers Text, und nicht den des Johannes. Ebenso würde eine Menge von OriginalAbdrucken des griechischen NTs, die aber nicht ganz *[129]* scharf kritisch seyn wollten, den Abschnitt nicht weglassen müssen. Dasselbe gilt von ganzen Schriften, die wir für unkanonisch halten. Da würde selbst eine kritische Ausgabe diese nicht auslassen müssen, denn diese hat mit dem Begriff des Kanonischen nichts zu thun, sondern blos mit den Texten der Sammlung. So wenn der Brief des Judas als unkanonisch erkannt würde, müßte ihn eine kritische Edition nicht auslassen, — umgekehrt, wenn man neue kanonische Schriften fände, so würde doch unsre kanonische Sammlung dieselbe bleiben, — man würde blos sagen: dieß gehörte auch in den Kanon, wenn man früher richtig darüber geurtheilt hätte. Denn die jezige Sammlung ist ein historisches Factum, und dessen Wiederholung durch die Ausgaben kann nicht die Bestimmung haben, dieses Factum zu ändern, das Urtheil ist von dem Factum verschieden.

§. 115 ist zulezt von den ATlichen Büchern die Rede. Der Begriff des Kanon nach unsrer Ableitung kann diese Bücher nicht enthalten. Nun aber ist dieß ebenfalls ein Factum, daß die ATlichen mit den NTlichen Büchern zusammen unter dem Namen der Bibel ein Ganzes bilden. Davon konnte nicht eher die Rede seyn, als bis aufgestellt war, was § 114 gesagt ist, denn davon ist dieß nur eine weitere Anwendung. In dem Begriff des Kanon, wie er aufgestellt wurde, kann das AT nicht enthalten seyn; denn Niemand kann behaupten, daß das AT eine normale Darstellung des christlichen Geistes enthalte, ohne mehr oder weniger die Erscheinung Christi für überflüssig zu erklären — aber ein ganz andres ist es von dem Factum wie es in der Kirche entstanden ist. In den christlichen Versammlungen, wie sie nach den Synagogen eingerichtet wurden, wurde über ATliche Stellen geredet. Da mußte das am Meisten hervortreten, was Weissagungen auf Christum enthielt. ⟨Aber die Methode⟩ So ist das AT früher als das N[T] in der ⟨kirchlichen⟩ christlichen Kirche gewesen als Stoff zur Erklärung und Erbauung. Aber dieß ist nicht der Begriff des christlichen Kanon, und die Bibel ist aus einem ganz andern Gesichtspunkt als der christliche Kanon entstanden, und das Factum, daß man erst später das NT zu dem alten zugefügt und beyde in Eins gebracht hat, — muß fortbestehen, und die Ueberzeugung, daß das AT in diesem Sinne nicht christlich kanonisch ist, kann ebenso wenig auf die Gestaltung der Bibel in diesem *[130]* Sinne einen Einfluß haben, als nach §. 114 in Beziehung auf das NT.

Von §. **116** an wird von der Aufgabe der niederen Kritik gehandelt. Da werden zuerst die Säze aufgestellt, auf welchen es beruht, daß ⟨diese⟩ es eine solche theologische Disciplin giebt, und dieß ist Einleitung zu den Säzen über die Ausführungen selbst. Die Vervielfältigung der NTlichen Bücher war dieselbe wie die aller andern. Dieß könnte überflüssig scheinen, wenn nicht doch zu gewissen Zeiten das Entgegengesezte wäre behauptet worden oder wenn ⟨nicht⟩ man nicht die Lehre von einer besonderen göttlichen Direction in Beziehung auf die NTlichen Schriften hieher bezogen hätte. Diese Ansicht ist aber jezt durch Thatsachen widerlegt worden, und es wird nicht mehr behauptet werden können, die Vervielfältigung der NTlichen Schriften sey unter einer besonderen göttlichen Direction gestanden, so daß die Aufgabe für die niedere Kritik wegfalle. Nun ist das eine allgemeine Erfahrung, daß solche mechanischen Operationen, wie das Abschreiben, nie ohne alle Abweichung vor sich gehen, und daß nur durch die größte Sorgfalt diese allmählig herausgebracht werden können. Jezt ist das Verhältniß etwas ganz andres, wo man mehrere 1000 Exemplare auf einmal macht, da kann eine größere Sorgfalt auf die Genauigkeit verwendet werden. Bey den alten Abschriften wurde wohl auch die Abschrift mit dem Original verglichen, aber die Operation ⟨ist nicht sicher⟩ des Auges ist nicht sicher, und kann nur durch vielfältige Wiederholung genau werden, welche damals nicht möglich war.

§. **117** hat es mit einer ähnlichen Voraussezung zu thun. Man hat gefragt, wenn man doch einmal annehme, daß die NTlichen Schriften ein besonderer Gegenstand der göttlichen Vorsehung seyen (was Niemand leugnen wird) ob man nicht von der göttlichen Vorsehung fordern könne daß sie wenigstens irgendwo das Rechte erhalten habe, so daß was in dem einen Exemplar unrichtig sey in dem andern richtig sich finde p. Nun scheint es allerdings als ob die große Anzahl von Exemplaren des NTs eine große Sicherheit gewesen. Aber diese Sicherheit kann nur solange vorhanden seyn als aus dem αὐτόγραφον geschöpft werden kann. Wenn einmal aus blosen Abschriften abgeschrieben wurde, so ist keine ⟨Möglichkeit⟩ Sicherheit mehr da, und ein einmal gemachter Fehler könnte auf authentische Weise nur durch Vergleichung mit dem Autographen gut gemacht *[131]* werden welches wir nicht mehr haben. Ist also auch jezt noch irgendwo das Ursprüngliche vorhanden, so kann dieß nicht durch äussre Vergleichung, sondern nur durch das Urtheil der Kritik ausgemittelt werden, welche damit in ihr volles Recht eintritt.

§. **118** und **119** wird gesagt, daß die Aufgabe sowohl als die Methode der niederen Kritik beym NT dieselbe sey wie anderwärts. Die Aufgabe wird § 118 so gestellt, die ursprüngliche Schreibart auszumitteln. Dieses ist nun eine Aufgabe, die man auch in der philologischen Kritik für eine nothwendige aber unausführbare hält. ZB in Beziehung auf den homerischen Text kann man nach dem Eingeständniß der größten Philologen nur auf den Text der Grammatiker zurückgehen, weiterhin habe man keine Mittel zu kommen. Hier findet freylich das Eigene statt, daß diejenigen, welche den Text sammelten, ihn auch bis zu einem gewissen Punkt erst bildeten. Dieß findet zwar bey dem NTlichen Text nicht statt, und doch kann auch sie nur bis zu einer gewissen Zeit zurückgehen, bis zu welcher uns Zeugnisse und Handschriften führen. Wenn man zugeben muß daß die ursprünglichen Handschriften an einzelnen Stellen können verloren seyn, so muß man auch weiter zugeben daß man von vielen Stellen keinen Grund hat zwischen 2 verschiedenen Schreibungen zu entscheiden. So begrenzt sich also die NTliche Kritik. Ist sie nun befugt in solchen Fällen, wo die ursprüngliche Hand[schrift] nicht mehr vorhanden ist durch Conjecturen zu helfen, so kommt es hiebey darauf an, wie der Kritiker seine Aufgabe ansieht. Der Kritiker, der nicht auch Exeget seyn will, hat keinen Grund zu Conjecturen, sein Officium ist nur den Text zu geben so richtig als ⟨ich⟩ er aus den Hilfsmitteln kann, das weitere gehört dem Exegeten an. Es ist nicht unwichtig wie der Kritiker diese Aufgabe faßt, denn man wird immer gewissermaßen bestochen durch das was man vor sich sieht. So bey der Interpunktion muß man sich immer wieder sagen, daß sie kein Factum, sondern nur ein Urtheil ist, das man wegschaffen muß. Dieß thun wir aber gewöhnlich erst wenn uns Schwierigkeiten aufstoßen. Ebenso ist es mit dem was im Text steht. Hat der Herausgeber seine Vermuthung in den *[132]* Text [ge]sezt, so kann man die Conjectur mitlesen, und wenn man nicht anstößt, so nimmt man sie mit wie das Ursprüngliche. Wogegen wenn man an eine unverständliche Stelle des ursprünglichen Textes kommt, so ⟨kann⟩ wird man dann schon von selbst sich nach der Conjectur umsehen, die [*O:* den] etwa der Kritiker an den Rand sezte. Nun geht aber unsre Kunde vom NTlichen Text nur bis zur Zeit des Origenes zurück, und auch dahin blos in einzelnen Theilen. Je genauer also der Kritiker seine Aufgabe kennt, desto weniger wird er sich zu etwas anheischig machen, wozu er keine Mittel hat.

Was nun die Methode anlangt, so ergiebt sie sich aus dem Bisherigen. Findet in Beziehung auf die Vervielfältigung und Erhaltung kein Unterschied zwischen diesen und anderen Schriften statt, so kann, um die Sache in Ordnung zu bringen, auch keine andre Methode angewandt werden.

Der Saz, daß der Kritiker des NTs auch dieselben Mittel gebrauchen dürfe bezieht sich auf die Conjectur. Wenn es gleich das richtigere Verfahren des Kritikers ist, Vermuthungen nicht in den Text zu sezen, so ist ebenfalls offenbar, daß einer, der gewohnt ist mit den Handschriften zu verkehren, vorzüglich im Stande ist Vermuthungen zu machen, daß es also zu seinem Beruf gehört, dem Exegeten damit an die Hand zu gehen. Es kann Stellen im NT geben, welche mit allen vorhandenen Lesarten keinen Sinn geben: so steht da die Aufgabe fest, auszufinden, was er ungefähr geschrieben haben mag. Hiebey ist nun freylich die Aufgabe mehr auf den Sinn als auf den Buchstaben gerichtet, aber es giebt doch kein Mittel dazu als das Verfahren mit dem Buchstaben, wenn man sich nicht damit begnügen will nur zu sagen: das und das muß der Verfasser gewollt haben, mögen nun die Worte gelautet haben, wie sie wollen. In andern Fällen kann der Sinn klar, aber gegen die Geseze der Sprache gefehlt seyn, so entsteht dieselbe Aufgabe, um das Bild des Verfassers festzuhalten, damit nicht die gewöhnliche Rede entstehe: man muß es nicht so genau nehmen mit den NTlichen Schriftstellern. Da ist gerade die Conjectur *[133]* des Kritikers eine Schranke für die Willkühr des Exegeten.

§. 120 sezt den Zusammenhang auseinander zwischen dieser Aufgabe der Kritik und der Geschichte des Textes. Der Zusammenhang wird dargestellt als ein gegenseitiger, so daß Eins das Andre bedingt. Je vollkommener die Kritik ihre Aufgabe löst, um so mehr muß sich eine Geschichte des Textes gestalten, und umgekehrt. Eine Geschichte des Textes ist eine Uebersicht von den Veränderungen, welche in verschiedenen Zeiten und Gegenden mit den sichtbaren Schriftzeugen vorgegangen ist. Nur auf dieser Geschichte kann die Abschätzung der kritischen Quellen beruhen, und umgekehrt fixirt jedes solcher Urtheile über den Werth der Quellen einen Moment in der Geschichte des Textes, giebt eine Charakteristik desselben. Nun könnte man dasselbige Factum aus Zeugnissen wissen, und dann würde der Kritiker sagen können: ich weiß aus Zeugnissen, daß diese, obgleich jüngeren Handschriften einen ältern Text haben pp. So können also diese beyden Resultate, die Kritik und die Geschichte des Textes, nur gleichzeitig zur Vollendung kommen.

§. 121. wird nun die kritische Aufgabe wie sie gestellt ist, in Beziehung auf den theologischen Gebrauch beschränkt, indem die möglichst genaue Lösung der kritischen Aufgabe nur für solche Punkte einen unmittelbaren Werth habe, wo durch eine falsche Beschaffenheit des Textes die eigenthümliche Dignität der NTlichen Schriften gefährdet wird. Andre Schriftsteller sind immer solche aus welchen wir einerseits den Zustand der Sprache kennenlernen, und welche andrerseits auf die Sprache selbst

eingewirkt haben. Der Philologie größte Aufgabe ist nun die Kenntniß
der Sprache; da kann also etwas für die Sprache wichtig seyn was für den
Sinn nichts austrägt. Der Sinn kann aus dem Zusammenhang ganz klar
seyn — nun aber kommt darinn eine eigenthümliche Structur vor, und
die Handschriften sind nicht einig: da ist es eine wichtige Frage, ob der
Schriftsteller damals so hat schreiben können oder nicht. — Einen solchen
Werth nun haben die NTlichen Schriften nicht, und auch wenn sie ihn
hätten, so läge er ausserhalb des Gebiets ihrer theologischen Behandlung.
Freylich, aus der Sprache des NTs hat sich die Sprache der griechischen
KirchenSchriftsteller gebildet, und da mag man sagen, daß mehrerley
Abweichungen ihren Siz haben im NT. Dieß ist aber weniger der Fall in
Beziehung auf das Grammatische, was bey der Geschichte der Sprache die
Hauptsache ist, sondern mehr in Beziehung auf einzelne Ausdrücke. *[134]*
Daraus folgt also, daß wenn wir die NTliche Kritik als eine theologische
Disciplin behandeln, wir die Aufgabe dahin zu beschränken haben, daß
wir sagen, der NTliche Kritiker ist nicht gehalten, die Aufgaben in
demselben Umfang zu lösen; er kann das bey Seite lassen, was für die
Exegese von keiner Wichtigkeit ist. Aber eben deßwegen hat er auch nicht
das Recht auf dieselben Mittel, ausser wo er glaubt dem Exegeten aus
der Verlegenheit helfen zu müssen. Grammatische Kleinigkeiten durch
Conjecturen zu berichtigen, wäre eine überflüssige Mühe, die man ihm
nicht Dank wissen würde. Dieß ist aber nicht gesagt, 《weder》 den
Kritiker von Profession zu geniren, wenn er nur nicht durch Hineinsezung
seiner Conjecturen in den Text den Leser in seine Gewalt bringt, sondern
es ist nur gesagt, ⟨den Kritiker⟩ um den Unterschied zu motiviren, der

§. 122. aufgestellt ist. Dieser geht zurück auf den Unterschied allgemeiner Kenntniß und besondrer Virtuosität. Für diese wollen wir die Aufgabe
in ihrem ganzen Umfang stehen lassen, der Kritiker soll nicht darauf
Rücksicht nehmen, was dem Exegeten wichtig ist oder nicht. Aber die
Kritik so in ihrem ganzen Umfang inne zu haben, ist Sache der Virtuosität.
Aber die Aufgabe, wie sie §. 121 gestellt ist, so muß man sie Jedem
zumuthen. Wo es sich um den Lehrgehalt handelt bey einer zweyfelhaften
Stelle, da muß jeder den kritischen Zustand so weit verfolgen, daß er sich
sein eignes kritisches Urtheil bilden kann.

Der Zusaz macht auch hier noch einmal aufmerksam auf den Unterschied der protestantischen und katholischen Kirche. Dieß bezieht sich
auf einen Machtspruch der katholischen Kirche, der aber doch die Schismas
nicht hat entzweyhauen können. Indem nämlich die Vulgata für dem
Original gleichgeltend erklärt wird, so kommt es dem katholischen Theologen auf die Berichtigung des Grundtextes nicht mehr an. Wenn er auch
einsähe, daß die Vulgata irrt, so darf er doch keinen andern Gebrauch

davon machen als nach der Vulgata. Für den gelehrten Theologen und seine Curiosität stehen freylich immer alle diese Untersuchungen offen, aber es hat keinen kirchlichen Werth, weil er für den kirchlichen Gebrauch es nicht benützen kann. Dieser Machtspruch ist aber der katholischen *[135]* Kirche nicht gelungen, weil man nicht weiß was die Vulgata ist; denn von ihr giebt es verschiedene, von verschiedenen Päbsten gebilligte Editionen.

§. 123. bestimmt nun das gemeinsame Gebiet, wie dann das Folgende das Gebiet der Virtuosität. In jener Rücksicht wird alles bezogen auf die Auslegung, der Theologe, der von der Kritik nicht Profession macht, kommt nur da in den Fall, eine kritische Ueberzeugung haben zu müssen, wo die Auslegung betheiligt ist. Was gehört nun dazu, damit er in diesem Fall zu einer kritischen Ueberzeugung gelangen kann. Die NTlichen Kritiker sind nicht unter sich einig. Da ist also offenbar daß der Theologe, unerachtet er von der Kritik keine Profession macht, sich doch zum Richter über die Kritiker machen muß. Dieß ist aber in allen ähnlichen Fällen unvermeidlich. Um aber dieß nur irgend wie zu können, muß er doch irgendwie die Principien und Regeln, auf welchen das Verfahren des Kritikers beruht inne haben, so wie eine allgemeine Kenntniß des Materials in welchem die Kritiker arbeiten. Dieß muß man also von jedem Theologen verlangen. Wenn nun nicht jeder Theologe alle Prämissen hat, und soll sich doch ein kritisches Urtheil bilden, so kommt es darauf an, daß er die besten kritischen Arbeiten kennt, und sie beurtheilen kann, in Beziehung auf ihre Meisterschaft und in Beziehung auf ihre Zuverlässigkeit, wie weit ihre Ansicht vom Gegenstand auf ihre Kritik einen Einfluß gehabt hat. Dieß kann er nicht beurtheilen, ohne eigne Kenntniß von den kritischen Regeln, die dabey in Anwendung kommen. Dazu gehört dann auch das 2te, nämlich eine allgemeine Kenntniß, (d. h. das Bedeutendere muß er kennen), von den Quellen aus welchen und in Beziehung auf welche das Urtheil sich bestimmen muß.

Der Zusaz giebt die Art an wie man dazu am compendiösesten kommt. Die NTliche Kritik ist noch nicht als eigne Disciplin bearbeitet, wie überhaupt die Kritik es nicht ist, sondern die Regeln stecken noch mehr in Observationen zerstreut. Da wird also auf 2erley verwiesen, einmal auf das was die kritischen Herausgeber zu geben pflegen, denn in ihren Einleitungen geben diese gewöhnlich Rechenschaft von den Materialien und den Regeln wonach sie sie gebrauchen. So war das Wetsteinsche und Griesbachsche NT[13]. Nun aber 2tens pflegt häufig in den Einleitungen

---

[13] Wet(t)stein, *Johann Jakob, (1693—1754); Griesbach, Johann Jakob, (1745—1812). Beider Forschungsgebiet war die neutestamentliche Textkritik.*

ins NT die Kritik materialiter behandelt zu werden, daher man in den
bedeutendsten Werken dieser Art theils direkt theils indirekt *[136]* die
kritischen Grundsäze der Verfasser ausgesprochen findet, mehr jedoch die
höhere als die niedere.

§. 124 handelt nun von dem ganzen Umfang der Disciplin in Beziehung
auf den Virtuosen. Dieß ist an sich eine rein philologische Aufgabe, es
geht schon aus §§ 117 und 118 hervor. Es ist hier auf 2erley vorzüglich
Rücksicht genommen, auf die Constitution des Textes und des Apparats,
welcher leztre den Leser in den Stand sezen soll, das Verfahren des
Kritikers zu beurtheilen.

Im Zusaz ist gesagt: man könnte sagen, da dieß eine rein philologische
Aufgabe ist, so könne man sie nicht als eigne theologische Disciplin
behandeln, es sey auch gleichgültig ob ein Herausgeber des NTs ein
Theologe sey, ja es könne in vieler Beziehung besser seyn wenn von einem
classischen Kritiker das NT heraus[ge]geben [werde], weil er bey den
dogmatischen Streitigkeiten der Zeit nicht betheiligt sey also um so
unabhängiger seinen kritischen Weg gehen werde. Nun aber ist hier
dagegen gesagt, daß wenn es jemals an eigentlich theologischen Kritikern
des NTs fehlen sollte, so werde auch keine Sicherheit mehr seyn über das,
was für die Kirchenleitung in eigentlich theologischer Abzweckung in
dieser Beziehung zu leisten ist. Protestantische Theologie kann ohne
Philologie nicht bestehen, und jeder muß sich seine Auslegung selbst
bilden; daher wäre es eine Schmach für die protestantische Theologie,
wenn sie bey dieser Nothwendigkeit einer gründlichen philologischen
Schule sich nicht auch sollte Kritiker ziehen, sondern man warten müßte,
bis ein classischer Philologe sich zum NT wendete. Die Geschichte spricht
freylich deutlich aus, daß man nur sehr allmählich zu einer unbefangenen
kritischen Behandlung des NTs von Seiten der Theologen gekommen ist;
so wie in der katholischen Kirche diese Thätigkeit ganz gelähmt ist, so
ist in der protestantischen Kirche diese Richtung bald erwacht, aber die
dogmatischen ⟨Einseitigkeiten⟩ Streitigkeiten haben die Kritik einseitig
gemacht. Dabey war noch eine andre Schwierigkeit zu überwinden, —
nämlich in Beziehung auf die höhere Kritik die allgemeine Anerkennung
des jezigen Kanon in der Kirche seit vielen unkritischen Jahrhunderten,
und ebenso im Gebiete der niederen Kritik eine große Abneigung, von
dem Ueblichen abzuweichen. So hat sich der sog. gemeine Text, die *[137]*
recepta, eingeschlichen ohne alle Autorität. Sobald dieser Text allgemein
verbreitet war, so hatte er sich eine Autorität erschlichen, und die Behandlungen des Textes haben sich immer auf diese recepta bezogen, die ein
zufälliges Machwerk war. Nun kann man nicht sagen, daß nicht auch rein

von der Theologie aus dieß würde überwunden worden [seyn], dennoch
kann es zuträglich seyn, wenn ein starker kritischer Impuls von dem rein
philologischen Gebiete ausgeht. Wenn es nun den theologischen Schulen
nicht zum Ruhme gereichen kann, daß [sie] nicht auf denselben Punkt
schon früher gekommen sind, so ist es doch natürlich, daß der Einzelne
sich in einer solchen Gemeinschaft wie die evangelische Kirche dem
Allgemeinen unterordnet; dabey ⟨kommt⟩ liegt das richtige Gefühl zu
Grunde, daß in der Kirche nicht die wissenschaftliche Ausmittlung an sich
sondern das Praktische Zweck ist, und wenn etwas noch so wahr ist, tritt
aber zu unrechter Zeit ein, so kann es nur Verwirrung anrichten. Wenn
es nun im Zusaz heißt, ohne theologische kritische Schule wäre keine
Sicherheit daß die Kritik das leistete, was für den theologischen Zweck
geschehen muß, so ist die Sache diese: In Beziehung auf diesen Zweck ist
nur das von Wichtigkeit, was auf eine Auslegung Beziehung hat, und zwar
solcher Stellen, die für die Lehre von Bedeutung sind, eine rein kritische
Behandlung weiß nichts von diesem Unterschied. Dieß ist gut für das
unmittelbare kritische Resultat. Aber nicht für den Gebrauch welchen
Theologen die nicht Kritiker sind, von den kritischen Arbeiten machen
müssen. Wenn also auch eine kritische Bearbeitung des NTs rein philolo-
gisch anfangen muß, so hat sie doch den theologischen Charakter nicht,
wenn sie nicht in bestimmte Beziehung nachher gesezt wird für den
Gebrauch derjenigen Theologen die nicht Kritiker vom Fache sind. Wenn
nun vorher schon gesagt ⟨ist⟩ wäre, es sey nicht wahrscheinlich, daß
nicht-theologische Philologen sich auf eine kritische Bearbeitung des NTs
einließen, so wäre die Lachmannsche Ausgabe eine Widerlegung davon[14].
Deßwegen heißt es aber nur: ein Philologe ohne Interesse am Christenthum.

Von §. 125—131 ist nun die Rede von der NTlichen Sprachkunde.

§. 125 ist auf die protestantische Grundvoraussezung zurückgegangen,
daß der Theologe sich seine eigne ⟨Ausgabe⟩ Auslegung bilden müsse.
Auf dieser Voraussezung *[138]* ruht die Forderung, daß jeder Theologe
eine hinreichende Bekanntschaft haben müsse ⟨von⟩ mit den Grundsprachen des Kanon.

§. 126. handelt vom Verhältniß der Ursprache und Uebersezung. Dabey
liegt zu Grunde der Begriff der Irrationalität der Sprache. Dh daß kein
Element einer Sprache ganz in dem Element einer andern aufgehe, man

---

[14] *Lachmann, Karl, (1793—1851), Germanist und klassischer Philologe, der die Editionsgrund-*
sätze der Philologie auf die neutestamentliche Textkritik anwandte. Seine Ausgabe des Neuen
Testaments erschien 1831.

mag Element nehmen wie man will. Materielle Elemente sind einzelne Wörter, formelle die Verhältnisse der Flexionen an den Wörtern. Es hätte noch das organische Element dazugefügt werden können, d. h. solche Zusammenwachsung einzelner Wörter zu einer solennen Phrasis die eine Einheit für sich bildet. Von all diesem gilt der Saz daß keine Sprache in der andern aufgeht. Es giebt kein deutsches Wort, welches irgendein griechisches in allen Verbindungen genau wiedergäbe. Dieß gilt auch von den formellen Elementen und auch von genau verwandten Sprachen. Freylich scheint es hier oft zu einem Minimum zu werden. ZB in den romanischen Sprachen, dem Spanischen und Italienischen. Dennoch giebt es auch unter diesen Sprachen gemeinsamer Wurzel keine, die nicht durch Vermischung mit einem andern Element diese Irrationalität erhalten hätte. — Diese Irrationalität kann nun keine Uebersezung ganz aufheben, dh man kann nie aus einer Uebersezung den Gedanken des Verfassers in seiner ganzen Angemessenheit entnehmen. Bey einzelnen Säzen kann dieß unbedeutend seyn aber im Zusammenhang kann diese Verschiedenheit immer wachsen und bedeutender werden. — Also giebt es kein vollkommenes Verstehen eines Buchs als in seiner Ursprache. Dieß scheint consequent einen Skepticismus gegen alles ⟨Verhältniß⟩ Verstehen einer fremden Sprache in sich zu schließen. Denn immer übersezen wir eine fremde Sprache in die unsre. So lang ist aber auch das Verständniß nicht vollkommen, sondern dieß wird es erst wenn wir kein innres Uebersezen mehr nöthig haben. Daher ist das in der Sprache Denken erst derjenige Punkt, wo das vollkommene Verständniß einer fremden Sprache angeht.

Der Theologe muß also eigentlich so weit mit dem NT bekannt seyn, daß er in der NTlichen Sprache theologisch denken kann, die Elemente dieser Sprache so innehat, wie die Autoren. Was hier vom Uebersezen gesagt ist, hat eine apologetische Richtung gegen die katholische Kirche, welche eine Uebersezung mit dem Original willkührlich gleichstellt. Die höchste Spize *[139]* dieses Gegensazes ist der Saz, daß auch eine Uebersezung nur vollkommen verstanden werden kann mit Kenntniß der Ursprache; denn nur so kann die Uebersezung nachconstruirt werden. Daraus folgt, daß auch bey einer vollkommnen Uebersezung die Kenntniß des Originals nicht überflüssig würde.

Es ist diese Gleichstellung in der katholischen Kirche eine so sonderbare Thatsache, daß es der Mühe lohnt sie sich zu erklären. Das Latein hatte lange Zeit in den dem römischen Stuhl unterworfenen Ländern eine ziemlich allgemeine Verbreitung, sogar im gemeinen Leben. Es liegt also dieß darin, daß Behandlung des NTs in der den Zuhörern geläufigen Sprache ebenso gut sey als in der Ursprache. Stellt man aber ohne Beziehung auf diese Verbreitung nur die 2 Sprachen nebeneinander, so kann man sich die Sache gar nicht erklären.

§. **127.** wird nun das Gebiet der NTlichen Sprachkunde aufgestellt. Grundsprache ist das Griechische, aber mit aramäischen Bestandtheilen. Dieß ist eine historische Thatsache. Das Griechische kam nach Palästina wie nach andern Ländern durch die macedonische Eroberung, und die Verhältnisse nöthigten die Menschen diese Sprache zu erlernen. So wurde das Griechische eine NebenSprache neben dem Aramäischen. Dabey geht immer von der ursprünglichen Muttersprache etwas in die fremde ab, und entsteht eine Mischung. Dieß giebt einen eigenthümlichen Typus, der nur aus diesen 2 Elementen verstanden werden kann.

Vieles im NT ist nun als Uebersezung aus dem Aramäischen anzusehen, dieß ist etwas Specielles; das Allgemeine ist, daß das Aramäische auf das Griechische des NTs einen allgemeinen Einfluß geübt hat. Mit den Sprachen hat es die Bewandtniß, daß wir annehmen müssen, Christus habe sich bey seinen Reden größtentheils der aramäischen Sprache bedient, welche also nur verstanden werden können, wenn man sie sich aus dem Griechischen worinn sie vorhanden sind, ins Aramäische übersezen kann. Daß aber Christus nur Aramäisch gesprochen, kann nicht behauptet werden, denn in Galiläa und Peräa sprach man viel Griechisch. Wenn aber Christus in Synagogen und im Tempel zu Jerusalem redete, so war es wohl gewiß aramäisch. Das 2te Specielle ist die Eigenheit des palästinensischen Dialekts, wie es schon ausgeführt worden ist. Der Ausdruck Dialekt ist uneigentlich, weil er etwas Ursprüngliches bezeichnet, wogegen diese NTliche Sprache etwas Secundäres ist. Es ist über diesen Gegenstand viel gestritten *[140]* worden, sie glaubten zur Inspiration gehöre auch reine Gräcität. Wir haben dieser Richtung viele lexikalische Vergleichungen zwischen NTlichen Stellen und Stellen aus griechischen Classikern zu verdanken. Auch ist nicht zu leugnen, daß man auf der andern Seite vieles als Hebraismen dargestellt hat, was es gar nicht ist. Aber vertheidigen kann man diese Ansicht dennoch nicht.

Im Zusaz ist einer Behauptung erwähnt, die schon wieder verklungen ist, als ob die meisten NTlichen Bücher ursprünglich aramäisch geschrieben wären. Gestritten wird wohl jezt nur noch über das Evangelium Matthäi.

§. **128.** dehnt diese Beziehung auf das Aramäische und Hebräische noch weiter aus, indem er sagt, es könne kein vollkommenes Verständniß des NTs geben ohne genaue Bekanntschaft mit dem AT. Es ist schon früher gesagt worden[15], daß unerachtet der Begriff des Kanon nur auf das NT

---

[15] *S. oben zu § 115.*

geht, es doch mit der Gestaltung unsrer Bibel so bleiben muß wie es ist.
Aber die Deduktion jedes Theils der exegetischen Theologie muß vom
Kanon, also dem NT ausgehen. Es wird daher hier die Bekanntschaft mit
dem AT nur postulirt wegen seines Zusammenhangs mit dem NTlichen.
Es ist hier von direkten und indirekten Beziehungen auf ATliches zu
sprechen. Die direkten sind die Anführungen aus dem AT. Die indirekte
ist das Bestimmtseyn der ganzen Denkweise und also auch der religiösen
Sprache durch das AT als das ⟨alte⟩ einzige allgemeine Bildungsmittel.
Die Auslegungskunst war nur Sache der Gelehrten, aber die Bekanntschaft
mit dem AT wurde in den Synagogen fortgepflanzt, es wurde hier das AT
gelesen und erklärt, die Gebete die man sprach, waren größtentheils
Zusammensezungen aus dem AT. — Nun wird also gesagt, die Bekanntschaft mit den ATlichen Büchern, die dem Theologen nothwendig, müsse
auch eine Bekanntschaft mit der Grundsprache seyn. Dieß ist freylich ein
bestrittener und in der Praxis sehr verschieden behandelter Punkt. Leztres
weil man den Maßstab der allgemein zu fordernden Kenntniß sehr verschieden gestellt hat. Es läßt sich allerdings vieles sagen, nämlich in sehr vielen
NTlichen Büchern finden wir, daß fast alle Anführungen aus dem AT
nicht aus der Grundsprache, sondern aus der LXX sind, — für diese
direkten Beziehungen *[141]* scheint also die Kenntniß der LXX hinrei-
chend, welche so viel Verwandtschaft mit dem NT hat, daß eine genaue
Kenntniß derselben ohnedieß jedem Theologen zu empfehlen ist. Allein
ganz anders ist es mit jenem indirekten Einfluß, den man sich nicht richtig
construiren kann ohne eigne Bekanntschaft mit der Sprache. Man kann
nun sagen: wir bekommen in unsrer allgemeinen religiösen Bildung eine
hinreichende Bekanntschaft mit der ATlichen Denkungsart, und da wäre
also um sich der religiösen Denkart zu versichern, und sie in der Sprache
wiederzufinden, nur diese allgemeine Bekanntschaft nöthig. Nun freylich
wenn wir könnten einen solchen Unterschied machen zwischen Routiniers,
die nur für die Praxis zugerichtet werden, und zwischen wissenschaftlichen
Theologen, nun dann könnte man den ersten die Bekanntschaft mit der
Grundsprache des ATs erlassen. Aber es wäre nicht zum Vortheil der
protestantischen Kirche, und ist auch nirgends so weit gekommen.

§. 129 geht noch weiter, und sagt, das vollkommene Verständniß des
Kanon fordere auch eine hinreichende Kenntniß der semitischen Dialekte
überhaupt. Im Zusaz wird besonders das Arabische und Rabbinische
namhaft gemacht. Der Grund ist das geringe Material, was wir in der
ATlichen Sprache haben, weil wir eben nur das AT selbst haben. Eine
Sprache oder ein Sprachzweig von einer so geringen Verbreitung nun
kann nicht anders als im Zusammenhang mit den verwandten verständlich

seyn. Dieß sieht man bey der hebräischen Sprache schon jedem Lexikon an, weil hier um die Wurzel eines Wortes aufzuzeigen, oder seine Bedeutung deutlich zu machen auf das Arabische p zurückgegangen wird. Kann einer also kein ordentliches Lexikon schreiben ohne Arabisch, so kann auch keiner sein Lexikon selbständig gebrauchen ohne diese Kenntniß. — Das Rabbinische, eine spätere vermischte MundArt, hat seine Bedeutung ganz vorzüglich in den indirekten Beziehungen zwischen dem N und AT. Nämlich die ganze jüdische Denkart in religiösen Dingen und die Behandlung des ATs wurde eine andre in der ZwischenZeit von der Rückkehr aus dem Exil an bis zur Zeit Christi. Da wurde der Gesichtskreis theils erweitert durch den Aufenthalt im Ausland, theils beschränkt durch die Autorität des ATs. In dieser Zeit entstanden die παραδόσεις, Auslegungen und Folgerungen aus dem Geseze die in den Schulen galten. Diese waren schon ein in das Leben übergegangenes Element zur Zeit des Lebens Christi, das wir nur in den rabbinischen Schriften, *[142]* dem Talmud p haben, wobey aber sehr zu unterscheiden ist, was einer früheren Zeit und was erst der Späteren gehört. Um aber dieß zu unterscheiden, muß das Ganze umfasst werden.

Nun haben wir also den Umfang von SprachKunden für das NT in dem Griechischen im Zusammenhang mit der griechischen Sprache überhaupt und in seinem Afficirtseyn von der Muttersprache der NTlichen Autoren im Zusammenhang mit den verwandten Dialekten. Hier kommt es nun wieder darauf an, das allgemein zu Fordernde und das was der Virtuosität angehört, zu sondern. Dieß §. 130 und 131.

§. 130. Hier wird anerkannt, daß dieser Umfang vieles der unmittelbaren Abzweckung des theologischen Studiums Fremdes in sich faßt. Ebenso klar ist, daß unmöglich Jeder dieses in seinem ganzen Umfange, und zugleich das was aus den andern Disciplinen für jeden nothwendig ist, zusammen besizen kann. Es wird also immer sehr Vieles geben, in Beziehung auf was sich der Theologe auf Andre verlassen muß, und da ist allerdings das Minimum nur dieses, was in einer unmittelbaren Verbindung steht mit der Abzweckung des theologischen Studiums, das muß von jedem Theologen gefordert werden. Es gab eine Zeit, wo, die eigentlichen Philologen ex professo ausgenommen, Niemand griechisch lernte als die Theologen. Da wurde das NT auf Schulen getrieben, und das NTliche Griechisch war es, was ein jeder zuerst auffaßte. Nun denken wir uns dieß ist eine glückliche Sache, da kam der Theologe frühe in sein eigentliches Gebiet hinein, und gar nicht in den Fall, daß vom Studium der classischen Schriftsteller wegen ihn das NT ganz fremd anmuthete, welcher fremde Eindruck nachtheilig ist. Es könnte also vortheilhaft scheinen, wenn man

dieß wiederherstellte, die Theologen gleich Anfangs ins NT führte, und
daneben etwa die griechischen KirchenVäter lesen ließe. Dieß ist auch
neulich gesagt worden, um die Gemüther nicht in das heidnische Wesen
hineinzuführen. Nur fragt sich: wenn uns das NTliche Griechisch nicht
fremd vorkäme, käme uns dann dasselbe richtig vor? Nein; man würde
dann gar nicht merken, daß es eine schillernde Sprache wäre, mit Aramäisch vermischt, und doch ist diese Anschauung die einzig richtige. So eng
also wollen wir die Grenzen [143] nicht ziehen, sondern wir wollen damit
zufrieden seyn, daß die griechische Ursprache schon feststeht in den
Theologen, wenn sie zum NTlichen Griechisch kommen. Nun fragt sich:
sollen wir da die Grenze ziehen, und sagen: hat einer die philologische
Richtung verfolgt, und kommt zum NTlichen Griechisch, wird von da
zur Bekanntschaft mit den griechischen Kirchenlehrern geleitet, und faßt
es in der LXX an, so bekommt er dadurch auch die Kenntniß vom AT
mit, und man könnte ihm dessen Grundsprachen doch erlassen. Nun soll
nicht gesagt werden, daß um der aus dem AT nicht aus der LXX
angeführten Stellen willen die ATlichen Grundsprachen erlernt werden;
aber wie wir sagen müssen, das NTliche Griechisch könnte einem nicht
fremd vorkommen, wenn es nicht mit dem classischen Griechisch verglichen werden könnte: so ist das Fremdvorkommen nur das Negative, das
Positive ist, daß es dem Theologen ⟨hebräisch⟩ hebraisirend vorkomme,
daß er wisse, wo dieses Fremdartige hingehöre. Sollte das Hebräische nur
als Liebhaberey betrieben werden, so werden die es betreibenden dasselbe
nur in seiner philologischen Vollständigkeit betreiben, und in ihrem Studium wäre das christliche Motiv nicht das herrschende; diese würden
am Ende die einzigen Richter seyn über das, was vom Standpunkt der
hebräischen SprachKunde aus geschlichtet werden muß. Dieß wäre eine
sehr schlimme Stellung; denn wenn ein ursprünglicher Theologe die
Richtung auf die semitischen Sprachen vorwiegend verfolgt, so entfärbt
er sich theologisch, und das christliche Interesse zeigt sich nicht in seinen
Untersuchungen. Allerdings muß es auch solche geben, aber auch Zwi-
schenstufen von solchen, die vom christlichen Interesse ausgehen und
doch, wenn auch nicht in dem ganzen Umfang in das Gebiet der orientalischen Sprachen sich einlassen; sonst gäbe es keine Vertheidigung gegen
die reinen Orientalisten. Daher ist es von großem Interesse daß die
Kenntniß der orientalischen Sprachen allgemeines theologisches Element
bleibe.

§. 131 ist nun das von jedem Theologen zu Fordernde angegeben:
Aus dem Elemente der Gräcität wird verlangt eine ⟨Vollständigkeit⟩
gründliche Kenntniß der griechischen Sprache in ihrer verschiedenen

Entwicklung. Es wird hinzugefügt die Beschränkung: vornämlich der prosaischen Sprache; denn in der griechischen Sprache ist der Unterschied zwischen der prosaischen und poëtischen Sprache besonders bedeutend. Auf der andern Seite ist es die Eigenheit des macedonischen Dialekt und auch des NTs, *[144]* daß hier Elemente in der Prosa vorkommen, die ⟨ ۱ ⟩ sonst nur in der Poësie gewöhnlich waren. Dieses ist nun miteinzuschließen.

Aus dem Elemente der orientalischen Sprachen ist aufgeführt die Kenntniß der beyden ATlichen Grundsprachen, des Hebräischen und Chaldäischen. Dieses Chaldäische ist zwar nicht dasselbe mit dem Aramäischen z Zt Jesu, aber der Unterschied ist mehr in Formen und Kleinigkeiten. Daher ist das Aramäische nicht besonders aufgeführt, sondern das Hebraisirende im NT lernt man aus jenen beyden Grundsprachen genugsam verstehen. Ohne die Kenntniß der Muttersprache der NTlichen Schriftsteller kann man sich keine richtige Vorstellung von dem Hergang beym Schreiben der NTlichen Schriften machen. Dabey muß man aber nicht blos an Hebraismen denken, an positive Elemente, die aus dem Hebräischen aufgenommen sind, sondern eben so an das Negative, daß bey der Armuth der hebräischen Sprache, zB an Partikeln, der Reichthum der griechischen nicht benuzt wird. Wir müssen uns nun da hineindenken und forschen, welche Partikel an dieser Stelle zB καὶ p vertritt. Wenn wir nicht wissen, wo diese Armuth herkommt, ergiebt sich eine ganz lose Art der Exegese.

Zulezt werden nun noch angegeben die Hilfsmittel zur Benützung der Leistungen der Virtuosen. Zuerst die Literatur des Fachs, nämlich die Werke der classischen Schriftsteller in dieser Sache, wozu eine Kenntniß von dem Standpunkt, der Befangenheit p des Verfassers gehört. Es ist im §. angegeben, daß es hier immer verschiedene Einseitigkeiten gegeben hat, einmal das Bestreben, die NTlichen Schriftsteller in Beziehung auf die Gräcität in die Nähe der classischen Autoritäten zu bringen; dieß Bestreben muß zu falschen Erklärungen führen. Andrerseits, weil ein sparsam bebautes Feld bey denjenigen die sich damit beschäftigen, einen besonderen Werth gewinnt, so wollen die Orientalisten die dieß auf die Theologie anwenden möglichst Alles auf unersättliche Weise aus dem Orientalischen erklären. Vom

§. 132. geht die Behandlung einer neuen Disciplin an, der Hermeneutik[16] oder Auslegungskunst. Hier muß zuerst auf das Allgemeine zurückgegangen werden, um daraus das Besondre abzuleiten. Hier ist die ganze Operation der Auslegung zurückgeführt auf den Begriff der *[145]* Kunst,

---

[16] *Das Wort* Hermeneutik. *steht zusätzlich auf dem Rand der Seite.*

und dadurch die Hermeneutik auf den Begriff der Theorie dieser Kunst. Hier ist aber der nicht ganz angemessene Ausdruck einer Theorie vermieden, und der alterthümliche, Technik = Kunstlehre gesezt. Eine Technik kann aber nur stattfinden, wo es eine Kunstleistung giebt, und 《als》 eine solche muß also das Verständniß einer Schrift seyn, wenn es darüber eine Kunstlehre geben soll. Wir sind nun aber gewohnt, die Auslegung als etwas anzusehen, was sich von selbst versteht. Wenn man aber davon ausgeht, daß ich einen Redenden und Schreibenden verstehe, das ist etwas was sich von selbst ergiebt, — nur dann und wann giebt es Schwierigkeiten: — dann sagt man, es kann sich nicht lohnen allgemeine Regeln des Verstehens zu geben, sondern nur die besondern Schwierigkeiten müssen unter allgemeine Gesichtspunkte gebracht und dafür allgemeine Observationen und Rathschläge gegeben werden, wie man diese Schwierigkeiten vermeiden kann. Dieß ist aber nur eine fragmentarische Empirie und entspricht dem Begriff der Wissenschaft nicht. Dennoch ist ein Hauptbuch in dieser Hinsicht Ernestis Institutio interpretis[17] nur eine Zusammenstellung gewisser Schwierigkeiten die häufig vorkommen, und Angabe von Verfahrensarten sie zu lösen. — In der That sind die Schwierigkeiten weit häufiger als man glaubt, und sie gehen bis in die gemeine Rede hinein. Bedenkt man wie leicht aus einer Erzählung in dem 2ten und 3ten ⌐Grad⌐ etwas ganz andres wird, ohne daß absichtliche Entstellung stattfindet, so kann man es nur ⟨als⟩ aus Mißverständniß erklären. Diese Mißverständnisse kommen besonders daher, daß man eine Rede in weiterem oder engerem Sinn nimmt. Bedenkt man nun, daß es fast keinen Saz giebt, der nicht diese quantitative Verschiebbarkeit hätte, so muß man sagen: es muß von vorn herein ⟨ein System⟩ auf verständige Weise aus der Natur des Sprechens selbst jene Kunstlehre abgeleitet werden, und ohne dieß sind alle einzelnen Observationen willkührlich.

§. 133. stellt die Bedingungen auf unter welchen es eine solche Technik geben kann, nämlich wenn die Observationen nicht vereinzelt sind, sondern ein System bilden, gegründet auf die Natur des Denkens und der Sprache. Es ist also dieser Sinn eines solchen Systems von Regeln, einer eigentlichen Disciplin, in welchem der Ausdruck [146] Hermeneutik hier genommen wird.

Auf das NT angewandt stoßen wir gleich auf eine ganz allgemeine Thatsache, nämlich daß es nicht leicht eine Sammlung von Reden und

---

[17] *Ernesti, Johann August, (1707—1781), führender Leipziger Philologe und Theologe, zu dessen Füßen auch Goethe saß. Seine Institutio interpretis Novi Testamenti (1761) war für die Entwicklung der wissenschaftlichen Hermeneutik von weittragender Bedeutung.*

Schriften in solchem Umfange giebt, über welche die Verschiedenheit der Meynungen über die Art wie es zu verstehen ist, größer wäre als bey dem NT. Sagt man nun, wenn sich die kirchlichen Lehren nicht so in das Spizfindige hineinbegeben hätten, was man doch Alles aus der Heiligen Schrift belegen wollte, wenn man beym Einfachen stehen geblieben wäre, so würde ⟨dies⟩ das Verständniß der Heiligen Schrift nicht so verschieden sich gestaltet haben. Man kann dieß zugeben, aber doch sagen, so wie die Sache nun einmal ist, kann man sich nicht anders herausziehen als durch die genauste Aufstellung der Regeln des Verstehens in Beziehung auf das NT.

§. 134. Ist dieß in Beziehung gesezt auf den Begriff des Kanon. Unsre protestantische Theologie kann keine Vorstellung vom Kanon zulassen, welche die Anwendung einer solchen Kunstlehre ausschließen könnte. Dieß ist wieder ein antikatholischer Saz, der eben deßwegen vorangestellt ist; denn in der katholischen Kirche ist alles dieß nicht so, weil hier eine authentische Auslegung des NTs aufgestellt ist. Sobald man nun eine solche Theorie annimmt als auf die Natur des Denkens und der Sprache überhaupt, näher auf die Natur einer bestimmten Sprache und eines bestimmten GedankenGebiets gegründet, so kann man nur diejenige Auslegung, welche hierauf gegründet ist, für geltend halten, es wird jeder, der diese Kunstlehre besizt, zum Richter aller andern. Daher kann man sagen, die katholische Kirche macht sich aus dieser Kunstlehre eigentlich nichts. Eigentlich aber schiebt sie sie nur zurück vom Kanon auf die authentische Interpretation des Kanon, denn diese muß selbst wieder verstanden werden, und kann es auf verschiedene Weise. Also die allgemeine Hermeneutik bleibt auch in der katholischen Kirche, die specielle NTliche Hermeneutik aber ist in ihr nur ein Luxus, weil sie keine kirchliche Anwendung finden darf.

§. 135. stellt eigentlich dieß auf, aber auf bestimmtere Weise, was vorher als Thatsache anticipirt wurde, daß nämlich die Auslegung des NTs besonderen Schwierigkeiten unterliege. Hier ist die Schwierigkeit auf [147] ihre hauptsächlichsten Elemente zurückgeführt, und gesagt sie liege theils im innern Gehalt theils in den äußern Verhältnissen. Das Leztre ist schon angegeben, daß nämlich die NTlichen Schriftsteller schrieben in einer Sprache die nicht ihre eigne war, in die sie sich erst hineingearbeitet hatten, und deren Kenntniß in ihnen nur beschränkt und unsicher war. Leztres ist angedeutet im Zusaze, wo es heißt, daß sie großentheils aus niederem Stand waren. Das Maximum vom Leben der Sprache liegt im mittleren Gebiet des Volkes, darüber und darunter giebt es nur Einseitigkeiten und Beschränkungen.

In Hinsicht des innern Gehalts aber hat es mit dem NT eine ganz eigne Bewandtniß; die Schwierigkeit liegt gerade in dem, worinn die normale Dignität desselben liegt, daß es nämlich die ersten Äusserungen eines erst in der Entwicklung begriffenen neuen intellectuellen Princips enthält, was also erst in die Sprache eindringt, und zwar durch relativ so unvollkommene Organe die größtentheils des Griechischen nur fähig waren im gemeinen Leben, und nur zum Theil ⟨es⟩ ihre Kenntniß des Griechischen aus der LXX erweitert hatten. Wenn ein neues Element des Denkens sich entwickelt, so muß die Sprache immer etwas Schwankendes haben, weil der Sprachgebrauch sich erst fixirt. Dieß Unbestimmte ist nun auf das Spätere als Norm anzuwenden, und deßwegen muß man es beim NT mit diesen Schwierigkeiten in der Auslegung besonders genau nehmen, sich nicht blos an einzelne Observationen halten, sondern an eine begründete Theorie der Auslegung.

§. 136 macht auf eine neue Schwierigkeit aufmerksam. Nämlich in Beziehung auf die kanonische Autorität ist das NT. Eins. Dieß leidet nun allerdings eine Beschränkung durch den alten Unterschied zwischen protokanonischen und deuterokanonischen Schriften, doch wir können die deuterokanonischen Schriften weglassen, die Sache bleibt doch dieselbe. In Beziehung auf die normale Dignität ist der Kanon ein Ganzes. Aber das NT. als Schrift betrachtet, so sind es doch Gedankenreihen von verschiednen Autoren, und nur sofern es von demselben Verfasser mehrere Schriften giebt so bilden diese ein Ganzes; weil aber die Regeln immer auch auf den Verfasser zurückgehen müssen, so zerfällt in Beziehung auf den hermeneutischen Gesichtspunkt das NT, und es ist nicht einerley, *[148]* Schwierigkeiten im NT lösen zu wollen aus einer andern Stelle des NTs, und eine Stelle eines klassischen Autors aus einer andern Stelle dieses Autors. Denn [daß] Paulus aus Paulus erklärt werden darf, dieß ist natürlich, aber ob Paulus aus Petrus, das ist noch sehr problematisch, da die Leute gar nicht immer einig gewesen sind.

Nun kann man entweder die Besonderheit des einzelnen Schriftstellers der Einheit des Ganzen aufopfern, aber auch umgekehrt, und zwischen diesen Gegensäzen verwirrt sich die Praxis, es entsteht die Aufgabe, diese Gegensätze ⟨zu⟩ richtig auszugleichen. Aus der Theorie der Inspiration ist dieß hervorgegangen, daß man sagte, auf das NT ist dieß nicht anwendbar, jede einzelne Schrift für sich zu behandeln; denn der eigentliche Autor ist der heilige Geist, und auf diesen Einen ist Alles zurückzuführen. Geht man dagegen von der rein philologischen Grundvoraussezung aus und wendet sie auf den Kanon an, so ist die Aufgabe, aus den ersten Äusserungen des Christenthums seinen Begriff finden. Nun als solche

Dokumente sind uns diese einzelnen Schriften überliefert worden. Was nun aber darinn Elemente zu dem reinen Begriff des Christenthums sind, dieß kann nur so ermittelt werden, daß man jede für sich behandelt. Widersprechen sie sich, so kann das Widersprechende nicht in das Christenthum gehören; wenn sie sich in Allem widersprächen, so könnte man gar nichts darinn festhalten. Aber ob das eine oder das andre der Fall sey, oder ob sie ganz übereinstimmen, kann erst als Resultat der Auslegung erfahren werden. Da dominirt also die Auslegung der einzelnen Schriften, und die Einheit ist erst Resultat und problematisch, wie sie dort Voraussezung ist. Nun müssen also Widersprüche entstehen, und wie man sich nur bald so bald so zwischen diesen Gegensäzen durchschlägt, so entstehen Verwirrungen. — Wäre das ganze NT e i n e Schrift, so würde diese Schwierigkeit nicht existiren, auch nicht, wenn aus dem Ganzen nur eine Schrift übriggeblieben wäre. Nun muß also hier ein Maß getroffen werden, und Principien aufgestellt, wie sich dieses Beydes gegen einander verhält. Dieß ist Sache der eigenthümlichen NTlichen Hermeneutik, und diese ist nun, als diejenige welche die Schwierigkeiten zu lösen hat,

§. 137 aufgestellt. Dabey ist die allgemeine Philologie vorausgesezt, und gesagt, daß die besondere NTliche [Hermeneutik] nur bestehen könne aus Modificationen der allgemeinen hermeneutischen Regeln, oder Anwendung derselben auf die eigenthümlichen Verhältnisse *[149]* der NTlichen Schriften. Die Natur der Sache bringt mit sich, daß die allgemeine Hermeneutik muß vorausgesezt werden; aber sehen wir auf den Thatbestand so ist sie als allgemeine Disciplin noch wenig behandelt, weil man voraussezte, das Verstehen verstehe sich von selbst, und besondere Regeln könne es nur geben in Beziehung auf besondere Schwierigkeiten. Daraus ergiebt sich, daß es zuerst besondere Observationen giebt, theils in Beziehung auf die Sprache und Grammatik, theils in Beziehung auf die Gedanken, also auf besondere Arten des Vortrags und der Gedankenverbindung. Daraus entsteht, daß wir für jede Sprache eine Menge von Specialhermeneutiken bekommen, zB eine juridische Special-Hermeneutik für die lateinische Sprache berechnet, welche dabey die Hauptsprache ist. Ebenso in jedem andern wissenschaftlichen Gebiet, wo dergleichen Schwierigkeiten vorkommen können und wieder auch in jeder Sprache. So von unten auf käme man zulezt erst auf die allgemeine Hermeneutik, aber schwerlich auf die rechte Weise, sondern sie würde eine immer leerere Abstraction, und die einzelnen Observationen sind unbegründet. Soll nun die NTliche Hermeneutik eine rechte Disciplin werden, so muß der umgekehrte Weg eingeschlagen werden, es muß eine allgemeine Hermeneutik geben, die nicht auf besondere Schwierigkeiten p sich bezieht sondern ganz allgemein

das Verhältniß eines Redenden und Hörenden zu Grunde legt. An eine
solche allgemeine Hermeneutik kann sich dann auch die NTliche anschließen, aber freylich nur sofern die griechische Grammatik, und die NTliche
Grammatik vorausgesezt werden. Wenn also von einer Encyclopädischen
Totalität aller theologischen Disciplinen die Rede ist, so kann die Sache
nur so gestellt werden, und der gegenwärtige Zustand muß als ein Uebergang von einzelnen Observationen zu einer eigentlichen Theorie angesehen
werden.

§. **138.** wird von dieser Voraussezung aus verfahren, und von einer
2fachen Form geredet, in welcher die NTliche Hermeneutik erscheinen
kann. Diese Duplicität ist im Zusaz weiter auseinandergesezt. Sie liegt in
der Natur der Sache, weil überall wo man es mit 2 Verhältnissen zu thun
hat, das eine dem andern subordinirt werden kann, oder das umgekehrte.
So hier. Wenn das Specielle dem Allgemeinen subordinirt wird, so ist
⌊das Gerüst⌉ der NTlichen eine allgemeine Hermeneutik, die in ihren
Hauptsäzen erscheint, und das Specielle erscheint nur in Form von Zusä-
zen, die Anwendungen des Allgemeinen sind. Das umgekehrte ist, daß
das Allgemeine vorausgesezt wird, aber die Organisation der Disciplin
⟨gleich⟩ auf den Bezug zum Kanon sich gründet, so daß dieselbe Organisation nicht angewendet werden [150] könnte auf eine andre Specialhermeneutik. Die erste Anordnung wird die natürlichste seyn, wenn die allgemeine Hermeneutik vollkommen ausgearbeitet ist. Denken wir uns aber
den geschichtlichen Gang der Sache wo man von einzelnen Observationen
ausgegangen ist, so ist für diese Zeit die leztre Gestaltung die natürlichste.
Doch sezt sie auch schon eine gewisse Geltung allgemeiner Principien
voraus, auf welche man sich berufen kann, ohne daß doch die allgemeine
Hermeneutik als vollständige Disciplin ausgebildet wäre.

Der 2te Theil des Zusazes betrachtet das Verhältniß dieser NTlichen
Hermeneutik zu der NTlichen Grammatik und Kritik. Dieses Verhältniß
ist ein vollkommen gegenseitiges, jede beruht auf der andern, und hat
auch wieder einen Einfluß auf die Fortbildung der andern. Die Hermeneutik beruht auf der Sprachkunde, denn der Hörende muß mit der Sprache
des Redenden bekannt seyn. Wie kommen wir aber zu der Bekanntschaft
mit einer fremden Sprache? Offenbar nur durch die Redeformen, so daß
die Grammatik auf der Hermeneutik beruht. Ebenso mit der Kritik.
Die höhere Kritik erst muß den Kanon constituiren, und die NTliche
Specialhermeneutik bekommt ihren Gegenstand, den Kanon, von der
Kritik. Fragen wir aber: welches sind die Angaben, wodurch die Authentie
einer Schrift constituirt wird, so ist dieß doch das richtige Verständniß

dieser und andrer Schriften, — und so beruht die Kritik auf der Hermeneutik.

§. **139.** hat es nun mit der Frage zu thun, ob es auch hier einen Unterschied zwischen Virtuosität und allgemeiner Kenntniß giebt. Es liegt schon in dem Bisherigen, daß diese Differenz hier als ein Minimum angesehen werden muß, weil es dabey auf Principien ankommt, wie bey der philosophischen Theologie; wobey es einen solchen Unterschied nicht geben kann weil jeder, der auf einem Gebiet selbständig seyn will, sich seine Principien selbst machen muß. Gilt nun dieß so ist die Differenz aufzuheben, und jeder muß es zu einer Virtuosität in der Hermeneutik bringen. Nämlich nicht in der Hermeneutik an und für sich, sondern nur mit ihrer Anwendung zugleich. Was wir in Beziehung auf diese Differenz bey der Grammatik und Kritik gesagt haben, das bleibt vollkommen stehen, aber die Virtuosität in der Hermeneutik muß dieß bedingen, daß wenn einem Theologen das nöthige Material von andern gegeben ist *[151]* aus Grammatik und Kritik, so muß er durch seine Auslegungskunst sich selbst eine genügende Auslegung bilden können. Die exegetischen Schwierigkeiten mögen seyn welche sie wollen; wenn mir aus dem Gebiete der Sprachkunde und Kritik alles gegeben ist, so muß ich eine Auslegung mir bilden können. Dieß streng genommen hieße: es müssen alle Differenzen in der Auslegung entstehen. Giebt es in der Hermeneutik selbst noch verschiedene Ansichten, so hat sie noch nicht ihre Vollkommenheit ⟨gewonnen⟩ erreicht. Ist nun dieß ein Ziel, welches wir uns in Beziehung auf das NT wirklich stecken können, daß wenn nur erst die Hermeneutik und [die] verwandten Disciplinen vollkommen sind, es von jeder NTlichen Stelle eine vollkommen sichre Auslegung gebe? Diese Frage ist zu verneinen, aber nur deßwegen, daß für gewisse Stellen das Material nicht vollkommen zu geben ist. Denn um sicher zu wissen, was sich einer bey einer Rede gedacht hat, muß ich den ganzen Zusammenhang seiner Vorstellungen kennen, sonst kann meine Auslegung nicht richtig seyn. So fehlt es uns in Beziehung auf die Stelle des Petrus über die Höllenfarth[18]

---

[18] *Vgl. 1. Petr. 3,19 f. Der Inhalt ist einmalig im N. T. Die Stelle handelt von einer Predigt, die Christus den Geistern im Kerker gehalten habe, die zu Noahs Zeit ungehorsam waren. In seiner Vorlesung „Einleitung in das Neue Testament", in der Strauß ebenfalls sein Hörer war, ging Schleiermacher unter dem Gesichtspunkt der Verfasserfrage darauf ein. Der Ansicht, es könne sich beim 1. Petrusbrief um ein dem Apostel untergeschobenes Schreiben handeln, trat er mit dem Argument entgegen: „Wer einen Brief als apostolisch unterschiebt, würde sich nicht auf eine so schlüpfrige Stelle gewagt haben, weil hier offenbar etwas ist, was in die gemein christliche Lehre nicht übergegangen ist, und sich als etwas Fremdes unter den neutestamentlichen Vorstellungen zeigt. Wer eine Schrift unterschiebt, vermeidet das Auffallende . . ." (Aus Strauß' Nachschrift dieser*

ganz an Material, weil wir keine verwandte Stelle finden. Dieß thut aber
der Bestimmung der Hermeneutik keinen Eintrag, sondern beruht nur auf
der Unvollständigkeit des Materials.

Der Zusaz enthält die Warnung, daß man nicht glauben solle, die
Meisterschaft der Auslegungskunst müsse sich in neuen Auslegungen
zeigen. Vielmehr laborirt die Auslegung des NTs daran, daß seine Ausleger
zu sehr auf neue Auslegungen ausgehen. Dieser Trieb verleitet oft zu ganz
unrichtigen Resultaten. Dieß hätte freylich nicht geschehen können, wenn
die Disciplin schon in vollkommener Ausbildung wäre, wodurch jeder
seine Einfälle als unrichtig erkennen würde. Allein bey dem unvollkomme-
nen Zustand ist dieser ⌐monitus⌐ sehr nachtheilig geworden, denn das
unnütze Material häuft sich dadurch ausser[ordentlich].

Lesen wir eine Schrift die schon vielfach ausgelegt ist, so kann der eine
sagen: ich will zuerst auf die andern keine Rücksicht nehmen; komme ich
allein zu Stande so sehe ich nach den andern, um zu sehen, wie sie geirrt
haben. Komme ich irgendwo nicht zu Stande, so ziehe ich die Erklärer
zu Rathe. Der andre kann sagen: ich will gleich von Anfang alle Ausleger
vergleichen, dann bekomme ich schon ohne Schwierigkeiten kurz *[152]*
ein Urtheil über die ⌐Commentationen⌐[19], und dieß kann mir bey schwierigen Stellen heraushelfen. Ein solcher Gegensaz muß sich aber durch eine
richtige Theorie der Hermeneutik auflösen.

§. 140. Ausser biblischer Sprachkunde, Kritik und Hermeneutik ist
noch etwas hieher Gehöriges übrig, was nicht ebenso wie jene, als besondere Disciplin gefaßt ist. Man kann diesen Theil den geschichtlichen
Apparat zur Erklärung des NTs ⟨ist⟩ nennen. Begründet ist die Nothwendigkeit dieser Disciplin so, daß gesagt wird, jede Schrift sey ein Theil
eines größeren Umfangs von Vorstellungen p. Jeder Schriftsteller empfängt
seine Bildung aus dem Kreise von Vorstellungen p seiner Zeit. Bey
gleichzeitigen Schriftstellern steht der Leser auch vollkommen in dieser
Totalität, und trägt die Bedingungen des Verständnisses schon in sich.
Denken wir einen gleichzeitigen Leser, der einer andern Sprache, also auch
einer anderen Bildungssphäre angehört, so muß er um die Schrift zu
verstehen, die Literatur des Fachs aus der anderen Sprache kennen. Da
muß sich schon einer fragen: kannst du auch die Schrift ganz verstehen?
Nun und dann liegt ihm ob, sich dieß herbeyzuschaffen. In viel größerem
Maßstabe tritt dieß ein bey einer größren Differenz der Zeit. Unter unsern

---

*Vorlesung, die sich im Deutschen Literaturarchiv Schiller-Nationalmuseum, Marbach a. N.,
befindet.)*

[19] *Andere mögliche Lesart:* Commentatoren.

deutschen Schriftstellern, selbst von lebenden, sind manche jezt nicht mehr so verständlich als früher. Tiecks Zerbino[20], ein satirisches Drama, voll von Anspielungen auf Schriften und Schriftsteller nebst ihren Verhältnissen in der Zeit wo das Buch erschien, wird jezt schon Vielen nicht mehr verständlich seyn ohne einen Commentar. Und weiter zurück wächst diese Nothwendigkeit eines solchen Commentars.

Die Bestandtheile sind: die Totalität der Vorstellungen, und der Lebensbeziehungen, d. h. der Begebenheiten des Schriftstellers wie des Publicums. Der Herausgeber eines alten Schriftstellers hat 2 Wege, wenn er nicht bey den Lesern alle diese Kenntnisse schon voraussezt, entweder er stellt dieses Alles voran, giebt ein Bild von den damals herrschenden Vorstellungen über den Gegenstand der Schrift und von den geschichtlichen lokalen Verhältnissen. Der andre Weg ist, daß er an jeder einzelnen Stelle die nöthige Erklärung giebt.

Der Z u s a z faßt die Sache in einer allgemeinen Formel zusammen durch eine Analogie, die vielleicht nicht gleich einleuchtet. Wenn es heißt, es sey dasselbe Verhältniß zwischen einer Schrift und den einzelnen Stellen derselben, zwischen einem ganzen Zeitalter und *[153]* einer jeden Schrift aus demselben, so ist die Sache die: ein einzelner Saz in einer Schrift ist oft gar nicht zu verstehen ohne vorherige Uebersicht des Ganzen, und daher ist es eine Maxime, daß man allemal mit einer solchen Übersicht des Ganzen durch cursorisches Lesen anfange. Dadurch vergegenwärtigt sich mir die Totalität der Gedanken des Schriftstellers, und ich kann hieraus das Einzelne erklären. Das Gesammtleben, zu welchem sich ein einzelner Schriftsteller verhält, ist immer die gesammte literarische Produktivität eines bestimmten Kreises in Beziehung auf die Schriften und von den Begebenheiten und Verhältnissen desselben Kreises. Nun ohne dieses Ganze zu kennen, kann man eine Schrift so wenig verstehen als einen einzelnen Saz ohne die Übersicht des Ganzen.

§. 141 sind diese Elemente in Beziehung auf das NT genauer aufgestellt, und gesagt es gehöre dazu die Kenntniß des älteren und neueren Judenthums. Diese Ausdrücke sind hier so genommen, daß das ältere Judenthum die ganze Zeit befaßt in welcher das AT versirt, nämlich bis zur Rückkehr aus dem Exil, wo ganz neue Verhältnisse und Gedankenelemente eintreten. Nun aber geht man immer auf das AT zurück, und es war, wenn auch streng genommen, nicht mehr ⟨einzelne⟩ einzige Quelle der religiösen Vorstellungen, doch dasjenige, womit alle anderen Elemente einstimmen

---

[20] *Tieck, Ludwig, Prinz Zerbino oder die Reise nach dem guten Geschmack. Ein Spiel in 6 Aufzügen, Leipzig/Jena 1799.*

mußten. Nun aber so populär wie das ganze öffentliche Leben Christi war, ist offenbar, daß ohne eine Kenntniß der bestehenden Verhältnisse des Judenthums man das NT nicht verstehen kann. — Zweytens ist namhaft gemacht die Kenntniß des intellektuellen und bürgerlichen Zustands in Palästina sowol als in den Gegenden, auf welche sich die NTlichen Schriften beziehen. Da sie sich nun alle auf Theile des römischen Reiches beziehen, so findet hier eine gewisse Abgrenzung statt. Dieß leztere bezieht sich auf die Verhältnisse derer, ⟨die⟩ an die diese Schriften, besonders die praktischen gerichtet waren.

Nun sind im Zusaz die Hilfsmittel an die Hand gegeben, um zum Besiz dieses geschichtlichen Apparats zu gelangen. Da steht das AT voran, und wir werden sagen: wenn auch die ATlichen Bücher nicht mit den NTlichen als Bibel eins wären, so müßten sie doch allen denen, die zu einem kunstmäßigen Verständniß des NTs gelangen wollen, immer zur Hand seyn. Dieß hat eine doppelte Beziehung, einmal die direkte Beziehung auf Stellen in ATlichen Schriften, oder auf Geschichten aus dem AT. Allein dieß ist nur einzelnes; die Hauptsache ist *[154]* das Bild, welches man sich nur aus dem AT machen kann von einer uns ganz fremden Denkweise, nämlich von der theokratischen. Dieses Ineinander des Religiösen und Politischen, wer dieß nicht lebendig gefaßt hat, der wird im NT oft falsch greifen weil der Gedanke im NT ganz anders würde ausgedrückt worden seyn, wenn nicht die Verfasser in dieser theokratischen Richtung einheimisch wären.

Als das 2te sind angeführt die ATlichen und NTlichen Apokryphen. Die ATlichen sind von größerer Wichtigkeit als die NTlichen. Denn jene sind für uns die nächste Quelle zur Kenntniß des neueren Judenthums. Sie sind meist alle aus der Zeit nach dem Exil und geben uns die Richtung an, welche die religiösen und moralischen Vorstellungen seit dieser Zeit genommen hatten, sie enthalten die Vorstellungen, welche als Produkte der späteren Schicksale des Volkes in das allgemeine Leben übergegangen waren. Wenn auch die NTlichen Schriftsteller diese Schriften nicht alle kannten, so sind doch die herrschenden Vorstellungen, welche sie bey ihren Lesern voraussezen, in diesen Schriften niedergelegt, und sie tragen in sich eine gewisse Vorahnung des kanonischen sowohl als apokryphischen NTlichen. — Es sind noch hinzugefügt die späteren jüdischen Schriftsteller, die talmudische und rabbinische Literatur, und dann die Geschichtsschreiber und Geografen die es mit der NTlichen Zeit und Gegend zu thun haben. Alles Frühere hat am meisten eine allgemeine Beziehung, dieses eine speciellere. Was die späteren jüdischen Schriftsteller betrifft, so müssen sie gebraucht werden — allerdings als Spätere können sie nicht unmittelbar das Frühere erläutern; aber man muß unterscheiden das Spätere sofern es wirklich erst ein später gewordenes ist, und sofern es dem Wesen nach noch dasselbige Frühere ist. Es sind in diesen späteren Schriften frühere Lehrer angeführt, und überhaupt giebt es in der jüdischen Literatur ein unveränderliches Element, nämlich die παραδόσεις τῶν πατέρων. Alles Antipharisäische in den Reden Christi kann nur verstanden werden aus diesen das Ältere in sich schließenden späteren Produkten. — Wenn man nun sagt wie im Zusaz noch steht, diese Schriftsteller müssen, auch in ihrer Grundsprache, kritisch und hermeneutisch verstanden werden, so ist dieß Gegenstand der Virtuosität. Der biblische Orientalist der soll diese Schriften so behandeln, aber im Allgemeinen kann man es nicht allgemein verlangen. Hier müssen sich also die Theologen überhaupt auf die Virtuosen verlassen. *[155]* Aber jeder hat Gelegenheit, sich im Allgemeinen mit den Auszügen aus jenen Schriften bekannt zu machen, und dieß ist allgemein zu fordern.

§. 142. macht aufmerksam auf den gegenwärtigen Zustand dieser Disciplin, indem gesagt wird, es sey weder die Vollständigkeit, noch die Richtigkeit vollkommen erreicht. Ein wenig bearbeitetes Feld wird leicht Sache einzelner Liebhabereyen, und dadurch der Ueberschätzung. Man will sie als ErklärungsMittel auch da gebrauchen, wo sie nicht nöthig sind. Dieß betrifft nicht nur einzelne Stellen, sondern es kann auch leicht begegnen, daß aus diesem Lectus späterer jüdischer Schriftsteller offenbar spätere Elemente, und aus christlichem Einfluß entstandene Vorstellungen dargestellt werden als frühere, und als hätte das Christenthum sie erst aus diesen jüdischen Schriften genommen.

§ 143. ist die Folgerung gezogen, daß dieses ein Gebiet ist, in welchem noch viel zu thun ist. Da ist also nothwendig, einerseits daß sich immer noch eine Zahl von Theologen hinwenden um die ⌞Virtuosen⌝[21] des Fachs zu vergrößern, Neues zu eruiren; aber dann ist auch nothwendig, daß jeder nun auch auf die rechte Weise das Gegebene benutzen könne. Nämlich in solchen Forschungen ist allemal, je vollständiger [sie] sind, um desto leichter Richtiges von Falschem zu scheiden. Sobald noch eine Unvollständigkeit da ist, ist dieß viel schwerer, und also ist auch für den, der nicht die ⌞Virtuosen⌝[22] vermehren will, eine besondere Aufmerksamkeit nothwendig auf den richtigen Gebrauch der schon vorhandenen Hilfsmittel.

---

[21] *Andere mögliche Lesart:* Virtuosität.
[22] *Andere mögliche Lesart:* Virtuosität.

Der Zusaz weißt diesem Gegenstande noch eine andre Stellung an, indem er sagt, diese Leistungen gehen auch in die Apologetik zurück. Dieß ist nicht zu verwundern, da alle Theile der Theologie durch einander bedingt sind, und so muß auch die Apologetik einen Theil ihrer Materialien aus den Resultaten dieser Forschungen hernehmen, wie wohl diese nur hier in ihrer Vollständigkeit aufgeführt werden können.

§. 144 handelt davon, wie dieser geschichtliche Apparat bey dem gegenwärtigen Zustand der theologischen Wissenschaft vertheilt ist, indem von dem was sich zum GemeinBesiz eignet gesagt wird, es sey in 3 Titel vertheilt: jüdische Alterthümer, christliche Alterthümer, und Einleitung ins NT. Der leztre Name ist eigentlich dem andern: geschichtlicher Apparat gleichgeltend, denn jeder versteht darunter das, was gegeben seyn muß, *[156]* um dem Studium des NTs bey zu kommen. So ist aber der Name noch weitschichtiger, denn da würden auch Sprachkunde, Kritik und Hermeneutik darunter begriffen seyn. In dieser Allgemeinheit muß man sich den Namen zuerst erklären, um zu finden, wie gerade das davon übrig geblieben ist was der Name jezt bedeutet. Nämlich es giebt einiges Allgemeine, das so vorausgegeben seyn muß, daß man denkt, es kann von einem Studium des NTs nicht die Rede seyn ohne dieses, dazu gehören SprachKunde und Hermeneutik, (welch leztre noch einen andern Ort hat, indem die Principien der Hermeneutik jedem literarischen Studium vorangehen müssen). Wenn wir nun von der NTlichen Sprachkunde die kritische Geschichte sondern, so kann man freylich nicht erwarten, daß sich Jemand die eigenthümliche NTliche Sprache 《sich》 eher aneigne, als ⟨daß⟩ er den Entschluß faßt sich mit dem NT zu beschäftigen. Mit der Kritik ist es ein ähnlicher Fall. Ausser der im Allgemeinen vorauszusezenden Hermeneutik scheinen also die NTliche Grammatik und Kritik in die Einleitung ins NT [zu] gehören. Beantwortet man diese Frage aus der Natur der Sache, so muß man sagen nein, sie gehören nicht dazu, sondern müssen eigene Wissenschaften bilden. Betrachtet man aber den gegebenen Zustand, so gilt es von der Kritik, daß sie immer noch in der Einleitung pflegt behandelt zu werden, weil sie noch nicht als eigene Disciplin ausgebildet ist. Aber man muß sie suchen von der Einleitung in das NT zu lösen. Die SprachKunde sieht man eher als eigene Disciplin an, aber mehr nur sofern man die griechische und hebräische Grammatik voraussezt, so daß man sich die NTliche Grammatik aus beyden construiren könne. Aber es ist schon etwas ganz andres 2 Sprachen inne haben, und ihre idiotischen Vermischungen construiren zu können; die sich hier ergebenden Vermischungen folgen nicht geradezu aus dem Begriff der Zusammenwerfung zweyer Sprachen. Zur Einleitung ins NT gehört also Alles was dem Verständniß des NTs vorausgesezt wird, und entweder noch nicht als eigene Disciplin behandelt ist, oder sich gar nicht zu einer solchen Behandlung eignet.

Daß nun die jüdischen Alterthümer zu dem geschichtlichen Apparat gehören erhellt aus § 141. Aber nicht ebenso erhellt: wie die christlichen Alterthümer hieher gehören, als ob das Frühere aus dem Späteren sollte erklärt werden. Christliche Alterthümer sind eine Zusammenstellung aller Notizen von den ersten Zuständen der christlichen Kirche und den *[157]* ersten Anfängen der christlichen Kirche in all ihren Beziehungen, wie sie jezt noch ist. Da ist freylich der Ausdruck von weitem Umfang. Betrachten wir ein Werk wie das von Augusti[23], so geht das bis in ziemlich späte Zeiten herunter. ZB bey der Geschichte der Feste kommen solche vor die erst im MittelAlter entstanden sind. Dieß ist eine weitere Bedeutung des Ausdrucks Christliche Alterthümer, hier ist [darunter] blos verstanden eine Sammlung von Notizen über die erste christliche Kirche. Dieser unbestimmte Ausdruck begrenzt sich durch den andern: Apostolisches Zeitalter. Man kann ihn aber auch weiter fassen, und auf die Zeit beziehen vor [der] öffentlichen Anerkennung des Christenthums. Wie sich nun diese Alterthümer zur Erklärung des NTs verhalten, so sind alle anderweitigen Notizen über den Zustand der ersten Kirche Parallelstellen zu ähnlichen im NT, wo sich besonders in den Apokryfen vieles findet, was eine Kenntniß von dem Zustand der Gemeinde voraussezt.

Nach dem Zusaz wird in der Einleitung ins NT vieles vermißt, was noch hineingehört. Dieß ist schon §. 140 angedeutet durch den Ausdruck: man müsse im Zusammenhange seyn mit dem Kreis der Vorstellungen, woraus eine Schrift hervorgegangen. Dazu enthalten allerdings die jüdischen Alterthümer zum Teil die Materialien, denn die Vorstellungen des neuern Judenthums sind ja diejenigen, auf welche sich die NTlichen Schriften beziehen. Allein gewöhnlich pflegen die jüdischen Alterthümer diese ideale Seite weniger zu behandeln als die reale. Wo man es «jenes» noch am meisten findet, das ist in gewissen Behandlungsweisen der Dogmatik, nämlich von dem Standpunkt der Einheit der Bibel aus, wo [man] auch die Lehre in den 2 Testamenten als eins ⟨ohne⟩ ansieht. Da läßt sich nun aber doch unterscheiden eine ATliche und NTliche Dogmatik und in jener eine des älteren und des neueren Judenthums. Hier müssen sich also die betreffenden religiösen und moralischen Vorstellungen finden.

---

[23] *Augusti, Johann Christian Wilhelm, (1772—1841), schrieb: Denkwürdigkeiten aus der christlichen Archäologie, Leipzig 1817—1831. 12 Bände; Lehrbuch der christlichen Alterthümer, Leipzig 1819.*

Die Schluß§§ handeln dann noch einmal theils von dem, was noch zu thun ist, theils vergleichen sie ⟨von⟩ das Gefundene noch einmal mit der Grundidee der theologischen Disciplinen. Von dem ersteren handeln

§. 145 und 46, indem der erste auf den noch mangelhaften Zustand der exegetischen Theologie aufmerksam macht. Schon daraus, daß wie wir gesehen haben, einige exegetische Disciplinen erst seit kurzem wissenschaftlich behandelt werden, läßt sich *[158]* erwarten, daß die Aufgabe noch nicht völlig gelöst sey. Wenn wir betrachten, wie groß die Verschiedenheiten in der Auslegung des NTs sind, so folgt von selbst, daß der Zustand noch nicht ist wie er seyn soll. Denn wären Hermeneutik, Grammatik und geschichtlicher Apparat vollkommen vorhanden, so wäre dieß nicht möglich. Freylich ist das NT hier in einem ganz eignen Fall; weil nämlich unter den Christen eine so große Verschiedenheit der Meynung ist und doch alle aus dem NT sich begründen wollen, so erscheint die Auslegung des NTs als ein beständiges Gefecht verschiedener Parteyen. Nun können nicht alle Recht haben, sondern entweder nur die einen Recht und die andern Unrecht oder alle Unrecht. Wenn aber hiebey entschieden werden soll, so kann es nur durch Ausbildung jener Disciplin [geschehen]. Je klarer die hermeneutischen Gundsäze ausgebildet sind, desto mehr muß sich alles Gezwungene von selbst ⟨künstlich⟩ kenntlich machen. Weil dieß noch gar nicht so ist, so muß es mit der Ausbildung jener Disciplin noch nicht richtig stehen. Ebenso werden oft, um eine Erklärung zu begründen, ganz falsche grammatische Voraussezungen gemacht, und da ist es schon ein unvollkommener [Zustand], wenn dieß nicht gleich so auffällt, daß es keiner wagen kann.

Der Zusaz macht das Zugeständniß, daß eine gewisse Unvollkommenheit der Lösung immer bleiben wird, nämlich in kritischer Hinsicht daß es gewisse Stellen gebe, wo man nicht mit Sicherheit die ursprüngliche Lesart finden kann. Dieß sind alle diejenigen Stellen, wo keine der vorhandenen Lesarten zu ertragen, und nur durch Conjecturen zu helfen ist. Die 2te unlösbare Schwierigkeit ist eine exegetische. Ihren Grund darf diese nicht an der NTlichen Hermeneutik liegen [haben], denn diese muß sich vollkommen klar ausbilden lassen, sondern er liegt einmal an der Unvollkommenheit der NTlichen Grammatik das Lexikalische miteingeschlossen, daß es nämlich gewisse seltene Ausdrücke giebt die sich nicht vollkommen genau umschreiben lassen; ferner liegt es an der Unvollkommenheit des geschichtlichen Apparats. ZB. 1 Cor 15. von dem Taufen ὑπὲρ τῶν νεκρῶν[24] ist nicht sicher zu erklären weil wir das Datum nicht kennen, worauf sich die Stelle bezieht.

---

[24] *1 Korinther 15, 29.*

§. 146 ist die Art und Weise der Fortschreitung der Disciplin der exegetischen Theologie bezeichnet. Unter Hilfskenntnissen ist hier Alles das zu verstehen, was dem Geschäft der Auslegung selbst zu Hilfe kommt, also Alles was in diesem Titel behandelt worden ist. Da ist nun eine 2fache Aufgabe. *[159]* Alle diese Disciplinen können in Beziehung auf das Material noch vervollständigt werden. ZB für die NTliche Grammatik sind die LXX noch nicht gehörig benutzt. Beym geschichtlichen Apparat versteht sich dieß von selbst. Die 2te Aufgabe ist das Verwandeln der Vorarbeiten in GemeinBesiz. Hier sind wir in demselben Maße noch zurück, als die eigentlichen Disciplinen noch nicht recht bearbeitet sind. Das ist nämlich die alte philologische Praxis, daß die meisten dieser Disciplinen in ⟨den⟩ einzelne Observationen sind zerstreut gewesen; erst hieraus sind diese Bemerkungen allmählig in die Grammatik gekommen, welche, als für den ersten Unterricht berechnet nur die allgemeinsten Regeln enthielt, während die feineren Observationen nur in der Erklärung der Schriftstellen selbst gegeben wurden. Jezt nun hat die griechische Grammatik schon sehr vieles davon in sich aufgenommen, und dieß ist GemeinBesiz, denn ein solches Corpus der SprachDoctrin kann sich jeder aneignen. Wenn aber jeder an die einzelnen Observationen und Conjecturen verwiesen ist, da ist der ZeitAufwand viel zu groß. Daher ist es ganz wichtig, daß die philologischen Disciplinen aus jenem Zerstreuten Zustande vollends herauskommen müssen. Dasselbe gilt von der Kritik, welche auch noch nicht gehörig als Disciplin behandelt ist. Etwas mehr sind hier die Sachen geordnet durch die Prolegomenen der verschiedenen Editionen. Aber die Principien, welche über die Ansichten dieser Kritiker entscheiden sollen, sind noch nicht gegeben. Mit der Hermeneutik hat es dieselbe Bewandtniß, denn da steckt noch fast Alles in Observationen und auch die meisten Lehrbücher haben überwiegend diesen Charakter.

Die beyden lezten §§. handeln nun von dem 2ten, was angegeben wurde, sie vergleichen nämlich das ganze exegetische Geschäft mit den 2 Grundelementen der Theologie. Der eine sagt, was würde wohl der Fall seyn, wenn das eine Element fehlte, der andre, wenn das andre Element fehlte.

§. 147. Wenn das religiös christliche Interesse fehlte, so könnte die Behandlung des Kanon nur eine antichristliche seyn. Dieß ist eine Warnung vor solchen Elementen, die einen solchen antichristlichen Charakter an sich tragen. Nämlich eine Beschäftigung mit dem NT muß denjenigen der kein Interesse am Christenthum hat, langweilen, weil seinem wissenschaftlichen Werth nach Alles viel zu unbedeutend ist. Was aber langweilt dabey bleibt man nicht. Wenn nun einer dabeybleibt ohne Interesse für das

Christenthum, so muß er ein entgegengeseztes Interesse haben. Damit ist nicht gesagt, daß man solche Schriften vermeiden solle. Wenn wir zurückgehen *[160]* zu den französischen und englischen Gegnern des Christenthums so haben sie die Schwäche der damaligen Behandlungsweise des NTs gut aufgedeckt; sie können also nüzlich werden, wenn man einmal weiß was ihr eigentliches Interesse ist, und sich so gegen die falschen Resultate zu schützen weiß.

Die beyden lezten §§. enthalten eine Beziehung auf unsre theologische Literatur. Es hat seit dem vorigen Jahrhundert sich in der deutschen Kirche eine naturalistische Richtung festgesetzt, wie sie in England und Frankreich ausser der Kirche war. Die ersten Producte sind die Bahrdt-schen[25] Sachen. Nun liegt auch hier dem Irrthum eine Wahrheit zu Grunde, selbst bey den atheistischen Schriften war die richtige Polemik gegen ganz falsche Vorstellungen von Gott, und bey den antichristlichen gegen eine ganz unhaltbare Behandlungsweise der christlichen Urgeschichte. Da gebührte es nun den Theologen, das wahre vom falschen auszuscheiden, und so hätte dieß für die Theologie nüzlich werden müssen. Daß aber die naturalistische antichristliche Richtung in der Kirche Plaz nahm, als Theil der theologischen Literatur, dieß ist eine Erscheinung, vor der man warnen muß. Wenn nämlich Christus ganz auf dieselbe Ebene mit allen andern Menschen gestellt wird, so daß jeder Richter über ihn ist, dieß ist nicht mehr das Christliche. Nun giebt es freylich eine Menge von Uebergängen, man kann zB in einem gewissen Sinne wohl von der Paulusschen[26] Behandlungsweise sagen, daß ihr ein ähnliches Princip zu Grunde liegt, aber es bleibt doch ein Anhalten an Christum stehen. Aber dazwischen liegt eine große Masse von theologisch seyn wollender Literatur, in welcher dieses antichristliche Princip mehr oder minder sich zeigt. Da läßt sich nun kein andrer Kanon aufstellen, als der, wenn bey einer Schrift über den Kanon sich kein Interesse f ü r das Christenthum nachweisen läßt, so muß man sich vor den Resultaten hüten, weil sie nur aus einem entgegengesetzten hervorgegangen seyn können. Ein entgegengesezter Auswuchs ist

§. 148 bezeichnet. Es ist natürlich in unsrer Zeit, wo die Scheidewand zwischen Gelehrsamkeit und allgemeiner Bildung gefallen ist, daß ein Theil von jeder Wissenschaft in das gemeinsame Gebiet ist hineingezogen worden. So auch in der Theologie. Es hat immer neben der theologischen

---

[25] *Bahrdt, Karl Friedrich, (1741–1792), protestantischer freigeistiger Theologe und Schriftsteller, der durch Leben und Schriften Anstoß erregte, im Konflikt mit dem preußischen Staat zu Festungsarrest verurteilt wurde und als Gastwirt bei Halle starb.*

[26] *Paulus, Heinrich Eberhard Gottlob, (1761–1851), Haupt des theologischen Rationalismus.*

Literatur eine ascetische gegeben. In den patristischen Zeiten waren beyde bis auf einen gewissen Grad eins; die eigentlich historische Forschung besonderte sich bald, aber die dogmatische und exegetische waren so, daß das Ascetische und Wissenschaftliche eins war, auf umgekehrte Weise. Im Dogmatischen hob sich *[161]* das Wissenschaftliche aus dem Ascetischen hervor, im Exegetischen waren diejenigen die die Schrift in den Versammlungen auszulegen hatten, Wissenschaftliche, aber weil keine Differenz der Sprache vorhanden war, so weit in der abendländischen Kirche nicht doch Rekurs genommen wurde, so wurde das ⟨Ascetische⟩ Wissenschaftliche ascetisch. Mitten in der homiletischen Behandlung trat das Kritische und wissenschaftlich Hermeneutische hervor. Aber sobald dieser Zustand aufhörte, hat sich Beydes auch getrennt. Eine Zeit lang war das Wissenschaftliche zurückgedrängt aus Unwissenheit, sobald aber dieses aufhörte gieng auch die Unterscheidung an, und diese finden wir gleich von der Reformation an. Nun aber ist wieder eine Vermischung eingetreten, und es will Vieles sich geltend machen auf dem theologischen Gebiet, was doch nur ein ascetisch gültiges Fundament hat, nämlich das Interesse für den christlichen Glauben mit allgemeiner Mittheilungsseligkeit verbunden. Aber für das theologische Interesse gehört philologische und ⟨wissenschaftliche⟩ kritische Bildung, und es ist eine Anmaßung, wenn aus guter Meynung die Ascese sich will geltend machen auf dem wissenschaftlichen Gebiet, und kann nur Verwirrung anrichten.

Diese beyden Auswucherungen sind reine Gegensäze, daher hier zusammengestellt. Sie sind gegenwärtig beyde reich ausgebildet, und es ist von Wichtigkeit sie kenntlich zu machen. Es giebt viele Männer, die durch einen löblichen Eifer für den christlichen Glauben angetrieben worden sind, theils der Form nach wissenschaftliche Untersuchungen auszuführen theils in die wissenschaftliche Laufbahn [sich] zu werfen ohne gehörige Vorbereitung, und dieß giebt sich immer durch Akrisie kund. Ebenso auf der andern Seite kann man leicht durch den wissenschaftlichen Charakter solcher Werke irregeführt werden, bey welchen man das eigentliche Motiv nur bemerken kann durch den Gegensaz zwischen der religiösen Auffassung und einer blos fremden Behandlung des Gegenstands. In der lezteren liegt immer ein Interesse gegen das Positive des Christenthums verborgen.

Es ist noch über ⟨das⟩ die Methodologie des exegetischen Studiums etwas zu sagen, wie sie jezt nothwendig ist.

1)[27] Dafür ist gesorgt, daß es nicht leicht einem Theologen an philologischen Vorkenntnissen fehlt. Freylich ist beym Anfang des academischen

---

[27] *Der* 1) *folgt keine* 2).

Studirens noch nicht Alles vorauszusezen. Aber auch auf der Universität werden Kritik und Hermeneutik als ⟨L 1⟩ allgemeine philologische Disciplinen nicht gelehrt. Hier ist also ein Mangel. *[162]* Auch mit der besonderen theologischen Kritik und Hermeneutik ist es so, daß diese Disciplinen selten als solche vorgetragen werden. Es muß daher ein Weg des Privatstudiums gezeigt werden. Die gewöhnliche Praxis auf unseren Universitäten ist, daß diejenigen Lehrer, die sich mit der Auslegung beschäftigen, einen Cursus über das ganze NT lesen, wo diese Bücher nacheinander exegetisch behandelt werden. Dieß ist nicht nur überflüssig, sondern verderblich, weil es zu sehr von aller eigenen Thätigkeit bey Auslegungen abzieht und kaum geschehen kann, ohne ein jurare in verba magistri zur Folge zu haben. Denkt man sich nun den zwar geringen Umfang des NTs, aber auch den hermeneutischen Zustand desselben, und die Sache soll in 4 Semestern vollendet werden, so kann keine Gründlichkeit stattfinden. Man bekommt freylich einen Auszug aus den Resultaten der Exegese, aber einmal nur aus dem Standpunkt des Lehrers, und dann ist dasselbe jezt auch in Schriften zu haben. Exegetische Vorträge also wollen wirklich interpretirt werden, können ⟨also⟩ nur dann nützen, wenn sie wirklich genetisch sind, d. h. daß man die Art, wie dem Exegeten ⟨die⟩ seine Ansicht entstanden ist, sieht, damit der Prozeß zur Anschauung kommt. Dieß ist der einzige Ersaz für die mangelnde Disciplin der Hermeneutik. Denn bey Darstellung jenes Processes muß auf die Principien Rücksicht genommen werden, und so wird die Exegese eine praktische Darlegung der Principien der Hermeneutik. Dabey müssen dann nicht gerade alle wirklichen, aber alle möglichen Erklärungen zur Sprache kommen.

Mit der Grammatik sind wir seit Winer[28] um ein Gutes weiter. Der zweckmäßige Gebrauch derselben ist aber nicht, daß man sie bey schwierigen Stellen zu Rathe zieht, sondern auch wo keine Schwierigkeit ist. In jenem Fall sucht man nur, unter welchen Ort hat der Grammatiker diese Stelle gestellt? Dieß giebt aber keine grammatische Uebersicht.

Was die Kritik anbetrifft, so ist der Fall auch der, daß die Disciplin noch nicht als solche behandelt wird. Die höhere Kritik kommt größtentheils vor in der Einleitung ins NT. Die Wortkritik scheint jezt mehr als billig vernachlässigt zu werden. Es gehört freylich im NT eine Kenntniß der Handschriften und ihres Werthes dazu. Diese sind aber immer in den

---

[28] *Winer, Johann Georg Benedikt, (1789—1858), schrieb „Grammatik des neutestamentlichen Sprachidioms als sichere Grundlage der neutestamentlichen Exegese bearbeitet". 1. Aufl. 1822; 7. Aufl. 1867.*

Prolegomenen der kritischen Ausgaben zu finden von Wetstein, Griesbach[29], *[163]* und in der Abhandlung von Lachmann in den Theologischen Studien[30]. Daraus muß sich jeder seine kritischen Ansichten bilden. Wenn nur bey einzelnen exegetischen Stellen von Wortkritik die Rede ist, so kann keiner sich ein Urtheil bilden.

---

[163]
Zweyter Abschnitt.
Die Kirchengeschichte.

Der Zusammenhang ist dieser: auch das Kanonische in seinem historischen Zusammenhang fällt ganz der KirchenGeschichte anheim, und die exegetische Theologie hat es mit demselben nur in einer andern Beziehung zu thun. An die Kirchengeschichte schließt sich dann die Darstellung des gegenwärtigen Augenblicks an, welche dieselben Elemente enthalten muß. Also umfaßt die Kirchengeschichte zu gleicher Zeit, aber nur in andrer Form, den Stoff der exegetischen Theologie und des 3ten Abschnitts, der KirchenGeschichte gehört beydes an sofern es in seiner historischen Gestalt betrachtet wird in seinem Entstandenseyn aus dem Früheren. Darauf bezieht sich auch die Erklärung

§. 149, daß die KirchenGeschichte das Wissen sey um die ganze Entwicklung des Christenthums seit es sich als geschichtliche Erscheinung festgestellt hat. Wann ist dieß? Man kann sagen, sie fängt an mit der Geburt Christi, man kann aber auch sagen: mit dem Pfingstfest. Das Christenthum als Gemeinschaft war beym Leben Christi noch nicht, das Zusammenseyn Christi mit seinen Jüngern war noch nicht das der christlichen Kirche, es hörte auch mit seinem Tode auf.

§. 150 giebt die Elemente der eigentlich geschichtlichen Betrachtung an. Die einen mehr in Beziehung auf das im 1ten Abschnitt behandelte, die 2ten mehr in Beziehung auf das, was wir Abschnitt 3 behandeln werden. Wenn nämlich gesagt wird, jede geschichtliche Masse lasse sich betrachten als ein untrennbares Werden, so erscheint alles aus jenen ur-

---

[29] *Wet(t)stein, Johann Jakob und Griesbach, Johann Jakob, s. o. Anmerkung 13 (S. 117).*

[30] *S. o. Anmerkung 14 (S. 119). Die Abhandlung „Rechenschaft über seine Ausgabe des Neuen Testaments von Professor Lachmann" erschien in: Theologische Studien und Kritiken 1830, 817–845.*

sprünglichen Äusserungen hervorgegangen; wenn wir aber sagen, jede
geschichtliche Masse läßt sich betrachten als ein aus unendlich vielen
Einzelheiten bestehendes, so ist dieß das Isoliren. Man kann den geschichtlichen Verlauf in jedem Moment hemmen, und dann bekommen wir den
Moment in der ganzen Breite seines Gegenstandes, und dieß ist dann
diejenige Behandlung wie sie im 3ten Abschnitt vorkommt, eine solche
kann man von einem jeden Moment machen. Wenn nun gesagt wird, die
ächtgeschichtliche Behandlung sey das Ineinander von Beydem, so ist klar,
wie die eigentlich geschichtliche Betrachtung nur in einer Approximation
[164] erreicht werden kann, denn sie besteht aus entgegengesezten Operationen, welche mit einander zu combiniren sind, was nur in einer unendlichen Reihe geschehen kann.

Der Zusaz führt dieses selbige auf eine andre Weise weiter, indem er
sagt, wenn man das erste Element isolirt, so bekommt man gar keine
bestimmten Thatsachen, sondern nur das Princip des Ganzen, denn das
ist das Eine Seyn und Thun in seiner Beweglichkeit angeschaut; die
bestimmten Thatsachen entstehen nur durch das Fixiren des Moments. Da
wird nun aber im 2ten Saze des Zusazes gesagt, aus dem 2ten entstünde
nur die Aufzählung der Zustände in ihrer Verschiedenheit, worinn nicht
auch die Identität des bewegenden Princips liegt. Nun aber ist ein Seyn oder
Thun nur dann geschichtlich dargestellt, wenn dieses Beydes dargestellt ist;
denn ich habe die Thatsachen nur wenn ich den Impuls habe, und ich
habe auch das Ganze nicht klar ausser wenn die Differenz der Zustände
in Betracht kommt. Also ist beydes ein historisches Element, die historische
Darstellung aber eine Zusammenfassung von beyden. Dieß giebt den 3ten
Saz des Zusazes ab in einer doppelten Form, weil sich ein absolutes
Gleichgewicht 2er Elemente nicht denken läßt, sondern nur eine verschiedene Unterordnung. Hier werden diese beyden Formen aufgestellt 1) das
Zusammenfassen eines ganzen Complexes von Thatsachen in einem Bild,
welches den Geist des Ganzen in seiner Beweglichkeit enthält. 2) das
Auseinandertreten der Thatsachen, da dominirt das Entgegengesezte aber
so, daß dadurch eben dargestellt wird das Innere. Wenn wir nun diese 2
Formen vergleichen mit dem was in der Einleitung über die verschiedene
Dignität der historischen Momente gesagt ist, so ⟨bezieht sich⟩ ergiebt
sich, daß diese verschiedene Behandlung eine Beziehung hat auf diese
verschiedene Dignität. Nun ist

§. 151 aufgestellt, (worauf es hier besonders ankommt als auf das eigentlich historische Element) der Begriff einer historischen Einzelheit (als
Negation jener Untrennbarkeit). Eine geschichtliche Thatsache sey wird
gesagt, so eine historische Einzelheit, in welcher jenes Äussre und Innre

gleichgesezt sey. Jenes wird bezeichnet als Veränderung in dem Zugleich-
seyenden, d. h. der Breite des Gegenstandes, welche eine geschichtliche
Einzelheit immer gewissermaßen ganz afficiren muß. ZB was in einer
Behandlung der Dogmengeschichte eine geschichtliche Einzelheit seyn
kann, ist noch keine in einer weiten Behandlung der ganzen KirchenGeschichte. In jener wird eine einzelne Lehrveränderung den *[165]* ganzen
Complex der Dogmen, die ganze Breite des Gegenstandes afficiren, —
aber nicht ebenso in der KirchenGeschichte. — Der innre Charakter einer
solchen geschichtlichen Einzelheit muß eine Function der sich bewegenden
Kraft seyn, dieß ist dasselbe was vorher der eigenthümliche Geist des
Ganzen in seiner Beweglichkeit hieß. Eine Function dieser Kraft heißt ein
Produkt aus ihr in etwas Anderem was ⌐der⌐[31]Moment bestimmt, denn
nur durch das reale Verhältniß der Kraft zu einem Gegebenen entwickelt
sich die Thatsache.

Wenn im Z u s a z wieder zurückgegangen wird auf den Begriff des
Lebens, so hängt dieß zusammen mit der wissenschaftlichen Ansicht
Alles Geschichtlichen, mit der Ansicht von einer moralischen Person. Die
christliche Kirche ist eine solche, d. h. eine Lebenseinheit, die sich nur
durch gewisse Arten zu Handeln einer Menge von Individuen manifestirt.
So wie nun das einzelne Leben diese Duplicität von Seele und Leib in
sich trägt, so auch ein solches größeres. Da ist also die ganze Art zu Seyn
der Menschen in ⟨welches⟩ welche dieses Princip eindringt, die leibliche
Seite, und das geistige Princip selbst die Seele.

§. 152. hat es noch mit demselben zu thun, aber indem er unterscheidet
die Art wie ⟪sich⟫ das Bewußtseyn einer Thatsache als geschichtlicher
Einzelheit in der Identität des Äussern und Innern zu Stande kommt, von
dem blosen Auffassen des Äussern. Hier ist nur noch etwas zu beseitigen.
Wenn die geschichtliche Darstellung die Identität des Äussern und Innern
ist, so könnte man sagen: diese müsse wie von dem blosen Auffassen des
Äussern, so auch von dem des Innern unterschieden werden. Daß hier
nicht auch von dem lezteren die Rede ist, hat darinn seinen Grund, weil
das blos Innre gar kein geschichtliches Bewußtseyn giebt, und daher nicht
mit der Geschichte verwechselt wird, wogegen das Äussre leicht damit
verwechselt wird [*O:* giebt]. Dieses blose Aneinanderreihen äusserlicher
Relationen über räumliche Veränderungen ist Chronik im Gegensaz von
Geschichte. — Nun wird also gesagt, dieses isolirte Auffassen des Äussern
in den Thatsachen sey eine nur mechanische Verrichtung. Hier kann der
Ausdruck vielleicht noch einer Erklärung zu bedürfen scheinen. Doch

---

[31] *Andere mögliche Lesart:* den.

wissen wir recht gut, daß wir mechanisch das nennen, was unter solchen Regeln steht, wo die Anwendung mit den Regeln schon gegeben und identisch ist. Wo aber eine freye Thätigkeit zu Grunde liegt, da ist die Anwendung nicht mit der Regel gegeben, und dieß ist das Künstlerische in der Verrichtung im Gegensaz gegen das Mechanische. Wohlbedächtlich ist aber gesagt, es wäre eine fast mechanische Verrichtung, denn es bleibt immer noch ein Andres darinn. Wir nehmen eine Veränderung sinnlich wahr, und dieß sinnliche Bild fixirt sich im Gedächtniß, dieses Bild können wir *[166]* reproduciren und mittheilen, entweder ganz sinnlich durch die Copie des Gegenstandes; aber es wird Niemand sagen, daß er eine Veränderung sinnlich wahrnehme, ohne diese Wahrnehmung in den Gedanken zu verwandeln, und in der Sprache festzuhalten, und so läßt sich die Sache auch in der Sprache wiedergeben. Nun läßt sich eine Reihe von geschichtlichen Einzelheiten wiedergeben durch eine Reihe von sinnlichen Bildern die nur einzelne Momente darstellen; oder in der Rede ebenso, in der die Veränderungen einzeln unzusammenhängend nacheinander dargestellt werden, und so läßt sich Beydes auch zusammenfassen, daß man der sprachlichen Darstellung die bildliche hinzufügt, dann ist der Moment in seiner ursprünglichen Duplicität wiedergegeben. Doch ist diese Verrichtung nur fast eine mechanische, weil wenn Mehrere dasselbe wahrnehmen, weder das Bild noch die Gedanken in welche sie es fixiren, dasselbe wäre; und zwar nicht blos daß der eine Irrthümer hätte die die andern nicht, dieß wäre blos eine Ungleichheit in der Unvollkommenheit, ⟨Lob es⟩ sondern es wird auch in der Sache selbst eine geben, weil immer das Urtheil mit in die Darstellung tritt, und eine Combination darinn ist, die nicht jeder auf dieselbe Weise macht. Nur wenn alle Combination fehlte, wäre es rein mechanisch, aber dieß ist nicht möglich weil keine Darstellung denkbar ist ohne Verbindung von Mehreren. Darinn offenbart sich aber immer etwas von der Eigenthümlichkeit der Person. Dagegen ist nun aufgestellt der Begriff einer historischen Construction, wobey jeder Moment in der Auffassung ⟪wird⟫ wird von dem in allen Momenten Identischen, nämlich dem Innern, und dem wodurch jedes Moment ein andres wird, nämlich dem Äussern, und nur in dieser Verknüpfung ist die geschichtliche Darstellung, wobey ich also immer denke dasselbige Innre hat früher ein andres Äussre hervorgebracht und wird später ein andres hervorbringen, aber immer dasselbe seyn. In dem Maße als auch das Innre ein andres geworden wäre, müßten die Momente voneinander getrennt werden. Nun wird also gesagt, diese Construction sey im Vergleich mit jener fast nur mechanischen Auffassung eine freye geistige Thätigkeit. Was nun im Zusaz von der Thatsache gesagt ist, ist oben schon vom Auffassen der blos räumlichen Veränderung gesagt, um das Fast zu erklären. Aber jenes ist oben ein als Minimum verschwindendes und erst hier tritt diese Verschiedenheit als das Charakteristische hervor. *[167]* Hier eine Anwendung die ein großer Sprung ist. Die christliche Kirche ist jezt getrennt in eine Menge von Gemeinschaften. Jede hat ihre eigne Dogmatik das ist natürlich, ebenso, daß in jeder auch eine andre Praxis von Schriftauslegung muß herrschend seyn; wenn aber gefragt wird: muß nicht die geschichtliche Anschauung ganz dieselbe seyn, ob einer Protestant oder Katholik ist, weil es ja hier nur auf die Thatsache ankommt, welche nur auf Eine Weise gewesen ist, so kann 《man》 allerdings diese Forderung ausgesprochen werden; aber in der Wirklichkeit wird Niemand zweyfeln, daß eine katholische und protestantische Kirchengeschichtsdarstellung wird sich immer auf den ersten Blick unterscheiden lassen. Aber ⟨immer⟩ allerdings diese Differenz sollte nicht festgehalten werden wollen, weil dann die Thatsachen nie in ihrer Wahrheit herauskommen können.

§. 153. Hier wird gesagt, was von den geschichtlichen Elementen blos der Chronik angehöre, nämlich wenn blos wiedergegeben wird, was an einem gewissen Ort, zu einer gewissen Zeit geschehen ist. Eine solche Behandlung, wird gesagt, könnte kein theologisches Element seyn, denn in der blosen Aneinanderreihung von Thatsachen ist keine Beziehung auf die Kirchenleitung, die Begebenheiten können gar nicht in Beziehung auf die Kirche charakterisirt werden.

§. 154 wird aber doch dergleichen Elementen eine Stelle angewiesen, der Stätigkeit wegen, nämlich daß keine Zeit als eine blose Lücke erscheine. Im Zusaze ist ein einzelner Punkt der Sache festgehalten, der aber hier der vorherrschende ist, zB der Wechsel der Personen. Wenn zB die Reihe der Päbste aufgeführt wird, so ist dieß Gegenstand der Chronik. Von mehreren einzelnen dieser Männer wird in einer allgemeinen Darstellung nichts zu sagen seyn, aber doch muß irgendwo die Reihenfolge ihren Plaz haben, um die Continuität nicht aufzuheben. Das kann in einer allgemeinen Darstellung parenthetisch geschehen, und dann tritt das Chronikalische wenig hervor. Es kann geschehen, daß man dergleichen von dem Andern sonderte, und in eine tabellarische Form bringt, ohne daß es den Zusammenhang der Untersuchung stört. Aber allerdings bringt die Vollständigkeit der Geschichte diese Continuität mit sich.

§. 155 Hier ist die geschichtliche Auffassung als Talent betrachtet. Dieser § hat schon den Grund ⟨zwischen⟩ in dem Unterschied zwischen allgemeiner Kenntniß und Virtuosität. Je mehr ein specielles Talent bey irgendeinem wissenschaftlichen Stoffe nothwendig ist, um desto weniger kann er von Jedem gefordert werden. Nun allerdings so wie fest steht:

etwas gehört wesentlich in den Cyclus der theologischen Disciplinen, erfordert aber ein besonderes Talent, so darf keiner ohne dieses Talent Theologie studiren. — Nun wird also hier gefragt, wiefern ist geschichtliche Auffassung (nicht Darstellung) Sache des besonderen Talents? Ohne diese Gabe kann Niemand eine geschichtliche Darstellung recht gebrauchen. *[168]* Nun wird hier von dieser geschichtlichen Auffassung gesagt, sie sey allerdings ein Talent, aber das sich in jedem entwickle, nur in verschiedenen Graden. Das Maximum dieser Entwicklung ist derjenige Grad von Auffassungsgabe, wodurch einer in Stand gesezt wird, auch eine historische Darstellung zu geben; das Minimum ist das, wodurch einer in Stand gesezt wird, das Objective aus einer geschichtlichen Darstellung herauszufinden. — Es wird nun 2tens gesagt die mechanische Fertigkeit der äusserlichen Auffassung des Geschichtlichen sey doch für dieses Talent unentbehrlich. Nämlich dahin gehört die Auffassung des äusserlichen historischen Stoffes, und die mechanische Fertigkeit ist das Gedächtniß besonders für Namen und Zahlen. Allerdings kann man sich denken eine geschichtliche Auffassung von einer großen Klarheit ohne eine Spur von Zahlengedächtniß, auch ohne Namensgedächtniß, wenn nur das Bild, welches dann die Stelle des Namens vertritt, ein recht klar hervortretendes, und das Zeitbild statt der Zahl ein gehörig bestimmtes ist. D. h. es kann für den theologischen Zweck der KirchenGeschichte voll entbehrlich seyn, von den einzelnen Begebenheiten die JahresZahl zu wissen, wenn ich nur ihre Ordnung richtig bestimmen kann, und sagen: Dieß ist geschehen vor jenem und nach diesem, und zwar so, daß dieses und jenes noch dazwischengetreten ist. Ebenso wenn ich mir deutlich ⟨L 7⟩ bewußt bin dessen, was eine Person in einem bestimmten Wirkungskreis gethan hat, und aus welchen Verhältnissen dieses hervorgegangen ist, so ist der Name etwas Gleichgültiges. Insofern erscheint also allerdings die blos mechanische Fertigkeit als eine entbehrliche. Aber dabey müssen doch die räumlichen Veränderungen klar im Gedächtniß festgehalten werden, und nur jene äusserlichste Seite ist entbehrlich, denn ohne Festhalten des äusseren Zusammenhangs ⟨ist⟩ sind auch die innern Verhältnisse nicht zu erkennen. Indessen ist immer ein gänzlicher Mangel jenes Mechanischen ein großer Mangel, weil alle geschichtliche Mittheilung und Gebrauch der Hilfsmittel darauf beruht. — Was nun aber zuerst über die geschichtliche Auffassung gesagt [wurde,] war daß sie ein Talent sey, welches sich in Jedem durch sein eigenes geschichtliches Leben entwickle. Das geschichtliche Talent ist in einem weiteren Umfang das, was wir Menschenkenntniß nennen, nämlich das Talent, Motive pp festzuhalten. In weiterem Sinn ist das Wort hier zu nehmen, weil wir es in der Geschichte nicht blos mit einzelnen

Personen zu thun haben. In Jedem entwickelt sich dieses Talent in seinem eigenen Geschichtlichen Leben. Es giebt Viele Menschen, die kein eigenes geschichtliches Leben haben, weil sie um den innern Zusammenhang dessen wozu sie äusserlich mitwirken, nicht wissen. Aber alle, welche nicht ein blos mechanisches Leben haben, sondern eine wirkliche Praxis, haben ein geschichtliches Leben.

[*169*] Was den Grad betrifft, so ist im Zusaz auf die Hemmung dieses Talents hingewiesen, besonders auf das selbstische Interesse als persönliches und Parteywesen. Dieses hindert immer sich recht in die Stelle der Andern zu versezen, und dann kann man auch nicht in den Zusammenhang ihres Handelns sich versezen, und ohne dieß ist keine geschichtliche Auffassung möglich. Man hat neuerdings oft den Saz aufgestellt, und er leidet auch seine Beziehung [sowohl] auf das wissenschaftliche als das politische Gebiet, — es gebe Zeiten, wo es nicht erlaubt sey unparteyisch zu seyn. Bey diesem Saze liegt ein ungeheures Mißverständniß zu Grunde. Allerdings giebt es Zeiten, wo es keinem erlaubt ist gleichgültig zu seyn in Beziehung auf das Gegeneinandertreten der Parteyen, aber dieß ist etwas andres als Partey zu nehmen. Wer zu vermitteln sucht nimmt nicht Partey, ist aber auch nicht gleichgültig, sondern verrichtet in einem solchen Zustand wesentliche Functionen, ohne welche Alles auseinandergehen würde. Muß jeder Parteynehmen, so kommt aber dieses Zerreißen heraus. Ganz ohne Gegensäze ist ein GemeinWesen nie. Da kommt es darauf an, diese Gegensäze richtig zu taxiren, und zur rechten Zeit gegen die Zerreißung zu wirken. Sind alle in das Parteywesen verflochten, so wird Niemand da seyn, der auf diese Beschränkung der Gegensäze arbeitet. Also jenem Saze darf man keinen Raum geben, sondern in der christlichen Kirche ist das Parteywesen immer ein Krankhaftes, denn man gebraucht den Ausdruck nur, wenn die Gegensäze bis zu einem drohenden Grad sich entwikkelt haben. — Nun ist aber dieß nicht das Einzige, worauf die verschiedenen Entwicklungsgrade des Talents beruhen. Sondern es giebt Menschen, die mehr in sich, andre die mehr ausser sich gekehrt sind, in jenen ist das Talent der geschichtlichen Auffassung weniger entwickelt. Wenn nun aber alle theologischen Disciplinen ihre Abzweckung in der Kirchenleitung haben, so kann sich keiner mit dem Insichgekehrtseyn entschuldigen, denn um an der Kirchenleitung Theil zu nehmen, muß er sich schon ausser sich wenden. Also keinem Theologen können wir jenes Talent im minimum erlassen, aber keineswegs haben wir das maximum zu fordern.

§. 156. Ist die Rede von der Erwerbung des geschichtlichen Stoffes. Da werden unmittelbare und mittelbare [*O:* mittelbare und unmittelbare][32]

---

[32] *Die Notwendigkeit der Umstellung ergibt sich aus dem Zusammenhang.*

Erwerbung unterschieden. Die erste ist die Erwerbung dessen, was ich selbst erlebe, aber so, daß ich zu einer geschichtlichen Auffassung geschickt bin. Daher gehört schon eine gewisse Position dazu, um was geschieht geschichtlich aufzufassen, daher haben wir uns also überwiegend an die mittelbare Erwerbung zu halten, weil jene Position wenige haben. Der § handelt also nur von dieser und gebraucht den Ausdruck unmittelbar in einem anderen Sinn, nämlich vom Schöpfen *[170]* aus den Quellen. Dieses hat am meisten Ähnlichkeit mit dem Erwerben aus dem Selbsterlebten [*O:* den Quellen][33], aber ist eben deßwegen nur Wenigen zugänglich. Auch kann es leicht von dem eigentlich Geschichtlichen zum blos Gedächtnißmäßigen hinausgehen. Hier wird nun aber gleich gesagt, es sey nicht möglich, daß Mittelbare, nämlich geschichtliche Darstellungen ganz zu entbehren. Jeder sollte also eigentlich auf die Quellen ausgehen, aber man reicht damit, wird gesagt, nicht aus. Dieses hängt ab von der Bedeutung des Ausdrucks Quellen.

§. 157. Geschichtliche Quellen sind nur ⌞Denkmäler⌝[34] und Urkunden, welche ein Theil der Thatsachen selbst sind. Z.B. ⟨die Löwen⟩ der Löwe auf dem Wahlplaze der Schlacht von Belle alliance ist ein Denkmal, ein Zeugniß für die Thatsache und ein Theil derselben. Sofern nun dieser noch etwas Näheres von der Thatsache darstellte, so wäre er eine Urkunde. Sind nun schriftliche Dokumente über die Thatsachen damit verbunden, so ist es eine Quelle im vollständigen Sinn. Im Zusaz wird gesagt, daß geschichtliche Darstellungen von Augenzeugen nur Quellen im weiteren Sinne seyen. Man pflegt einen solchen Schriftsteller allerdings eine Quelle zu nennen, aber in seiner geschichtlichen Darstellung liegt schon auch seine Auffassung, diese gehört aber nicht zur Thatsache. Ein bloser Chronikschreiber, wenn er nur Selbsterlebtes berichtet, ist mehr im engeren Sinn Quelle. Der Geschichtsschreiber ist eine reichere Quelle, aber eine nicht mehr ganz reine. Abstrahiren wir also von dem was schon geschichtliche Darstellung ist, so bleibt nur das im § angegebene als Quelle im engeren Sinn. Wären wir nun auf Quellen in diesem Sinn beschränkt, so würden wir wenig eigentliche Geschichte haben, sondern da sind die Berichte derer, die die Thatsachen miterlebt haben nothwendig dazuzunehmen. — Hier giebt es aber manchfache Uebergänge. ZB Briefe von mithandelnden Personen sind Theile der Begebenheiten, also Quellen. Sie

---

[33] *Diese Berichtigung ist nötig; entweder liegt hier ein Versprechen Schleiermachers oder ein Versehen von Strauß vor: schwerlich kann gemeint sein, daß das Schöpfen aus den Quellen die meiste Ähnlichkeit mit dem Erwerben aus den Quellen habe.*

[34] *Andere mögliche Lesart:* Denkmale.

können aber zugleich auch geschichtliche Thatsachen enthalten, und in sofern ist die Ansicht des Briefstellers von den Thatsachen schon mit darinn, weil der Brief immer eine Darstellung der Persönlichkeit ist. Denken wir ⟨nun⟩ zB briefliche Darstellungen eines Streites so sind diese als Thatsachen allerdings Quellen, aber sofern sie Beschreibung enthalten, sind sie nur mit Vorsicht zu gebrauchen.

Daraus ist zu erklären, was im Zusaz steht, daß geschichtliche Darstellungen von Augenzeugen um so mehr Quellen seyen je mehr sie sich der Chronik nähern. Nun ist das Chronikalische vorher sehr unterschieden worden von der historischen Construction. Aber eben was ich als Quelle benütze ist vor meiner historischen Construction vorausgegeben, und die beste Quelle ist das, woraus die historische Construction am sichersten hervorgeht. *[171]* Wenn einer in einem Briefe Thatsachen erzählt, bey denen er kein besonderes Interesse hat, so theilt er sie mehr chronikalisch mit, und ich kann sie besser gebrauchen, als wenn er sie aus einem bestimmten Gesichtspunkt erzählt. Wenn also die christliche Kirche im Streit liegt, und alle Schriftsteller daran theilnehmen, so werden sie alle nicht geradezu zu gebrauchen seyn. Derjenige aber welcher ausser den Parteyen stand, wird gewiß am Meisten nach Art der Chronik erzählen.

§. 158. wird nun gesagt, auf welche Weise aus geschichtlichen Darstellungen zu einer geschichtlichen Auffassung zu gelangen sey: nämlich nur durch Ausscheidung dessen, was von dem Schriftsteller hineingetragen ist. Hier wird dieß als etwas, was sich von selbst versteht, angesehen. Es giebt nämlich keine Erzählung, in welcher nicht Elemente eines Urtheils sind. Das Hineingetragene braucht nicht etwas Falsches zu seyn; aber indem ich mir den geschichtlichen Stoff aneignen will, so muß mein Urtheil mein Eigenes seyn und nicht das eines Andern. Wenn ich also das Urtheil des Schriftstellers ausgeschieden habe und nun selbst urtheile, so kann ich wohl auch zu demselben Urtheil kommen. — Wenn also diese Ausscheidung eine nothwendige Operation ist, wodurch ist sie bedingt? Das Leichteste ist, wenn man mehrere Darstellungen von abweichenden Gesichtspunkten vergleichen kann, denn da stellt sich das Gemeinsame als das Objective heraus, und nun kann man sehr leicht ermessen, wie der eine dazu kam, das Gesehene so zu deuten, und der Andre anders, wodurch zugleich die Einsicht in das Eigenthümliche der verschiedenen Darsteller erleuchtet wird, so daß wenn man später mit einem Autor nicht denselben Vergleich anstellen kann, dennoch seine Eigenthümlichkeit kennt, und die reine Thatsache leichter ausscheiden kann. — Es giebt also keine geschichtliche Aneignung ohne Kritik, diese aber ist am leichtesten zu üben wenn man verschiedene Relationen vergleichen kann. Nun kann es

freylich Fälle geben, wo die geschichtliche Darstellung viel Hineingetrage-
nes enthält, wo man aber keine Darstellung von entgegengeseztem Standpunkt hat. Dieß ist in der christlichen Kirche natürlich besonders der Fall.
Wenn gewisse Äusserungen für häretisch erklärt wurden, so kamen auch
die Darstellungen aus diesem Gesichtspunkt aus dem kirchlichen Wohl
heraus und beschränkten sich auf die Häresien. Mit diesen aber ist auch
ihre Literatur untergegangen. In solchen Fällen gilt es also ganz vorzüglich,
daß wer eine reine Geschichte bekommen will, sich selbst auf den entgegengesezten Standpunkt stellt und fragt: wie wird dieser das Factum beurtheilt
haben? Dann erst ist eine solche Vergleichung möglich.

[172] §. 159 behandelt in Ansehung der geschichtlichen Auffassung die
andre Seite, indem er auf §. 150 zurückgeht, wo von 2erley geschichtlicher
Auffassung die Rede war, a) als Zusammengeseztes aus einzelnen Momenten, damit hatten wir es bisher zu thun, und b) als innre Einheit. Nun ist
also [O: als] die Rede davon, wodurch man dazu gelange, ⟨einen⟩ eine
Reihe äussrer Zustände als Bild des Innern zu erkennen. Dieß wird im
Zusaz das Höchste der historischen Auffassung ⟨ ↳ ⟩ genannt. Es ist also
leichter, eine Reihe äussrer Thatsachen kritisch aufzufassen, als in ihr das
Innre zu erblicken. Wofern und wo ist nun dieses nothwendig? Gehen wir
auf die Einleitung zurück, wo gesagt ist, wie die Einheit selbst ein in sich
selbst zu Theilendes ist, und die Thatsachen selten das Ganze, sondern
nur bestimmte Seiten desselben betreffen (zB Begebenheiten betreffen das
christliche Leben der Gesellschaft, andre die Lehre) so ist doch beydes in
Beziehung auf einander zu betrachten, wie nämlich die Lehre sich so
entwickeln mußte, weil die Gesellschaft sich so entwickelte und umgekehrt.
Nur so bekommen wir ein Bild des Innern in seiner Einheit und Totalität.
Alles Andre ist nur eine Abstraction von diesem, ein Theil, wobey man
das andre bey Seite läßt. Nun aber kann nichts vollkommen verstanden
werden, was nur ein Theil ist, ohne die andern Theile, und so muß man
also von jedem Punkt aus auf diese Zusammenfassung zurückgehen.
In der geschichtlichen Darstellung kommen solche Zusammenfassungen
verschiedentlich vor. Einmal in der Form besondrer geschichtlicher Aufgaben, wenn einer einen besonders merkwürdigen Zeitpunkt in der Beziehung aller seiner Momente darstellt. Dieß ist dann allerdings eine der
schwierigsten Leistungen der geschichtlichen Darstellung. Ebenso müssen
aber dergleichen vorkommen in jedem GeschichtsWerk wenigstens am
Ende der einzelnen Perioden, denn da will man von dem Getheilten zur
Einheit zurückkehren. Nun aber für die geschichtliche Auffassung muß
jeder beständig dadurch die Probe ⟪zu⟫ machen für die Richtigkeit der
getheilten Wahrnehmung, daß man sich fragt: hast du nun eine richtige

Vorstellung von dem ganzen Zeitraum? Nur so wird die geschichtliche
Auffassung lebendig und abgeschlossen. — Damit ist die elementarische
Betrachtung vollendet, und vom folgenden §. geht die Construction der
KirchenGeschichte im weiteren Sinne an bis zum §. 183. Es ist zu erinnern,
daß durch diesen Ausdruck der Gegenstand dieses 2ten Abschnitts umfasst
wird, der geschichtliche Verlauf als solcher, abgesehen von ⟨dem⟩ der
Zusammenfassung des gegenwärtigen Zustands, und von der Betrachtung
des Urchristenthums in kanonischer Beziehung, aber doch so, daß beyde
Epochen *[173]* nur in andrer Beziehung auch in die KirchenGeschichte
fallen.

§. 160 ist die Kirchengeschichte noch einmal in ihrer theologischen
Stellung gegeben, um von da ihre Construction zu finden. Die Kirchengeschichtliche Betrachtung hat eine Beziehung auf die Kirchenleitung dadurch, daß indem ich die Vergangenheit betrachte, ich finden muß, was
wirklich ein Produkt des christlichen Princips ist, und das Krankhafte,
also das Beizubehaltende und das Auszuscheidende. Hierauf ist Bezug
genommen, aber es ist dem aus der eigenthümlichen Kraft des Christenthums Hervorgegangenen ausser dem aus Urchristlichem Herkommenden
auch das entgegengesezt was in der Beschaffenheit der Organe liegt. Wenn
wir das Christliche Princip in seiner reinen Innerlichkeit auffassen, wie es
in Christo ursprünglich war, und wie es in dem geschichtlichen Verlauf
das Wirken des göttlichen Geistes ist, so ist es ein sich selbst gleichbleibendes, das allerdings seine verschiedenen Functionen hat, aber in seiner
Wirksamkeit keinem Wechsel unterworfen ist. Wenn wir nun sagen wollten: daher hat nun alles Wechselnde den Grund in fremden Principien:
so wäre dieß ein bedeutender Irrthum. Sondern nun müssen wir das
hinzunehmen: das Seyn, worinn sich die Wirksamkeit des Princips manifestirt, und da bekommen wir die geistige Natur des Menschen, wie sie ein
Manchfaltiges in sich ist. Daher ist hier die Manchfaltigkeit durch die
Beschaffenheit des Seyns der menschlichen Natur bedingt, und dieß ist
der beständige aber manchfaltige Coefficient zur Einheit des göttlichen
Princips, und dieser bringt eine Manchfaltigkeit in die Erscheinung, welche
man nicht als Krankheit ansehen kann. Der Hauptsächlichste Unterschied
ist angedeutet dadurch, daß der Ausdruck Organ gebraucht ist, während
bey Fremdartigem der Ausdruck Princip gebraucht ist. Zu der geistigen
Natur zB gehört das Streben nach dem bürgerlichen Zustand. Denken wir
uns also[:] das Christenthum findet die Menschen in einem bestimmten
bürgerlichen Zustand, so wird sich die christliche Gesellschaft nach der
Verschiedenheit des bürgerlichen Zustandes verschieden gestalten. So war
in der Reformationsgeschichte einerseits der Einfluß einer republikani-

schen Form, auf der andern [Seite] der Einfluß einer monarchischen, und brachte verschiedene Gestaltungen der Kirche hervor. Hier ist jenes Element als ein Organ wirksam geworden, und sofern das Organ nur durch das christliche Princip bestimmt wurde, so sind sie beyde untadelhaft. Aber wenn sich nun umgekehrt das bürgerliche Princip der Kirche als eines Organs bedient: so ist das dann die Einwirkung eines fremden Princips, denn da ist jenes politische Element nicht mehr Organ, sondern will sich zum Princip machen — und dieß ist ein Krankhaftes. Nun ist es sehr wichtig, daß man die Differenzen, die in dem geistigen Organ gegründet sind, wohl *[174]* unterscheide von solchen, die von einem fremden Princip herrühren. Diese Unterscheidung nun ist die unmittelbare Abzweckung der KirchenGeschichte auf die KirchenLeitung.

Der Zusaz hat es mit einer verkehrten Art zu thun, wie sich in der Behandlung der KirchenGeschichte diese unmittelbare Abzweckung kund gegeben hat, indem man ⟨zB⟩ in der unmittelbaren Darstellung voneinander sonderte in günstige und ungünstige Ereignisse, res secundae und adversae. So in vielen Darstellungen bis gegen das Ende des vorigen Seculum. Die res secundae sind die beyzubehaltenden Elemente p. Aber der wissenschaftliche Geist ist dabey noch auf einer sehr untergeordneten Stuffe, es wird dadurch aller geschichtliche Zusammenhang zerstört, denn günstige und ungünstige Ereignisse sind immer durch einander bedingt.

Nun kommt es darauf an, eine richtige Art zu finden, wie dieses Ganze getheilt werden kann, weil es sonst ein Unendliches Unübersehbares wäre. Da ist

§. 161. zuerst die Rede von der Eintheilung der Breite, indem man die verschiedenen Functionen des christlichen Princips von einander sondert, und jede für sich in ihrem Verlauf betrachtet. Dieß ist die Art wie sich die Sachen tabellarisch darstellen. Dieß ist ein allgemeines Princip, und so ist es in dem Zusaz dargestellt.

§. 162 Macht nun aufmerksam darauf, daß diese Theilung für sich allein etwas Unvollständiges ist, weil man gänzlich sondert, was nur relativ gesondert werden kann. Es muß also etwas andres geschehen um diesen Mangel als Complement aufzuheben.

§. 163 Dieß ist die Combination von fortlaufender Erzählung einzelner Fäden mit zusammenfassenden Durchschnitten. Dieß gilt von jeder geschichtlichen Darstellung. Denkt man sich eine vereinzelte Geschichte der allmähligen Verbreitung des Christenthums, neben dieser eine Geschichte der kirchlichen Verfassung, neben dieser eine Geschichte des öffentlichen kirchlichen Lebens, neben dieser eine Geschichte der kirchlichen Lehre, so hat man die gesonderte Darstellung der einzelnen Functionen desselben

Princips. Offenbar aber kann keine für sich verstanden werden ohne Bezugnahme auf die andern; alle zusammen aber so vereinzelt geben doch kein vollständiges Bild, weil nur im Einzelnen eine Beziehung gemacht wird, aber nicht Alles zusammengefaßt. Nun kann aber nicht von all diesen Gegenständen immer zusammen die Rede seyn, sondern die Erzählung wird bald an diesem bald an jenem fortschreiten, und von dem einen zu dem andern übergehen. Aber auch durch dieses Uebergehen wird kein klareres Bild des Ganzen gewonnen, sondern nur wenn zu diesen wechselnden Darstellungen das Besondere hinzutritt, das Aufstellen eines zusammenfassenden Bildes, wenn auch nur in einzelnen Momenten. *[175]* Und zwar müssen diese 2erley Behandlungsarten, Besonderung und Zusammenfassung vielfach combinirt werden. Hier ist eigentlich nicht von geschichtlicher Darstellung, sondern nur von geschichtlicher Auffassung die Rede eine geschichtliche Darstellung kann diese Combinationen nicht allseitig geben. Was hier gemeynt ist, ist dieses, daß aus dem Studium eines einzelnen Geschichtswerkes, welches die Combination nur einseitig leistet, die Übersicht nicht gewonnen werden kann, sondern nur durch Vereinigung verschiedener solcher Darstellungen. Schon daran ist genug um zu sehen: Dieß kann nicht jeder in demselben Maße, und wer die Kirchengeschichte nicht ex professo studirt, kann dieß nur mit einer gewissen Beschränkung leisten.

§. 164. Wird gesagt unter welchen Bedingungen und wie diese 2 VerfahrensArten verknüpft werden können. Man muß sich hier das Schema einer Tabelle als Grundlage denken, nach welcher der Gegenstand hier behandelt wird, so daß die verschiedenen Functionen des christlichen Princips die verschiedenen Rubriken bilden. Je mehr nun die verschiedenen Functionen zerspalten werden, d. h. je mehr nebeneinanderstehende Rubriken man bekommt zB die Lehre getheilt in christliche Glaubens- und Sittenlehre, um desto kürzer ist der Zeitraum, in welchem man die Gegenstände so gesondert verfolgen kann, und man muß schneller wieder einen zusammenfassenden Durchschnitt geben. Umgekehrt je weniger man Rubriken macht, desto länger kann der Zeitraum seyn. Leztres ist mehr ein großartiges Verfahren, das erste mehr ein mikrologisches, wo man aber eben deßwegen sich die Gegenstände in ihrem Zusammenhang vorstellen muß, sonst geräth man ganz in eine äusserliche Behandlung der Einzelheiten. Daraus folgt für die Methode, daß derjenige, welcher eine Virtuosität beabsichtigt, mehr in dieß Zerspalten hineinkommt; wer dieß nicht will, der bleibt beym Massenwesen und hütet sich vor dem Eingehen ins Einzelne, weil er sich sonst nur die Gleichmäßigkeit des geschichtlichen Bildes verwirrt. Daraus folgt ferner, daß ⟨gerade⟩ das historische Studium anfangen muß mit dem Auffassen großer Massen, um eine Uebersicht zu gewinnen.

Der Zusaz bringt nur den §. auf eine kürzere Formel, denn unter Perioden versteht man eben den Verlauf der einzelnen Functionen. Die Perioden müssen also desto kleiner seyn, je mehr die Functionen getheilt sind und umgekehrt.

§. 165 bezieht sich auf das schon in der Einleitung über Periode und Epoche gesagte. Denn solche Punkte wo die Erzählung innehält weil sie solche sind, wo die Sonderung sich nicht mehr halten läßt, was besonders bey revolutionären Punkten stattfindet, sind Epochen. Diese können aber auch ohne diesen äussere,[35] *[176]* blos eine Sache der Noth seyn. Aber der geschichtliche Darsteller soll sich nicht in den Fall sezen solche willkührlichen Punkte nöthig zu haben, sondern den Gegenstand so theilen, daß er nur natürliche Epochen bekommt. Daraus geht schon hervor, daß die EpochenPunkte nicht von gleicher Wichtigkeit sind. Wenn die Geschichte einer Periode besonders behandelt wird, so kann man mehr ins Einzelne gehen, es müssen also in der Periode selbst wieder Epochen gesezt werden, die für das Ganze nicht von derselben Wichtigkeit sind. Dieß sind untergeordnete Epochen. Welches sind nun die wichtigsten Epochen? Die Antwort geht über das Gebiet der KirchenGeschichte hinaus. Dieß ist aber auch ganz natürlich. Denn wenn wir die Geschichte der Menschheit im Ganzen betrachten, so ist die Geschichte des Christenthums ein einzelner Zweig, sie steht also in demselben Verhältniß wie die Behandlung einer einzelnen Periode steht zu der Behandlung des ganzen Verlaufs, und wie die Behandlung einer einzelnen Function zu der Behandlung der ganzen Kraft. Als Theil der allgemeinen Weltgeschichte müssen also auch die Epochen der Weltgeschichte in ihr vorkommen, und diese, weil sie aus dem Ganzen hervorgehen müssen auch der KirchenGeschichte die wichtigsten seyn. Die Punkte zB, wo die welthistorischen Völker wechseln, sind für die ganze WeltGeschichte von Bedeutung, zB das ZuEndegehen des römischen Reiches, wozu dann die Entwicklung des europäischen Staatensystems gehört. Diese 2 Punkte liegen aber weit auseinander, und dazwischen liegt eine Zeit des Durcheinanderrennens der Völker aber dieß ist auch keine eigentliche Geschichte, diese geht erst mit dem Werden der europäischen Staaten an. Demnach ist in der WeltGeschichte dieß nur als EpochenPunkt zusammenzufassen, während es in

---

[35] *Lücke im Text. Die Annahme einer Lücke kann nach dem Vorschlag von Hans-Joachim Birkner entbehrlich werden, wenn man zwischen die Worte* auch ohne diesen *und* äussere *sinngemäß einfügt:* [revolutionären Punkt, also nur].

der specielleren Kirchengeschichte als Periode behandelt werden muß. Diejenigen EpochenPunkte, die in der allgemeinen WeltGeschichte bedeutend sind, müssen ⟨so⟩ ebenfalls in einer speciellen Geschichte bedeutend ⟨sind⟩ seyn, wogegen diejenigen unbedeutend sind, welche nur in der speciellen Geschichte Epochen sind. So ist die Reformation zusammenhängend mit Entdeckung Amerikas, Erfindung der Buchdruckerkunst eine solche allgemeine Epoche.

§. 166. Nun wird die Aufgabe, das Ganze dieses Verlaufs in seine wesentlichen Functionen zu theilen, wirklich gelöst. Am wesentlichsten trennten sich die Bildung der Lehre in der christlichen Kirche und die Gestaltung des gemeinsamen Lebens in derselben. Der Zusammenhang liegt in dem schon von vorn herein gesagten über die Natur des christlichen Princips, daß sich nämlich die christliche Frömmigkeit überwiegend in Gedanken ausspricht, aber zugleich wesentlich ein Gemeinschaft bildendes ist. Durch diese individuelle Natur des christlichen Princips ist die Eintheilung gegeben, *[177]* wie sie seit ausführlicherer Bearbeitung der Kirchen-Geschichte allgemein gilt. Für den Christlichen Lehrstand mußte von Anfang an die Bildung der Lehre eine besondere Disciplin werden. Denken wir uns dagegen die Regirung der Kirche, wenn auch in denselben Personen vereinigt welche zugleich Lehrer sind, so ist für diese Function die Geschichte der christlichen Gesellschaft eine nothwendige Kenntniß. An dieser doppelten Geschäftsverwaltung in der christlichen Kirche theilt sich auch die geschichtliche Betrachtung, woran man die Beziehung auf die Kirchenleitung sieht.

Der Z u s a z thut die Richtigkeit dieser Theilung von einem andern Gesichtspunkt aus dar. Fragt man, wie soll ich einen Gegenstand theilen der Breite nach so ist acht zu geben, was einen besonderen geschichtlichen Lauf für sich hat, d. h. was sich bewegt, wenn ein andres stillsteht, oder was sich schnell bewegt während das Andre langsam. Hieraus müsse für jeden geschichtlichen Stoff der TheilungsGrund genommen werden, und so auch für den unsern. Denn hier sind große Lehrentwicklungen unabhängig von großen Gesellschaftsentwicklungen, ausgenommen solche EpochenPunkte wie die Reformation.

§. 167. betrachtet in Beziehung auf diese 2 Functionen dasjenige, was § 160 als das erste Glied des 2ten Sazes aufgestellt ist, nämlich die Beschaffenheit der in Bewegung gesezten Organe, durch welche die aus der eigenthümlichen Kraft des Christenthums hervorgehenden Veränderungen motivirt werden. Die Lehrveränderung wird vorzüglich mitbedingt durch den wissenschaftlichen Zustand, dieß ist das Organ, denn das christliche Princip in Beziehung auf die Lehre wirkt auf das Denkvermögen. Vorzüg-

lich wird hervorgehoben die Beziehung auf die herrschenden Philoso-
pheme. Die christliche SittenLehre muß afficirt werden durch den Zustand
des wissenschaftlichen Denkens über das menschliche Leben überhaupt,
und ebenso ist der Zusammenhang der GlaubensLehre mit der Metaphysik
oder speculativen Philosophie unleugbar, und so sind die Veränderungen
auf kirchlichem Gebiet bedingt durch die Zustände, diese sind der individuelle Coëfficient. Ebenso wird gesagt, daß die Veränderung auf Seiten
des kirchlichen Lebens vorzüglich mitbestimmt wird durch den übrigen
Zustand der menschlichen Gesellschaft, besonders das politische [Leben].
Auf dieser Seite verhält es sich ganz wie auf der vorigen. Wenn wir
uns nun im Voraus denken, daß die angehenden Theologen mit ihrer
geschichtlichen Auffassung an geschichtliche Darstellungen gewiesen sind,
und nicht alles aus Quellen schöpfen können, so liegt hierin ein Maßstab
für den Werth der geschichtlichen Darstellung. Wenn man nicht in der
KirchenGeschichte die Bekanntschaft des Verfassers sieht mit dem ganzen
gesellschaftlichen Zustand einer Zeit, und in der Dogmengeschichte die
Bekanntschaft mit dem wissenschaftlichen Zustand einer Zeit, so kann
man keine richtige Anschauung *[178]* von der Entwicklung des kirchlichen Lebens aus ihm schöpfen. Um so mehr sich eine geschichtliche
Darstellung dem Chronikartigen nähert, desto weniger wird sie dieser
Forderung entsprechen. Der Zusaz bringt im ersten Saze in Erinnerung,
daß dieses Mitbestimmtwerden der geschichtlichen Ereignisse durch gegebene Zustände nicht an und für sich schon etwas Krankhaftes ist, denn es
könnte gar keine Wirksamkeit des christlichen Princips geben, die [*O:* das]
nicht ein Produkt wäre von dem GesamtZustand, — sonst müßte sich das
christliche Princip ganz isoliren. Es ist schon eine Formel angegeben zur
Unterscheidung des Natürlichen und Krankhaften auf diesem Gebiet, s.
zu §. 160. — Der 2te Saz verfolgt dieses weiter in Beziehung auf die
Theilung der Geschichte der Länge nach und sagt, daß was in dem
gesamten wissenschaftlichen Zustand eine Epoche machte, das muß auch
eine Epoche machen in der Geschichte der christlichen Lehre, und ebenso
das Gesellige. Wenn wir zB denken an den Verfall der scholastischen
Philosophie, so ist dieß etwas blos Negatives, welches keinen bestimmten
Punkt hervortreten läßt. So wie wir uns aber denken eine andre Möglichkeit an die Stelle tretend, so muß dieß auch einen Einfluß haben auf die
Behandlung der christlichen Lehre, welche bis dahin scholastisch behandelt
wurde. In all solchen Ereignissen giebt es aber immer Reaktionen, und so
werden wir sagen, dieses Antischolastische war das Hauptsächliche des
Einflusses der Reformation auf die Behandlung der Lehre, — aber es ist
bald wieder eine scholastische Reaktion eingetreten.

§. 168. Handelt wieder von einer der 2 HauptMassen in Beziehung auf ihre weitere Theilung, indem er in der Geschichte der christlichen Gesellschaft unterscheidet [die] Geschichte des Cultus und die Geschichte der Sitte. Diese 2 Begriffe sind hier aufgestellt, der 1te als ⟨Cultus⟩ ein besonderer, der 2te als ein allgemeiner. Der Cultus nämlich ist die Art, das religiöse Bewußtseyn in Circulation zu sezen. Darinn giebt es aufeinanderfolgende Differenzen, und darum handelt es sich hier. — Sitte ist eine in einer Gesellschaft geltende Art und Weise, etwas zu verrichten, es sey was es sey. Nun mußte das Christenthum eine eigenthümliche Art und Weise in das christliche Leben bringen, wozu auch Ausschließung und neue Hervorbringung mehrerer Elemente gehört. — Daß sich nun dieses Beydes von einander trennen läßt, so daß die Veränderungen in beyder Beziehung nicht gleichmäßig sind, dieß ist klar, weil der Cultus etwas Specielles ist, die Sitte aber das ganze Leben umfaßt, und also nur durch allgemeine Veränderungen sich verwandelt.

In dem Z u s a z wird das Specielle, wovon der Cultus abhängt, als das Gebiet der Kunst bezeichnet. Rede, Musik, und Gesang und symbolische *[179]* Handlungen sind die Elemente des Cultus, und alles dieses sind Elemente von Künsten. Nun was von den Elementen gilt, muß, nur in einem andern Sinn, auch vom Ganzen gelten; denn werden die Elemente kunstsinnig gefaßt, so muß von Anfang auch in der Zusammenstellung eine künstlerische Richtung zu Grund gelegen haben. — Von der Sitte wird gesagt daß ihre Veränderungen zusammenhängen mit dem geselligen Leben überhaupt. Da ist schon klar, daß große Veränderungen in dem Gesamtzustand des geselligen Lebens vorgehen können, ehe sie einen Einfluß auf das Kunstgebiet üben; ebenso können neue Kunstmethoden aufkommen, ohne Einfluß auf das gesellige Leben.

Indem wir nun hier die HauptTheilung gemacht haben in Geschichte der Gesellschaft und Geschichte der Lehre, auch die erstere wieder getheilt haben, so kann schon anticipirt werden die Theilung der Geschichte der Lehre in die Geschichte der Dogmen und der SittenLehre. Nun soll dadurch nicht vorgeschrieben seyn, daß in geschichtlichen Darstellungen zum Behuf der Auffassung diese Massen beständig müßten gesondert bleiben. Die Differenzen sind hier lediglich gestellt für die geschichtliche A u f f a s s u n g; der geschichtlichen Darstellung haben wir hier keine Geseze zu geben. Die geschichtlichen Darstellungen sind größtentheils von der Art, daß sie das zu Sondernde nicht auf gleichmäßige Weise vortragen, — sondern bald sondern sie, bald combiniren sie, sie fahren [*O:* fährt] eine Zeit lang an einem Faden fort, dann fassen sie wieder zusammen. Wir haben freylich besondere Behandlungen der Geschichte der Lehre; aber da verhält es sich ebenso mit der weiteren Theilung, und so auch auf dem Gebiete der KirchenGeschichte im engern Sinn, auch diese wechseln und müssen wechseln. Aber wer sich eine Auffassung bilden will, der muß diese Differenzen immer im Sinn behalten, und denken jezt erfährst du darüber etwas, und darüber nichts, du mußt also dieß anderswo ermitteln.

§. **169.** wird ⟨hier⟩ wieder des mitbestimmenden äusserlichen Coëfficienten gedacht. Der jedesmalige Kunstzustand einer Gesamtheit bestimmt die Entwicklung des Cultus. In einem unmusikalischen Volke wird das musikalische Element im Cultus zurücktreten, bis sich dieser Kunstzustand ändert. Denkt man sich nun, daß in einer Gesellschaft, wenn das öffentliche Leben darinn ganz aufhört, die kunstmäßige Behandlung der Rede kann mehr oder weniger verloren gehen, dann wird auch die Rede im Cultus zurücktreten. Hier ist aber nicht nur die Beschaffenheit der in einer Gesellschaft vorhandenen DarstellungsMittel angegeben, sondern auch ihre Vertheilung. Da kann es nämlich Classen in der Gesellschaft geben, in welchen *[180]* noch viel Sinn ist für gewisse Kunstdarstellungen, während er andern Classen ganz fehlt. In solchen Zeiten ist es schwierig den Cultus einzurichten, weil es nicht 2erley Cultus geben kann. Dann kommt es noch vorzüglich darauf an, ⟨daß⟩ aus welchen Theilen der Gesellschaft diejenigen hervorgehen, welche den Cultus versehen. – Ganz analog ist die Entwicklung der christlichen Sitte abhängig sowohl von der Beschaffenheit als vom VertheilungsZustand der geistigen ⟨sittlichen⟩ Kräfte in einer Gesellschaft. Unter ⟨geistigen Kräften⟩ Sitte begreifen wir oft Vieles, was rein als Äusserliches erscheint, und da scheint von geistigen Kräften nichts dabey zu seyn. Allein auch das Äusserliche entsteht immer aus dem Innerlichen, und kann nur aus diesem verstanden werden. Also werden wir hier immer auf die geistige Entwicklung zurückgehen müssen. Bedenken wir, daß Vieles von diesem Äusserlichen auf dem Entwicklungs-Zustand des Schönheitssinns beruht, so werden wir nicht leugnen können, daß hiebey ein geistiges Motiv ist.

Im 2ten Saz des Zusazes heißt es, in dem Zustand der geistigen Kräfte liegen alle Motive deren sich die religiöse Gesinnung bemächtigen kann, – als ManifestationsMittel und als Mittel der Wirksamkeit auf andre. In etwas, worinn gar nichts Geistiges wäre, könnte sich auch die religiöse Gesinnung gar nicht manifestiren, aber auf alles Geistige äussert sie ihren Einfluß, und ebenso in Beziehung auf die eigentlich praktische Wirksamkeit.

§ **170.** betrachtet diese 2 Massen, Cultus und Sitte, in Beziehung auf die Differenzen der Bewegung. Die Sache ist hier aus dem Gesichtspunkt aufgefaßt: gebe es keine Differenzen der Bewegung beyder, so könnte man sie auch nicht trennen. Aber es muß doch auch wieder diese Bewegungsdifferenz ihre Grenzen haben, sonst könnten beyde auch nicht zusammengehen. Wenn die Differenz zu groß ist, so ist eine Corruption in einem von beyden vorgegangen, und durch eine solche zu große Differenz gewinnt der Cultus das Ansehen leerer Gebräuche; oder die Sitte gewinnt das Ansehen, ein Ergebniß fremder Motive geworden zu seyn. D. h. In Beziehung auf den Cultus ist dieß ein Bekanntes, daß geklagt worden ist, zB in der Reformation, daß er ausgeartet sey in eine Sammlung von Äusserlichen Verrichtungen, die nichts Innres mehr anregten. Dieß kommt daher, daß dasjenige, worauf die Elemente des Cultus beruhen, als DarstellungsMittel aus dem GemeindeGebiet verschwunden waren. Dieses kam daher, daß der Cultus stillstand, während in der Entwicklung der geistigen Kräfte große Veränderungen vorgegangen waren. Sobald diese Veränderung so groß ist, *[181]* daß der Cultus seine Bedeutung verliert, ohne daß doch ein Impuls entsteht, ihn zu ändern, — so ist dieß ein Zustand von Corruption. Ist die Ruhe des einen Elements in dem christlichen Princip gegründet, so ist die Bewegung des andern von einem fremdartigen Princip veranlaßt, und ebenso, ist die Bewegung des einen durch das christliche Princip bedingt, so ist die Ruhe des andern, eine Abgestorbenheit. Dieses nun läßt sich nur so erklären, wie im Zusaz geschehen, daß eine Ungleichmäßigkeit in den Gliedern der Gemeinschaft seyn muß, daß es an der Einheit in der Gemeinde fehlt. Die Richtigkeit der Beurtheilung liegt darinn, zu erkennen, ob die Ruhe des einen oder die Bewegung des andern im christlichen Princip begründet sey; ⟨den⟩ bey einer so großen Differenz in der Gemeinde aber wird auch dieses Urtheil sehr verschieden seyn.

§. 171. stellt den Gegensaz auf zwischen plözlicher und allmähliger Veränderung, indem er sagt, die plözliche wäre immer wieder Reactionen ausgesezt, wogegen die langsamere Veränderung als gleichmäßig fortschreitend erscheine, und mehr aus dem inneren Grund hervorgehe. Dieß als ein allgemeines Urtheil ausgesprochen, daß langsame Veränderungen gründlicher sind, so scheint dieß sehr gegen die Reformation zu sprechen weil diese als plözliche Veränderung dann auch eine oberflächliche seyn müßte. Andrerseits kann man sagen, es seyen schon vorher so viele Ansäze zur Reformation gemacht worden, die aber allemal Reactionen erfahren hätten, die Reformation sey also als ein Glied einer Reihe keine plözliche Veränderung, sondern ein Resultat, wodurch sich sowohl die Bewegung als die Reaction fixirt habe. Hätte sie die Reaction ganz aufheben wollen, und den Katholizismus ganz in sich aufnehmen, so hätte sie noch mehr

als Resultat sich darstellen müssen, und wäre dann noch gründlicher
gewesen.

Der Zusaz stellt als Corollarium auf, daß immer solche plözlichen
Veränderungen die Epochenpunkte bilden; je mehr aber eine solche Reactionen erfährt, desto weniger hat sie ein Recht, so angesehen zu werden.
Wenn die Reaction gegen die Reformation überall so kräftig ausgefallen
wäre, wie an einzelnen Orten, so würden die Reactionen die Veränderung
auf Null gebracht haben, und dann könnte die Reformation nicht mehr
als Epoche gesezt werden, um so weniger ⟨ᒋ ᒣ⟩ je schneller die Reaction
überwogen hätte.

§ 172 enthält eine Cautel in Beziehung auf die geschichtlichen Darstellungen. In solchen kann die langsamere Veränderung nicht Schritt um
Schritt verfolgt werden, sondern nur an gewissen Punkten zusammengefaßt. Da muß also die geschichtliche Auffassung das Resultat zurückführen
auf die frühere Periode. Ist nun die geschichtliche Darstellung gut, so
wird sie, wie der Zusaz sagt, nur an solchen Punkten, wo der Erfolg *[182]*
eine geschichtliche Wirkung hat, die bis dahin geschehene Veränderung
bemerklich machen, und solche Punkte haben dann eine untergeordnete
Ähnlichkeit mit den Epochen.

§ 173 werden zusammengefaßt die Erfordernisse der geschichtlichen
Auffassung. Nach Anleitung von § 160 sind hier 2erley Verhältnisse zu
beobachten, 1) das Verhältniß des christlichen Impulses zu denjenigen
gesellschaftlichen Zuständen, durch welche die Beschaffenheit der Organe
bedingt ist, dieß wird hier die sittliche und künstlerische Constitution der
Gesellschaft genannt. Das künstlerische bezieht sich auf den Cultus, das
sittliche auf die Sitte. 2) das 2te Verhältniß ist der Gegensaz zwischen dem
was als ein Gesundes auf einen christlichen Impuls zurückgeführt werden
kann, und demjenigen was als ein Krankhaftes, als Gegenwirkung fremder
Principien anzusehen ist. Wenn wir die Beziehung der KirchenGeschichte
auf die Kirchenleitung hier wieder uns vor Augen stellen, so ist es das
lezte Verhältniß was unmittelbar darüber belehrt, was in dem gegenwärtigen Zustand beybehalten oder ausgemerzt werden muß. Das erste Verhältniß giebt die richtige Anschauung davon was und wie etwas in einem
gewissen Zustand der Gesellschaft erreicht werden kann oder nicht, denn
dieß hängt von der Beschaffenheit der Organe ab.

Von § 174 tritt ein Element als ein besonderes auf, welches bisher
latitirte. Wir theilten die KirchenGeschichte in Geschichte der Gesellschaft
und der Lehre, und jene in Geschichte des Cultus und der Sitte. Nun tritt
hier die kirchliche Verfassung auf aber nicht als neues Theilungsglied,
sondern subsumirt unter die Sitte. Dieß ist ein rein protestantischer Saz.

Vermittelt ist er durch den Saz, daß es in unsrer Kirche der Verfassung an aller äussrer Sanction fehle. Diese ist es, die einer Verfassung den gesezlichen Charakter giebt; so wie sie diesen nicht hat, so ist sie ein eben so Freywilliges wie alles was in die Sitte fällt, und eben denselben Veränderungen unterworfen. Unter äussrer Sanction wird verstanden wenn mit Handlungen bestimmte Folgen verbunden werden können, die den Charakter eines Zwanges haben. Dergleichen kennen wir in der evangelischen Kirche gar nicht. Es hat wohl Zeiten und Gegenden gegeben, wo ein KirchenBann in der evangelischen Kirche exercirt wurde, und dieser scheint eine Analogie mit äussrer Sanction zu haben; wenn einem nämlich gesagt werde: wenn du dieß thust oder nicht thust so sehen wir dich nicht mehr als Glied unsrer kirchlichen Gemeinschaft an, so scheint hierinn ein Zwang zu liegen. Allein einestheils wurde dieß nie als allgemeines Princip der evangelischen Kirche ausgesprochen, es könnte sich nur auf einzelne Regionen erstrecken, da es in der protestantischen Kirche *[183]* keine allgemeine Behörde⟨n⟩ giebt. Jeder Ausgeschlossene an einem Ort kann sich an einen andern Ort wenden. Aber in der katholischen Kirche hat auch schon dieser Bann den Charakter der ⟨kirchlichen⟩ äusserlichen Sanction, weil es hier eine allgemeine Einheit giebt, denn wenn der Pabst einen ausgeschlossen hat, so ist der Christ in der ganzen Kirche ausgeschlossen. Dieß ist aber nicht die einzige [Sanction] in der katholischen Kirche, sondern sie hat auch einen Einfluß auf die bürgerliche Auctorität, eben vermöge jenes Bannrechts. Und so giebt es Fälle in der Geschichte, daß die Päbste den Obrigkeiten befahlen was sie thun sollten, und gesagt haben, ⟨daß⟩ wenn ihr dieß nicht thut, so schließen wir euch aus der Gemeinschaft der Christen aus, und diese werden euch dann nicht mehr folgen. Die Vollkommenheit der evangelischen Kirche besteht nun in dieser gänzlichen Trennung des geistlichen und weltlichen Armes, so daß sich weder die geistliche Gewalt einer weltlichen ⟨sich⟩ anmaßen, noch auch die weltliche Gewalt eine Befugniß in geistlichen Dingen haben sollte. Damit hat die evangelische Kirche den Anspruch auf äussre Sanctionen ihrer Verfassung aufgegeben, und so ist die kirchliche Verfassung nur ein Theil der kirchlichen Observanz, d. h. wir halten das so auf eine übereinstimmende Weise aus gemeinschaftlicher Ueberzeugung. Hat einer eine andre Ueberzeugung, so hält er es anders, verbreitet er seine Ueberzeugung, so ändert sich die Observanz. — Dieses einzelne Element der Verfassung ist aber überall von vorzüglichem Einfluß gewesen auf die Gestaltung der ⟨christlichen⟩ gemeinsamen Darstellung, und dieß wird in den 2 folgenden §§. erklärt. Der Hauptsaz des

§. 175 bezieht sich auf ein Früheres daß nämlich die bedeutendsten Epochen der Kirchengeschichte diejenigen sind, welche zugleich Epoche machen in der übrigen Geschichte. Solche Veränderungen nun die mit der übrigen Geschichte zusammenhängen, werden sich besonders in der kirchlichen Verfassung offenbaren. Dieß erklärt sich leicht, wenn man sich die kirchliche Verfassung als Sitte denkt. Denn nehmen wir die bürgerliche Verfassung, welche nicht als Sitte gedacht werden kann, und fragen: ist es wohl leicht zu denken, daß in einem monarchischen Staate sollten republikanische Sitten in Beziehung auf die Kirche 《sollten》 einheimisch seyn? so wird dieß verneint werden müssen. Denn da die kirchliche Verfassung in ihrer Manchfaltigkeit etwas nicht Wesentliches ist, so muß sie sich dem analog gestalten, was in anderer Beziehung einen festen Halt hat, und wenn ein Gegensaz damit stattfindet, so giebt es immer besondre Erklärungsgründe. Gehen wir nun davon aus und sagen: in der allgemeinen Geschichte sind dieß die wichtigsten Epochen die dem ganzen bürgerlichen Leben eine andre Gestalt geben, so werden diese einen besondern Einfluß äussern auf die Verfassung der Kirche. *[184]* Ein besonderer Grund ist im Zusaz aufgestellt. Schon mit Beziehung auf die kirchliche Sitte [hat] man gesagt, daß die politischen Verfassungen meistentheils Organ derselben wären, so wie der ganze gesellige Zustand, und nun braucht man nur zu sagen: die Verfassung ist gerade derjenige Theil der christlichen ⟨Kirche⟩ Sitte, der am meisten mit dem bürgerlichen Leben zusammenhängt. Darinn ist nun das gegründet was

§. 176 gesagt wird, daß die kirchliche Verfassung in der geschichtlichen Darstellung die Hauptlinie bildet, auf welcher die Epochenpunkte eingetragen werden. Eine welthistorische Begebenheit ist zB die Zerstörung des römischen Reiches verbunden mit der Völkerwanderung. Nun ist offenbar, daß durch diese Veränderungen eine ganz andre kirchliche Existenz entstehen mußte. Von dieser Zeit an entsteht ein Conflict zwischen der nationalen Manchfaltigkeit der Kirchen und der Einheit, die in der alten kirchlichen Auktorität lag. Das war also ein Punkt in der Geschichte der kirchlichen Verfassung. Dieser nun eine solche Geltung in der Geschichte zu geben, kann nur gerechtfertigt werden durch ihr Verhältniß zu den andern wesentlichen Momenten der KirchenGeschichte, und dieß ist im Zusaz geschehen. Hier ist dargestellt der Einfluß der kirchlichen Verfassung auf den Cultus einerseits und auf die Sitte andrerseits. Daß sie einen bedeutenden Einfluß auf den Cultus haben muß, dieß ist klar. Denn denken wir uns die Kirche sehr zerspalten, so wird die Veränderlichkeit des Cultus viel größer seyn als wenn wir uns denken die Kirche in einer verfassungsmäßigen Einheit, weil doch der Cultus vorzugsweise von der KirchenLeitung ausgeht. Daher in der abendländischen Kirche die Tendenzen zu der Einheit der KirchenVerfassung immer zunächst die Richtung nehmen auf die Einheit des Cultus. Nun was die Sitte betrifft, so ist offenbar in materieller Hinsicht, daß diese durch die Verfassung in höherem Grade modificirt wird. In einer Demokratie müssen ganz andre Sitten seyn als in einem aristokratischen oder monarchischen Staat. Aber die Sitte des ganzen gesellschaftlichen Lebens hat auch einen Einfluß auf die kirchliche Sitte, und umgekehrt. Hat die Verfassung der Kirche keine äusseren Sanctionen, so hat sie ihren Halt blos in der Sitte, und wenn diese durch bürgerliche Revolutionen sich ändert, wird sich auch die Verfassung ändern. Nun ist noch ein 3ter Punkt hervorzuheben[36]. Bey der großen Analogie und Verbindung der kirchlichen Gemeinschaft mit der bürgerlichen ist ein wichtiger Theil der geschichtlichen Auffassung in Beziehung auf die KirchenGeschichte im weitesten Sinne das Verhältniß, welches zwischen der religiösen und bürgerlichen Gemeinschaft stattfindet, und dieses ist am anschaulichsten an der kirchlichen Verfassung, diese ist die Scala, woran *[185]* sich jenes Verhältniß messen läßt. So ist es sehr mit Recht geschehen, daß überall die kirchliche Verfassung der HauptPunkt geworden ist, an welchen sich alle andern anschließen, und auf welchen in [den] Bestimmungen der Epochen und Perioden vorzüglich Rücksicht genommen worden ist.

Von §. 177—183 wird von der Dogmengeschichte gehandelt. Hier ist zunächst der äusserlich⟨st⟩e Coëfficient aufgestellt, nämlich das Bestreben, den Ausdruck für das christliche GlaubensBewußtseyn übereinstimmend festzustellen. Dieß ist mehr das wissenschaftliche Interesse. Das andre ist das christlich religiöse. Denken wir an die apostolischen Verkündigungen, so finden wir hier freylich Alles concentrirt auf den HauptPunkt des Christenthums, aber wo einmal Gemeinden gestiftet waren finden wir schon in den ApostelBriefen ein Eingehen auf verschiedene einzelne Fragen. Hier gieng also schon die ⟨erste⟩ eine Lehre von der Sendung Christi in verschiedenen Punkten auseinander. Nun ist offenbar daß für denselben Gedanken oder dieselbe Gemüthsstimmung eine Manchfaltigkeit des Ausdrucks möglich [ist], und hier ist also eine Quelle von Differenzen. Ebenso ist klar, daß wenn wir das apostolische Gebiet verlassen, schon zu ihrer Zeit verschiedene Meynungen über verschiedene Gegenstände unter den Christen herrschen. So finden wir eine Differenz zwischen Juden- [O: Juden] und Heidenchristen gegeben, da kommt es also darauf an, das eine festzustellen, das andre auszumerzen, und dieß ist in diesem Fall durch

---

[36] *Andere mögliche Lesart:* hervorgehoben.

eine Entscheidung der christlichen Muttergemeinde geschehen. Nun dieß ist der eine Factor in der Entwicklung des Lehrbegriffs, daß über Einzelnes können verschiedne Meynungen bestehen, wenn sie aufeinandertreffen, muß die Differenz ausgeglichen werden, entweder durch Feststellung der einen und Widerlegung der Andern, oder durch Freystellung verschiedener Meynungen als verträglich mit dem Wesen des Christenthums. — Das andre Element aber in der Entwicklung ist nun dieses hier auseinanderge- sezte, nämlich unter Voraussezung der Identität der Lehre auch den Ausdruck so zu bestimmen, daß er nicht mehr Quelle von Differenzen werden kann; dann aber auch in Beziehung auf verschiedene Lehren die Zusammenstimmung zu zeigen, so daß dieß aus dem Ausdruck sogleich erhellen muß. Das 1te nun was in dem §. gesagt ist, dieß ist das christliche Princip selbst in seiner Beweglichkeit gedacht; denn daß dieses immer mehr auf die verschiedenen Punkte [sich] richten müsse, und so die Lehre sich vermanchfaltige, das geht rein von innen aus. Nun ist im Z u s a z gesagt, daß beyde Richtungen sich aufheben, indem die eine, die lezte nach aussen gehe, die andre, die erste nach innen. Das Erste nämlich ist die Vervollständigung des Bewußtseyns selbst, das andre seine Mittheilung. *[186]* Die Fortschritte in beyden Richtungen fallen der Zeit nach auseinan- der, wenn die eine Richtung dominirt, so tritt die Andre zurück. Daraus ist die Folgerung gezogen, daß verschiedene Zeiten sich durch das Ueber- gewicht der einen und andern Richtung unterscheiden. Überall muß die Richtung nach Innen die erste seyn, aber man kann sie doch nicht ohne die andre denken. Das patristische Zeitalter ist das der Entwicklung christlichen Bewußtseyns, in welchem allmählig alle einzelnen Lehren zur Erscheinung kamen, und das christliche Princip sich seines ganzen Stoffes bewußt wurde. Aber deßwegen war doch auch hier schon das Bestreben, den Ausdruck didaktisch zu schärfen und die Congruenz zu Bewußtseyn zu bringen. Das scholastische Zeitalter, in dem ist die leztere Richtung dominirend, der Lehrbegriff wurde als gegeben schon vorausgesezt, und die Scholastiker wollten nur theils comparativ prüfen, ob die einzelnen Positionen auch zusammenstimmten, um den Widerspruch zu beseitigen, theils jedes einzelne Dogma prüfen, ob es nicht noch Differenzen in sich trage, d. h. ob der Ausdruck nicht noch ungenau sey. Da dominirt also offenbar die Richtung nach aussen. Nun war auch dieses gerade das Zeitalter, wo die logische Richtung auf die christliche Lehre gleichsam ex professo angewandt wurde. Aber offenbar wenn nun Disharmonien einzel- ner Säze aufgestellt wurden, so mußten sie doch gelöst werden, und ebenso wenn Ungenauigkeiten gefunden wurden. Dieß war nun immer auch zugleich mit der Richtung nach Innen verbunden, aber diese war nicht

Princip, sondern nur Resultat. — Dasselbe gilt auch in allen Zeiten von der Differenz der einzelnen Personen, daß einige überwiegend in der Richtung nach innen versirt haben, andre mehr nach aussen. In dieser Differenz ist also zugleich aufgestellt der verschiedene Charakter verschiedener Perioden, und dieß wird

§ 178 weiter auseinandergesezt, wo die Aufgabe gestellt wird, die Ordnung in der Entwicklung der Lehre und in der wissenschaftlichen Bearbeitung des Lehrbegriffs aus dem eigenthümlichen Wesen des Christenthums zu erklären. Warum dieß eine Aufgabe ist, sagt der Z u s a z. Nämlich, wenn diese Ordnung schlechthin zufällig und gleichgültig wäre, nur durch äussre Umstände bedingt, so könnte jene Aufgabe nicht gestellt werden. Aber jenes ist eben nach dem Zusaz nicht der Fall, sondern es giebt eine natürliche Ordnung. Sezen wir das christliche Princip als Eines, so werden wir sagen müssen: was als Einzelheit im Lehrbegriff ein minimum ist, *[187]* steht in entfernterem Verhältniß zu jener Einheit, als was als Einzelheit als eine bedeutende Größe erscheint, es wäre also widernatürlich, wenn sich die entfernter liegenden Punkte 〈später〉 zuerst entwickelt hätten. Bedenken wir, daß das Christenthum monotheistisch ist, und doch in Christo eine göttliche Dignität anerkennt, so mußte dieß zuerst entwickelt werden. Dieß gehört aber nicht mehr in das apostolische κήρυγμα, sondern erst in die Zeit als christliche Gemeinden schon bestanden. Ferner indem das Christenthum eine sittliche Religion ist im Gegensaz gegen eine NaturReligion, so mußte ein〈s〉 ebenso bedeutender Punkt seyn das Verhältniß der Wirksamkeit Christi 《und》 zur menschlichen, freien Wirksamkeit, und dieß war dann auch der Punkt, der zunächst auf jenen in der Entwicklung folgte. Also in Beziehung auf diese großen HauptPunkte läßt sich allerdings die Entwicklung der Sache begreifen, und dieses Begreifen der geschichtlichen Entwicklung in ihren inneren Gründen ist das Wesen der geschichtlichen Auffassung.

§. 179 ist eine Vertheidigung des Vorigen gegen eine sehr gewöhnliche Meynung. Nämlich es ist ein Räsonnement was man häufig in Kirchen- und Dogmengeschichten findet, daß man weit mehr die Art wie die Resultate hervorgetreten sind, aus einzelnen Persönlichkeiten begreifen will. ZB sagt man: wenn Arius und Athanasius nicht wären in einem Verhältniß der Eifersucht gewesen, so wäre der ganze Streit über das Verhältniß des Höheren in Christo zu seiner menschlichen Natur nicht entstanden, und wenn sich nachher nicht einflußreiche Personen in die Sache gemischt hätten, so würde sie wohl auch ganz anders entschieden worden seyn als so. Nun die erste Erklärung ist eine vollkommen falsche, denn dieser Gegenstand mußte durchaus zur Sprache kommen, es konnte

auf die Länge keine genaue Erklärung über dieses wesentliche Stück
geben, ohne eine solche Bestimmung. Auch daß dieser Streit gerade von
Alexandria ausgegangen, lag darinn, daß in Alexandria die dialektische
Richtung ausgebildet war. Daß es aber gerade diese Personen waren, dieß
liegt freylich an diesen Personen. — Wenn man aber weiter sagt: wenn
sich nicht diese Kaiser p eingemischt hätten, so wäre etwas Andres
herausgekommen, dieß ist nicht mehr in demselben Grade unwahr, aber
bezeichnet auch einen krankhaften Zustand. Bedenkt man, wie abwech-
selnd die arianische und athanasianische Lehre die Oberhand hatten, so
deutet auch dieser Wechsel auf einen krankhaften Zustand, und hier sind
wir auf einem Gebiet, wo Fremdartiger Einfluß sich einmischte. Aber daß
doch *[188]* die Athanasianische die Oberhand behalten mußte, ist wieder
aus der Natur der Sache zu erklären, weil sich mit der arianischen Lehre
das wahrhafte Menschseyn in Christo nicht verträgt, was dem GemeinGe-
fühl der Christen widerspricht. So wie dieß zu Bewußtseyn gekommen
wäre, so wäre diese Lehre auch gewiß ebenso ausgeschlossen worden, wie
es in der That früher auf andre Weise geschah.

Dieser § sagt also aus, daß ein bedeutender Einfluß von äusserlichen
und persönlichen Momenten allemal auf einen krankhaften Zustand deutet.
Dieß sind also die 2 entgegengesezten Punkte: was sich aus dem christlichen Princip begreifen läßt, ist das Gesunde, was aber nur aus einem
Einfluß fremdartiger Principien, das ist das Krankhafte.

§. 180 betrachtet denselben Gegenstand, die geschichtliche Auffassung
nämlich, in Beziehung auf den Gegensaz zwischen dem Kanonischen und
dem Späteren. Auch dieses Zurückgehen auf das Kanonische ist natürlich,
sobald Differenzen entstanden. Dieß erhellt recht aus der Geschichte des
Kanon. Da ist immer die Frage: was sind die Bücher, aus welchen die
bewährtesten Lehrer Zeugnisse entlehnt haben? Da wird also auch vorausgesezt, daß die Äusserungen des christlichen Princips in jener ersten Zeit
die reinsten waren. Bey jeder Differenz also mußte sich das Bestreben
entwickeln, zurückzugehen auf die Zeiten, wo diese Differenz noch nicht
war, — auf das Urchristenthum.

Das 2te ist ein ebensolches in Beziehung auf den wissenschaftlichen
Coëffizienten, nämlich zu zeigen in Beziehung auf den bedenklichen Ausdruck, daß er zusammenstimme mit den Säzen, die die Richtigkeit des
Denkens aussprechen, entweder blos formal oder logisch, oder in Beziehung auf das Seyn, also metaphysisch. Dieß ist etwas andres [als] christliche
Lehren metaphysisch deduciren zu wollen. Hier ist nur von dem Ausdruck
die Rede, der offenbar einer Zurückführung auf das Wissenschaftliche
bedarf. Etwas ganz andres wäre, das christliche Bewußtseyn selbst aus

philosophischen Säzen abzuleiten. Die Beziehung auf den Kanon geht mehr auf den Inhalt, die Beziehung auf philosophische Säze mehr auf den Ausdruck.

Dieß wird im § ⟨Zusaz⟩ dargestellt als auf dem Streit und Differenzen beruhend, aber der Zusaz sagt, daß es sich auch ohne Streit ergeben würde, denn soviel die christliche Kirche eine Einheit ist, so muß sie sich auch der Identität der jezigen und der ursprünglichen Lehre bewußt werden, ebenso mit *[189]* dem philosophischen ⟨Eindruck⟩ Ausdruck. Der Streit beschleunigte und vermehrte nur solche Ausführungen.

§ 181. wird nun auseinandergesezt, was auf diesem Gebiete das zu weite Auseinandertreten der im vorigen §. aufgestellten Punkte ist. Eine Richtung wird so bezeichnet, daß man nicht wolle die Lehre bestimmen über die urchristlichen Äusserungen hinaus. Dieß ist also ein Nichtwollen dessen was in der Kirche entwickelt worden ist. Dieß ist eine Tendenz, hervorgerufen namentlich in der protestantischen Kirche durch die scholastische Reaktion die den Lehrbegriff mit einer großen Menge von praktisch unnützen und die Lehre verwickelnden Unterscheidungen überfüllt hat, wie wir dieß in einem Quenstedt Calow p[37] finden. Dagegen entstand eine Richtung auf die Simplification der Lehre, und ein Zurückgehen auf ein biblisches Denken, wo man keine Lehre weiter entwickeln will, als sie in den NTlichen Büchern entwickelt ist. Diese Tendenz wird auch als krankhaft bezeichnet. Denn wenn man dieß seinem innern Gehalt nach untersucht, und auch an die SittenLehre denkt, so muß man sagen, daß diese 2 Theile auf gleiche Weise behandelt werden müssen. So kommt man überall darauf, theils Säze aufzustellen, die jezt von keiner Anwendung mehr sind, statt die Principien auf das jezt Gegebene anzuwenden, alle diese Anwendung praktischer Regeln des NTs auf das Gegebene ist dem ascetischen Leben anheimgegeben, wobey viele Unbestimmtheit stattfinden muß. Es ist also dieß eine krankhafte Reizung durch den scholastischen Zustand. Ebenso mißlich ist dieß aber auch bey der GlaubensLehre selbst. ⟨Im⟩ Denn da sind viele Ausdrücke des NTs für uns vieldeutig, und bleibt die GlaubensLehre dabey stehen, so fehlt es an einem festen Regulativ. Wenn man aber sagt, diese ganze Einseitigkeit hat ihren lezten Grund in einer antichristlichen Richtung, und man will eigentlich nur die natürliche Religion in Uebung erhalten, und als christlichen Lehrbegriff feststellen, so hat dieß zwar im Einzelnen stattgefunden, aber es muß dann dazukommen eine sehr große Licenz in dem Erklären der urchristlichen Auffassun-

---

[37] *Quenstedt, Johann Andreas, (1617–1688); Calow, Abraham, (1612–1686); beides Hauptvertreter der lutherischen Orthodoxie.*

gen, — wenn sich dieses Beydes verbindet, so hat man auf jenen Grund zu schließen.

Die andre Einseitigkeit ist, solche Säze, welche nur in Folge speculativer Principien gelten, in die christliche Lehre einzuführen, und zwar unabhängig von einer Beziehung auf den Kanon. Hier liegt nun die Sache so. Wenn man sich Beydes so gegeneinander gestellt hat, daß man sagt, das religiöse Bewußtseyn wie es ursprünglich von Christo mitgetheilt war, dieß ist nur eine unvollkommene Form der speculativen Wahrheit: so ist offenbar, daß alle religiösen Säze, wenn *[190]* sie speculativ entstehen, nicht mehr brauchen anderweitig begründet zu werden. Wenn man nun sagen wollte, hiebey liege die Tendenz zu Grund, das Christliche zu beseitigen, so ist dieß nur dann wahr, wenn eine verkehrte Behandlung oder Vernachlässigung des Kanons dazukommt. Diese Richtung ist falsch, indem ein eigenthümlicher Unterschied stattfindet zwischen der Form des religiösen Bewußtseyns und des speculativen. Aber wenn [man] von dieser Voraussezung ausgeht, so ist dieser Preiß natürlich. Aber was folgt für die Kirchenleitung? Den speculativen Lehren kann man keinen Eingang verschaffen in die Masse, es bedarf also einer andern Brücke, und wenn diese durch die Gestaltung der Lehre nicht gegeben ist, so fehlt es hier ebenso an einer Norm wie auf der andern Seite. — Hier nun ist die Sache nur aufgestellt in Beziehung auf die geschichtliche Auffassung, daß man nämlich diese Richtungen immer im Auge behalten muß, und daß ihr Gegeneinandertreten ein gewisses Maß nicht überschreiten darf, wenn der Zustand soll als gesund angesehen werden. — Nun wird also die geschichtliche Auffassung

§. 182 noch genauer unter diesen Typus ⟨bestimmt⟩ subsumirt, indem gesagt wird, es sey wesentlich, daß man die geschichtlichen Veränderungen in dem Verhältniß dieser 2 Richtungen erkenne. So wie man ihre gemeinschaftliche Berechtigung im Auge hat, und auf der andern Seite dieß, daß eine Einseitigkeit der einen gegen die andre einen krankhaften Zustand voraussezt, so sieht man, daß der EntwicklungsGang auf nichts anderem beruht als auf [O: aus] dem Verhältniß dieser Richtungen. Die eine ist eine überwiegend dialektische, welche überschlägt in ein das Princip der christlichen Lehre verfälschendes, indem der Unterschied zwischen dem religiösen und philosophischen Princip aufgehoben wird; die andre ist die antischolastische Richtung in der Beziehung, daß sie die Anwendbarkeit des Lehrbegriffs auf die ascetische Anwendung festhält, sie wird aber krankhaft, wenn sie den Unterschied der populären und wissenschaftlichen Behandlung aufheben will.

Im Zusaz ist gesagt in Rücksicht auf den Unterschied zwischen Geschichte und Chronik, daß wenn in der geschichtlichen Auffassung der Entwicklung der Lehre dieses Verhältniß vernachlässigt werde, so verliere man den geschichtlichen Charakter und behalte nur das chronikalische Skelett. Man weiß dann nur: damals ist so gelehrt worden, und damals so, ohne Zusammenhang.

§. 183. geht auf die Theilung der Geschichte des Lehrbegriffs in Geschichte der Dogmen und die Geschichte der christlichen SittenLehre. Vorausgesezt es werde keine Sonderung gemacht *[191]* in dieser Beziehung, wird doch gesagt, daß man sehr achten müsse auf das Verhältniß der Bewegung zwischen beyden Zweigen, und daß für die Zweckmäßigkeit der geschichtlichen Darstellung wenigstens unter gewissen Bedingungen eine Theilung zweckmäßig ist. Offenbar ist es ein verschiedener Charakter des kirchlichen Zustandes wenn auf dem Gebiete der theoretischen Lehre eine sehr lebendige Bewegung stattfindet, und dagegen auf dem Gebiete der praktischen gar nicht. Dieß kann allerdings seinen Grund in dem Coëfficienten haben; wenn sich nämlich der wissenschaftliche Zustand bedeutend und häufig ändert, so muß dieß einen Einfluß haben auf den Zustand der Dogmen. Wenn nun ganz entgegengesezte philosophische Systeme schnell aufeinander folgen, so hat man nicht vorauszusezen, daß ein vor einigen Jahren geltendes System schon ganz unbekannt geworden wäre, sondern man kann Analogien aus demselben beybehalten, bis es ganz verschollen ist. Ebenso wenn gleichzeitig entgegengesezte philosophische Systeme nebeneinander bestehen, so muß ein Conflikt auch auf [O: aus] auf dem Gebiet der Dogmatik entstehen. Nun können während einer solchen Zeit die geselligen Verhältnisse und moralischen Meynungen unverändert bleiben, — dann wird auch auf dem Gebiet der christlichen SittenLehre keine Veränderung stattfinden. Diese Unterschiedlichkeit hat dann lediglich ihren Grund in dem Coëfficienten und ist noch nicht nothwendig krankhaft. Es kann aber auch ein innerer Grund vorhanden seyn, und dann ist es viel wichtiger. Wenn wir denken, wie es einmal galt, es komme Alles auf die Reinheit der theoretischen Lehre an, und mit der praktischen dürfe man es nicht so genau nehmen: so war dieß etwas Krankhaftes. Ebenso aber das Extrem der pietistischen Partey. — Nun wird im 2ten Saz des §. gesagt, wenn diese Bewegungen sehr different sind, so werde es natürlich, die Geschichte der theoretischen und praktischen Lehren zu trennen. Natürlich giebt es eine große Ungleichheit in der geschichtlichen Darstellung wenn auf der einen Seite viel Detail ist, auf der andern aber nicht, da tritt der eine Theil in Schatten. Trennt man aber Beydes, so muß man, wenn man mit dem einen beschäftigt ist, [bedenken,] daß man von dem andern abstrahirt. Je mehr man aber ferner in das Einzelne gehen will, desto enger muß man schon deßwegen das Gebiet begrenzen, und so ist schon durch eine sehr detaillirte Darstellung oder Auffassung die Trennung geboten.

Im Zusaz wird nun zugestanden, daß die geschichtlichen Bewegungen auf dem theoretischen Gebiete einen weit stärkeren Exponenten haben als auf dem praktischen. Dieß ist aber nur ⟨den⟩ von den Bewegungen gesagt, ⟨daß⟩ durch welche die Lehre genauer bestimmt worden ist. Denn Streit über das, was in der christlichen Kirche als Sitte gelten soll, ist immer vorhanden gewesen, und viele dogmatische Streitigkeiten haben ebenso ihre *[192]* moralische Seite.

Von §. 184 an wird nun die Aufgabe in Betracht gezogen, das neue Material, welches in dem Begriff der KirchenGeschichte liegt, zu sondern in das Gebiet des Gemeinguts und der Virtuosität. Im § wird nun nur gesagt, daß hier der Unterschied ein Maximum sey weil das Material ein unendliches. In Beziehung auf den Lehrbegriff sind große Werke vorhanden, die nur die Geschichte einer Lehre behandeln. In der KirchenGeschichte im engern Sinn giebt es Werke, die nur kleine SpecialGeschichten ausführlich behandeln. Dieß alles gehört nothwendig in das Material. Da sieht man die Unendlichkeit, denn es würde folgen, jeder müsse diese Specialgeschichten alle in sich aufgefaßt haben. Dieß kann nur durch die Vereinigung aller Virtuosen gegeben werden. Ausserdem ist am Anfang des §. erinnert an die Hilfskenntnisse, und diese sind im Zusaz auseinandergesezt, nämlich daß da vieles nur verstanden werden kann, indem man auch in Beziehung auf die allgemeine Geschichte ins Einzelne geht, so daß die ganze Geschichtskunde [als] eine Hilfswissenschaft für die KirchenGeschichte angesehen werden muß. Nun 2tens wenn doch immer aus den Quellen geschöpft werden muß, so daß, wenn das Ganze vollendet seyn soll, man auch in Besiz ⟨der⟩ aller Quellen seyn muß, was die gesammte SprachKunde und Verständniß der Urkunden und Dokumente voraussezt.

§. 185. wird eine Formel aufgestellt, um dasjenige, was einem jeden Theologen nothwendig ist, zu bezeichnen und es von von dem Gebiete der Virtuosität zu trennen. Diese Formel mußte sehr unbestimmt ausfallen, doch so, daß die Maßstäbe daraus gefunden werden können. Wenn nun gesagt ist, jeder muß das inne haben, was mit seinem selbständigen Antheil an der Kirchenleitung zusammenhängt, so scheint dieß einestheils sehr schwankend, andrerseits auch einseitig, indem dann für das eine Gebiet weit mehr erfordert werde, als in Beziehung auf das andre. Den allgemeinen Begriff der Kirchenleitung haben wir aufgestellt als umfassend den ganzen theologischen Beruf. Nun ist aber hierinn eine große Differenz, folglich der verschiedene Antheil der Theologen daran ein sehr verschiedener. Das gewöhnliche Maß ist das Amt an einer bestimmten Gemeinde. Bleiben wir hiebey stehen und fragen: was ist einem solchen nothwendig aus dem kirchengeschichtlichen Stoff? so könnte man leicht sagen: gar nichts. Denn er hat es nur zu thun mit der Erbauung seiner Gemeinde, in ihrem äusseren Zustand muß er sie lassen, der Complex von höherer Kirchenleitung ist ihm gegeben, und nicht nothwendig, daß er diesen als Resultat der Vergangenheit begreift. Ob er wisse, seine Gemeinde hat früher zu jenem Gebiete p gehört, dieß hat keinen Einfluß auf ihn, denn er kann doch *[193]* aus dem Gegebenen nicht herausgehen. Was er nun vorzutragen hat als sein Eigenes, da muß er freylich kennen zu lernen suchen den geistigen Zustand seiner Gemeinde. Aber das muß ihm erst das Leben mit der Gemeinde allmählig geben, was er vorher mitbringt ist nur eine allgemeine Vorstellung von dem Gesammtzustand, die [*O:* den] er früher gewonnen haben muß. Aber sein Absehen ist vorzüglich darauf gerichtet, wie er daraus sich allmählig eine neue Gemeinde erziehe durch seinen Unterricht der Jugend. Von den Wirkungen, die er auf die ältere Gemeinde machen kann muß er sich keine große Hoffnung machen. Was er nun vorzutragen hat, kann er nur nehmen aus der Masse der umlaufenden religiösen Vorstellungen, die er sich also angeeignet haben muß. Da hat es aber keinen Einfluß, daß er die Geschichte dieser Lehren kennt da diese vorzüglich nur den streng didaktischen Ausdruck betrifft, welcher bey einer Gemeinde keinen Plaz finden kann. Wenn man die ganze Amtsführung eines trefflichen Geistlichen sich könnte zusammenstellen, und wollte untersuchen wieviel darinn so sey vermöge seiner dogmatischen Kenntnisse, so würde dieß sich auf Null beziehen. Also für dieses Gebiet könnte man die ganze kirchengeschichtliche Kenntniß ausschließen. Dieß ist aber die schlechte Auslegung, daß es eine solche Unterscheidung gebe in dem Gebiete der Theologie wie vor einiger Zeit in der Medicin in Gang gebracht《ten》 wurde, nämlich daß es eine Classe von Ärzten geben soll, welche man Routiniers nannte, welche ihre Kenntnisse nur aus der allgemeinen Masse der Erfahrungen hatten, das andre waren wissenschaftliche Ärzte; jene hatten die Kunst nur auszuüben, die lezteren ⟨zu vervollkommnen⟩ hatten die Wissenschaft zu vervollkommnen. Diese Voraussezung ist aber nicht die von welcher irgendeine Kirchenleitung in der protestantischen Kirche ausgeht, denn sie würde nur zu etwas Unprotestantischem führen. Die katholische ⟨Kirchen⟩ Kirche kann sich dahin neigen. Bey ihr ist die theologische Wissenschaft in Beziehung auf die Kirchenleitung ein bloser Luxus, der Unterschied zwischen niederer und hoher Geistlichkeit ist aufgestellt, und steht fest, die höhere Geistlichkeit wird nicht aus der niederen recrutirt, sondern hat ihre eigenen Seminarien, Domkapitel und, in Deutschland wenigstens, die Universitäten. Also hier ist [es] das wissenschaftliche und eristische Element, aus welchem die höhere Geistlichkeit hervorgeht; die niedere könnte aus Routiniers bestehen, zumal in der katholischen Kirche die lebendige Rede zurücktritt. Wir vollständigen Protestanten wollen eben deßwegen die englische Kirche nicht für eine protestantische gelten lassen, weil sie einen ähnlichen Unterschied festsezt, so daß ein angelsächsischer evangelischer Schriftsteller den Rath giebt, daß die Geistlichen nicht alle selbst Predigten machen sollen, dieß passe sich gar nicht, sondern wenn sie ausgezogene Predigten vorlesen, dieß sey wol besser. — Dagegen ist unser *[194]* Ziel dieses, daß man aus einem Theologen müsse alles in der Kirche machen können. Also so für den blosen ascetischen Gebrauch sollen die theologischen Kenntnisse von Keinem abgemessen seyn.

Der Ausdruck, jeder soll das inne haben, was mit seinem Antheil an der Kirchenleitung zusammenhängt, muß im Geiste unsrer Kirche ausgelegt werden, so daß sich keiner auf ein minimum von Antheil an der Kirchenleitung beschränkt. Allerdings wäre auch das Gegentheil sehr verkehrt, wenn man sagen wollte, jeder Theologe muß auch ein academischer Lehrer oder ein Mitglied der KirchenRegierung seyn [O: geben] können, denn dieß hieße aus diesen höchsten Spizen alles besondere Talent ausschließen. Es fragt sich also: was soll dann für eine allgemeine Formel hier gelten? Man kann eine solche Ansicht wie die vorhin aufgestellte nur fassen wegen des traurigen Zustands der Isolirung unsrer Geistlichen. Denn denkt man sich den Geistlichen nur seiner Gemeinde gegenüber, so könnte es Fälle geben wo jene Voraussezung angemessen wäre. Aber der natürliche Zustand ist doch, daß alle die Antheil an der Kirchenleitung haben, Geistliche und gebildete Gemeindeglieder ⟨halten⟩ eine Gemeinschaft halten, und jeder der nach einem solchen Amte strebt, muß ein würdiges Glied dieses Kreises seyn wollen, und wenn sich der Geistliche denkt in einer solchen Gemeinschaft mit einem lebendigen ⌐Widerstreit⌐ von Gedanken über die Kirchenleitung: da ist nun dieß gerade derjenige Kreis, in welchem das geschichtliche Leben seine ⌐Welt⌐ seyn muß, und dieß ist ⟨ihr⟩ der Unterschied eines solchen Kreises von den Gemeinden. Denken wir also den Theologen als Mitglied einer solchen Genossenschaft, so müssen wir einen ganz andern Maßstab aufstellen; dazu werden die einzelnen Punkte in den folgenden Paragraphen auseinandergesezt 186—90.

§. 186 ist als erstes Element hingestellt eine richtige Anschauung von der lezten Epoche, und zwar wie sie durch den früheren GesammtVerlauf bestimmt worden ist. Die Nothwendigkeit davon geht aus dem oben

Gesagten hervor. Jezt mehr als jemals, nachdem überall in den abendländischen christlichen Ländern Christen von der protestantischen und römischen Kirche miteinander vermischt sind, gehört es zu dem Bewußtseyn des Gesammtzustandes, daß wir uns immer dieses Gegensazes bewußt sind, welcher durch die Reformation entstanden ist, und wir müssen es als problematisch ansehen, ob ihm noch eine weitere Entwicklung bevorsteht oder nicht. Aber es wird sich auch keiner in seinem Beruf ganz ausgeschlossen *[195]* finden davon, der zurückführenden Thätigkeit der römischen Kirche zu widerstehen, und durch Unkenntniß des Wesens der katholischen Kirche giebt der Geistliche seine Gemeinde jenen Bestrebungen Preiß. In England waren die Katholiken bis vor wenigen Jahren so zurückgedrängt in ihren bürgerlichen Raum, so daß an eine Neigung, zur römischen Kirche zurückzutreten, nicht zu denken war. Seit der Emancipation aber hat die katholische Kirche in England solche Fortschritte gemacht, daß in Vorschlag gebracht ist, man solle verständige Leute auf den Continent schicken, um zu sehen, worinn das Reizende der katholischen Kirche bestehe. Die bischöfliche Kirche brauchte aber nur daran zu denken, daß sie selbst nie aufgehört hat katholisch zu seyn, daß unter Heinrich VIII nur der König englischer Pabst wurde; hernach unter Elisabet und Eduard kamen zwar protestantische Elemente hinein, aber theils wurden sie erdrückt durch das katholisirende Priesterthum Carls I[38] theils sonst — und da ist es nun leicht zu erklären, daß das Consequentere in dem römischen ⌐Pabstthum⌐[39] und das Inconsequente in der anglikanischen Mischung sich geltend machen muß. — So viel also ist gemeynt, daß die ganze Genossenschaft der Kirchenleitung muß der Siz seyn eines geschichtlichen Bewußtseyns über diesen Punkt. Nehmen wir nun hinzu, daß der StandOrt des Gegensazes in jeziger Zeit problematisch ist, ja daß mehrere Spuren eine neue Spannung verrathen, so müssen wir uns genau prüfen, was bey uns von der Opposition gegen die katholische Kirche noch nicht gehörig entwickelt ist. Dazu ist besonders dienlich, daß man die Gegenwart ⟨als geworden⟩ in ihrem Gewordenseyn betrachtet, und

---

[38] *Heinrich VIII, 1509—1547 König von England, vollzog aus persönlichen Gründen die Trennung der Kirche seines Landes von der katholischen Kirche; durch die Suprematsakte von 1531 wurde er das Oberhaupt der anglikanischen Kirche. Erst unter Eduard VI. (1547—1553) und Königin Elisabeth (1558—1603) fanden die Lehren der Reformation Eingang in England, bzw. wurde die eigentliche Gründung der anglikanischen Kirche (als Episkopalkirche) vollzogen, die Lehre formuliert und der Kultus eingesetzt. Mit der Enthauptung Karls I. (1625—1649) fanden die katholischen Restaurationsversuche nach mehr als siebenjährigem Bürgerkrieg ein Ende.*

[39] *Andere mögliche Lesart:* Priesterthum.

dabey wird man entdecken, daß noch viele katholische Elemente unbewußt in der Masse der Kirche stecken.

Der §. enthält aber auch noch, daß man diese lezte Begebenheit nur recht verstehen kann im Zusammenhange mit dem früheren Geschichtlichen Verlauf. Dieß ergibt schon der unmittelbare Anfang eines jeden Streits zwischen beyden Kirchen, denn immer sieht uns die römische Kirche an als abgefallene Neuerer, wir aber sehen uns an ⟨auf die⟩ als die, welche auf das Frühere zurückgegangen sind, und nur speculative Irrthümer weggewiesen haben. Dieß kann nicht beurtheilt werden ohne geschichtliche Kenntniß des früheren Verlaufs. Wenn wir hier an die unmittelbare Wirkung im Leben denken, so ist zu fragen: wirkt man wohl leichter auf den gemeinen Mann durch eine Analogie mit dem speculativen Verfahren, oder mit dem geschichtlichen? Da ist das lezte das einzig richtige. Hier ist also ein unmittelbarer Einfluß des geschichtlichen Bewußtseyns auf die unmittelbare Wirksamkeit.

[196] §. 187. Den 2ten Theil des vorigen § könnte man so ansehen, es sey genug nur einzelne Züge aus der früheren Geschichte zu kennen. Dieser § sagt nun, dieß wäre nur eine Reihe von einzelnen Bildern ohne Zusammenhang, die also nur durch ihre Ähnlichkeit und sofern sie eine einfache Skala zu der lezten Epoche hin sind, zusammenhängen. Dieß ist nun etwas Dürftiges, und ohne eine gewisse Continuität kann sich das geschichtliche Bewußtseyn nicht halten. Daher müssen diese Bilder ausgefüllt werden durch das Nez, d. h. die Verbindung der Hauptpunkte aus ⟨jend⟩ jedem Zweige jeder Periode.

Im Zusaz ist noch eine größre Forderung aufgestellt, daß dieses müsse erworben seyn als eigner Besiz aus Darstellungen von verschiedenen Gesichtspunkten. Der Gegensaz zwischen der evangelischen und katholischen Kirche ist noch jezt eine Parteysache und wir müssen immer uns im Verdacht haben, ob wir nicht im Gegensaz zu weit gehen. Will einer darüber ein Bewußtseyn haben, so müssen wir uns auch mit katholischen Darstellungen bekannt machen.

§. 188. Stellt die allgemeine Aufgabe wieder in Beziehung mit der Kirchenleitung dar, indem er sagt, zu einem kräftigen Impuls könne die geschichtliche Anschauung nur dann gedeihen, wenn die Begebenheiten alle auf das christliche Princip bezogen werden. Eine Darstellung, welcher dieß fehlt, ist keine theologische. Es ist sehr natürlich, nachdem das Christenthum so bedeutend geworden ist, daß es Auffassungen seines geschichtlichen Einflusses giebt, die dieß erklären wollen aus solchen Motiven wie sie auch andern Entwicklungen zu Grunde liegen. Solche Darstellungen können im Einzelnen richtig, auch geistreich seyn, (Gibbon,

Tzschirner)[40], aber indem sie die Einheit und Eigenthümlichkeit des Princips nicht mit auffassen, und die Begebenheiten nicht darauf beziehen, so sezen sie sich ausserhalb des theologischen Zusammenhangs.

§. 189 fasst die Beziehung der Geschichte auf die Kirchenleitung ebenso wie der [§] 188 innerlich, so in ihrer äusserlichen Gestalt, nämlich ein jeder selbstthätige Antheil an der Kirchenleitung ist allemal eine lokale Einwirkung die Localität sey nun kleiner oder größer. Die größte ist die evangelische Kirche überhaupt; denn ein Einfluß auf die römische Kirche wäre nur ein mittelbarer. Was nun diese Einwirkung als lokale fordere in Beziehung auf die geschichtliche Kenntniß, wird hier gesagt. Dieß ist ein größres Maß der Genauigkeit und Vollständigkeit in Beziehung auf dieses Locale. Dieß ist aber nicht als blose äusserliche Abstufung zu verstehen, daß man sagte: der Geistliche darf sich nur genau bekümmern um die Geschichte seiner Gemeinde, seiner Diöcese, weniger schon darf er sich bekümmern um die Geschichte seiner Provinz. So darf *[197]* man die Sache nicht denken, weil die Gemeinschaft in der evangelischen Kirche besonders jezt so bedeutend ist, daß man das Ganze als ein nothwendig Zusammengehöriges fassen muß, und nur in der äusseren Beziehung läßt sich die Kenntniß des Localen auf solche Weise abstufen. Im § ist allerdings eine Sonderung gemacht, aber sie darf nicht absolut genommen werden. Das lokale Gebiet jedes evangelischen Geistlichen ist eigentlich doch jezt nur die ganze evangelische Kirche.

§. 190. enthält in Beziehung auf diese Feststellung desjenigen aus dem Umfang der KirchenGeschichte was man von jedem Theologen verlangen kann noch den Zusaz, daß sich jeder müsse eine Uebung verschaffen in dem eignen Gebrauch der Quellen. Diese Forderung erstreckt sich ganz vorzüglich auf die Zeit des Studiums, weil später nicht jeder mehr die Quellen benützen kann. Die Nothwendigkeit ist diese. Es ist schon zugestanden, daß der Gesammtumfang der KirchenGeschichte nicht kann aus den Quellen erworben werden, sondern im Ganzen genommen aus geschichtlichen Darstellungen. Diese sind nun zwar selbst aus den Quellen geschöpft daß aber dabey eine Kritik nothwendig ist, ist schon bey einer andern Gelegenheit gesagt. Sie läßt sich auf verschiedene Weise üben. § 187 ist der Rath gegeben worden, verschiedenartige Darstellungen zu vergleichen. Aber es ist nothwendig für einen jeden, der eine Zuversicht haben will ⟨L 1⟩ in Beziehung auf seine Kritik der Darsteller, daß er auch

---

[40] *Gibbon, Edward, (1737—1794), The history of the decline and fall of the Roman empire. London 1776/88. — Tzschirner, Heinrich Gottlieb, (1778—1828), Der Fall des Heidenthums. Leipzig 1829.*

ihr Verfahren mit den Quellen kennenlerne. Dieß kann er aber gar nicht, ohne sich selbst an den Quellen versucht zu haben; denn nur dadurch bekommt man eine Erfahrung davon, wie sehr mitgebrachte Vorstellungen einen hindern, das in den Quellen Gegebene rein aufzufassen. Dieß gilt von jedem kirchengeschichtlichen Gebiete, überall sind es Vorstellungen der Zeit und der eigenen Neigung, die man zu den Quellen bringt, und wovon man erst durch genaue Beschäftigung mit den Quellen entdeckt, wie leicht man dadurch sich die Geschichte verfälscht. — Im Zusaz ist der Nachdruck darauf gelegt, daß es nicht leicht möglich seyn möchte, die rechte Kritik der Darstellungen zu üben, wenn man nicht selbst eine solche Construction aus den Quellen versucht hat. Das ist also eben, daß man für sich, wenn auch nicht auf dem Papier, sich eine Begebenheit zur Anschauung bringt. Ohne dieß wird einer entweder blindlings die Darstellung annehmen, oder er wird den Geschichtsschreibern nicht die gehörige Nachsicht angedeihen lassen.

Von §. 191 an wird von demjenigen Studium der KirchenGeschichte gehandelt, welches in das Gebiet der Virtuosität fällt. §. 191 stellt den Zweck eines jeden *[198]* solchen Studiums auf, daß es sich nämlich zum gemeinen Nuzen äussern muß, nicht ein Privatbesiz sey den einer für sich allein haben will. Es ist allerdings jezt weniger nothwendig vor dieser Art von Abweichung zu warnen, weil das jezige Zeitalter eine zu große Neigung hat zur Mittheilung. Aber jede Tendenz nach Virtuosität ruht auf einer besonderen Verwandtschaft zwischen der inneren Richtung des Individuums und dem Gegenstande. Nun bey einer solchen ist diese Abweichung sehr leicht: es findet einer sich selbst befriedigt in seinem Gegenstand, und sucht diese Befriedigung immer zu vergrößern, daraus entsteht aber nur eine Ansammlung von geschichtlichem Wissen nur zu eigenem Behuf. Eine solche Beschäftigung mit der KirchenGeschichte kann von Anfang an keinen rechten theologischen Charakter haben, denn da geht es noch weniger als sonst, daß es einer nur auf sich selbst absehen darf. Dann wird aber auch das Verfahren selbst nicht theologisch seyn. Ein 2tes ist noch dieses. Es ist oft mit der Richtung auf die Virtuosität verbunden, Alles in sich selbst erst zur Vollendung zu bringen, ehe die Richtung zur Mittheilung angeht. Dieß liegt allerdings gewissermaßen in dem Begriffe der Virtuosität. Nun aber hat doch das menschliche Leben schon sein Maaß und in dieser Hinsicht ist der § auch aufgestellt, und hat den Sinn, daß jeder sich so stellen muß, daß er auch zu der Leistung wirklich noch kommt, und sie nicht ins Unbestimmte hinaussezt. Der Sinn eines jeden Studiums dieser Art ist dann, die Resultate einer genauen

Forschung in der Darstellung niederzulegen, welche nun alle späteren Bearbeiter benützen können.

§. 192 — wird diese Richtung auf Virtuosität in ihrer Manchfaltigkeit dargestellt. Die eine Richtung ist die auf das Materiale. Dieß ist nicht Chronik, denn es kann die Nachweisung übersehener Momente und ihres Einflusses seyn so ist dieß Vervollständigung des Materials. Darunter ist die Berichtigung eigentlich schon mitbegriffen. In der Behandlung selbst unterscheidet sich Beydes, denn wenn ich dasselbe thue als Vervollständigung, so theile ich nur meine Forschungen mit, ohne auf die bisherigen Leistungen Rücksicht nehmen zu müssen; umgekehrt wenn ich berichtigen will. Diese Richtung ist es, 〈das〉 welche die meisten geschichtlichen Leistungen haben. — Was die Richtung auf die Darstellung betrifft, so ist Wahrheit und Lebendigkeit der Darstellung unterschieden. *[199]* Die größre Wahrheit gehört noch der historischen Auffassung an, während sich die Lebendigkeit ganz der Darstellung zuwendet. — So ist also dieses Gebiet ein sehr Manchfaches. Alle kritischen Arbeiten gehören zur Vervollständigung und Berichtigung des Materials. Häufig wird hiebey der Fehler begangen, daß 〈die Neigung〉 um jeder einzelnen Vervollkommnung eines wissenschaftlichen Gebiets willen es gleich auf eine totale Darstellung angelegt wird. Diese Richtung verfehlt immer ihren Zweck. Was als Einzelheit geschäzt worden wäre, wird übersehen, wenn es aus diesem Verhältniß herausgerückt und zum umfassenden Werk gemacht ist. Es ist auf diesem Gebiete eine Ueberladung von zusammenfassenden Arbeiten, wogegen das Specielle immer noch zu sehr zurücktritt. Es liegt nun in der Natur der Sache, daß alte Darstellungen sich antiquiren, aber dieß geschieht nicht so schnell, wie wir in Deutschland neue KirchenGeschichten erhalten. — Ein Andres ist es um solche Werke, die aus der Virtuosität in der Darstellung hervorgehen. Da ist die Vollkommenheit eben die Lebendigkeit der Zusammenschauung, die den Glauben an ihre Wahrheit dem Leser unmittelbar mittheilt. Allein hier sind wir ganz auf dem Gebiete eines speciellen Talents. Alles Andre aber auf diesem Gebiete ist von der Art, daß das Talent dazu jeder Theologe haben muß, zB Kritik p. An historischen Kunstwerken fehlt es noch in der KirchenGeschichte.

§. 193 geht auf die Verbindung der 2 theologischen Motive in Beziehung auf diese Disciplin, indem er aufstellt es sey ein Widerspruch zwischen beyden, zwischen wissenschaftlichem Geiste und kirchlichem Interesse nicht möglich. Dieß ist ein rein protestantischer Saz: wir haben keine Unfehlbarkeit zu vertheidigen, wir können also jedes Factum rein in die 〈Theologie〉 Darstellung aufnehmen, es bekommt nur eine andre Bedeutung für die Kirchenleitung, je nachdem es angesehen wird. Anders in der katholischen Kirche, denn wenn einmal eine Auctorität da ist, so müssen auch die Facta welche ihre Elemente sind, so dargestellt werden, daß zwischen dem Factum und dem Postulat der Kirche kein Widerspruch ist. Wenn wir in Beziehung auf die evangelische Kirche selbst die Spaltung, die in ihr von Anfang an eingetreten ist, zwischen lutherischer und reformirter Kirche, betrachten, so hat aus der Art des Verfahrens ein Verdacht hervorgeleuchtet, als sey hier ein Widerspruch zwischen wissenschaftlichem Interesse und kirchlichem Glauben zu besorgen. Nämlich es hat schon lange gemeinsame Institute beyder Kirchen gegeben, auch Lehrinstitute; man hat leztlich eingesehen, daß in Beziehung auf die Exegese diese Differenz von keiner Bedeutung sey; da war also keine Einwendung dagegen, daß künftige Lehrer *[200]* der lutherischen Gemeinschaft sollten bey ⟨andern⟩ reformirten Exegeten ihre Kenntnisse suchen. Aber in Beziehung auf die KirchenGeschichte trug man immer Sorge daß auf gemeinsamen Instituten, wie zB Halle, ein besondrer Lehrer der Kirchengeschichte da sey, indem der eine Theil voraussezte aus kirchlichem Interesse eine Veruntreuung gegen die Forderung des rein wissenschaftlichen Geistes. Nun diese Voraussezung war nicht ungegründet, solange es eine heftige Polemik zwischen beyden Theilen gab, weil bey solchen Verhältnissen selten einer, auch bey dem besten Willen, im Stande ist, die Sache recht zu sehen. Daher kann man dann freylich sagen, es wäre dieß heilsam gewesen, solange ein solches polemisches Verhältniß bestand, aber die Duplicität mußte zu Gunsten des einen wie des andern gewesen seyn, nämlich es mußte der reformirten Kirche auch daran liegen, daß es lutherische Lehrer der KirchenGeschichte gebe und umgekehrt. Dieß führt zurück auf das obengesagte, daß man müsse die KirchenGeschichte aus verschiedenen Darstellungen zusammen⟪zu⟫schauen. Dieser Rath wird sich auch jezt nach der Union noch rechtfertigen lassen, denn es wird nicht leicht einem kirchengeschichtlichen Schriftsteller nicht anzumerken seyn, zu welcher Gemeinschaft er in dieser Hinsicht gehöre.

Nun ist aber der Saz noch mehr auszudehnen: da die Polemik gegen die katholische Kirche noch besteht, so kann man sich gegen eine Beeinträchtigung des wissenschaftlichen Interesses durch das kirchliche nur dadurch sichern, daß man Darstellungen verschiedener Parteyen vergleicht. Wo man so darauf ausgeht, alles Parteyische aufzuheben, da kann es wenigstens dahin kommen, daß ein solcher Widerspruch nicht eintritt, und eine geschichtliche Auffassung entsteht, in welcher sich Alles als Produkt des rein wissenschaftlichen Geistes erkennen läßt.

§. 194 geht nun noch zurück auf das Zustandekommen der KirchenGeschichte aus einzelnen neuen Leistungen. Nämlich die Sache liegt so, daß es einen Anbau der KirchenGeschichte im Einzelnen giebt nicht blos in Beziehung auf die neuste Zeit, sondern auch durch Zurückgehen auf Früheres, welcher sehr ins Einzelne geht. Da kann man nun wieder sagen: dieß ist eine gemeinschaftliche Aufgabe für alle diejenigen, die entweder eine besondere Neigung für das Detail der KirchenGeschichte haben, und zugleich in einer dazu günstigen Lage sind, — oder für diejenigen, welche in der günstigen Lage sich befinden, aber auch nicht ohne alle Neigung sind. Leztres gilt besonders von solchen die an Orten sind wo es unbenüzte Quellen giebt.

---

[201]   Dritter Abschnitt
Von der Kenntniß des gegenwärtigen Zustands
der christlichen Kirche.

Auch in Beziehung auf frühere Perioden der KirchenGeschichte giebt es einzelne Momente, welche sich besonders eignen zu einer Zusammenstellung eines geschichtlichen Bildes in geschichtlicher Einheit. Dieses ⟨Bild⟩ gilt von der Geschichte der Lehre wie der Gesellschaft. Nun aber ist hier dieser 3te Theil als allgemeine Aufgabe gestellt, es wird behauptet, daß von dem jedesmal gegebenen Moment eine solche Zusammenstellung müsse gegeben werden, da doch im Allgemeinen gesagt wurde daß nicht jeder Moment sich auf die gleiche Weise dazu eigne. Dieß scheint ein Widerspruch. Aber wenn nicht jeder Moment sich gleich gut eignet, so hindert dieß doch nicht, daß nicht das geschehen könne, — freylich nicht so gut, — was nothwendig ist. Von dem gegenwärtigen Zeitpunkt muß jeder Theologe um seines Antheils an der Kirchenleitung willen sich ein zusammenhängendes Bild machen, ob auch vielleicht nach Ablauf dieser Periode es Niemand mehr einfallen werde, gerade an diesem Ort einen Durchschnittspunkt zu machen. Der Grund warum sich ein Moment weniger eignet, kann theils in der Vereinzelung liegen, theils in der Verworrenheit.

§. 195 führt die §§ aus der allgemeinen Einleitung an, in welchen die Organisation dieses Theils begründet ist. Da ist im § 94 gesagt, daß sich diese Darstellung sondere in Darstellung der Lehre und des gesellgen Zustands. Der §. 95 hat dann den gegenwärtigen Zustand der Gesellschaft, die Statistik, ihrem Wesen nach ⟨gesagt⟩ erklärt, und im folgenden §. war gesagt sie sey für alle KirchenGemeinschaften dieselbe. §. 97 hatte die

Darstellung der gegenwärtig geltenden Lehre erklärt, aber gleich im folgenden war hinzugefügt worden, daß jeder nur von ⟨einer solchen⟩ seiner eignen KirchenGemeinschaft eine solche Darstellung geben könne.

Wenn §. 94 gesagt wurde, daß in solchen Zeiten, die sich zu einem zusammenfassenden Bilde eignen, doch jene Sonderung sich entwickle, so hat dieß seinen Grund darinn, weil diese beyden Punkte verschiedene Bewegungsexponenten haben. Es hat seinen Grund nun auch darinn, daß sonst das Ganze nicht leicht zu übersehen seyn würde. Nun läßt sich aber leicht folgern, daß wenn *[202]* diese Sonderung sich von selbst erzeugt, daß oft ein Zeitpunkt recht gut geeignet seyn kann zu einem zusammenfassenden Bilde des Zustands der Gesellschaft, aber sehr wenig zu einem solchen Bilde der Lehre und umgekehrt. Es kann in dem gesellschaftlichen Zustande ein sehr lebendiges Aufeinanderwirken der Elemente seyn, in der Lehre aber können alle Momente gesondert sich entwickeln, und umgekehrt kann in einem die Verwirrung groß seyn während sie es im andern nicht ist. Hieraus läßt sich ferner folgern, daß die Differenz in dieser Beziehung nicht stets so groß ist auf der Seite der Gesellschaft als des Lehrbegriffs. Wenn wir uns die 2 entgegengesezten Endpunkte des gesellschaftlichen Zustands denken, nämlich daß verschiedene Regionen in der Kirche — ohne bedeutende Influenz zusammenbestehen, und auf der andern Seite einen Zustand wo alle in lebendiger Wechselwirkung sind, so erfordert dieß nur eine verschiedene Darstellung, aber verändert die Schwierigkeit nicht. Ebenso wenn die Einwirkung verschiedener Theile aufeinander verworren ist, so vermehrt dieß freylich die Schwierigkeit, aber es ist kein größrer Unterschied als zwischen der Darstellung eines jeden Epochenpunktes und der eines ruhigen Verlaufs. Anders beym Lehrbegriff. Da können die Schwierigkeiten sehr groß werden, denn wenn nun soviele entgegengesezte Auffassungen der Lehre in der Kirche sind, so kann [es] sehr schwer seyn zu entscheiden, was denn das Geltende ist; dieß kann jeder nur nach seiner Ueberzeugung entscheiden; aber da werden immer viele sagen, dieß Buch löst die Aufgaben gar nicht, denn es enthält nur Elemente die wir nicht als geltend anerkennen.

Der §. stellt also die 2 hieher gehörigen Disciplinen zusammen. Dogmatik wird beschränkt auf eine einzige KirchenGemeinschaft, ferner begreift die dogmatische Theologie auch die SittenLehre in sich. Der andre Theil ist die Statistik, welche es mit allen Theilen der christlichen Kirche zu thun hat.

Der Zusaz stellt die Differenz von der gewöhnlichen Erklärung und Stellung der Dogmatik ins Licht. In der gewöhnlichen Anordnung der Theologie sind die HauptPunkte die exegetische Theologie, die historische

Theologie, die systematische Theologie und die praktische. Von diesen
sind hier nur 2 Elemente anerkannt, historische und praktische, und der
historischen untergeordnet sowohl die exegetische als die dogmatische.
Hier erscheint also die Dogmatik als Theil der historischen Theologie,
während sie gewöhnlich der historischen Theologie coordinirt erscheint.
Dasselbe gilt von der ⟨historischen Theologie⟩ exegetischen Theologie,
aber da sind weit weniger Einwendungen vorhanden gewesen. *[203]* Nun
wird gesagt, daß an diese Stelle nicht gehöre, den Streit zu entscheiden,
denn dieser betrifft die ganze Organisation; sondern nur nachzuweisen,
daß nichts andres als dasselbe was sonst systematische Theologie genannt
wird auch hier gemeynt ist pp. Dieß ist dadurch erreicht, daß gesagt
ist, wenn man einmal ausgeht von der HauptAufgabe, Kenntniß des
gegenwärtigen Zustands, so ist die Lehre ein Theil auch des geselligen
Zustands, denn der gesellschaftliche Zustand ist 1) ein andrer wenn die
Mitglieder einig sind als [wenn] nicht, und 2) werden die Vorstellungen
einer Gemeinschaft einen Einfluß haben auf Sitte und Cultus. Nun wird
also gesagt, wir thun hier nichts, als daß wir die Lehre aus diesem
Gesammtzustand herausnehmen weil sie einer besonderen Behandlung
fähig wird, sonst könnte alles auch als Eines dargestellt werden, ohne daß
etwas fehlen würde. Nun erscheint dieses als eine einseitige Willkühr,
wenn gleich der in der Sache selbst liegende Grund angeführt ist; an und
für sich müßten ebenso andre Theile des geselligen Zustands gesondert
werden können. Dieß geschieht auch. Es ist schon früher gesagt worden,
daß für die Geschichte der christlichen Gesellschaft am besten die Verfassung den Grundfaden bilde. Aber ebenso kann auch diese für sich behandelt werden, auch in Beziehung auf den gegenwärtigen Moment. Dieß
geschieht zum Theil im KirchenRecht, insofern man es als theologische
Disciplin ansehen kann. (Wenn von der Darstellung der kirchlichen Verfassung die Rede ist, auch in Beziehung auf den Staat, so wird [*O:* muß] die
Theologie davon Rechenschaft geben müssen; ein andres wäre wenn
von einer Begründung die Rede wäre, aber auch diese, da sie nur eine
geschichtliche ist, müßte ein Theologe ebenso gut geben als ein Jurist, ja
besser, weil er in dem Material besser zu Hause ist.) Andre Disciplinen
haben sich nun noch nicht so besonders hervorgearbeitet, und also wäre
dieß willkührlich, wenn man sie besonders behandeln wollte. — Schließlich
wird gesagt, wenn die Lehre ein Theil des gesellschaftlichen Zustands ist,
⟨daß⟩ die Kenntniß von diesem aber über alle kirchlichen Gemeinschaften
sich erstreckt so stellt sich dadurch schon der Unterschied fest zwischen
einer solchen Behandlung der Lehre und dem eigentlich Dogmatischen.
Wenn die kirchliche Statistik ordentlich behandelt wird, so kann in ihr

auch die Symbolik behandelt werden, indem angegeben werden muß, wodurch sich verschiedene KirchenGemeinschaften unterscheiden. Aber dieß ist nur eine historische Notiz, wie sie in der KirchenGeschichte über frühere Zeiten vorkommen kann. Nun hat man gesagt: eine Darstellung von der Lehre, die in einem bestimmten Theile der Kirche jezt geltend ist, kann jeder geben: da kann ein Katholik ebensogut die evangelische Kirchenlehre darstellen, was aber keine evangelische Dogmatik wäre, *[204]* aber eine Darstellung zur unmittelbaren Anwendung für die Kirchenleitung kann jeder nur als seine eigne geben. Die dogmatische Darstellung unterscheidet sich von der rein geschichtlichen dadurch, daß sie die Darstellung von der Lehre ist, die der Darstellende selbst anerkennt, und dieß liegt eben darinn, daß sie jeder nur von seiner KirchenGemeinschaft geben kann.

Ein Beyspiel wird die Sache deutlich machen. Nämlich nach dieser Erklärung könnte zB die Wegscheidersche Dogmatik[41] gar keine Dogmatik genannt werden. Es wird vorgetragen die kirchliche Lehre bisweilen ausdrücklich als expositio historica, denn seine eigne Ueberzeugung ist es nicht. Nun hinter jeder solchen Exposition kommt eine Epicrisis, diese enthält seine Ueberzeugung, aber nicht im Zusammenhang; denn wenn er seine eigne Meynung nur immer vorträgt in Beziehung auf eine andre und an einzelnen Punkten, so gehen die Principien nicht im Zusammenhang hervor, und so ist dieß keine Dogmatik, weil es keine zusammenhängende Darstellung ist, sondern nur eine fragmentarische in Form von Widerlegungen der orthodoxen Vorstellungen. Nun dieß ist schon gesagt von der

I. Dogmatische Theologie.

§. 196. Der 2te Theil des § sagt aus, daß alle dogmatischen Darstellungen dieser Wissenschaft nicht nothwendig unter sich zusammenstimmen müssen. Dieß scheint zu widersprechen dem, was von der Dogmatik gesagt war daß sie sey die Darstellung der zu einer gewissen Zeit geltenden Lehre. Nun könnte man denken, wenn die Kirche zu einer gewissen Zeit eine ist, so muß auch die Lehre eins seyn, und auch die Darstellung. Dieß ist wohl die eine Ansicht der Sache, sie führt aber auf das katholische Princip, denn dann giebt es ⟨von⟩ eine von dem EntstehungsPunkte an constante Überlieferung, und jede Abweichung wäre ein Widerspruch

---

[41] *Wegscheider, Julius August Ludwig, (1771-1849); sein Hauptwerk: Institutiones theologiae christianae dogmaticae. Halle 1815. 8. Aufl. 1844, gilt als das klassische System des Rationalismus.*

gegen die Kirche. Nun war es neuerlich merkwürdigerweise zu erleben, wie schwer es ist, in dieser Beziehung Consequenz zu halten. Denn da giebt es achtbare Theologen, die von einer Auctorität unsrer symbolischen Schriften nichts wissen wollen; wenn man ihnen aber sagt: nun muß es auch ebendeßwegen keine Autorität symbolischer Schriften in Beziehung auf die Construction des Lehrbegriffs geben, so meynen sie, das wäre recht schön jezt, aber es müsse einmal eine Zeit kommen, wo die Kirche ein Bekenntniß stellen könnte, worinn ⟨sich⟩ alle übereinstimmten. Sie stellen sich also nur, als ob sie keine symbolische Autorität wollten, aber in der That wollen sie sie nur selbst machen[42]. Nun liegt aber die Sache in der Geschichte klar *[205]* vor Augen. Es ist falsch, wenn man glaubt, daß die ⟨Reformation⟩ evangelische Kirche von einem Punkt ausgegangen ist. Theils hat es viele einzelne Properationen gegeben, theils ist die Reformation für sich gegangen in Deutschland, für sich in der Schweiz pp, und die Uebereinstimmung ist immer nur eine bewirkte, keine ursprüngliche, der eigentliche Zusammenhang aber ist gar nicht in irgendeiner positiven Lehre sondern nur in der Methode, d. h. in dem jedesmaligen Produciren der christlichen Lehren aus ihrem eigentlichen christlichen Ursprung. Nun wenn eine evangelische Kirche wirklich existirt, so muß auch eine Uebereinstimmung existiren, aber sie hat nicht nöthig, eine durchgängige zu seyn. Wie groß sie seyn müßte, das läßt sich nicht ausmitteln, sondern sie ist ihrer Natur nach eine schwankende, bald größer, bald geringer, ja es ist nicht der beste Zustand, wenn die Einstimmung am größten ist, noch der schlimmste wenn sie am geringsten ist, sondern die Uebereinstimmung kann aus Mangel an eigner Thätigkeit hervorgehen. Ebenso kann man aber auch nicht sagen, es ist der beste Zustand der Kirche, wenn die Übereinstimmung am geringsten ist, denn dieß kann auch daher kommen, daß eine Generation von der Tarantel gestochen und alle schwindlig sind. Daher ist es nicht die Tendenz der evangelischen Kirche die größte Uebereinstimmung herzustellen, sondern [es genügt,] wenn nur jeder in dem andern das evangelische Princip, und die christliche Funktion anerkennt. Das Einzelne der Vorstellung ist Gegenstand beständiger lebendiger Discussion.

---

[42] *Anspielung auf die Schrift der beiden Breslauer Theologen Daniel von Cölln und David Schulz „Über theologische Lehrfreiheit auf den evangelischen Universitäten und deren Beschränkung durch symbolische Bücher" (Breslau 1830). Schleiermacher richtete an sie das Sendschreiben „An die Herren D. D. D. von Cölln und D. Schulz" (Theologische Studien und Kritiken 1831, 3—39, abgedruckt: Sämmtliche Werke 1. Abt., Bd. 5, 667—702), in dem er ebenfalls den Gedanken an ein künftiges neues Bekenntnis, wie er in der genannten Schrift entwickelt worden war, ablehnt.*

Im lezten Theil des Zusazes ist dieß bestimmter reducirt auf die
Formel der geltenden Lehre. ⟨L 7⟩ Die Dogmatik kann Darstellung
der geltenden Lehre seyn, und doch müssen nicht alle dogmatischen
Darstellungen zu derselben Zeit miteinander übereinstimmen. Daraus
folgt, daß verschiedene Ansichten zu gleicher Zeit gelten können. Und
solche Differenz ließ man von Anfang an in der evangelischen Kirche
gelten, wenn man nur über das Princip ⟨gleich⟩ einig war. Hier ist
eine Erklärung des Geltenden gegeben, die die Vermischung mit dem
Römischkatholischen verhüten soll. Nämlich geltend ist, was amtlich kann
vorgetragen und aufgefaßt werden, ohne einen amtlichen Widerspruch zu
erregen. Wenn wir fragen: wie steht es um den Gegensaz zwischen den
Rationalisten und Supranaturalisten? gilt das eine oder das andre oder
beydes oder keines? Da muß man sagen, wenn die Hallesche Sache[43] das
Ende genommen hätte, daß die rationalistischen Lehrer wären abgesezt
worden, und dieß nicht wäre gegründet worden auf specielle Dogmen,
sondern es wäre auf ein Princip zurückgeführt worden, dann wäre es ein
amtlicher Einspruch gewesen gegen die rationalistische Lehre. *[206]* Nun
hätte entweder die preußische LandesKirche von den übrigen evangelischen Kirchen [sich] getrennt, wenn die übrigen solches noch hätten gelten
lassen, oder es hätte sich eine Discussion eröffnet zwischen der preußischen
Kirche und den evangelischen Kirchen, ob ein solcher ⟨Widerspruch⟩
Einspruch könne eingelegt werden, und wenn nun die ganze evangelische
Kirche diesen Widerspruch eingelegt hätte, dann hätte man sagen können,
daß *[O: dieß]* jezt rationalistisches in der evangelischen Kirche nicht
mehr gelte. Nun dieß nicht geschehen ist, so muß man gestehen, in der
evangelischen Kirche ist dermalen der Rationalismus und Supranaturalismus neben einander geltend, denn die Sache kam amtlich zur Sprache,
ohne amtlichen Widerspruch zu leiden. Ein andres Beyspiel ist dieses. Es
war die Rede davon, einen Grundriß zum ReligionsUnterricht zu verbieten,
der sich einer großen Uebereinstimmung mit der Schleiermacherschen
Dogmatik verdächtig gemacht hatte[44]. Es ist zwar nichts daraus geworden,

---

[43] *„Die Hallische Sache", auch als „Hallischer Streit" bekannt, wurde durch eine Denunziation
ausgelöst. Ludwig von Gerlach, der dem neupietistischen Kreis um Ernst Wilhelm Hengstenberg
(Prof. der Theologie in Berlin und Herausgeber der Evangelischen Kirchenzeitung) angehörte,
beschuldigte in einem Artikel dieser Zeitung die hallenser Professoren Gesenius und Wegscheider der
Frivolität in ihren Vorlesungen. Der Angriff zielte über das Persönliche hinaus auf die Lehrfreiheit
an den theologischen Fakultäten. Die Beschuldigungen erwiesen sich als haltlos. Vgl. dazu Fr.
Schleiermachers Briefwechsel mit J. Chr. Gaß. Herausgegeben von W. Gaß. Berlin 1852. 227.*

[44] *Bezieht sich auf den Katechismus von Karl August Rütenik. 1. Teil. Berlin 1829; 2. Teil mit
dem Titel: Sittenlehre mit Zuziehung Schleiermacherscher Predigten ... Berlin 1832.*

aber man hat gesagt, die Kirche hätte die Schleiermachersche Dogmatik noch nicht anerkannt. Da wäre zu fragen, wie die Kirche das mache, eine Dogmatik anzuerkennen? ausser daß sie sie existiren und mündlich mittheilen läßt, — und in diesem Sinn hat die Kirche die Schleiermachersche Dogmatik anerkannt, ein andres Anerkennen hat sie gar nicht, als dieß, es ruhig gewähren zu lassen, wie viel oder wenig sie sich Geltung verschaffen kann [*O:* sey].

Darum ist zurückzugehen auf das Verhältniß einer dogmatischen Darstellung zur eigenen Ueberzeugung. Nach dem bisherigen läßt sich nicht denken, wie einer eine dogmatische Darstellung geben sollte, ohne eigene Ueberzeugung. Es ist immer ein Mangel, wenn die eigene Ueberzeugung auf unzusammenhängende Weise im Gegensaz hervortritt, wie in der Wegscheiderschen Dogmatik[45]; da kann eigentlich ⟨gar⟩ der Zweck einer dogmatischen Darstellung gar nicht erreicht werden, denn eine solche Darstellung hilft gar nicht dazu, daß der ⟨Lehrer⟩ Leser das Band der einzelnen Vorstellungen finde. Allerdings haben die Gegensäze die der Verfasser aufstellt eine gemeinsame Farbe, und so gewinnt man wohl ein zusammenhängendes Bild, aber dieß ist nicht durch den Darsteller gegeben, sondern ein Werk des Lesers, dem [*O:* denen] es auch nur in verschiedenen Graden gelingen wird. Denen es nicht gelingt, die bekommen nur haltungslose Einzelheiten in sich hinein.

§. 197. enthält eine 2fache apagogische Rechtfertigung des vorigen §. Es wird gesagt, einmal, wenn man um den Mangel an allgemeiner Übereinstimmung zu wenden, in eine solche Darstellung nur Gemeinsames aufnehmen wollte, *[207]* so würde dieß keine Dogmatik seyn, weil sie den Umfang derselben nicht erfüllte. Ebenso wenn eine Darstellung zwar den Umfang der Lehre erfüllt, aber nur die eigene Überzeugung gäbe, so wäre sie keine Dogmatik. Aus diesen 2 Negationen folgen die 2 Positionen: eine Dogmatik muß den ganzen Umfang der Lehre erfüllen, und ⟨alle⟩ die kirchlich geltende Lehre enthalten.

Man kann nun freylich sagen, es läßt sich nicht behaupten daß eine dogmatische Darstellung den Umfang der Lehre ganz erfüllen müsse, denn hier ist ein UnEndliches, und dieß kann daher nur relativ genommen werden. Am deutlichsten ist dieß zu sehen, wenn man sich in die scholastischen Darstellungen der Dogmatik zurückversezt, wo ein jeder Saz vorgenommen wurde und gefragt: wie vielerley verschiedene Bestimmungen lassen sich davon noch machen, und was liegen noch für mögliche Widersprüche in diesem Saz. In der Moral nennt man dieß das Casuistische.

---

[45] *S. o. Anmerkung 41 (S. 184).*

Nun auf alle solche möglichen Gegensäze die in einem Saze enthalten sind, muß eine Bestimmung gegeben werden, wenn der Umfang im strengen Sinn genommen werden soll. Das geht aber ins UnEndliche, und jede casuistische Entscheidung ist selbst wieder ein Casus, der verschiedene Auslegungen zuläßt. Diese Schwierigkeit verschwindet aber, wenn wir auf den theologischen Charakter der Dogmatik zurückgehen. Hier haben diese unendlichen Contrapositionen nicht mehr diese Bedeutung, weil sie nicht mehr in die lebendige religiöse Mittheilung übergehen können, und nur in Beziehung auf den religiösen Gehalt sollen die einzelnen Säze behandelt werden, nicht in Beziehung auf ihren dialektischen Gehalt, welches Dialektische nur die Form seyn muß. ZB. wenn wir bedenken, welche casuistischen Spizfindigkeiten in der katholischen Kirche ventilirt worden sind über die Brodverwandlungslehre, so ist doch, was dieser Lehre zu Grunde liegt, nur das Bewußtseyn von einer absoluten Realität der Vereinigung Christi mit den Gläubigen in dieser Handlung. Was darauf keine Beziehung mehr hat, gehört ins Dialektische, und dahin gehören die casuistischen Spizfindigkeiten. Also das ist die Grenze des nothwendigen Umfangs einer dogmatischen Darstellung, nämlich die mögliche Beziehung auf die religiöse Mittheilung in der christlichen Gemeinde.

§. 198 giebt die Beziehung der dogmatischen Theologie auf die Kirchen-Leitung an. Was zulezt gestellt ist, ist für die unmittelbare Anwendung das wichtigste. Die gemachte Ordnung bezieht sich auf den Unterschied zwischen KirchenRegiment und Kirchendienst. Was sich auf die Entwicklung der Lehre bezieht, geht mehr auf das KirchenRegiment, — nicht als ob dieses [O: diese] die Lehre bestimmen dürfte in der evangelischen Kirche, sondern nur so, daß derjenige, der einen Einfluß auf die Entwicklung der Lehre ausüben will, [208] nothwendig diese Uebersicht haben muß, die nur durch ein genaues dogmatisches Studium erlangt werden kann. Es ist nun 2tens gesagt, die Dogmatik müsse zeigen, bis wie weit, und 2tens wie manchfaltig sich das Princip der laufenden Periode entwickelt habe. Was das 1te anlangt, so muß man allerdings immer auf diesen Unterschied merken, und es [O: er] muß sich in jeder dogmatischen Darstellung kundgeben, ob ein Lehrstück eine eigne Gestaltung gewonnen hat durch die Reformation, oder ob es noch die scholastische Gestalt an sich hat. Freylich hat es von Anfang an Bemühungen in der Evangelischen Kirche gegeben, die dogmatische Theologie von der scholastischen Methode unabhängig zu machen — so Melanchthons Loci und Calvins Institutio. Aber später sind Reactionen eingetreten, und es hat Zeiten gegeben, wo jedes große dogmatische System ganz den scholastischen Zuschnitt hatte. Nun später hat sich das Scholastische mehr abgestreift, aber es kommen immer wieder Reactionen, daß es sich wieder einschleichen will. Nun wenn man auf die Kirchenleitung sieht, so muß man zugeben, daß die Reformation in ihrem Princip antischolastisch sey, und daß man also nur sagen könne, daß alle Lehrstücke ihr evangelisches Gepräge durch das Losreissen von der dogmatischen Form bekommen müssen. Die Kirchenleitung muß also dahin streben, die Dogmatik mehr und mehr von dem scholastischen Charakter zu befreien, weil durch denselben der Einfluß der Lehre auf das Unmittelbare sich aufhebt, weil dabei das Absehen ganz auf den calcul gerichtet ist. — Das 2te, nämlich die Manchfaltigkeit in der Gestaltung der einzelnen Lehrstücke ist nun in der evangelischen Kirche ganz unvermeidlich aber Niemand wird sagen können, daß ein dogmatisches Studium seinen Zweck für das KirchenRegiment erreichen könne, wenn sich nur an eine Darstellung gehalten wird. Denn 1tens fehlt es dann an der wissenschaftlichen Ueberzeugung, welche Darstellung gründlicher ist oder biblischer oder praktischer oder mehr der Schule angehörig, darüber läßt sich ohne Vergleichung keine Ueberzeugung haben. Nun giebt es in allen diesen Richtungen Extreme, und diese muß die KirchenLeitung, — nicht die amtliche, sondern die von den Einzelnen ausgehende, also die der Theologen, zu vermindern suchen. Dieses kann nun nicht von jeder einzelnen dogmatischen Darstellung gelten, daß sie alle in sich vereinigen muß, sondern sie stellt sich bestimmt auf eine Seite sonst würde das Ganze gar nicht zusammenzuhalten seyn. Dieß eröffnet uns einen Blick in den Umfang des dogmatischen Studiums, wovon später. Das zulezt aufgeführte, daß die wissenschaftliche Gestaltung der christlichen Lehren dem Volksmäßigen Ausdruck die Norm geben müsse, dieß, sagt [209] der Zusaz, sey das Princip gewesen, aus welchem sich die Dogmatik entwickelt hat. Wenn wir auf die ersten Mittheilungen christlicher Lehren zurückgehen, so finden wir einen bedeutenden Unterschied im NT. zwischen den Äusserungen Christi, und der Art, wie die Apostel sich an christliche Gemeinden wenden. Denn hier finden wir schon eine Neigung zur größeren Bestimmtheit. Die Schärfe und Bestimmtheit, wobey immer das Denken an etwas Ähnliches aber Differentes zu Grund liegt, wäre bey den ursprünglichen Äusserungen Christi nicht an der Stelle gewesen; solche Differenzen entwickelten sich erst in den christlichen Gemeinden, und aus diesen Differenzen im volksmäßigen Ausdruck ist die wissenschaftliche Bestimmtheit der dogmatischen Säze entstanden.

§. 199 wird eine genetische Differenz in den einzelnen dogmatischen Elementen aufgestellt. Dieß giebt sich im §. nicht gleichbestimmt für beyde Seiten zu erkennen. Es giebt Elemente die von Einzelnen ausgehen; dazu ist der Gegensaz Elemente die von einem allgemeinen Geiste ausge-

hen. Dieß ist hier anders gesagt. Nämlich in jeder Periode dominirt ein
bestimmter Charakter, welcher sich aus dem EpochenPunkt entwickelt
hat. Dieß ist jezt das Princip der Reformation, dieß ist jezt der gemeinsame
Geist, was aus dieser Epoche herrührt, dieß trägt nicht individuellen
Charakter, sondern findet gemeinsame Anerkennung. Daher wird gesagt,
was dieses Ursprungs ist, ist auch das am Meisten kirchlich Bestimmte.
Dagegen was von Einzelnen ausgeht, kann erst ein solches werden, wenn
es allmählig in den GemeinGeist übergeht, und dieß kann es vollkommen
nur durch eine neue Epoche. ZB wir wollen annehmen, das Princip, was
die rationalistischen Dogmatiken bezeichnet, sey ein wesentlich von dem
Geiste der Reformation verschiedenes Princip, so folgte daraus, daß es
seinen Ursprung nur auf zerstreute Weise in Einzelnen hat, — ferner, daß
es ein allgemein geltendes nur dann werden könnte, wenn eine andre
Epoche käme, die den Geist der Reformation verdrängte. Nun wenn das
dogmatische Studium den Einfluß auf die KirchenLeitung haben soll den
der vorige § angiebt, so muß man diese 2 Elemente überall zu unterscheiden
suchen. Der ganze Wechsel zwischen Perioden und Epochen läßt sich nur
aus diesen 2 Elementen begreifen. Im Zusaz wird nun aufmerksam
gemacht auf ein Element, was im §. nicht namhaft gemacht ist, nämlich
was aus früheren Perioden herübergenommen ist. Davon konnte [bey] der
Abzweckung des § noch nicht die Rede seyn, es wird nun das Verhältniß
dieses Elements zu dem was im § das Kirchlichbestimmte heißt angegeben.
Da kann man 2erley Ansichten geltend machen. Solche Gestaltungen der
Lehre, *[210]* die aus der vorigen Periode hervorgehen, denen steht bevor,
kann man sagen, durch das Princip dieser Epoche bestimmt zu werden, also
was in unsrer Dogmatik noch scholastisch ist, dieß muß noch umgestaltet
werden. Die andre Ansicht ist die: Was sich aus der früheren Periode her
in seiner damaligen Gestalt erhält in einer neuen Epoche, das beweist eben
dadurch, daß es den Zusammenhang zu erhalten bestimmt ist zwischen
der späteren Entwicklung und der früheren. Also müßte es so wie es ist
behalten werden, damit nicht die geschichtliche Continuität gestört werde.
Diese 2 Ansichten sind sich ganz entgegengesezt, und verschiedene Theologen sind von jener oder von dieser ausgegangen. Entscheiden läßt es
sich nur, wenn man sich klar macht, wie sich das Princip der Reformation
zu den ursprünglichen Darstellungen des christlichen Princips verhält. Da
giebt es wieder Extreme, nach deren einem die Symbolischen Bücher
schon das Maximum des Gegensazes gegen den Katholizismus sind, das
andre Extrem ist das, welches alles Positive darstellt als ein aus der früheren
Periode Herübergenommenes und zu Entfernendes.

§. 200 wird die Differenz aufgestellt, wie sich diese 2 Elemente verhalten in Beziehung auf den Zusammenhang. Da ist gesagt, alle diejenigen Punkte, welche die Entwicklung der Periode gewonnen habe, müssen auch zusammenstimmen: alle andern können nur als fragmentarische Einzelheiten erscheinen. Das Verhältniß dieser 2 Elemente zeigt, auf welchem EntwicklungsPunkt die Periode steht. Betrachtet man den Fortschritt des rationalistischen Princips in der Dogmatik, und es giebt Darstellungen dieses Charakters, welche ein zusammenstimmendes LehrGebäude bilden, so zeigte dieß entweder, daß es die höchste Zeit sey, daß eine Reaction dagegen eintreten müsse, oder es würde anzeigen, daß wirklich, wenn eine solche Reaction nicht mehr stattfinden könnte, entweder eine Spaltung entsteht oder aber jenes Princip das dominirende wird und eine neue Epoche herbeyführen werde. So lange aber das Rationalistische nur in Form von Opposition auftritt gegen andre Gestaltungen, so kann es Opposition seyn gegen das Scholastische aber auch gegen die bestimmte Gestaltung, die das Christenthum in der Reformation gewonnen hat. So lange also solche Elemente nur als Opposition auftreten, so sind sie nur fragmentarische Einzelheiten. Aber wenn ein vollkommener Zusammenhang aufgestellt wird, dann muß die Sache anders beurtheilt werden, und dann kann auch erst sicher geschlossen werden, von welcher Art das Princip ist, das sich darinn entwickelt.

Nun kann auch das Princip ⟨selbst⟩ der Reformation selbst verschieden aufgefaßt werden, aber diese Verschiedenheiten sind dann nichts dem Princip Widerstreitendes, sondern nur eine [211] Modification dieses Princips. Unter dem Rationalistischen nun giebt es Elemente, die nur eine Modification des Princips sind, und andre welche dem Princip der Reformation widersprechen; diese beyden sollte man nicht mit denselben Namen benennen.

§. 201 giebt an den Totalumfang dessen, was zur Kenntniß des gegenwärtigen Zustands der Lehre gehört, nicht blos zur historischen Kenntniß, sondern zur dogmatischen, d. h. des inneren Zusammenhanges. Da wird nun unterschieden dasjenige, was in den Gang der Entwicklung hineingehört, und was verschwindet. Auch unter lezterem ist Vieles, was zur Kenntniß des dogmatischen Zustands gehört. Man erkennt den Charakter, den die Entwicklung der Lehre in einer bestimmten Zeit trägt, nicht richtig, wenn man ihn nicht auch in seiner Modificabilität kennt. Dagegen wird viel gefehlt. Wenn man eine reinere Darstellung der christlichen Lehre sieht, so hält man diese für die einzig richtige. Daraus geht aber ein Erstarren in bestimmten Buchstaben hervor. Wenn wir nun sagen, um sich davon zu befreyen, muß man Alles, was Modification dieses Princips

ist, aufsuchen, und da wird Vieles seyn was auf den weiteren Verlauf von
keinem Einfluß ist, aber deßwegen war es nicht völlig indifferent in
Beziehung auf das Princip selber, es kann auch von einer Reaction verdrun-
gen worden seyn und also auch später wieder aufkommen.

§. 202 ist von einer Eigenschaft der dogmatischen Darstellung die Rede,
die vielleicht sehr sonderbar erscheint, daß sie nämlich müsse auch eine
gewisse sichre Voraussicht haben, von dem, was sich zunächst in diesem
Gebiet ereignen könne. Die Forderung aber geht aus §. 201 hervor. Hier
war ein Unterschied aufgestellt worden zwischen dem, was in die weitere
Fortbildung wesentlich verflochten ist, und dem, was wieder verschwinden
kann. Was aber jezt als Lehre vorgetragen wird, davon kann man nicht
an sich selbst wissen, ob es bestehen werde oder nicht; denn es kann etwas
ursprünglich aus dem Princip der Reformation hervorgegangen, und eben
deßwegen in die Fortbildung wesentlich verflochten [seyn], aber dieser
Zusammenhang mit dem Princip ist ein Quantitatives, es kann Bearbeitungen von gleichem Inhalt geben, die mehr zwischen Protestantismus und
Katholicismus schwanken, aber es können auch solche später zum Vorschein kommen, die das protestantische Princip noch entschiedener an
sich tragen, und dann verschwinden ⟨diese⟩ jene. Daher ist eine solche
Eigenthümlichkeit der Dogmatik nothwendig, sie wird sonst übersehen,
was bald eine große Bedeutung gewinnen, oder solches hervorheben, was
bald antiquirt seyn wird. *[212]* Ueber die Art, dieses divinatorische Talent
zu erwerben, läßt sich nicht viel sagen. Es gehört dazu eine sehr starke
eigne Affinität zu dem Princip der Periode, aber auch eine starke Unbefan-
genheit in Beziehung auf die einzelnen Differenzen, denn wenn man stark
in einer befangen ist, so sieht man die andern alle für verschwindende an.
Wenn wir die Geschichte des protestantischen Lehrbegriffs betrachten, so
finden wir eine Menge von Streitigkeiten, die leztlich als beendigt erscheinen, wo einzelne Dogmen von Einzelnen anders gefaßt worden sind, und
in diesem Streite werden Einzelne zwar nicht mehr verketzert, aber doch
als Heterodoxe verworfen, so daß ihre Lehren nicht in den geltenden
Lehrbegriff kommen; aber mehrere von diesen Ansichten zeigen sich jezt
wieder, und da läßt sich erwarten daß spätere Entwicklungen werden
klarer seyn und man muß sagen: wäre früher das divinatorische Talent
stärker gewesen, so würden diese Elemente nicht auf diese Weise behandelt
worden, nicht auf eine Zeit lang ganz verschwunden seyn.

§. 203. treten nun 2 Termini auf die für die Darstellung der christlichen
Lehre im Zusammenhange einen starken Gegensaz bilden, nämlich der
Begriff des Orthodoxen und Heterodoxen. Diese Termini sind schon
alt, aber nicht consequent gebildet. Zu dem Orthodoxen, etymologisch

betrachtet bildet das Heterodoxe keinen Gegensaz, sondern dem Geraden ist das Krumme Verschlungene entgegengesezt, und dem Verschiedenen, was in Heterodox liegt, steht das Einförmige entgegen. Wenn also die termini einander nicht ursprünglich entgegengesezt sind, so kann man gleich den Gegensaz verschieden fassen, je nach dem man diesen oder jenen terminus zu Grund legt. Lege ich den Begriff Orthos zu Grunde, so muß alles andre verkehrt und verdreht seyn 《muß》. Lege ich den Begriff Heteros zu Grund, so ist das Gegentheil die feste Einheit, aber dieß liegt nicht in ⟨Heteros⟩ Orthos. Darum war es nicht möglich, bey der Etymologischen Erklärung zu bleiben, sondern es mußte eine andre hilfsweise substituirt werden. Der Gegensaz ist hier zurückgeführt auf die entgegengesezten Elemente, wenn man auf den Verlauf der zeitlichen Entwicklung sieht. Wenn man also annimmt, das Christenthum ist in seiner ganzen geschichtlichen Entwicklung Eins, aber die geschichtlichen Erscheinungen desselben sind in verschiedenen Zeiten verschieden. Jeder einzelne Zeitpunkt hat einen vor sich und einen nach sich, jener ist unmittelbar der Anfang der laufenden Periode, dieser der Anfang der nächsten Periode. Es giebt nun Elemente in der dogmatischen Darstellung, durch welche das Princip der Periode mit dem was natürlich darauf folgt, festgehalten wird gegen alle *[213]* möglichen Angriffe, und diese Elemente sind im Orthodoxen. Nun aber so wie man annimmt, es könne auch noch spätere Entwicklungen der christlichen Lehre geben, welche aber die Einheit des christlichen Princips auch ausdrücken, nur mit einem andern Coëfficienten, und daß man also die Keime dieser Entwicklung mit entfalten helfen soll — so ist dieß die Richtung auf eine neue Entwicklung, und dieß ist der Begriff des Heterodoxen.

Im Zusaz wird dieß noch dargestellt in verschiedenen Beziehungen. Nämlich gewöhnlich denkt man dabei an eine bestehende feste Norm, der das Orthodoxe entspricht, das Heterodoxe nicht. Dieses ist allerdings dem ursprünglichen Sprachgebrauche sehr gemäß, denn sobald auf dem Gebiete des Lehrbegriffs Streitigkeiten angiengen, so gieng man von der Voraussezung aus, es müsse ein solches allgemein feststehendes geben, wiewohl es nirgends vorhanden war. Wo nun von den Concilien Bestimmungen hervorgiengen, da war ein solches Maß gegeben. Nun aber ist hierauf in dieser Erklärung gar keine Rücksicht genommen, und es wird gesagt, nach dieser Erklärung müsse man sich umgekehrt denken, daß die symbolischen Bestimmungen erst aus der orthodoxen Richtung hervorgiengen, nicht ihr zu Grunde lagen. Und hier kommt man auf denjenigen Sinn des Ausdrucks, der sich als der Gegensaz zu heterodox manifestirt, nämlich eine Richtung auf die Übereinstimmung, diese hat allen solchen Normen zu Grund gelegen. Dabey aber mußte man von bestimmten Punkten ausgehen, man hielt sich an ein schon Gegebenes, und bestimmte das Streitiggewordene darnach, ohne sich immer dieses festen Punktes recht bewußt zu seyn. Wenn man nun sagt, es muß [sich] auch die Richtung auf freie Entwicklung geltend machen, so ist dieß die Bedeutung der Heterodoxie im eigentlichen Sinn. Es scheint also als ob die Erklärung diejenige Fassung des Gegensazes zu Grund lege, welche vom Begriff des Heterodoxen ausgeht. Allein die Erklärung rechtfertigt sich auch, wenn wir vom Begriff des Orthodoxen ausgehen, nur daß man sich verständigen muß, was dann dieses Gerade ὀρθὸν sey? Da müssen wir unsre allgemeine Anschauung von der geschichtlichen Entwicklung, und der wesentlichen Einheit des Christenthums zu Grund legen. Das Christenthum ist wesentlich Eins, gestaltet sich aber verschieden in verschiedenen Zeiten; — worinn zeigt sich nun die Identität des Wesens? Offenbar in der Continuität des Wechsels, so daß die Charaktere verschiedener Zeiträume ein Ganzes bilden, und daß man die innre Einheit da hindurchverfolgen kann. Dieß in einem Bilde vorgestellt, so kommen wir auf eine Art von Symmetrie zurück, *[214]* und überall erscheint die Gerade Linie als Typus des Symmetrischen. Wenn wir nun umgekehrt sagen, in diesem Ganzen bilden sich auch Erscheinungen, die nicht in der gemeinsamen Wurzel, sondern an einzelnen Punkten ihren Grund haben, so ist dieß etwas, das sich für sich organisiren will, und da liegt das Krumme, Runde, die Bewegung um ein Centrum, und dieß ist das Gegentheil von dem 'Ορθόν. — Zulezt wird gesagt, diese Erklärung gehe nicht, wie die gewöhnliche auf den Inhalt der Säze. Aber offenbar kann man gar kein Kennzeichen des Inhalts angeben, denn das ⟨Orthodoxe⟩ Heterodoxe macht ebenso gut Anspruch darauf, sich an die ursprünglichen Äusserungen des Christenthums anschließen zu können als das Orthodoxe, und da sieht man, daß sich der Inhalt nicht läßt zu einem solchen Kriterium machen, denn da kommt nichts heraus als daß der eine sagt du sagst dieß sey christlich, ich dieß, wir exegesiren und folgern aber verschieden. So bleibt also der Gegensaz leer, nur wie er hier gefaßt ist, hat er seine geschichtliche Bedeutung.

§. 204 wird gesagt daß diese beyden Elemente im Ganzen und auch für jeden einzelnen Moment in der geschichtlichen Entwicklung gleich wichtig seyen. Dieß läßt sich nur rechtfertigen, wenn man die Sache recht im Geiste ansieht. Wir dürfen nun auf den Anfang einer Periode zurückgehen. Fragt man: waren die Reformatoren orthodox oder heterodox? so müssen wir sagen: sie waren heterodox; aber aus ihrer Auffassung der Lehre entstand das, was jezt orthodox ist. Wenn man also sagt: das Heterodoxe ist deßwegen von gleicher Wichtigkeit mit dem Orthodoxen, weil sich aus

ihm nur immer konnten die Principien neuer Perioden entwickeln, so ist
dieß klar. Auf der andern Seite giebt es aber solche die die Wichtigkeit
des Orthodoxen bestreiten und behaupten, wenn etwas erst orthodox
geworden ist, so ist es auch Zeit daß es antiquirt werde. Dieß werden wir
nun ebenfalls nicht zugeben können, denn dann gäbe es gar keinen
Zusammenhang weder in jeder Periode selbst zwischen ihren Differenzen,
noch zwischen verschiedenen Perioden, und es könnte die Einheit des
Christenthums nicht zum Vorschein kommen. Wir werden also sagen
müssen, das Orthodoxe ist wichtig nach dem Maße als ⟨es⟩ sein Zusammenhang mit der wesentlichen Einheit des Christenthums noch anschaulich
ist, und nichts, dessen Zusammenhang mit dem Wesen des Christenthums
anschaulich bleibt, darf antiquirt werden. Wiederum alles Heterodoxe ist
in dem Maße wichtig, als es die Elemente zu künftiger Entwicklung in
sich tragen kann. So kann die Wichtigkeit des Heterodoxen nur durch das
Divinatorische, die des Orthodoxen nur *[215]* durch den assertorischen
Charakter der Dogmatik erkannt werden.

Daraus geht das 2fache Resultat der 2 folgenden §§ hervor, wo die
Grenzen gezogen werden zwischen richtiger und falscher Orthodoxie und
Heterodoxie.

§. 205. In der öffentlichen kirchlichen Mittheilung muß immer eine
gewisse Unmittelbarkeit des christlichen Princips vorherrschen, und aus
diesem muß sich das Einzelne möglichst unmittelbar entwickeln. Was also
in der kirchlichen Mittheilung noch lebendig ist, davon ist auch nach § 203
der Zusammenhang mit dem christlichen Princip noch anschaulich, also
darf es nicht antiquirt werden. Wenn aber dieser Zusammenhang verloren
ist, dann kann er auch nicht mehr in der kirchlichen Mittheilung vorkommen, und da geht die falsche Orthodoxie an, und eine solche Dogmatik
hat keine lebendige Beziehung auf die Kirchenleitung mehr. So giebt es
eine Menge von falsch orthodoxen Darstellungen. Allerdings giebt es
Zeiten in der Kirche, wo die dogmatische Behandlung auf die populäre
Mittheilung einen fast gewaltsamen Einfluß übt in Zeiten gewaltiger
Streitigkeiten, denn da nimmt die Menge Theil daran, und ist fähig, in
den Zusammenhang eingeführt zu werden, aber die Gewaltsamkeit ist da,
wenn nun die Geistlichen ihre Kathedereindrücke hier unmittelbar realisi-
ren wollen, wie in der Zeit der scholastischen Reaction nach der Reformation, wo alle dogmatischen Spizfindigkeiten auf der Kanzel vorkamen,
und alle Predigten polemische Dissertationen [waren]. Aber da war auch
in der öffentlichen kirchlichen Mittheilung kein rechtes Leben mehr. —
Der 2te Ausdruck, welcher mehr die wissenschaftliche Tendenz im Auge
hat, ist nun, es sey falsche Orthodoxie, das noch festhalten zu wollen, was

durch seinen wissenschaftlichen Ausdruck keinen bestimmten Einfluß auf
andre Lehrstücke ausübe. In den großen dogmatischen früheren Systemen
eines Quenstedt[46] pp, finden wir Bestimmungen, welche ⟨ɫ ʃ⟩ jezt keinen
Einfluß mehr auf andre Punkte haben, so wie diese jezt gefaßt werden.

Im Zusaz ist die Folgerung aufgestellt, was mit solchen Elementen
geschehen müsse? Man könnte sich nach dem umsehen, was am meisten
in der öffentlichen Mittheilung ist, und mit den übrigen Lehrstücken
zusammenhängt. Dagegen ist hier gesagt, man müsse die Sache auf den
Punkt zurückführen, wo sie vorher stand. Wäre zB die Lehre von der
Stellvertretenden Genugthuung antiquirt, so müßte man die ⟨ɫ ʃ⟩ Untersuchung auf den Standpunkt vor Tertullian[47] zurückführen. Aber dann
würde dieser Standpunkt auch gewiß in die öffentliche Mittheilung kommen, so daß ⟨diese⟩ unsre beyden Antworten nicht sehr verschieden sind.

[216] §. 206. ist von der falschen Heterodoxie die Rede, welche in
gewaltsamem Umsturz besteht. Wer nun falsch orthodox ist, der wird
auch das richtig Heterodoxe als falsch heterodox bezeichnen, so wie, wer
auf dem Extrem der Heterodoxie steht, auch das ächt Orthodoxe als
falsche Orthodoxie ausgeben wird. Es kommt also darauf an sich feste
Punkte aufzustellen. Hier ist zuerst aufgestellt: wenn man sich will von
der falschen Heterodoxie heilen, so muß man nichts anfeinden, was in der
kirchlichen Überlieferung seinen Stüzpunkt hat, und 2tens, nichts was
nicht auf eine nachtheilige Weise in den ⟨Gang⟩ Zusammenhang der
Lehre eingreift. Eigentlich ist jeder Theologe verpflichtet, alle diejenigen
Ausdrücke zu vertheidigen, welche in der kirchlichen Mittheilung sind.
Diese müssen nicht gerade seine eigne Ueberzeugung seyn, sondern er
vertheidigt nur die Freyheit der evangelischen Kirche. Es sind 2 ganz
verschiedene Fälle, seine eigne Überzeugung zu geben, und den Kreis von
Manchfaltigkeit zu bewahren, der in der evangelischen Kirche nothwendig
ist. Nun giebt es entgegengesezte Zeiten und Regionen ⟨die⟩ in der
Kirche, eine, welche Profession macht von der falschen Orthodoxie und
die Theologie zurückschrauben will in den scholastischen Zustand, die
andre, welche von der falschen Heterodoxie ausgeht, und am Ende alles
Eigenthümliche und Positive des Christenthums will wankend machen.
So lange nun dieser Kampf beständig fortdauert ohne sich abzustumpfen,
so lange fehlt es noch an einer der Wissenschaft würdigen und auf das

---

[46] *S. o. Anmerkung 37 (S. 169).*

[47] *Tertullian, (um 200), christlicher Apologet, zuletzt Montanist. Hinter Tertullian zurückgehen,*
heißt für Schleiermacher hinter die Formeln der Dogmatik zurückgehen, die das Verhältnis
Gott — Christus — Mensch in der Art juristischer Relationen bestimmen.

Wesentliche gerichteten Behandlung. Die evangelische Kirche kann nicht auf eine absolute Einheit in der Darstellung der Lehre dringen; dieß muß sie der katholischen Kirche überlassen, und sie verkennt sich selbst, wenn sie nach dieser eingebildeten Vollkommenheit strebt, wie ja auch in der katholischen Kirche diese Einheit mehr äusserlich als innerlich vorhanden ist. Wogegen diese innre Beweglichkeit des religiösen und wissenschaftlichen Lebens in der protestantischen Kirche auch äusserlich zur Erscheinung kommt, was ein viel gesunderer Zustand ist als jener.

Hiedurch, sagt der Zusaz werde nicht gerechtfertigt ein andres Element, nämlich eine gewisse Toleranz, welche immer nur ausgeht von einem Mangel an eigner Überzeugung auf dem wissenschaftlichen Gebiet, was gar kein schwaches Element im jezigen Zustand ist. Es geht von denen aus, welche wenig Interesse haben an der wissenschaftlichen Bestimmtheit des Ausdrucks, sondern nur am Praktischen, und nun die Maxime haben, es kommt in der praktischen Darstellung der ReligionsLehre nicht *[217]* viel darauf an, ob etwas ein wissenschaftlich richtiger Ausdruck ist für ein Element der Frömmigkeit oder nicht, sondern nur darauf, ob es in der religiösen Mittheilung wirklich das Element der Frömmigkeit erregt, welches es erregen soll. Dieß ist eine knechtische Bequemlichkeit, denn die Freyheit ist nur in der Wissenschaft, und wer an dieser kein Interesse hat, der ist nicht in der Freyheit. Es ist eine Bequemlichkeit, weil es einen aus allem Streit heraushält und keinen Impuls etwas zu thun in sich schließt. Aber das Factum selbst ist unrichtig. Ein falscher Ausdruck muß immer eine Verwirrung hervorbringen, die oft nur nicht gleich zur Anschauung kommt. Also diese Maxime, Alles ruhig fortgehen zu lassen, woran sich viele Menschen erbauen, ist eine für das theologische Gebiet, rein in Beziehung auf die Kirchenleitung, ganz verderbliche Richtung: nun wird also der dogmatischen Darstellung

§. 207 ihr Ort in Beziehung auf die vorhergegebenen Punkte angewiesen oder es wird ein Kriterium angegeben, an welche dogmatischen Darstellungen sich der Theologe zu halten hat, um sich eine eigne dogmatische Ansicht zu bilden. Eine dogmatische Darstellung muß also in allen Haupt-Punkten orthodox seyn, aber sie muß auch ebenso wesentlich einzelnes Heterodoxe nicht nur enthalten, sondern auch in Gang bringen. Dabey aber die Abweisung falscher Orthodoxie und Heterodoxie verwenden. Man könnte hier glauben, einen Widerspruch zu finden gegen die allgemeine Darstellung geschichtlicher Entwicklung, die hier zu Grunde liegt. Wenn wir nämlich sagen: jeder Moment gehört einer Periode an, jede solche hat einen eigenthümlichen Charakter, der entwickelt sich vom Anfangspunkt und steigt zum CulminationsPunkt. Indessen treten Elemente ein, die eine künftige Periode vorbereiten, diese verstärken sich allmählig und führen einen EpochenPunkt herbey, welcher das gegenwärtig dominirende Princip verdrängt. Nun orthodox ist dasjenige, was festhalten will an dem was sich aus dem Princip der lezten Epoche entwickelt. Nun dieß kann die richtige Darstellung seyn in jedem Punkte, der zwischen dem Anfang-spunkt der Periode und ihrem CulminationsPunkt liegt, so daß jede richtige Darstellung in allen HauptMomenten orthodox seyn muß. Wenn man aber auf die Zeit gegen das Ende einer Periode sieht, da sind ja schon neue Elemente eingedrungen, die nicht im Zusammenhang mit dem Princip der Periode stehen, also auch nicht orthodox sind — also je näher am Ende einer Periode, desto weniger kann eine dogmatische Darstellung in allen HauptPunkten noch orthodox seyn. Dieß läßt sich gegen die Formel des § einwenden. Aber wenn der Zustand der Dinge auf diesen Punkt wirklich gekommen ist, dann ist auch *[218]* nicht mehr eine zusammenhängende Darstellung möglich, weil es k e i n e n Centralpunkt mehr giebt. Fingiren wir, daß nach der christlichen Periode noch eine andre eintreten werde, eine andre Weltreligion: so lange nun das Christenthum noch in seiner lebendigen Entwicklung ist, so ist auch der Centralpunkt des Christen-thums das constitutive Princip des ganzen Zusammenhangs der religiösen Ueberzeugungen. Nun können zwar Elemente ⟨hier⟩ vorkommen, aus denen etwas andres entstehen kann, aber sie gehen nicht in den Zusammen-hang ein, und dieser läßt sich ohne sie darstellen, sie liegen ausserhalb der Kirche. Nun aber wenn solche Elemente in den Zusammenhang eindrin-gen, so wird das Erste seyn, daß gestritten wird, ob dieß christlich sey oder nicht, und solche Elemente müßten alles mögliche thun um für christlich gehalten zu werden. Kommt aber einer dahinter, der die so modificirte religiöse Denkungsart will als Eines darstellen, dem kann der Widerspruch nicht verborgen bleiben, und es giebt also keine zusammen-hängende Darstellung mehr. — So gilt das hier gesagte von jedem Punkt einer Periode, solange noch in der Religiösen Denkungsart Einheit ist, also eine zusammenhängende Darstellung möglich. — Wenn nun im 2ten Saz gesagt ist, als eine Art von Pflicht einer dogmatischen Darstellung, daß sie einzelnes Heterodoxe in Gang bringen müsse, so beruht dieß auf dem divinatorischen. Es giebt zu jeder Zeit Punkte, welche nahe daran sind, antiquirt zu werden — im Religiösen und Politischen. Nun aber muß etwas Positives auftreten, um hier das Lezte zu thun, und dieß wirklich ausser Curs zu bringen, und dieß wird immer als Heterodoxes erscheinen. Daher findet sich in der Geschichte unsrer Kirche ein so merkwürdiger Wechsel, so daß ein angesehener Theologe sagte: ich bin ⟨ich⟩ solange heterodox gewesen, nun bin ich auf einmal orthodox geworden. Alles was nothwendig geschehen mußte, um die protestantische Theologie von dem Scholastischen loszumachen, mußte Anfangs als Heterodoxie erscheinen, und von Einzelnen ausgehen. Am Anfang der ReformationsPeriode hat man nur das Princip vor Augen, und übersieht die Einzelnen, aber was damals noch nicht geschah, das muß später von Einzelnen ausgehen. Wenn nun eine dogmatische Darstellung die rechte Einsicht hat, so muß sie das zu Antiquirende als solches bezeichnen, und auch das aufstellen, wodurch jenes ausser Curs gebracht werden kann. Freylich kann man einer dogmatischen Darstellung nicht zur Pflicht machen, solche heterodoxen Elemente zu enthalten, welche erst einer folgenden Periode angehören, denn das Princip der gegenwärtigen Periode muß sich ohne diese zusammenhängend darstellen lassen.

[219] §. 208 wird nun gesagt, worauf schon oben aufmerksam gemacht war, daß jeder einseitig orthodoxe Dogmatiker auch die rechte ⟨Orthodoxie⟩ Heterodoxie für falsch erklären wird pp. Alle solche einseitig arbeitenden Theologen sind so unvollkommene Organe der Kirche, weil sie den Stand der Dinge nicht aus seinem eigentlichen Princip darstellen können.

Der Zusaz sagt nun, daß dieses, daß immer viele auf diesen Extremen stehen, die Ursache sey von der turbulenten Bewegung in der evangelischen Kirche. Sonst würde man auf ruhigere Weise die verschiednen ConstructionsArten miteinander vergleichen. Der Grund davon liegt in dem Entspringen der protestantischen Kirche aus dem gewaltsam zurückgedrängten Streben nach Verbesserung.

§. 209 ist die Rede von der Art, wie in der Darstellung des Einzelnen der innre Zusammenhang des Ganzen zum Vorschein kommt, was man die dogmatische Argumentation nennen kann, aber nur mit Beziehung auf den Ausdruck, nicht auf den Inhalt. Da ist angeführt 1) die Zurückführung auf den Kanon, und 2) die Congruenz mit andern Säzen. Die Zurückführung auf den Kanon ist eine mittelbare und eine unmittelbare. — Wenn in dem Wechsel des Verlaufs die Identität des Ganzen soll dargelegt werden, so kann dieß nur geschehen in dem Zurückführen auf das Frühere. Der Kanon nun ist das Frühere κατ᾽ ἐξοχήν, das Ursprüngliche im Verhältniß zu allem Späteren. Wenn also gesagt wird, diese Darstellung eines christlichen Gemüthszustandes ist dieselbe wie jene Kanonische, führt auf denselben innern Gehalt zurück, wie jene kanonische, so ist diese Identität nachgewiesen. Dieß ist nicht möglich ohne die eigne Ueberzeugung. Wenn wir einen Lehrsaz unsrer Kirche, mit dem wir selbst übereinstimmen, aus dem Kanon bewähren, so ist dieß zugleich der Ausdruck der eigenen Ueberzeugung, wogegen ich auch den Zusammenhang nachweisen kann, den Zusammenhang den eine andre KirchenPartey annimmt zwischen ihren Lehrsäzen und dem Kanon, aber nur historisch, sonst müßte ich auch den LehrSaz für richtig halten. — Nun mittelbar wird ein Saz auf den Kanon zurückgeführt entweder dadurch, daß er auf einen andern gleichzeitigen Saz zurückbezogen wird, der selbst unmittelbar auf einen kanonischen zurückgeht, oder auf einen früher aufgestellten kanonisch bewährten Saz. Dieß leztere kann auch abgekürzt werden, s. unten. — Die Zusammenstimmung eines einzelnen Sazes mit andern Säzen ist nun die Darstellung des innern Zusammenhangs in den verschiedenen Theilen des Lehrbegriffs einer gewissen Zeit. Je positiver diese Zusammenstimmung nachgewiesen werden kann: Wer dieß so ausdrückt, der muß dieß so ausdrücken, desto fester hängt das System zusammen.

[220] Der Zusaz nimmt am Ende Rücksicht auf eine antiquirte Unterscheidung zwischen FundamentalArtikeln und Artikeln. Dabey liegt eine Classification zu Grund, welche eine Differenz in der Wichtigkeit aufstellen wollte. Die ganze Geschichte derselben läuft darauf hinaus, daß man sich ebensowenig darüber hat vereinigen können, welches FundamentalArtikel seyen, als man sich im Ganzen über die GlaubensLehren hat einigen können. Es kommt am Ende immer darauf hinaus, daß man das eigentlich dogmatische Gebiet verläßt durch diese Unterscheidung. Die ursprüngliche Erklärung der 〈GlaubensArtikel〉 FundamentalArtikel war, es seyen solche die nicht ignorirt oder bezweyfelt werden können ohne Verlust der Seligkeit. Dieß kann von keinem dogmatischen Saz in seiner dogmatischen Form gelten, welche für die Masse immer unzugänglich ist. Diese Menschen müssen einen solchen ignoriren, sie können ihn wohl im Gedächtniß behalten, aber sie verstehen ihn nicht. So mit der TrinitätsLehre. Kein Mensch, der nicht die Geschichte der Streitigkeiten verfolgen kann, der kann auch den kirchlichen Ausdruck nicht verstehen. Also eine solche Definition hat sich selbst nicht recht verstanden, sondern gehörte solchen Zeiten an, wo der Buchstabe eine zu große Gewalt hatte. Entweder es giebt nur einen FundamentalArtikel, der aber gar nicht die Gestalt eines Dogmas hat, oder eine solche Erklärung ist gar nicht zulässig. Denn der Glaube an Christum ist der FundamentalArtikel, aber so unbestimmt ist er kein dogmatischer Saz, als FundamentalArtikel muß er aber in dieser Unbestimmtheit gelassen werden. Betrachtet man nun ein großes dogmatisches System und sagt, hier sey doch nicht alles von gleicher Wichtigkeit, so ist dieß richtig, nur darf dabei von der Seligkeit nicht die Rede seyn. Da wird sich aber nicht sagen lassen: wir wollen einiges zum Voraus aufstellen, was als gleichwichtig und central gelten soll, sondern das natürliche Verfahren wäre, daß man erst das minder wichtige ausschiede. Zu diesem Ausscheiden nun haben wir die Formel schon lange vorher

aufgestellt, nämlich was noch von Gebrauch ist in der religiösen Mittheilung, dieses hat eine andre Bedeutung als dasjenige was nur noch geschichtliche Geltung hat. So kommt die Sache auf einen andern Punkt: das ist das unmittelbar Wichtige, was seine Bedeutung sowohl in der wissenschaftlichen Richtung als in der religiösen Mittheilung hat; was nur für die wissenschaftliche Richtung Bedeutung hat, ist von untergeordneter Wichtigkeit.

Im 1ten Theile des Zusazes ist nun die Frage aufgeworfen nach einer Unterordnung in dem Verhältnisse der einzelnen Säze. Da ist das Aufgestellte dieses: Je mehr ein Saz einer solchen Operation bedarf daß er, ehe er seine Bestimmtheit *[221]* und Gewißheit bekommt, entweder durch Zurückführung auf den Kanon, — so daß er das Kanonische nicht in sich selbst trägt, — weil nur durch sein Verhältniß zu andern, desto mehr hängt er von andern ab, im 1ten Fall von den Gliedern die den dogmatischen Ausdruck mit dem Kanonischen vermitteln, im 2ten Fall von andern — so muß man sagen, diejenigen Säze welche diese Abhängigkeit nicht haben, sind primäre. Die primären Säze werden nun diese seyn, in Beziehung auf welche die Differenz zwischen dem kanonischen, dem wissenschaftlichen, und ascetischen Ausdruck am geringsten ist denn diese gehen am unmittelbarsten auf ein ursprüngliches Element christlicher Frömmigkeit zurück, und bedürfen ⟨also⟩ keiner Vermittlung. ⟨Da ist⟩ Wo also ⟪das⟫ der unmittelbare Zusammenhang zwischen dem christlich frommen Element und dem Ausdruck vorhanden ist, da ist jene Operation nicht nöthig, weil gleich jeder den dogmatischen Ausdruck zugiebt.

§. 210. zeigt die Abhängigkeit der Dogmatik von der Hermeneutik. Hiebey darf man nur unsre symbolischen Bücher zur Hand nehmen, so können wir recht gut jeden Artikel in unseren dogmatischen Sprachgebrauch übertragen, und uns von der Identität des Gedankens überzeugen, aber von den Schriftstellen, die dabey angeführt sind, werden wir oft nicht mehr gelten lassen können, daß der Saz darinn enthalten ist. Wenn Schrifterklärungen auf Vorstellungen beruhen, deren Ungültigkeit man erkannt hat, so kann diese Erklärung nicht mehr gebraucht werden in den dogmatischen Argumentationen. Ein dogmatischer Saz aber hängt niemals ab von der Bewährung durch den Kanon, sondern sobald ich weiß, daß der Inhalt eines Sazes mit dem Wesen des kanonischen Glaubens zusammenstimmt, so braucht es der Bewährung aus einzelnen Schriftstellen nicht. Die dogmatische Entwicklung hat einen andern Exponenten als die hermeneutische Entwicklung, beyde können nicht ⟨mehr⟩ immer auf dieselbe Weise sich aufeinander beziehen. Entweder ein Saz verliert ganz seine unmittelbare Bewährung aus dem Kanon, aber wenn er dann nur seine mittelbare Bewährung behält, so kann der Inhalt des Sazes derselbe bleiben; es kann aber auch geschehen, daß durch die exegetische Entwicklung eine andre Beweißstelle gefunden wird, und dann bekommt der Saz eine andre unmittelbare Bewährung.

Im Zusaz ist gefolgert einmal, man dürfe den Saz nicht umkehren, und eine Abhängigkeit der Hermeneutik von der Dogmatik zugeben, denn dann würde der Kanon dienen, wo er eigentlich beherrschen soll. Wenn man durch dogmatisches Vorurtheil sich verleiten läßt zu unrichtigem ⟨dogmatischem⟩ hermeneutischem Verfahren, so widerspricht dieß dem protestantischen Grundsaz. Nun aber giebt es kein sicheres Palladium für diesen Primat der hermeneutischen Entwicklung als eben dieses, daß ⟨es⟩ *[222]* man sich klar macht, es afficirt die dogmatische Geltung eines Sazes nicht, wenn auch die bisherige kanonische Bewährung wegfällt. — So lange aber die kanonische Bewährung eines Sazes bleibt, so ist sie, wird gesagt, auch ein Schuz gegen jede heterodoxe Tendenz. Die hermeneutische Methode in ihrer Identität muß die Tendenz in den dogmatischen Verfahren zu antiquiren und zu neuern, hemmen, denn Alles wovon der Zusammenhang mit dem Kanon erhellt, das hat seinen Plaz noch in der Kirche. Aber ebenso, so lange ein Saz noch Verwandtschaft hat im dogmatischen Complex, so ist er nicht zu antiquiren, gesezt auch, er könne nicht denselben unmittelbaren Zusammenhang mit dem Kanon nachweisen, und hätte nicht mehr denselben Einfluß auf die kirchliche Mittheilung, nur geht er dann von der 1ten Klasse über in die 2te Klasse dogmatischer Säze.

§. 211. ist die Rede von der Abkürzung dessen was §. 209 als mittelbare Zurückführung auf den Kanon aufgestellt war. In gewissen Fällen nämlich könnte die Zurückführung auf symbolische Schriften die Stelle des Beweißes aus dem Kanon vertreten. Aber nur unter der Bedingung, daß wir uns die Auslegung der symbolischen Schriften noch als geltend aneignen können. Und nur bey solchen Säzen, die in einem engeren Sinne dem Typus der jezigen Periode angehören. Säze in unseren symbolischen Schriften, die aus früheren Symbolen herübergenommen sind, von denen ist problematisch, ob diese Säze nicht noch eine Veränderung durch das Princip der Periode erleiden werden. So wie dieses problematisch gelassen wird, so kann man nicht diesen Saz an die Stelle der kanonischen Bewährung treten lassen, sondern eben die Vergleichung mit dem Kanon kann leicht darauf führen, ob er für unsre Periode seine Gestalt behalten darf oder nicht. Daraus kann also der Impuls zu einer neuen Bearbeitung entstehen. Nun wird im Zusaz gesagt, dieß sey nicht nur erlaubt, sondern auch rathsam, für diese Fälle bey der Übereinstimmung mit den symbolischen Säzen stehen zu bleiben, weil dann der Charakter der Periode entschiedener erhellt.

§. 212. ist nun eine natürliche Folgerung. Ein Lehrsaz, wird gesagt, von dieser Klasse welcher auf die Äusserungen unsrer symbolischen Bücher zurückgeführt wird, sey nur vollständig protestantisch behandelt, wenn er den Gegensaz gegen die römische Fassung in sich enthält. Man kann sagen: wir dürfen doch nicht vergessen, daß das Christenthum Eines ist, und daß wir ja in der Reformation niemals eigentlich das ganze Verfahren der römischen Kirche für etwas das Christenthum selbst Aufhebendes wiewohl in vielen Stücken für eine Corruption erklärt haben. Es giebt also ein Gemeinsames für beyde, und da muß es also auch Ausdrücke geben, welche diese Uebereinstimmung darstellen. *[223]* Dieß ist richtig, aber alle Säze von solchem Inhalt sind eben nicht solche welche den eigenthümlichen Charakter der Perioden ausdrücken, von welchen hier die Rede ist. Was ausserhalb des Gebiets liegt, in welchem sich dieser Gegensaz entwickeln kann, da wird auch die dogmatische Behandlung den Gegensaz nicht in sich schließen können, aber dieß sind auch nicht die Fälle von welchen hier die Rede.

Von § 213. wird von dem dialektischen Element in der dogmatischen Darstellung gehandelt. Der Ausdruck streng didaktisch bezeichnet nämlich dieses im Gegensaz zu dem unbestimmteren Populären. Es wird nun gesagt der dogmatische Ausdruck sey abhängig von dem jedesmaligen Zustande der philosophischen Disciplinen. Diese Abhängigkeit wird im Zusaz eine formelle genannt, weil sie das Verhältniß mehrerer Ausdrücke betrifft, aber auch eine materielle, weil überall müsse auf psychologische und ethische Elemente zurückgegangen werden. ZB. was lezteres betrifft, in der Lehre von der Gnade und freyem Willen. So wie solche Gegenstände auf dem philosophischen Gebiet theils streitig sind, so muß das eine oder andre gewählt werden, theils wenn sie auf diesem Gebiete bestimmt bezeichnet sind, so muß dieser strenge Ausdruck in die Dogmatik übergehen, und alles Scholastische p daran seine Rectification finden. Damit wird aber nicht behauptet, daß die Dogmatik ihrem Fundament nach auf etwas Philosophisches zurückgeht. Wo eine regelmäßige philosophische Entwicklung ist, da kann hier der Ausdruck genauer seyn, andrerseits enthält aber auch das theologische Interesse selbst den Reiz zu einer bestimmten Fassung dieser Gegenstände. Von diesem religiösen und dogmatischen Impuls aus bildete sich die christliche Philosophie bis sie sich später allmählig sonderte. — Daß nun ebenfalls das Formelle, die richtige Stellung der Begriffe zu einander dieses rein Logische muß nothwendiger Weise auch in dem dogmatischen Ausdruck immer mehr hervortreten, und ihn von dem was in andern Gebieten erlaubt ist, unterscheiden. So wie wir auf den Zustand der Philosophie verwiesen werden, so werden wir auch auf eine große Manchfaltigkeit von Systemen verwiesen, da ist also die Frage aufzuwerfen: wie verhält sich zu der dogmatischen Aufgabe diese Manchfaltigkeit der philosophischen Systeme? Die Frage wird hier auf eine blos begrenzende Weise beantwortet. Man kann sagen entweder: es giebt für das Christenthum nur eine Philosophie, und jede andre muß es ignoriren, und dann wird es nothwendig, diesen Zusammenhang zu demonstriren. Dieser Weg ist hier nicht eingeschlagen, sondern zurückgegangen auf das Christenthum als eine Function der religiösen Thätigkeit im Menschen. An und für sich geht hieraus nur hervor, was hier aufgestellt ist. Gäbe es philosophische Systeme, welche jene religiöse Function für nichts erklären, oder für etwas Aufzuhebendes, so würde der dogmatische Ausdruck [224] aus solchen Systemen nichts entlehnen können. Gesezt, es gäbe Systeme, welche den Monotheismus aufhöben, und polytheistisch oder pantheistisch wären, so müßten wir sagen: das Christenthum ist monotheistisch, eine solche Philosophie könnten wir also nicht gebrauchen in der christlichen Dogmatik. — Was ist nun aber auf diesem Wege Allgemeines geleistet? Zusaz: wenn es gar keine antireligiösen und antimonotheistischen Philosophien giebt, so ist kein Grund warum man ein solches philosophisches System nicht gebrauchen sollte. Wenn einer sich in ein philosophisches System eingelebt hat, so wird auch die Form der Behandlung der Dogmatik bey ihm die Farbe dieses Systems haben. Hat sich ein philosophisches System in einer Zeit in der christlichen Kirche geltend gemacht, so wird es auch einen Einfluß auf den dogmatischen Ausdruck gewonnen haben und behalten, bis ein andres kommt. Bey gleichzeitigen Systemen wird der eine Theil sich an dieses, der andre an ein andres System halten.

Der Zusaz bezeichnet nun philosophische Systeme, welche einen solchen Charakter, der sie ausschließt von dem Einfluß auf die dogmatische Darstellung, an sich tragen. Nun kann man wohl diese Philosophien antiphilosophisch nennen und sagen: es kann keine Philosophie geben, die sich auf atomistisch materialistische Principien gründet, ebenso keine, die alles auf sinnliche Lust und Unlust reducirt, auch keine, die atheistisch ist. Dieß sezt schon einen bestimmteren Sinn von Philosophie voraus. Es ⟨giebt⟩ hat aber systematische Ausbildungen aller dieser Sinnesarten gegeben, die sich Philosophien genannt haben, und genannt wurden, und in dem weiteren Sinn des Wortes Philosophie können auch diese begriffen werden. Nun diese scheiden von selbst aus. Mit einer materialistischen und sensualistischen Sinnes Art verträgt sich das innere Princip des Christenthums nicht, mit einer atheistischen verträgt sich die Religion überhaupt nicht. Engere Grenzen, wird nun gesagt, wären nicht bestimmt im Allgemeinen zu ziehen. Man kann sogar positiv sagen, es lassen sich gar keine andern Grenzen ziehen, denn es giebt keinen andern Widerspruch gegen das Christenthum als diesen, alles andre kann nur mehr oder minder brauchbar für die Dogmatik seyn.

Versuchen wir aber auch die entgegengesezte Ansicht. Wenn jemand sagen wollte: es giebt nur ein philosophisches System, welches sich mit der didaktisch vollkommenen Darstellung des Christenthums verträgt. Eine solche Behauptung würde Vieles voraussezen, was sich nicht durchführen läßt. Alle philosophischen Systeme ausser jenen ausgeschlossenen, haben zu ihrer Zeit auch einen Einfluß ausgeübt auf die dogmatische Darstellung. Das fängt an mit der neuplatonischen und gnostischen Philosophie, und geht durch alle Formen der modernen Philosophie durch. Wenn man nun sagt, diese Bildungen des dogmatischen Ausdrucks seyen alle unvollkommen, so ist dieß richtig, und wenn jemand sagt, die *[225]* vollkommenste dogmatische Ausbildung kann nur eintreten mit dem vollkommensten philosophischen System, so ist dieß ebenfalls unleugbar. Aber die Behauptung, ob dieses System da sey oder nicht, diese gehört nicht hieher, wir müssen nur sagen: kommt einmal das philosophische System ⟨selbst⟩ schlechthin, dann wird sich kein andres mehr mit seinem Einfluß auf die Dogmatik halten können. Nun haben wir es aber gegenwärtig nur zu thun mit dem Nebeneinanderbestehen von verschiedenen philosophischen Schulen, und mit einer dogmatischen Entwicklung in der christlichen Kirche in solchen Gegenden wo ein großer Werth auf Philosophie gelegt wird, und in solchen wo sie fast nichts gilt. Mit der dogmatischen Darstellung sind wir aber eben an die Gegenwart gewiesen. Nun wird dargestellt was aus diesem Zustand folge.

§. 215 und 216 stellen das Entgegengesezte zusammen. Aus dem Einfluß verschiedener gleichzeitiger Systeme kann hervorgehen, 1) daß dogmatische Elemente desselben religiösen Gehalts doch in dem didaktischen Ausdruck sich ganz verschieden gestalten, daß man also nicht bey dieser Differenz stehen bleiben darf sondern immer auch auf den Gehalt sehen [muß.] Die 2te Folgerung ist, daß dogmatische Säze einander ähnlich sehen, die auf einen ganz verschiedenen religiösen Gehalt zurückgehen. Es kann nämlich eine Ähnlichkeit in den terminis liegen, welche in verschiedenen Systemen einen verschiedenen Sinn haben. Bisweilen wird dieß dargestellt als Unredlichkeit, man wirft einem Theologen vor, er wolle ganz andre religiöse Elemente nur durch dieselben Ausdrücke bezeichnen. Dieser Schein muß aber bald sich erkennen lassen, ob einer durch diese

Ausdrücke etwas andres sagen will p. Dieser Zustand kann das dogmatische Studium nur sehr erschweren. Die Differenzen § 215 von denen ist in dem Zusaz gesagt, daraus könne nur durch Mißverständniß ein Streit entstehen; nämlich bey einem dogmatischen Streit, der eine theologische Tendenz hat, muß man doch von dem Religiösen ausgehen, — ist dieses identisch so muß sich der Streit wohl bald geben.

In Beziehung auf die Differenz § 2 1 6 wird gesagt, daß sie am weitesten sich verbreiten und am gefährlichsten seyn können. Hier könne es sogar kommen, daß protestantische und katholische Säze könnten verwechselt werden: Da ist also eine große Vorsicht nöthig, die aber auch, wenn man nur auf den religiösen Gehalt zurückgeht, sich auf immer lösen muß.

Nehmen wir dieß alles zusammen und bedenken die Masse von Streitigkeiten in der christlichen Kirche welche nur aus dem Bestreben nach bestimmtem didaktischen Ausdruck hervorgegangen sind, so kann man fragen: wäre es nicht viel besser gewesen, man hätte nie daran gedacht eine solche Sprache über der der gewöhnlichen religiösen Mittheilung zu bilden? *[226]* würde sich nicht jeder Mißverstand zwischen Gemeinde und Lehrer p von selbst aufgehoben haben? Dieß läßt sich allerdings sagen, und wenn man sich denken müßte: man ist auf eine solche höhere Entwicklung des Ausdrucks ausgegangen, um dieß zu erreichen, daß eine solche Norm für den populären Ausdruck stattfände, so wäre dieß allerdings widersprechend gewesen, indem mehr Streit dadurch entstanden als geschlichtet worden wäre. Aber dieß ist auch nicht der Hergang der Sache, daß einige zusammengetreten wären, und gesagt hätten: wir wollen uns ein wissenschaftliches System schaffen, sondern es hat sich von selbst gemacht, auch ist die Sonderung nicht sogleich eingetreten. Der Grund davon liegt in dem natürlichen Verhältniß der Geistlichen welche nothwendig auf einer solchen Stufe stehen müssen, es ist unvermeidlich, daß sich ein System von Ausdrücken bildet, welches nur für diesen Kreis ist. Steht dieß fest, dann kommt es nur darauf an, daß jene 2 Gebiete in richtigem Verhältniß bleiben. Denkt man sich den dogmatischen Ausdruck nur so als Mittel, so wird die Sache sehr alterirt. Eben dieß ist [§] 198 ⟨als⟩ auch nur als das 2te dargestellt worden (nämlich die Norm für den volksmäßigen Ausdruck zu geben); das 1te und Hauptsächliche ist die Erkenntniß des gegenwärtigen Entwicklungspunkts.

§ 217 Kann nicht so gemeynt seyn daß in jedem dogmatischen Werke jedes Lehrstück auf den Gegensaz bezogen werden müsse, denn dieß läßt sich nicht füglich thun, sondern daß in der dogmatischen Auffassung immer darauf Rücksicht genommen werden muß. Die Kenntniß der katholischen Doktrin ist unter unsern Theologen sehr schwach und doch klagen

wir über die Proselytenmacherey der katholischen Kirche; dieß müßte eine
Gegenwirkung erzeugen, und diese ist auf protestantische Weise nicht
möglich als durch Kenntniß des katholischen Lehrbegriffs. Die Katholiken
haben keine so genaue Kenntniß unsres Lehrbegriffs nöthig, denn sie
knüpfen an das unmittelbare Bedürfniß der Gläubigen an, indem sie den
Skepticismus rege zu machen suchen, und dann die Katholische Kirche
als das, worinn die vollkommene Sicherheit wäre feststellen. Aber wir
können nur durch gehörige Kenntniß der katholischen Lehre so auf unsre
Gemeinden wirken, daß solche Versuche bey ihnen nichts wirken. — Nun
aber ist noch ferner offenbar, daß in Beziehung auf das divinatorische
Element in der Dogmatik es durchaus nothwendig ist, den Stand der
Entwicklung der Lehre in beyden Kirchen zu vergleichen, weil man
nur daraus sieht, auf welchen Punkten der Gegensaz steht. So giebt es
Annäherungen, die sich leicht verbergen. ZB wenn in guter Absicht in
unsrer theologischen Literatur auf eine exegetische Überlieferung Gewicht
gelegt wird, so ist dieß eine Annäherung *[227]* an die katholische Tradition, aber keine wahre, sondern [eine,] die uns später um so mehr in
Verlegenheit bringen kann weil sie nur von Einzelnem, nicht vom Gesamtzustand ausgeht.

Im Zusaz ist alles auf das Bedürfniß der Kirchenleitung bezogen, den
Stand des Gegensazes zu erkennen. — Wenn die Union dadurch vertheidigt
worden ist, daß innerhalb einer jeden Kirche selbst viel größre Differenzen
stattfinden als die Differenz der 2 KirchenGemeinschaften selbst: so ist
dieß allerdings richtig; aber nun findet sich, daß die Differenz der religiösen
Auffassungsweise auch durch die evangelische und katholische Kirche in
gewisser Beziehung dieselbe ist. Daher hört man solche Äusserungen: ein
Katholik, der dieselbe religiöse Gemüthsrichtung hat, ist mir lieber als ein
Protestant, der dieß nicht hat — so kann dieß richtig seyn, wenn dadurch
nur das Verhältniß des Verkehrs mit Einzelnen ausgedrückt werden soll,
aber es liegt eine Ignoranz der allgemeinen Differenz zu Grunde. Dieß
wird auf der Seite der Pietisten gesagt, aber ebenso auch von Seiten
der Rationalisten: es giebt unter den Katholiken so gute rationalistische
Theologen die mir lieber sind als viele protestantische Theologen. Dieß
sind Aussagen, die auf einer Unkenntniß des Verhältnisses beruhen, und
wenn man dieses betrachtet, was nämlich jeder rechte Katholik noch
anerkennen muß, so verschwindet die Möglichkeit eines leichten Verkehrs.

Von §. **218** wird der Unterschied des Gemeinbesizes und der Virtuosität
angegeben. Offenbar ist diese Disciplin als eine historische, auch eine
unendliche. Wenn man die Disciplin auch nur auf den gegenwärtigen
Moment bezieht, gilt dieß. Wenn die dogmatische Theologie den Ge-

sammtzustand des Lehrbegriffs in einer bestimmten KirchenGemeinschaft
im Verhältniß zu andern, aber zugleich mit allen innern Varietäten darstellen soll, so ist nicht möglich, daß jeder Theologe die dogmatische Theologie in diesem Umfange inne haben solle. — wie sind daher die Grenzen
zu bestimmen? Das ist

§. 219 so geschehen, daß dasjenige Gebiet, welches als GemeinBesiz
Langesehen[148] ist, von den wichtigsten Punkten aus construirt ist. Es wird
davon ausgegangen, daß die dogmatische Theologie die Darstellung der
gegenwärtigen Kirchenlehre ist aber zugleich als eigener Ueberzeugung.
Es zerfällt also die Sache in 2 Seiten, die Darstellung des Zusammentreffens
der eignen Überzeugung mit der Kirchenlehre, und die Darstellung ihrer
Differenz. ⟨Darinn liegt. Es sollen, heißt es.⟩ Der Theologe soll im Bilden
einer eignen Ueberzeugung begriffen seyn. Darinn liegt 1) daß er nicht
blos Notiz haben darf. Das Wirken in der Kirchenleitung geht von der
eignen Überzeugung aus. Das 2te ist dieses, daß einer auch nicht mit der
Ueberzeugung fertig sey. Dieß will nicht soviel heißen, es sey nothwendig,
oder wünschenswerth, wenn einer Zeitlebens im *[228]* Fluctuiren bleibe,
sondern die Sache ist die: es kommen immer neue Elemente dazu, und
jedes solches macht wieder eine neue Revision der Ueberzeugung nothwendig, und insofern kann man sagen, daß jeder in der Bildung seiner
Ueberzeugung begriffen sey. Deßwegen kann sein dogmatischer Typus
vollkommen feststehen, und seine Ueberzeugung fest seyn in allen wesentlichen Punkten, aber wie es ins einzelne geht, so kommen immer wieder
neue Gegenstände zur Sprache.

Diese Forderung ist bezogen auf alle wesentlichen Momente des Lehrbegriffs sowohl Orthodoxes als Heterodoxes. Leztres ist getheilt in solches,
was als Persönliches vorübergeht, und solches ⟨wird⟩ was neue Keime in
sich schließt. Hiezu ist also nothwendig, daß jeder Theologe die Bewegungen des Lehrbegriffs begleite, — nicht im Ganzen Umfang, sondern in
Beziehung auf das was er in der Kirchenleitung zu thun hat. Da entstehen
Differenzen. ZB denken wir uns einen Theologen in Schweden, wo die
Katholiken ein Minimum sind, da ist weit weniger nothwendig, daß jeder
eine feste Überzeugung und Anschauung von dem Stande des Gegensazes
zwischen Protestantismus und Katholizismus habe. Je mehr aber in einer
Kirche Katholiken und Protestanten gemischt sind, desto nothwendiger
ist es, daß die Bildung der eigenen Ueberzeugung auf den Gegensaz sich
richtet.

---

[48] *Andere mögliche Lesart:* anzusehen.

§. **220.** wird der 1te Anfang des dogmatischen Studiums beschrieben, und dieß ist die methodologische Anwendung. Es muß angefangen werden mit der Kenntniß des kirchlich Festgestellten in Bezug auf den Charakter der Periode. Es ist aber gesagt, diese Lehre der Kirche müsse auch geprüft werden, nämlich weil sonst die Lehre eine blose Notiz bleibt. Weiter ist gesagt, es müsse angefangen werden mit der Auffassung einer oder mehrerer solcher Darstellungen, und zwar [solcher,] welche in Beziehung auf den Zusammenhang eine gewisse Virtuosität haben, und diese müssen bezogen werden auf die symbolischen Bücher. Gewöhnlich wird es mit dem dogmatischen Studium ganz anders gehalten. Man geht davon aus, daß das Symbolische größtentheils antiquirt sey, daß also dogmatische Darstellungen, welche sich überwiegend an das Symbolische halten, nicht mehr den Charakter der jezigen Zeit ausdrücken. Daher hält man sich an die neoterischen Darstellungen. Was ist dann die Folge? Diese hängen meistens in Beziehung auf ihre eignen Ueberzeugungen nicht zusammen, sondern das Zusammenhängende ist nur das kirchlich Festgestellte, was dann eliminirt wird. Sie finden es also selbst für nothwendig, das Kirchliche voranzustellen. Denken wir uns umgekehrt eine neoterische Darstellung von bestimmten Prinzipien ausgehend und zusammenhängend: so steht diese ausserhalb alles geschichtlichen Zusammenhangs. *[229]* Gesetzt nun auch, es wäre schon eine vorläufige Ueberzeugung gebildet, welche aber vor dem dogmatischen Studium nur eine eingesogene Meynung seyn kann, so würde daraus sich allerdings auch entwickeln können eine Art und Weise, in der Kirche wirksam zu seyn, aber diese würde nur polemisch seyn können, weil in der Kirche etwas andres gilt. Und nun fragt sich: ist es auch nur möglich, eine polemische Wirksamkeit auszuüben ohne Kenntniß dessen gegen welches man polemisiren will. Aber wenn wir nun fragen, muß man denn jenen Zusammenhang gerade aus jenen orthodoxen Darstellungen schöpfen? so ist klar, daß man den Zusammenhang nur kennen lernen kann aus Darstellungen, die ihre eigne Ueberzeugung geben, in den neoterischen Darstellungen findet sich dieser Zusammenhang nie vollkommen. Daher kann es keinen gesunden Anfang des dogmatischen Studiums geben als von den orthodoxen Darstellungen. Was nun in Beziehung auf die Symbole gesagt ist, so hat dieß seinen Grund darinn, daß bey Elementen, die unsrer Periode eigenthümlich sind, die Bewährung aus dem Symbol die Stelle der Bewährung aus der Schrift vertreten kann. Nur so kann man auch zu der Anschauung der eigentlichen protestantischen Gesinnung kommen. Nun ist freylich wahr, die Reformatoren waren erst Anfänger der protestantischen Gesinnung, diese konnte in ihnen noch nicht in allen Beziehungen entwickelt seyn, und wir haben nicht in demselben Gesinnungsrang stehen zu bleiben, in welchem sie stehengeblieben sind. Aber die protestantische Gesinnung der Reformatoren hatte ihre Wurzel in dem Eigenthümlichen des Christenthums, und also die ⟨eigenthümliche⟩ weitre Entwicklung der protestantischen Gesinnung kann nur von dieser Wurzel ausgehen. Jede dogmatische Behandlung, welche das Eigenthümlich Christliche, wie es sich in den Reformatoren zeigte, ausser Acht läßt, kann nicht als etwas Rechtes gelten. Man kann allerdings sagen die Symbole sind noch nicht weit genug auf das Urchristliche zurückgegangen, sondern oft noch bey Corruptionen stehen geblieben, ⟨aber⟩ und insofern müssen wir noch weiter zurückgehen, aber doch in derselben Richtung. ZB unsre Symbole haben die athanasianische TrinitätsLehre aufgenommen. Wenn man nun sagt: diese Lehre ist nur im Streit festgestellt worden, und ist keine von innen herausgewachsene Darstellung; bey einem Streit besonders bey einem so leidenschaftlichen, kommen immer Mißverständnisse vor, und die Ausdrücke dieser Formel haben für uns nicht mehr denselben Werth — so liegt darinn die Aufgabe, weiter zurückzugehen und zu fragen, sind nicht frühere Darstellungen in der Kirche gewesen, an welche sich eine Darstellung anknüpfen läßt welche für unsre Zeit passt. Aber beym Zurückgehen darauf muß man doch durch die kirchlich festgestellte Lehre hindurchgehen, sonst kommt man ganz ins Willkührliche.

[230] Es ist hier daran zu erinnern, wie nothwendig es ist, verschiedene Darstellungen zu vergleichen, nicht blos solche die von entgegengesezten Principien ausgehen, sondern auch solche welche gemeinsam am Kirchlichen festhalten; auch hierin giebts bedeutende Differenzen. Wie nun schon gesagt war, daß eine dogmatische Darstellung auch heterodoxe Elemente enthalten müsse, so ist davon

§. 221 die Rede. Hier giebt es viele Einzelheiten die nicht in das Gebiet der allgemeinen Kenntniß gehören, es muß also eine Grenze bestimmt werden, und dieß thut der §. Ob eine einzelne heterodoxe Ansicht bald wieder verschwinden werde oder nicht, dieß läßt sich in der Gegenwart nicht entscheiden. Es kommt also darauf an zu vergleichen, was blos ein vorübergehendes Phänomen ist, und was sich verstärken wird. Dieß gehört ganz in das Gebiet des Divinatorischen, aber es ist doch wesentlich dieses auf einen allgemeinen Charakter zurückzuführen. Da ist nun gesagt, wenn mehrere heterodoxe Elemente einen gemeinsamen Charakter haben, so haben diese ein größeres Gewicht, als wenn sie isolirt sind. Dieser gemeinsame Charakter ist 2fach bestimmt, einmal als gemeinsamer Ursprung und dann in gemeinsamer Abzweckung. Man sieht da eine Richtung, die sich gemeinsam in Mehreren widerholt. Beydes braucht nicht nothwendig verbunden zu seyn, aber wenn es verbunden ist, so ist es umso stärker. Im gegenwärtigen Zustand finden wir eine Menge von Elementen schon in das kirchliche Leben übergegangen, welche früher nur als Einzelheiten da waren; aber wenn man zurücksieht, bemerkt man einen theils gemeinsamen Ursprung theils gemeinsame Abzweckung, und wenn nun diese Elemente eine Abzweckung haben, die mit dem Princip der Reformation übereinstimmt, so bewähren sie, daß sie auch einen gemeinsamen Ursprung haben aus dem Interesse für die Reformation. Was den Artikel von der heiligen Schrift betrifft so finden wir in mehreren, besonders reformirten Schriften, die Aufzählung des ATlichen und NTlichen Kanon mit aufgenommen als symbolische Artikel. Dadurch waren alle weiteren Untersuchungen über den Kanon abgeschnitten worden. Wenn wir nun dieses voraussezen, so müssen wir sagen, daß alle Operationen der höheren Kritik in ⟨diesen⟩ Vergleich mit jenen symbolischen Artikeln als durchaus heterodox erscheinen müssen; demungeachtet ist es jezt schon in die gemeinsame Denkungsart übergegangen, daß die heilige Schrift nur könne auf kritische Weise untersucht, und gegen diese die Überlieferung nicht könne in Schuz genommen werden. Da haben wir also den Casus, daß, was anfangs als heterodoxe und vereinzelt vorkam, nun schon in die allgemeine Denkungsart übergegangen ist. So geht es in andern Gebieten ebenfalls.

[231] §. **222.** geht auf die andre Seite, und drückt aus, was alles in das Gebiet der dogmatischen Virtuosität gehöre. — Sehen wir auf den gegenwärtigen Zustand der theologischen Literatur, so finden wir ein bedeutendes Element der Form nach ganz im Verschwinden begriffen, dagegen ein andres, früher geringes, wichtig geworden. Das 1te ist das Gebiet der academischen ⟨L⟩ Dissertationen, das andre das Gebiet der theologischen Zeitschriften. Was als Einzelheit auftritt, pflegte früher in Dissertationen aufzutreten, jezt in theologischen Zeitschriften. Die ersteren erschienen vereinzelt, daher wurden sie nicht leicht bekannt. Anders mit den theologischen Zeitschriften; das sind ⌐Aggregate⌐[49] von Einzelheiten, aber als solche haben sie einen größeren Reichthum, und man läßt sich weit eher verleiten, sich in die Journale zu vertiefen, als sich die Dissertationen einzeln anzuschaffen. Alle diese Einzelheiten von ungewissem Werth, welche sich also ebensogut nicht können zur allgemeinen Kenntniß eignen, finden jezt ihren Ort in den theologischen Zeitschriften, nur daß diese sich selten an eine bestimmte Disciplin halten, sondern gewöhnlich vermischt sind. Es ist schon aus der Stellung klar die Ansicht, daß es besser

---

[49] *Andere mögliche Lesart:* Aggregationen.

sey für den Anfang des Studiums, dieses bey Seite zu lassen. Wenn nämlich in der Zeit, die ein junger Theologe für Bildung einer zusammenhängenden dogmatischen Ansicht benutzen sollte, er sich in Einzelheiten zersplittert, so ist er auf einem üblen Wege, wenn er es nicht etwa darauf anlegt, sich ex professo mit der Dogmatik zu beschäftigen, sonst ist es ein unverhältnißmäßiger ZeitAufwand den man an das Neue verwendet. Eine Ausnahme macht, wenn solche Einzelheiten einen berühmten Namen an der Spize haben. Im Übrigen ist die JournalLectüre auf spätere Zeit zu versparen.

Hier sind nun die einzelnen Elemente zusammengestellt 1) unter der Rubrik der genauen Kenntniß, 2) des festen Urtheils. Die Gegenstände sind unter 3 Beziehungen gebracht 1) differente Behandlungsweisen, 2) schwebende Streitfragen, 3) gewagte Meynungen. — Das 1te bezieht sich auf zusammenhängende Darstellungen der Dogmatik, aber auch auf Behandlungen einzelner dogmatischer Gegenstände. In beyden Beziehungen giebt es einen großen Reichthum von Differenzen. Diese sind in der Einleitung zur⟨ück⟩ Dogmatik zurückgeführt auf überwiegend philosophische, biblische und symbolische [Behandlungen][50]. Die 1ten suchen ihre Virtuosität vorwiegend in dialektischen Bestimmtheiten; die andern zwey in der Bewährung der einzelnen Säze in den kanonischen und symbolischen Schriften. Hiebey ist auf den Gegensaz zwischen supranaturalistischer und rationalistischer Richtung nicht gesehen. Jene HauptTypen haben alle eine Einzelheit, man muß also gleich von vorne herein miteinander verbinden. Nun giebt es aber so viele Differenzen, theils in der Anwendung, theils in der Behandlung — und die· Kenntniß aller dieser kann nur der *[232]* dogmatischen Virtuosität angehören. — Die schwebenden Streitfragen betreffen die Kenntniß aller der Punkte über welche entgegengesezte dogmatische Formeln im Gebrauch sind. Hieraus scheint die Meynung hervorzugehen, daß die Kenntniß von diesen nicht in das gemeinsame Gebiet gehört. Aber nur die genaue Kenntniß ist zu verlangen. Daraus wird jeder von selbst erwerben, was die Hauptpunkte sind über welche man ⟨Streit⟩ streitet. Unter gewagten Meynungen versteht man solche Ansichten welche ohne Zusammenhang erscheinen mit der herrschenden DarstellungsWeise, und von welchen sich noch nicht sagen läßt, welchen Einfluß sie bekommen werden. Ist der Grund solcher Ansichten ein solcher, der sich auch anderwärts finden muß, so wird was hier verschwindet, an einem andern Ort zum Vorschein kommen; aber aller-

---

[50] *Ergänzt aufgrund des Hinweises von Hans-Joachim Birkner auf die parallelen Ausführungen in Schleiermachers „Der christliche Glaube", 2. Aufl. 1830/31, § 27,4.*

dings fehlt es in einer lebendigen Kirche nie an solchen Meynungen Einzelner, welche paradox erscheinen; diese haben, wenn sie auch ganz wieder verschwinden, doch für denjenigen der sich ex professo mit Dogmatik beschäftigt, einen großen Werth, weil sich daraus bildet eine ganz andre Vorstellung von der möglichen Manchfaltigkeit in der Kirche, daher ist die gänzliche Freyheit in der Kirche in dieser Beziehung etwas für die evangelische Kirche und das theologische Studium ≪etwas≫ sehr Wesentliches, und es kann nur in dem Maß eine tiefere Entwicklung der Dogmatik entstehen, wenn alles, was nur von sich vorgiebt, protestantisch zu seyn, öffentlich werden darf. Ist es nicht protestantisch, so kann es als solches am besten erkannt werden durch öffentliche Verhandlung.

Diese Elemente wären aber blos statistisch, nicht dogmatisch, wenn nicht auch das eigne Urtheil dazukäme. Der 1te Saz im Zusaz hat es besonders hiemit zu thun, und bevorwortet, daß das feste Urtheil doch noch die Empfänglichkeit für Neueres übrig lassen muß. Dem Meister besonders ist dieß nothwendig, denn die Meisterschaft hört auf wenn man demjenigen, was sich im gemeinsamen Leben ergiebt sein Recht nicht mehr anthun kann durch Versetzung in die Stelle dessen, aus welchem solche Erscheinungen hervorgehen. Man muß die eigne Richtung festhalten können, und doch die Empfänglichkeit behalten, welche nachconstruirt, was ein Andrer in sich construirt. — Der 2te Saz hat es mit dem Paradoxen zu thun, und sagt, daß darunter nicht blos das Unbedeutende ⟨als⟩ sondern auch das Krankhafte zu verstehen seyen. Ein solches krankhaftes Element kann unevangelisch seyn ohne zugleich antichristlich zu seyn, aber es kann auch beydes seyn. Jedes Element dieser Art muß gleich ein Gegenstand der Polemik werden, denn solche Reaction ist Zeichen der Gesundheit. Das *[233]* ist nun aber gerade der Einfluß den diejenigen welche sich ex professo mit der Dogmatik ⟨haben⟩ beschäftigen, auf die Kirchenleitung haben müssen, daß sie die Polemik in Gang bringen gegen Alles Antichristliche und Antievangelische. Freylich giebt es hier die Einseitigkeit, daß wer auf dem einen Extrem steht, denjenigen, der in der Mitte versirt, für dem entgegengesezten Extrem angehörig ansieht.

Vom **223.** §. geht nun noch etwas an, was gleich hätte können in die Construction der dogmatischen Theologie von Anfang an aufgenommen werden, nämlich die Theilung des dogmatischen Gebiets in Glaubens und Sittenlehre. Es ist aber absichtlich verspart worden. Gegenwärtig nämlich werden in der Regel beyde Disciplinen getrennt, obgleich Nitzsch[51] neulich beyde Disciplinen verbunden hat. Es muß aber jedenfalls

---

[51] *Nitzsch, Karl Immanuel, (1787—1868), System der christlichen Lehre. Bonn 1829. 6. Aufl. 1851.*

immer im Bewußtseyn erhalten werden, daß diese Theilung nichts Wesentliches ist. Dieß geht aus unsrer Anordnung hervor, aus welcher erhellt, daß Alles Bisherige ebenso von der christlichen SittenLehre gilt, daß es also auch für diese eine Bewährung aus dem Kanon, dem Symbol und dem Zusammenhang geben muß, und daß auch sie einen Anspruch auf Virtuosität hat. Dagegen ist die christliche SittenLehre oft so vermischt worden mit der rationellen, daß sie den theologischen Charakter verloren hat. Daraus entsteht auch eine andre Behandlung für den populären Gebrauch, oder ein ganz andres Verhältniß zwischen dieser und der Ethik als auf Seiten der Dogmatik. Aber beydes kann nur einer Regel unterworfen seyn. Es wird weiter gesagt, daß die Trennung der christlichen SittenLehre von der GlaubensLehre nichts ursprüngliches gewesen sey in der christlichen und protestantischen Kirche. Als das 1te Beyspiel einer solchen Trennung führt man an die Schrift von Abälard nosce te ipsum[52]. Dieß war ⟨auch⟩ aber keine wissenschaftliche Behandlung, griff auch nicht Plaz, denn es war der katholischen Kirche angemessen, die ganze SittenLehre unter dem Artikel von den guten Werken zu behandeln. Da stand dann das äusserlichste neben dem innerlichsten und die 4 aristotelischen Tugenden neben den 3 paulinischen. In der evangelischen Kirche war man auch zuerst nicht auf die Trennung, sondern nur auf die Reinigung der SittenLehre bedacht. Es entsteht also natürlich die Frage nach den Vortheilen und Nachtheilen dieser späteren Operation.

§. 224 ist der Vortheil nachgewiesen, der daraus zunächst entstanden ist in Beziehung auf die Construction. Wenn man sich nämlich die Differenz nicht verbergen kann zwischen einem theoretischen LehrSaz ⟨nicht verbergen⟩ und einem praktischen ⟪nicht verbergen kann⟫, und jener ein fürwahrhalten, dieser ein FürGuthalten ausdrückt, so kann dieß leichter hervortreten, wenn beydes getrennt wird. Von dem 2ten Vortheil der größeren Ausführlichkeit sagt der Zusaz, daß sie nicht wesentlich eine Folge der Trennung war. Die frühere Vereinigung war so, daß die SittenLehre nur in die GlaubensLehre eingeschoben wurde. Aber es ließe sich auch das Umgekehrte denken, so daß die christliche SittenLehre das *[234]* corpus ausgemacht hätte, und die theoretische GlaubensLehre eingeschaltet

---

[52] *Peter Abälard (1079–1142), einflußreicher Theologe und Philosoph des 12. Jhdts., erörterte in der gen. Schrift u. a. die Frage: Können die Verfolger Christi und der Christen, wenn sie dabei guten Glaubens waren, das Richtige, ja das Gottgewollte zu tun, für schuldig befunden werden? Mit Untersuchungen dieser Richtung, die das persönliche Gewissen gegenüber dem objektiven Tatbestand für die moralische Beurteilung geltend machten, bahnte er eine Trennung der Sittenlehre von der Dogmatik an.*

worden wäre, zB in den Artikel von der christlichen Gemeinschaft p so wie auch unter andre mehr vereinzelte Punkte. Wäre also ein solches umgekehrtes Verhältniß jemals wirklich geworden durch Überwiegen des praktischen Gesichtspunkts, so wäre die SittenLehre weitläuftig genug behandelt worden.

§. 226 führt einen weiteren Vortheil auf. Jeder dogmatische Saz, auch der ethische, muß sich bewähren aus dem Kanon und dem Zusammenhang mit andern kirchlich anerkannten Hauptsäzen. Nun ist dieß nicht zu übersehen, daß Alles was mehr in die unmittelbare Anwendung übergeht, und ein Einzelnes ist wie die SittenLehre, sich auf andere Weise auf den Kanon beziehen muß. Daß nun hier die Ableitung[53]
weil nämlich hier auch die Opposition nur die allgemeinsten Prinzipien betraf. Denn wenn man auf das Verhältniß sieht des wissenschaftlichen Ausdrucks in Glaubens und SittenLehre zu der philosophischen Entwicklung, so muß auch zugegeben werden, daß sich in der philosophischen Entwicklung beydes von einander gesondert hat. Da hat es die Dogmatik weit mehr zu thun mit der Metaphysik, und die christliche SittenLehre weit mehr mit den praktischen philosophischen Disciplinen. Dieß wird auch klarer, wenn die beyden Arten von Säzen gesondert werden.

§§. 225 und 227 haben nun Nachtheile, die aus der Trennung entstehen können, aufgestellt. §. 225 wird gesagt, bey einer völligen Sonderung können leicht auch die Glaubensartikel der Behandlung verloren gehen, und eine Inconsequenz eintreten, die nicht eintreten könne, wenn beyde Disciplinen ⟨auf⟩ als eine behandelt werden. Diese Inconsequenz ist so ausgedrückt, daß bey verschiedener Auffassung der GlaubensLehre doch die SittenLehre auf dieselbe Weise könne behandelt werden. ZB. es ist eine ganz verschiedene Auffassung der GlaubensLehre die supranaturalistische und rationalistische. Haben nun etwa beyde in der Dogmatik sich so trennende Parteyen auch in demselben Maß eine verschiedne SittenLehre, so wird man dieß nicht behaupten können. Es giebt freylich solche Differenzen, daß die supranaturalistischen Theologen in gewissen Punkten eine strengere SittenLehre haben werden — aber dieß betrifft nur etwas Einzelnes, und das wissenschaftliche System ist meist ganz dasselbe. Dieß ist offenbar eine Inconsequenz, welche sehr befördert wird durch die Trennung. §. 227 stellt einen analogen Nachtheil dar, nämlich ein verkehrtes eklektisches Verfahren. Dieß bezieht sich auf §. 226 und wegen dieser genauen Beziehung sind die §§. in dem Compendium so gestellt. Nämlich die Metaphysik und die Ethik sind allerdings verschiedne Disciplinen, aber

---

[53] *Lücke im Manuskript: der Schluß der 10. u. der Anfang der 11. Zeile sind unbeschrieben.*

es giebt doch eine Identität des Princips. Offenbar muß eine sensualistische SittenLehre auch zusammenhängen mit einer atomistischen, oder materialistischen ⟨Philosophie⟩ Metaphysik. Wenn nun auf dem christlichen Gebiet *[235]* GlaubensLehre und SittenLehre eins sind, so läßt sich nicht denken, daß den theoretischen Säzen sollte eine sensualistische Metaphysik und den praktischen Säzen eine rationalistische Ethik zu Grunde liegen oder umgekehrt, sondern dann wird man in beyden nur auf Eins zurückgehen können. Aber bey der Trennung schleicht sich dieß leicht ein, besonders seit man anfieng, die sensualistische SittenLehre zu veredlen, kam es, daß sogar Theologen, die also in der Dogmatik spiritualistisch waren, in der SittenLehre alles auf die Glückseligkeit bezogen, also im Grunde sensualistisch verfuhren.

Im Z u s a z zu § 226 war gesagt, daß die Terminologie der ⟨Ethik aus der⟩ christlichen SittenLehre aus der Ethik stamme, die der Dogmatik mehr aus der Metaphysik. Dieß scheint dem zu widersprechen, daß die ganze Theologie auf die Ethik zurückgeführt wurde. Aber so wie die exegetische Theologie ihre Terminologie aus der Philologie nimmt, so auch die Dogmatik aus der Metaphysik, wenngleich das Gemeinschaftliche auf [das] alle zurückgehen, nur die Ethik seyn kann. Es ist hier näher gesagt, die christliche SittenLehre schöpfe ihre Terminologie besonders aus dem Theile der philosophischen Ethik, welche die PflichtenLehre heiße. Der Grund warum die christliche SittenLehre nur kann unter der Form der PflichtenLehre behandelt werden, ist hier nicht angegeben, die Sache ist aber die, daß die ersten christlichen Äusserungen im NT durchaus diese Form an sich tragen, keineswegs als ob es fehlte an Elementen für die Tugendlehre im NT, denn es giebt eine Menge von sittlichen Eigenschaften die aufgeführt werden. Aber diese TugendNamen sind ganz aus dem populären Gebiete und unbestimmt, wogegen nun ethische Sentenzen, die Vorschriften enthalten, immer schon eine ⌐große⌐[54] Bestimmtheit von selbst haben, und namentlich das Gnomische in den LebensKreisen der Apostel auf eine vorzügliche Weise behandelt war. Auch die ganzen Gesezesformen im jüdischen Leben woran sich die christliche SittenLehre anschloß, waren solche ἐντολαί. Damit soll aber nicht behauptet werden, daß dieß die einzige Art wäre die christliche SittenLehre zu behandeln, doch wird sie [*O:* es] sich immer bewähren beym Zurückgehen auf den Kanon, da die NTlichen Stellen die Form der PflichtenLehre haben, also durch Anwendung der philosophischen SittenLehre ⟨bestimmt⟩ wissenschaftlich gefaßt werden müssen.

---

[54] *Andere mögliche Lesart:* größre.

§. **228** wird das Resultat gezogen. Dieß kann kein allgemeines seyn, so daß gesagt werden könnte es ist besser zu verbinden als zu trennen, weil Vortheile und Nachtheile auf beyden Seiten stehen. Daher kann nur gesagt werden, unter welchen Bedingungen das eine besser wäre als das andre. Nun wird hier gesagt, die Vortheile der abgesonderten Behandlung werden bedingt durch die Ungleichförmigkeit der Entwicklung und die Ungleich-⟨förmigkeit⟩ mäßigkeit der wissenschaftlichen Behandlung. Das 1te beruht darauf daß der ganze geschichtliche Verlauf nicht nur in Zeiträumen, sondern auch in parallelen Reihen getheilt werden kann, *[236]* das leztere aber nur in dem Maße als einzelne Theile eine verschiedene Bewegung haben. Dieß allgemeine Princip ist also auch hier anzuwenden. Die Lehre und ihre Geschichte läßt sich theilen in Glaubens und SittenLehre, wo es sich so verhält, daß in Beziehung auf die Regeln des christlichen Lebens große Veränderungen vor sich gehen, während die GlaubensLehren dieselben bleiben, dann kann man den geschichtlichen Verlauf trennen. Nun dieß bevorwortet eigentlich nur die Trennung der Dogmengeschichte und SittenGeschichte. Daß sich aber dasselbe auch auf die Darstellung des gegenwärtigen Zeitpunkts anwenden läßt, folgt daraus. Der gegenwärtige Augenblick ist das Resultat der ganzen Vergangenheit, aber zunächst der lezten Epoche. Wenn wir nun annehmen, in Beziehung auf die Glaubens-Lehre sind viele Veränderungen ⟨aufgenommen⟩ vorgenommen worden in der evangelischen Kirche, umgekehrt aber stünde auf dem Gebiete der christlichen LebensRegeln noch Alles so ziemlich beym Alten, so würde also die Darstellung des gegenwärtigen Zustands auf dem ersten Gebiet eine andre seyn als die auf dem andern, und dieß wäre eine Weisung zur Trennung. — Es ist aber auch ein andrer Punkt ⌊hervorgehoben⌋[55]. Die Ungleichförmigkeit des Verfahrens ist nämlich nicht blos auf die Entwicklung des Princips bezogen, sondern auch auf die Spannung des Gegensazes. Wäre also in der GlaubensLehre das Verhältniß der evangelischen Kirche zur katholischen dasselbe geblieben als in der Reformation, in der SittenLehre aber wäre man weitergegangen in der Sonderung des Innern vom Äussern, so würde sich die Trennung ebenfalls ergeben. Wenn §. 228 Bedingungen angegeben sind, unter welchen die abgesonderte Behandlung sachgemäß sey, so werden §. 230 die Bedingungen angegeben, unter welchen sie unverfänglich sey. Nämlich Nachtheile bleiben immer dabey, und nun wird §. 228 der Fall angegeben, in welchem das Minimum dieser Nachtheile vorhanden sey, §. 230 aber ⟨der⟩ die Art, wie diese Nachtheile können unschädlich gemacht werden [*O:* haben]. — Zum

---

[55] *Andere mögliche Lesart:* hervorzuheben.

§. 228 ist noch etwas zu erläutern. Es kann die Lebendigkeit der Bewegung
in beyden Gebieten dieselbe gewesen seyn, aber die wissenschaftliche
Betrachtung ist dem geschichtlichen Verlauf nicht auf dieselbe Weise
gefolgt, dann wäre die wissenschaftliche Betrachtung in dem einen Gebiete
schon gegeben, im andern müßte sie nachgeholt werden, und daher wäre
eine Trennung an der Stelle.

§. 229 sezt einen Nachtheil der abgesonderten Behandlung auseinander,
nämlich daß der theologische Typus in vielen christlichen SittenLehren
verloren gegangen sey. Freylich ist dieß nicht erst seit der Trennung
eingetreten, sondern in dem scholastischen Zeitalter, wo die christliche
SittenLehre nur in der Dogmatik behandelt wurde, finden wir dasselbe,
daß darinn auf den Aristoteles zurückgegangen ist. Aber da ist freylich
das ZurückGehen der SittenLehre auf ihn ein andres als in der Glaubens-
Lehre, es [237] betraf nämlich in der SittenLehre mehr das Princip,
während in der Dogmatik mehr die Terminologie. Weit mehr ist aber dieß
nach der Trennung eingetreten, die eine SittenLehre gieng von dem
Princip der Vervollkommnung aus wie die Wolffsche, die andere vom
kategorischen Imperativ, und dabey geht der theologische Charakter verloren, denn wenn auch diese Philosophen christlich waren, so waren sie
doch aus einer Zeit, wo sich die Philosophie aus dem Gebiet der Religion
zurückgezogen hatte. Da geht alle Analogie der SittenLehre mit der
Dogmatik verloren, ausser wenn die Dogmatik ebenso den theologischen
Charakter aufgiebt.

§. 230. wird noch einmal das in Erinnerung gebracht, daß wenn nun
die christliche SittenLehre abgesondert behandelt werden soll, alles das,
was bisher von der dogmatischen Theologie gesagt worden war, auch auf
die SittenLehre angewandt werden muß. Nun ist aber noch eine 2te
Bedingung aufgestellt, nämlich daß der Zusammenhang zwischen beyden
Disciplinen müsse wieder hergestellt werden auf irgendeine Weise. Fragen
wir, was können wir wohl für eine kurze Formel aufstellen, um die
Differenz zwischen christlicher Glaubens und SittenLehre so zu stellen
wie es von der Tendenz einer theologischen Disciplin ausgehen kann?
Gehen wir von der allgemeinen Erklärung aus, daß die christliche GlaubensLehre inclusive der SittenLehre nichts sey als die zusammenhängende
Darstellung von der in einer gewissen Zeit in der Kirche geltenden Lehre,
so fragt sich: wie theilen sich nun Glaubens und SittenLehre? Die einfache
Formel ist: die christliche GlaubensLehre stellt zusammen, was in der
christlichen Kirche oder einer protestantischen Gemeinschaft für wahr
gehalten wird, und die christliche SittenLehre das, was in denselben für
gut gehalten wird. Lehre bleibt das lezte auch, aber man sieht die Richtung

auf der einen Seite geht überwiegend auf die Vorstellung, d. h. auf die Verwandlung des ursprünglichen christlichen Bewußtseyns in den Gedanken, die andre ebenfalls auf die Verwandlung des christlichen Bewußtseyns in den Gedanken, aber als in die That übergehendes christliches Bewußtseyn. Sollen sie nun getrennt werden, so darf man doch nie ihre ursprüngliche Einheit in Hintergrund stellen. Dieß kann geschehen, indem man in beyden auf dasselbe christliche Bewußtseyn zurückgeht, aber es kann auch so geschehen, daß sich in der einen auf die andre Disciplin bezogen wird. Ersteres versteht sich von selbst als nothwendig, dieß lezte ist deßwegen nothwendig, um denselben Charakter (christlichen, evangelischen) in beyden Disciplinen zum Bewußtseyn zu bringen. Man kann nämlich nicht behaupten, daß der Gegensaz zwischen Evangelisch und Katholisch in allen Punkten gleich heraustrete, daher muß dargestellt werden, wie die Art und Weise das christlich Gute zu umschreiben in dem Sinn der evangelischen Kirche zusammenhängt mit der Art, wie das Wahre darinn umschrieben wird, so daß man nicht kann protestantisch [seyn] in der Glaubenslehre und katholisch in der SittenLehre und umgekehrt, dieß kann nur durch solche Vergleiche erkannt werden, nicht durch bloses Zurückgehen auf das beyden Gemeinsame. *[238]* Es sind nun verschiedene Meynungen in der protestantischen Kirche über den Standpunkt des Gegensazes zur katholischen Kirche. Man kann einerseits glauben, der Gegensaz sey schon im Abnehmen, andrerseits aber auch, er sey noch nicht recht entwickelt. Es giebt nun dogmatische Methoden, die noch unbewußt Katholisches enthalten, ebenso aber umgekehrt Vorstellungen von dem was gut ist, die noch katholisch sind, aber beyde hängen nicht an denselben Punkten. Soll nun dieß dargestellt werden, wie es zusammenhängt, so kann dieß nur geschehen durch Bezugnahme. Den Schluß macht daher

§. 231 damit, es sey wünschenswerth, daß die ungetheilte Behandlung neben der getheilten fortbestehe. Gehen wir zurück auf den Unterschied zwischen GemeinBesiz und Virtuosität und denken uns GlaubensLehre und SittenLehre als eins, so wird Niemand sagen können, man könne die Sache so ansehen, daß die GlaubensLehre von jedem Theologen gefordert werden könne, die christliche SittenLehre aber das Gebiet der Virtuosität bilde und umgekehrt; doch aber müssen wir gestehen, daß es Ansichten in der Kirche gegeben hat und giebt, die nichts andres besagen. Wenn lange Zeit alle religiöse Mittheilung in der protestantischen [Kirche] dogmatisch war, so lag offenbar die Maxime zu Grunde: wenn nur die Christen richtig glauben, so wird es sich mit dem richtigen Leben von selbst ergeben. Dieß auf die Theologie angewandt so ergiebt sich, daß die Dogmatik von allen gefordert werden muß, aber da es sich mit dem christlichen Leben von selbst ergiebt, wenn der richtige Glaube da ist, so ist den Theologen die wissenschaftliche Norm für das christliche Leben nicht nöthig, da sie in den öffentlichen Vorträgen nicht unmittelbar darauf hinzuwirken brauchen. Später nun hat man die Sache umgekehrt und gesagt: was sollen denn die dogmatischen Subtilitäten in der Mittheilung an das Volk? Die Christen sollen nur die rechte Vorstellung und Ermunterung haben von ihren Pflichten. Daraus entstand die Entfernung des Dogmatischen aus der religiösen Mittheilung. Daraus folgt nun für die theologische Behandlung, daß die SittenLehre von allen Theologen gefordert werden muß, aber das Dogmatische gehört nur zur Virtuosität, weil in dem Gebiete der Kirchenleitung kein Gebrauch [davon] zu machen ist. Dabey sollte diese SittenLehre nichts andres seyn als eine popularisirte philosophische SittenLehre. Zwischen diesen Gegensäzen bewegt sich nun das öffentliche Leben in der evangelischen Kirche immer noch herum, und bald stöst man auf das eine, bald auf das andre Extrem. Das abgesonderte Behandeln der Dogmatik und Ethik nun ist immer die Veranlassung zu solchen Extremen, deßwegen ist das Danebenbestehen der ungetheilten Behandlung wünschenswerth.

[*239*] Die abgesonderte Behandlung, wenn dabei von der Masse ausgegangen wird, die sich dann mehr entfalten kann, dient dem wissenschaftlichen Interesse, aber in der kirchlichen Mittheilung müssen dogmatische und ethische Elemente immer in Einem seyn. Daher hat die isolirte Behandlung nicht die unmittelbare Richtung auf die Kirchenleitung, sondern sie dient überwiegend dem wissenschaftlichen Interesse. Es muß dann als Supplement zum Behuf der kirchlichen Mittheilung die ungetheilte Behandlung hinzukommen.

Methodologisch angesehen, so ist es nicht eben heilsam oder ausschließlich gut, mit einer ungetheilten Behandlung anzufangen, und hernach erst zur getheilten Behandlung zu gehen. Es wäre weit mehr zu empfehlen in einer theologisch ruhigeren Zeit als die unsre. In unsrer Zeit ist es nothwendig, mit dem abgesonderten Standpunkt den Anfang zu machen, weil man so eher zur Übersicht der bestehenden Differenzen gelangt. Aber eben weil in der unmittelbaren Ausübung die Trennung aufgehoben werden muß, so ist es gut, das Studium mit einer ungetheilten Behandlung zu schließen.

II. Kirchliche Statistik.

Die Dogmatik ist die Darstellung von dem Zusammenhang der zu einer gewissen Zeit geltenden Lehre. Eine rein geschichtliche Darstellung der zu einer gewissen Zeit geltenden Lehre könnte auch in der Statistik vorkommen. Der Unterschied zwischen den beyden Disciplinen ist also weniger das Object als die Methode; denn die Elemente des Gesellschafts-Zustands können auch in der dogmatischen Disciplin vorkommen, aber in der Statistik kommt alles nur auf die Notiz, auf das Gegebene an.

In der Statistik fehlt es noch sehr an einer Zusammenstellung der Materialien in einer eigenthümlichen Form, das Ganze fand sich ⌐ ⌐ ⌐ ⌐[56], aber die Zusammenstellung ist erst vor Kurzem nach der Analogie der politischen ⟨Geschichte⟩ Statistik gegeben worden von Stäudlin[57]. Hier ist ein guter Anfang gemacht, aber auch nur ein Anfang. Besonders sollten KirchenZeitungen sich hiermit beschäftigen, aber die eigentlichen Notizen, die der Zeitung die Hauptsache seyn sollten, stehen hinten als Nebensachen. Hier ist nun die Statistik aufgezeichnet, wie sie sich erst ausbilden soll.

§. 232. wird zuerst unterschieden das Innre und Äussre. Dieß ist bey jeder Gesellschaft in der Sache selbst gegeben. Nämlich das Äussre sind die Verhältnisse der Gesellschaft zu andern, das Innre ist ihre Organisation und Zustand *[240]* in Beziehung auf den ganzen Verlauf. Dieselben Seiten hatte auch die politische Statistik. — Nun ist hier gleich noch ein 2ter Gegensaz aufgestellt, nämlich des Materiellen und Formellen. Dieser ist überwiegend auf das 1te Glied bezogen, auf das Innre der Gesellschaft. Aber er kann sich auch auf das Äussre beziehen: ob das Verhältniß zu andern Gemeinschaften ein freundliches oder feindliches ist, wäre das materielle, die Art aber ⟨die⟩ wie dieses Verhältniß sich äussert und construirt ist, wäre die Form desselben. Nun läßt sich schon im Voraus sagen, daß sich diese Hauptzüge weiter theilen lassen, und man kann, wie im Zusaze gesagt ist, auf Dinge stoßen, die man ebensogut zu dem einen als andern rechnen könnte.

§. 233. ist nun auf einen HauptPunkt aufmerksam gemacht, nämlich ob die Kirche Eins ist äusserlich, oder ob sie zerfällt. Wie verhält sich im leztern Fall die Disciplin zu den einzelnen Theilen der christlichen Kirche? Hier tritt der Gegensaz zwischen der kirchlichen Statistik und dogmatischen Theologie hervor. Nämlich bey der Dogmatik war gesagt worden, daß im Zustande der Trennung jede einzelne Kirche ihre eigne Dogmatik haben müsse, weil die Darstellung des Zusammenhangs der Lehre von der Überzeugung ausgeht. Hier aber, wo es nur auf den rein geschichtlichen

---

[56] *Das Folgende ist nicht eindeutig zu entziffern; nach H.-J. Birkner lautet der Text vermutlich:* einst nur zusammen in dem letzten Ende der KirchenGeschichte.

[57] *Stäudlin, Karl Friedrich, Kirchliche Geographie und Statistik. 2 Bde. Göttingen 1804.*

Zusammenhang abgesehen ist, tritt das Entgegengesezte ein, und wir werden sagen müssen, daß die kirchliche Statistik in solchen Zeiten alle einzelnen Theile der Kirchen umfassen muß. Zunächst ist freylich nothwendig, daß jeder seine KirchenGemeinschaft kennt. Aber nun steht jede solche vereinzelte KirchenGemeinschaft in Relationen mit andern, also ist die Kenntniß von diesen ebenfalls nothwendig. Allerdings wird sich das Verhältniß verschieden gestalten. In einer kirchlichen Statistik von einem Protestanten wird die protestantische Kirche am ausführlichsten behandelt werden pp. Aber weiter darf sich der Einfluß der eignen Interessen nicht erstrecken, und der Einfluß der Vorliebe für die eigne KirchenGemeinschaft ⟨darf sich nicht⟩ muß möglichst beschränkt werden.

Der Zusaz sagt dann wie eine solche allgemeine Statistik construirt werden müßte. Der innre Zustand einer jeden bildete die Hauptmasse; ihre Verhältnisse zueinander könnten dann entweder in einem 2ten Theil dargestellt werden, oder auch würden in jeder einzelnen KirchenGemeinschaft erst ihr Innres und dann ihre Relationen dargestellt werden. In beyden Formen werden Anticipationen vorkommen, man muß nur diejenige wählen, die am meisten Klarheit zuläßt. — Im 2ten Saz wird der Fall aufgestellt, daß sich einzelne KirchenGemeinschaften denken ließen, die nicht bestimmt geschieden wären. Von der protestantischen Kirche zB läßt sich sagen: sie *[241]* ist Eine, aber auch: sie ist eine getheilte. Aber ihre einzelnen Theile sind nicht bestimmt geschieden, man denke nur an die lutherische und reformirte Kirche. Im 2ten Saze des Zusazes wird also gesagt, daß auch bey nicht bestimmt geschiedenen Theilen doch eine Theilung gemacht werden müßte in der Darstellung.

§. 234 geht auf das erste HauptGlied, die innre Beschaffenheit, — betrachtet aber diese gleich in Beziehung auf das eine Glied des andern Gegensazes, nämlich auf das Materielle. Später wird dasselbe Glied der Form nach betrachtet, und von [§] 238 an ist von den äussern Verhältnissen die Rede. — Was haben wir also unter der innern materiellen Beschaffenheit einer KirchenGemeinschaft zu verstehen? Die Hauptsache ist zurückgeführt auf den eigenthümlichen GemeinGeist. Bey einer nicht bestimmt geschiedenen Gemeinschaft wird auch der GemeinGeist kein bestimmt eigenthümlicher seyn, ⟨aber⟩ wohl aber bey bestimmt geschiedenen. So haben die evangelische und katholische Kirche jede einen eigenthümlichen GemeinGeist, nicht aber die lutherische und reformirte. Sie hatten ihn wohl, aber jezt nicht mehr. — Es muß hier auf die KirchenGeschichte zurückgegangen werden. Der eigenthümliche GemeinGeist einer Kirchen-Gemeinschaft manifestirt sich in Lehre und Sitte, und die Stärke, mit welcher dieser GemeinGeist wirkt, ist der Punkt auf welchen die Sache durch den bisherigen geschichtlichen Verlauf gekommen ist. Im Zusaz ist zugleich Rücksicht genommen auf das, was in der philosophischen Theologie als die KrankheitsZustände der christlichen Kirche aufgestellt worden waren, nämlich Indifferentismus und Separatismus, und es wird gesagt, es müsse nun der GesundheitsZustand einer Gesellschaft in Beziehung auf diese Extreme angegeben [werden]. Je mehr eine Gesellschaft dem Indifferentismus [verfällt], desto schwächer ist die Wirksamkeit des GemeinGeistes darinn, entweder des allgemein christlichen oder nur desjenigen der bestimmten KirchenGemeinschaft. Je mehr Neigung zum Separatismus, desto mehr ist das Band zwischen den einzelnen Gliedern aufgelöst, da ist also das Übergewicht des Eigenthümlichen über das Gemeinsame. Weiter wird angegeben, wie sich dieser Zustand erkennen lasse. Da ist herausgehoben zuerst der LehrBegriff und dann der Einfluß des GemeinGeistes auf die übrigen Lebensgebiete — dieß ist die Sitte. Je mehr Einstimmung in einer KirchenGemeinschaft ist in Lehre und Sitte, um desto weniger Separatismus kann darinn seyn und wieder je lebendiger das eigenthümliche Princip in den Menschen wirkt, desto weniger Indifferentismus kann da seyn. Beydes läßt sich also hier erkennen. Es ist nun hier noch ein 3tes angeführt, nämlich wie sich der GemeinGeist im Cultus äussert. Die Lebendigkeit in der Entwicklung des Lehrbegriffs, je mehr sie sich auch im Cultus äussert, um desto größer muß das Interesse seyn, welches die ganze Gemeinde an dem Lehrbegriff nimmt, und umgekehrt, je weniger sich der Lehrbegriff im Cultus *[242]* darstellt, desto mehr ist ⟨Separatismus⟩ Indifferentismus vorhanden, oder entsteht der Separatismus. Wenn die Gemeinde kein Interesse am Lehrbegriff nimmt, die Lehrenden aber wollen ihn im Cultus darstellen, so wird der Cultus verlassen. Dieß wäre also die materielle Seite in der innern Beschaffenheit der Gemeinde und das ⟨L⟩ Bisherige sind die HauptRubriken für dieses Compendium der kirchlichen Statistik.

§. 235 geht nun weiter, und stellt die kurze Angabe die im vorigen §. verlangt war, von dem GesundheitsZustand der Gemeinden im Allgemeinen als unzureichend dar, je mehr in einer Gemeinschaft die Differenzen groß sind. ZB die protestantische Kirche soll als Einheit dargestellt werden. Nun giebt es viele Gegenden, wo die Bewegungen im Lehrbegriff nicht gleichen Schritt hielten mit denen in Deutschland. Will man doch Alles mit einer Angabe umfassen, so kommt etwas Ungenügendes heraus: man kann den Zustand der deutschen protestantischen Kirche nicht als den allgemeinen darstellen, auch den der englischen nicht, und eine für beyde gemeinsame Formel passte für keinen Theil. Also wenn die Differenzen bedeutend sind, so müssen sie mit angegeben werden, und daraus

entsteht eine Theilung, um so nothwendiger, je mehr der Differenzen sind.
In Beziehung auf die Kirchenleitung sagt der Zusaz, daß die Notizen für
diese ganz verloren giengen ohne Angabe der einzelnen Differenzen.
Bleiben wir also nur bey diesem ersten HauptPunkt stehen, so haben wir
schon eine sehr bedeutende Aufgabe: man muß wissen, wie das Interesse
sich in den verschiedenen Gegenden derselben KirchenGemeinschaft stellt,
wie die verschiedenen Punkte aus welchen die Entwicklung des kirchlichen
Lebens sich differenzirt, hier und dort als Potenzen sich verhalten, wo das
eine oder andre überwiegt, und wie sie sich hier und dort zueinander
stellen. Die protestantische Theologie im höheren Sinn hat ihre Wurzel
nur in dieser Kenntniß. Alle Beschlüsse welche gefaßt werden, müssen
von einer solchen Kenntniß der Gegenwart ausgehen.

§. 236 wird nun von dem 2ten Gegensaz des §. 232 das 2te Glied die
F o r m der innern Beschaffenheit der Gemeinschaft berücksichtigt. Die
Form, unter welcher eine KirchenGemeinschaft in sich selbst besteht,
beruht auf der Art, wie der Gegensaz in der Gemeinschaft organisirt ist.
Allerdings kann in einer kirchlichen Gesellschaft nicht ein Gegensaz wie
von Obrigkeit und Unterthan bestehen, aber doch ein Gegensaz von
mehr Selbstthätigen und mehr Empfänglichen, und jene sind die ⟨die⟩
KirchenLeitung. Die Verfassung besteht also in dem Verhältniß von Klerus
und *[243]* Laien. Diese Ausdrücke sind freylich in Beziehung auf die
evangelische Kirche behutsam zu brauchen. Nämlich es ist bey uns ein
ganz andres Verhältniß als in der katholischen Kirche, wo diese Ausdrücke
viel strenger gefaßt sind. Aber an und für sich sind die Ausdrücke auch
schon älter als die falschen Begriffe von priesterlicher Würde; so wie man
also nur an den älteren Sinn denkt, so kann man die Ausdrücke wohl
gebrauchen. Unter Klerus sind alle zu verstehen, die an der Kirchenleitung
theilnehmen, keineswegs blos der Lehrstand, sondern auch die die äussre
Angelegenheiten der Kirche leiten. Diese zusammengenommen bilden die
überwiegend Selbstthätigen, die andern bilden die Masse, das Volk oder
die Laien. Diese Organisation der Kirchenleitung in sich und in ihrem
Verhältniß zur Gesammtheit ist das Wesen der Form, und dieß giebt die
Darstellung der KirchenVerfassung. — Hier ist nun im Zusaz gesagt,
daß die große Manchfaltigkeit es nothwendig mache, die verschiedenen
Verfassungen zu gruppiren. Dabey ist nicht zu viel Gewicht zu legen auf
die Analogie mit den politischen Formen. Dieß ist seit geraumer Zeit
gewöhnlich daß man die KirchenVerfassungen unterscheidet als mehr
monarchische, demokratische und aristokratische, also durch Vergleich mit
den antiken Verfassungen, oder auch mit Rücksicht auf die neueren Formen
als absolute oder repräsentative Verfassungen. Dabey wird leicht das

Eigenthümliche des Kirchlichen verwischt. Ferner wird gesagt, daß man über dem allgemeinen Typus die specifischen Differenzen nicht vergessen soll. Denken wir an die ersten Anfänge der christlichen Kirche, da war der Gegensaz ursprünglich so, daß alle Selbstthätigkeit in Christo war, aber alle Empfänglichkeit überall zerstreut, und überall sollte sie erweckt werden. Wie nun von einer Organisation der Gemeinschaft die Rede war, so konnte diese nicht von denen ausgehen, welche sich im Zustand eben erweckter Empfänglichkeit befanden, sondern von Christo waren die Apostel zur Kirchenleitung eingesezt, und so gieng die Organisation von einem Punkte aus und nicht von der Masse. Will man hier eine Analogie mit dem Politischen aufstellen, so war diese Organisation monarchisch, oder nach der neueren Differenz[irung] absolut. Wenn wir nun einen einzigen Schritt weiter gehen, und nehmen die Nachricht in der ApostelGeschichte, wie der 12te Apostel ernannt wurde, so ⟨war⟩ gieng hier das ganze Verfahren von ⟨⌊ ⌉⟩ den Aposteln aus, Petrus machte den Vorschlag und bestimmte die Qualification des neuen Apostels. Dieß war das Monarchische. Nun aber ließ er die Gesammtheit einige auswählen, da war also ein selbstthätiger Antheil der Masse begründet, da sehen wir also die Zusammensezung aus monarchischen und republikanischen Formen. Sehen wir nun auf *[244]* den späteren römischen Katholizismus, so finden wir ⌊das⌉[58] Monarchische wieder hergestellt, aber auf andre Weise und so, daß dieß aus reiner Willkühr hervorgegangen scheint, und das Element das Petrus in die Verfassung gebracht, scheint verschwunden, so bald dem Volk aller Antheil an der Wahl genommen war. Denn in der ersten Kirche blieb dieß so, wiewohl, wenn neue Gemeinden entstanden, diesen die Lehrer durch die Apostel gesezt wurden. Aber so wie einmal eine Organisation bestand, so nahm auch die Sache den Gang welchen Petrus eingeleitet hatte [*O:* waren]. Aber nachdem es nun so geworden war, daß der Klerus ganz und gar sich selbst ergänzte, wie durch die katholische PreisterWeihe, so war dieß ganz aufgehoben, und nun giebt es zwischen dieser Form und der wo die Thätigkeit der Masse am größten ist, eine große Menge von ZwischenStuffen. Denken wir wie sich in Jerusalem die Organisation der Kirchenleitung nachher theilte, und die Leitung der äussern Angelegenheiten in andre Hände kam als das Lehrgeschäft: so haben wir hier eine Duplicität, aber die Kirchenleitung war dennoch eine. Nun besteht also an einigen Orten die Duplicität, an andern nicht; der Lehrstand wo der zugleich die äussern Aufgaben verwaltet, da besteht sie nicht. Nun kann man sich aber diese Duplicität verschieden organisirt denken: so daß der

---

[58] *Andere mögliche Lesart:* dieses.

Lehrstand rein sich selbst ergänzt, aber daß die Gemeinden sich die Verwalter der äussern Angelegenheiten wählen, oder umgekehrt, daß der Lehrstand diese aus der Gemeinde ernennt — alle diese Manchfaltigkeiten sind vorhanden und da ist nothwendig, diese Verschiedenheiten unter gewisse Hauptgesichtspunkte zu bringen. Aber bey dem großen Einfluß der Namen kommt es sehr darauf an, daß diese Rubriken recht bezeichnet werden, sonst entsteht nur mehr Verwirrung. Es ist also diese Kenntniß mitzutheilen nur in Verbindung mit den verschiedenen möglichen Formen der KirchenVerfassung, weil man nur dann die einzelnen Differenzen gruppiren kann. Daher fängt nun immer mehr an sich eine Theorie zu bilden über die verschiedenen KirchenVerfassungen, ihre Vorzüge und Nachtheile. Dieses lezteren wegen gehört dieß in die praktische Theologie, sofern sie aber die Prinzipien giebt um das Gegebene zu ordnen, gehört sie hieher.

§. 237. Faßt die Kenntniß der innern Beschaffenheit und der Formen zusammen, und sagt, die Vollkommenheit der Auffassung muß sich zeigen durch die Beziehung des einen Zweigs auf den andern. Denken wir uns sehr große Veränderungen in dem *[245]* innern Zustand einer Gemeinschaft, so wird auch die Form nicht können dieselbe bleiben, und umgekehrt. Je mehr nun diese Beziehung zwischen beyden zur Darstellung gebracht wird, desto fruchtbarer ist diese Kenntniß. Denkt man sich einen gesellschaftlichen Zustand, wo die Masse völlig passiv ist, nun aber in der Masse eine größre Lebendigkeit der Intelligenz schnell sich entwickelnd, so wird sie die bisherige Form nicht mehr ertragen. Läßt sich nun die Form durch dieß Innre nicht überwinden, so entsteht Indifferentismus und Separatismus. Ebenso denkt man sich die Form der Gesellschaft plözlich verändert, den Antheil der Masse an der Kirchenleitung gelähmt, so wird auch ein nachtheiliger Einfluß auf den innern Zustand der Masse entstehen. Je mehr man also aus der Darstellung diesen Zusammenhang sieht, desto wahrer ist sie.

§. 238 Werden die äussern Verhältnisse auseinandergesezt. Eine Gemeinschaft kann nur Verhältnisse haben zu Gemeinschaften, nicht zu Einzelnen, denn die Verhältnisse der Gemeinschaft zu ihr angehörigen Einzelnen gehören zu den innern Verhältnissen; zu Einzelnen ausser der Gemeinschaft aber kann sie kein Verhältniß haben, ohne daß diese andern Gemeinschaften angehören. — Hier werden nun unterschieden Verhältnisse zu andern KirchenGemeinschaften und zu nicht kirchlichen Gemeinschaften. Fragt man: kann denn eine KirchenGemeinschaft mit ⟨den⟩ andern KirchenGemeinschaften ein Verhältniß haben, so kann man dieß allerdings verneinen, und sagen, wir stehen in keinem Verhältniß zu der katholischen Kirche, beeinträchtigt sie uns so schreitet der Staat ein, also ist unser Verhältniß zu ihr nur durch den Staat vermittelt. Bestimmte officielle, aus der Verfassung hervorgehende Beziehungen beyder Kirchen giebt es nicht. Dennoch giebt es einen wesentlichen Einfluß der einen auf die andre, dieser ist gegenseitig und gestaltet sich in verschiedenen Zeiten verschieden — in diesem Sinn giebt es allerdings Verhältnisse. — Was nun die Verhältnisse der christlichen KirchenGemeinschaft zu ausserchristlichen betrifft, da ist es noch mehr das politische [Verhältnis] worauf recurrirt werden muß. Zu dem Islam als KirchenGemeinschaft haben die Christen im türkischen Reich kein Verhältniß, sondern nur zu dem bürgerlichen Regiment. Aber wenn wir auf der andern Seite sagen müssen, einestheils es werden immer Versuche gemacht — vom religiösen Standpunkt aus — die Christen zum Islam zu bewegen, wogegen die Christen solche Versuche nicht machen dürfen, so ist das erstre doch ein Einfluß einer Religionsgemeinschaft auf die andre, da entsteht also ein äussres Verhältniß der christlichen Gemeinschaft zu andern, welches eine Anzeige des Innern ist, denn je vollkommener der innere Zustand der christlichen Kirche in jenen Gegenden ist, desto weniger Erfolg werden solche Versuche haben. Was 2tens die Verhältnisse zu ungleichartigen Gemeinschaften betrifft, so werden hier Staat und Wissenschaft genannt. Es fragt sich: kann man die Wissenschaft als Gemeinschaft *[246]* ansehen? der Zusaz bemerkt, daß es keine Wissenschaft giebt ohne Mittheilung und diese fordert und erzeugt eine Gemeinschaft, daß aber ferner diese Mittheilung bedingt ist durch die Sprache. Wie also die Sprache nur in der Gemeinschaft besteht, so ist auch die Wissenschaft ein gemeinsames. 2tens werden wir hinzufügen dürfen, daß das Christenthum gar nicht ohne Mittheilung besteht, und seine wesentliche Mittheilung hat es in der Sprache. Die religiöse Gemeinschaft hat also mit der wissenschaftlichen die Sprache gemein, und damit ist ein Verhältniß eingeleitet, welches nicht abgeleitet werden kann. Nun ist das Christenthum dasselbe in mehreren SprachGebieten, und seine innre Eintheilung und Differenzirung ist nicht an die Sprache gebunden, sondern es finden sich zB Katholiken und Protestanten in demselben Sprachgebiete. Da kann also die eine KirchenGemeinschaft zu dem Wissen in einem SprachGebiet ein ganz andres Verhältniß haben als eine andre KirchenGemeinschaft zu dem Wissen in demselben SprachGebiet, — dieß ist also ein reicher Stoff.

§. 239 wird nun zuerst das Verhältniß jeder KirchenGemeinschaft zu andern KirchenGemeinschaften entwickelt, und es wird bezeichnet als in 2 Polen bestehend Mittheilung und Gegenwirkung. Zwey christliche Gemeinschaften sind beyde christlich, und dieß schließt eine Identität, also ⟨eine Mittheilung⟩ eine Anziehung in sich. Da sie aber in sich geschieden sind, so kann die Gemeinschaft nur durch Mittheilung geschehen. Nun finden wir hier einen bedeutenden Unterschied, der auf den innern Zustand zurückgeht. Man kann daher die christlichen KirchenGemeinschaften eintheilen in überwiegend aktive in Beziehung auf solche Mittheilung und überwiegend passive. Dieß leztre kann man sagen von den orientalischen Kirchen, welche sich um die occidentalen nicht bekümmern, und ein Verhältniß zu ihnen entsteht nur durch die Activität der occidentalen. Ebenso kann man dieß im Abendlande sagen von vielen kleineren Gemeinschaften, welche weniger auf die wissenschaftliche Entwicklung angewiesen, auch weniger ein Bedürfniß haben eines allgemeinen religiösen Bewußtseyns, welches auch andre KirchenGemeinschaften umfaßt. Wenn man noch so sehr die einzelne KirchenGemeinschaft darstellt, aber diese Verhältnisse darzustellen versäumt, so kann dieß keine Anschauung von dem gegenwärtigen Zustand des Christenthums entstehen [lassen]. Was die Gegenwirkung betrifft, so ist sie ebenso in dem Gegensaz der individuellen Bildung gegründet wie die Mittheilung in dem gemeinsamen Christlichen. Von dem Verhältniß der protestantischen und katholischen Kirche bestehen auch in unsrer Kirche 2 verschiedene Ansichten. Die 1te ist, daß die katholische Kirche, insofern sie in das Princip der Reformation nicht eingehe, nichts andres sey als eine Consolidation von Corruptem. Die andre ist, es könnte seyn, die katholische Kirche schaffte allmählig alles ab, was sich als Corruption *[247]* ⟨bezeichnet sind⟩ bezeichnen lasse, sie assimilirte sich auch in den Dogmen der protestantischen Kirche, so bliebe doch in dem Katholizismus ein von dem unsern differenter Typus, und sie werden beyde nicht zusammengehen. In der katholischen Kirche findet eine für uns gleichgültige Differenz statt, nämlich die eine Ansicht ist, daß wir Häretiker sind, die andre, daß wir Schismatiker sind. Daher ist auch in der protestantischen Kirche die Gegenwirkung ein andres als in der katholischen. Nämlich in der protestantischen geht sie [O: es] zum Theil aus von der strengeren, zum Theil von der milderen Ansicht, in der katholischen aber immer von der strengeren, uns entweder von der Kezerey oder von der Spaltung zurückzubringen. Wenn man also in der protestantischen Kirche eine solche Differenz in der Gegenwirkung bemerkte, so würde es unrecht seyn zu sagen, wo die Gegenwirkung schwächer ist, da ist Indifferentismus, dieß hat vielmehr nur in jener andern Ansicht seinen Grund. Im Zusaz wird das Verhältniß der Gegenwirkung auf einen andern Punkt zurückgeführt. Beyde Parteyen haben eine gemeinsame Methode in Beziehung auf ihren Lehrbegriff, aus welcher jede ein der andern entgegengeseztes Resultat hervorbringt, da muß also jede ihre besondre Anwendung der Methode für richtig, die der andern für falsch erklären.

Diese Methode ist eben die Bewährung des Dogma am Kanon. Wenn nun entgegengesezte Dogmen auf den Kanon zurückgeführt werden, so muß ein Streit in Beziehung auf die Auslegung entstehen. Wenn die protestantische Kirche es dahin bringt, daß die katholische Kirche für die uns entgegengesezten Dogmen sich nicht mehr auf die Schrift, sondern auf die Überlieferung allein bezieht, dann hätte die protestantische Kirche für sich gesiegt, weil sie die Tradition nicht anerkennt, aber auch die katholische Kirche behielte Recht, weil sie die Tradition anerkennt. Das 2te, worauf der Gegensaz zurückgeführt wird, ist die extensive Richtung und da ist es gleichgültig, ob sie gegen solche ausgeübt wird 《gegen solche》 welche eine nichtchristliche Frömmigkeit haben, ⟨aber⟩ oder eine christliche aber nicht die protestantische. Diese extensive Richtung kann sich stärker nach der einen als nach der andern Seite hinwenden, aber fehlen kann sie nirgends, und wenn ⟨es⟩ zB. die protestantische Kirche ganz nur von der katholischen Kirche umgeben wäre, so würde sie das Bestreben doch behalten, aus dieser sich immer mehr anzubilden. Keineswegs also steht die protestantische Kirche hier blos defensiv, denn der Angriff, durch den sie geworden ist, kann nicht aufhören, so lange ihr ursprüngliches Princip in ihr ist. Wenn man sagt: die protestantische Kirche hat keine Neigung, Proselyten zu machen, so ⟨daß⟩ ist dieß falsch. Freylich was man gewöhnlich darunter versteht, das Bestreben der Kirche, sich blos zum Schein, und äusserlich zu vergrößern, — hat die protestantische Kirche nicht. In der protestantischen muß das Streben seyn, andern ebenfalls zu dem Genuß der religiösen Freyheit zu verhelfen, und wenn dieß ganz aufhörte, so wäre es ein Zeichen von Indifferentismus. *[248]* Die Differenz der Beziehung in Rücksicht auf diese 2 Pole ist nun im §. unter eine Formel gebracht: minimum des Einen und maximum des Andern als Grenzpunkte und dazwischen mancherley Abstufungen. Man kann sich denken Mitwirkung[59] als maximum und Gegenwirkung als minimum. Dieß ist ein Zeichen, daß sie im Begriff sind zusammenzufließen. So gieng es zwischen den beyden Theilen der protestantischen Kirche. Die Union ist so ein geschichtliches Naturereigniß. — Das andre Extrem ist das Maximum von Gegenwirkung mit einem Minimum von Mittheilung. Dieses Verhältniß hat sein natürliches Ende in einem völligen Abschließen gegeneinander. Dieß können wir an der orientalischen Kirche erläutern. Von dieser geht keine Mittheilung aus, wollen wir dieß auf ein absolutes

---

[59] *Mit Rücksicht auf den Text des § 239 stellt sich hier die Frage: ob es nicht statt* Mitwirkung *heißen sollte* Mittheilung. *Vgl. dazu Schleiermacher, F., Kurze Darstellung des theologischen Studiums. Kritische Ausgabe v. H. Scholz. Leipzig 1910. S. 91.*

Minimum führen, so muß es Gegenwirkung werden. Nämlich wenn sie
verböte daß irgendetwas aus einer andern KirchenGemeinschaft dürfe in
ihr Bewußtseyn aufgenommen werden, so wäre die Abschließung vollkommen. Man ist in der griechischen Kirche noch dabey, denn es wird als
strafbar angesehen, wenn ein Christ andrer Confession einen griechischen
Christen zu seiner KirchenGemeinschaft ziehen sollte. Nun aber ⟨geht⟩
giebt es kein religiöses Gespräch, welches nicht so angesehen werden kann.
Wenn nun vollends auch die Bücher aus andern KirchenGemeinschaften
verboten würden, so wäre die Abschließung vollendet. Daraus entwickelt
sich ein Maximum von Gegenwirkung wo Gelegenheit dazu ist, die freylich
bey solcher Abschließung verschwindet, so daß dann das Verhältniß ganz
aufgehoben ist.

§. 240 wird übergegangen zu dem Verhältniß der christlichen Kirchen-
Gemeinschaft zu ungleichartigen Gemeinschaften. Zuerst wird die Wissen-
schaft genannt, ein eigenthümliches Ganze des Wissens ist die Wissenschaft
wie sie in ihrem ganzen Umfange sich ausbildet in einem eigenthümlichen
Sprachgebiet. Man sollte gar nicht glauben, daß hier ein besonderes
Verhältniß, hier so und dort anders vorhanden wäre. Indem ⟨nun⟩ das
Christenthum durch mehrere SprachGebiete durchgeht, so muß es sich
entweder ⟪sich⟫ auch in diesen Sprachen äussern, oder die Darstellung in
der Sprache entbehren. Wenn das Christenthum sich mehr in symbolischen
Handlungen mittheilt, so wird die Sprache in den Hintergrund geschoben,
und wenn die Rede, welche die symbolischen Handlungen begleitet, sich
nicht in die verschiedenen Sprachen kleidet, so ist dieß eine starke Zurück-
stellung der Sprache, aber ganz entbehrt kann die Sprache nicht werden.
Will sich nun das Christenthum in verschiedenen Sprachen äussern, so
muß es diejenigen Elemente in der Sprache aufsuchen, in welchen sich
das christliche Bewußtseyn am genausten wiedergeben läßt. Wenn man
das ganze Gebiet der Erkenntniß in seinem Inhalte betrachtet, so sieht
man gar nicht, wie ein Streit zwischen der KirchenGemeinschaft und
diesem Gesammtgebiete entstehen kann. Allerdings kann man hier *[249]*
Beyspiele anführen. Wenn einige das Nichtseyn Gottes als Erkenntniß
vortragen, so wird die christliche KirchenGemeinschaft davon keinen
Gebrauch machen können, aber ein weiteres Verhältniß entsteht gar nicht.
Die Christen müssen freylich das Seyn Gottes als Wahrheit denken, aber
wenn ein Streit entsteht, so ist dieß ein Streit der Einzelnen mit Einzelnen,
aber die Kirche als Totalität hat damit nichts zu thun. Denken wir nun
dieß auf das specifisch christliche ⌐Gebiet⌐[60] sich hinüberspielend und es

---

[60] *Andere mögliche Lesart:* Gebot.

thäte sich eine Masse hervor, welche die Ansicht aufstellte es gebe keinen Unterschied zwischen Gutem und Bösem: so könnte freylich die christliche KirchenGemeinschaft davon keinen Gebrauch machen; aber es kann ihr auch keine Gefahr bringen, denn sie hat ein Recht vorauszusezen, daß dieß rein an ihren Mitgliedern vorübergehen wird, ohne sie zu berühren. Jede Polemik ist nur ein Verhältniß von Einzelnen gegen Einzelne. So gestaltet sich die Ansicht, wenn man die Sache für sich betrachtet. — In der Geschichte freylich finden wir dieß anders, da finden wir die im § aufgestellte Einseitigkeit, daß die Kirche gegen das Wissen opponirt, bald mit mehr, bald mit weniger Rücksicht auf einen bestimmten Gehalt. Dazu ist nun ein andres Extrem aufgestellt. Es ist nämlich vorher gegenüberge- stellt die kirchliche Gemeinschaft und ein eigenthümliches Ganzes des Wissens; im 2ten Saze ist nun nur gegenübergestellt das Elementarische, nämlich das objective Bewußtseyn und das SelbstBewußtseyn, dieß muß mit den früheren Ausdrücken vermittelt werden. Der Ausdruck objectives Bewußtseyn bezeichnet alle die Elemente in einem eigenthümlichen ganzen des Wissens, und der Ausdruck SelbstBewußtseyn ausschließlich das Ele- ment desjenigen Bewußtseyns, wodurch die kirchliche Gemeinschaft be- steht. Da ist der Ausdruck SelbstBewußtseyn freylich zu allgemein, denn wenn auch alles religiöse Bewußtseyn überwiegend SelbstBewußtseyn ist, so ist doch nicht alles SelbstBewußtseyn religiös. Wenn wir nun das erstere betrachten, den Ausdruck objectives Bewußtseyn, als im Allgemeinen alle verschiedenen Elemente des Wissens bezeichnend, so scheint dieß auch wieder zu wenig; denn auch Darstellungen, die das SelbstBewußtseyn bezeichnen, sind in die Sprache, und diese ist das eigenthümliche Ganze des Wissens, aufgenommen; aber dieß ist die Reflexion über das SelbstBe- wußtseyn, wodurch es eben wieder ein objectives wird. Dieses objective Bewußtseyn wird also hier angesehen als das gemeinsame Interesse in jenem einen Ganzen, und das SelbstBewußtseyn, speciell das ⟨Religiöse⟩ religiöse, als das Interesse des andern Ganzen. Wenn nun die Einseitigkeit bezeichnet wird, so daß das objective Bewußtseyn also das Ganze des Wissens die Wahrheit des SelbstBewußtseyns in Anspruch nehmen will, so ist dieß so gemeynt, daß das objective Bewußtseyn die Wahrheit des SelbstBewußtseyns vor seinen Richterstuhl zieht und vor demselben in Zweyfel stellt d. h. also, daß die religiöse Ueberzeugung soll nach den Gesezen des objectiven Erkennens beurtheilt werden. Im Zusaz zum §. wird gesagt, daß auf diesen beyden Punkten beyde Gemeinschaften einan- der ausschlössen, und so wäre dieses die Consequenz eines Verhältnisses zwischen beyden. *[250]* Inwiefern ist nun dieses richtig? Wir wollen bey dem 1ten anfangen, wie die Sache factisch vor uns liegt. Denken wir an

die Thatsache, daß die Kirche verboten hat, das Kopernikanische System
zu lehren, weil es im Widerspruch stände mit der heiligen Schrift, so ist
dieß eine der stärksten Thatsachen, welche aus einem WissensGebiet ist,
welches am wenigsten kann in Zweyfel gestellt werden. Aber es scheint
noch lange nicht das zu seyn, was im § gesagt ist, daß die Kirche kein
andres Wissen gelten lassen wolle, als welches sie sich zu ihrem Zweck
aneignen könne, d. h. zur Verbreitung des christlichen Bewußtseyns. Dafür
scheint das, daß die Sonne sich um die Erde dreht, gleichgültig. Sagt man
aber, in der Schrift steht, daß die Sonne still steht, so folgt nun daraus
eigentlich noch weiteres, denn man kann nun nicht das Resultat nicht
wollen, wenn man den Prozeß will; wenn also die Kirche zugiebt, es soll
durch Beobachtung die Erkenntniß des WeltSystems gefördert werden, so
kann sie hernach nicht das Resultat verwerfen, so wie sie nicht nachweisen
kann, daß es im Prozeß des Forschens ein Widerspruch ist. Also liegt in
⟨allen⟩ jedem solchen Schritt dieses, daß sie das Wissen will gelten lassen
als etwas das seinen Gang für sich geht. Wenn wir nur den Gang des
Christenthums betrachten, und denken einmal, wie das Christenthum
eingetreten ist in die hellenische Cultur, wie diese dann untergieng, und
sich nach einer Zeit der Barbarey das Wissen von der Kirche aus organisirt
hat, so muß man sagen: sieht man auf das Leztre so kann man sich denken,
daß dieß ursprünglich nur für die Kirche geschehen ist; aber allmählich hat
sich das Wissen emancipirt. Nun entsteht die Frage: Ist diese Emancipation
etwas, was die Kirche wollen kann oder nicht? Hier ist nun eben die
Einseitigkeit dieses Nichtwollens, d. h. wenn die Zwecke der Kirche sollen
das Maß und die Norm der Kirche seyn, dieß ist auch die Voraussezung,
woraus alle solche Maßregeln der Kirche kommen. Wenn nun also gesagt
wird, in ihrer Einseitigkeit schließen beyde Gemeinschaften [sich] aus, so
wird dabey vorausgesezt, daß es eine Gemeinschaft des Wissens geben
soll, und es war nur ein Zufall, daß das Wissen sich in der Kirche selbst
wieder erzeugt hat, es hat seinen Grund darinn, daß in ihr die einzigen
Reste der Bildung übrig geblieben waren. Wäre dieß nicht so gewesen,
dann hätte sich das Wissen in der bürgerlichen Gesellschaft reorganisirt.
Wenn nun eine solche unabhängige Gemeinschaft des Wissens entsteht,
so entsteht sie nach jener Voraussezung gegen die Kirche, diese muß sie
also ausschließen.

[251] Nun die 2te Einseitigkeit. Stellen wir uns auf den Punkt, ⟨auf⟩
von welchem wir in der allgemeinen Einleitung ausgegangen, es mußte
in einem rein wissenschaftlichen Gebiet nämlich in der Ethik, das religiöse
Bewußtseyn als ein dem menschlichen Geist wesentliches Faktum, als
Princip der Gemeinschaft aufgestellt werden, so liegt darinn schon, daß

das objective Bewußtseyn die Realität des religiösen SelbstBewußtseyns feststellt. Dann muß ihm aber auch das Recht der Organisation beygelegt werden. Das Wissen kann wohl sagen, eine KirchenGemeinschaft ist vollkommener wenn sie sich so organisirt p, aber es kann nicht das Interesse des Wissens seyn die kirchliche Gemeinschaft zu hemmen. Könnte aber irgendwo wissenschaftlich aufgestellt werden, daß das, worauf sich das religiöse SelbstBewußtseyn stüzt null wäre, wenn also zB das Nichtseyn Gottes aufgestellt würde, so würde auch aufgestellt werden, daß alle kirchliche Gemeinschaft verderblich seyn müsse, und jenes Wissen würde also sagen: wir können dieses nicht in unsern Zusammenhang aufnehmen, d. h. es würde ausschließen. Wiederum können wir uns dasselbe in speciellerer Beziehung auf das Christenthum denken, und sagen: die Wissenschaft stellt die Voraussezungen der eigenthümlich christlichen Frömmigkeit als ein Falsches dar, so würde sie auch sagen: wir können gar keinen Zusammenhang haben mit alle dem, was von solchen Voraussezungen aus entsteht. Die Wissenschaft hat freylich nie eine äussre Sanction, keine Gewalt, aber sie müßte festsezen: alle die das Christenthum annehmen, sind jedes wissenschaftlichen Zusammenhangs unfähig, und dieses positive Ignoriren wäre wieder Ausschließen.

Nun wenn wir von dem Ausdruck des §. ausgehen, es ist nur da ein Verhältniß zwischen beyden, wo diese Extreme vermieden sind, so wird man zugeben müssen, daß zwischen diesen Grenzen ein Schwanken stattfindet, und das Verhältniß kann ein sehr differentes seyn. Da hat also die kirchliche Statistik die verschiedenen Punkte an welchen sich ein solches Verhältniß fixiren kann aufzustellen. Dieses Verhältniß tritt um so bestimmter hervor, je mehr in dem Gebiet einer Sprache das Wissen sich organisirt, und zu einer positiven Gemeinschaft sich herausgebildet hat. Eine solche Organisation giebt es bey allen gebildeten Völkern; alles was auf den JugendUnterricht [geht,] ist eine solche Organisation, das Wissen, wie es in der Sprache gegeben ist, auf das künftige Geschlecht zu überliefern, ebenso gehören alle wissenschaftlichen Corporationen hieher, und alle Bemühungen Einzelner, sofern sie auf einander Rücksicht nehmen, zur Ausbildung der Sprache, sind ebenfalls solche Gemeinschaften. Da ist also auseinanderzusezen, wie sich zu diesen die Kirche verhält. Da bestehen nun *[252]* allerdings große Differenzen. An vielen Orten hat die Kirche das Patronat jener Organisationen des Wissens, da hat also die Kirche ein Übergewicht. So ist dieß bis jezt der Fall gewesen in England, denn hier sind alle öffentlichen Bildungsinstitutionen von der Kirche ausgegangen und stehen unter dem Schutz der Kirche, und erst neuerlich hat man den Anfang gemacht, eine höchste BildungsAnstalt zu errichten unabhängig

von der Kirche[61]. So wie nun die Geschichte der neuern Zeit den Gang
hat, daß sich die Entwicklung des modernen Wissens zuerst in der Kirche
entwickelt hat zuerst in der lateinischen Sprache, dann erst in den Volks-
sprachen — so können wir diese Verhältnisse auffassen als Fortschritte in
dem Prozeß der Emancipation des Wissens. Nun ist auch klar, daß, je
⟨geringer⟩ weniger die Kirche von der Entwicklung des Wissens Gebrauch macht, ⟨so⟩ um so eher kommt sie auch dahin, von der Organisation des Wissens positiv ignorirt zu werden, weil dann in ihr viele Elemente
vorkommen, die sich mit dem Wissen [unverträglich] zeigen, daher, je
mehr sich die Kirche zu dem einen Extrem neigt, desto mehr das Wissen
auf die andre [Seite].

§. 241 handelt vom Verhältniß der Kirche zum Staat. Hier können
dieselben Einseitigkeiten statt finden. Es kann hier stattfinden ein gegenseitiges thätiges Anerkennen, oder Ausschließen. Die 1te Formel des vorigen
§ wäre dann so zu übertragen: die Kirche will kein bürgerliches Element
gelten lassen als für welches sie selbst die Norm ist. Die 2te so: die
bürgerliche Gemeinschaft will die kirchliche nicht als Gemeinschaft anerkennen, sie will ihre Fähigkeit, eine Gemeinschaft zu bilden, in Anspruch
nehmen. Dann löst entweder die Kirche sich auf und besteht nur noch
formal, oder sie kommt als Gemeinschaft ganz unter das Patronat des
bürgerlichen Regiments. Hier ist etwas aufgestellt im §, was über den
vorigen hinausgeht. Nämlich, wenn wir uns ein gegenseitiges reales Verhältniß denken, so wird gesagt, es ließe sich nicht leicht ein solches denken
ohne Übergewicht entweder der Kirche oder des Staats. Es läßt sich aber
dieß auch auf das vorige Gebiet, auf das Verhältniß zur Wissenschaft
anwenden. Nun haben wir, was das Verhältniß zwischen Kirche und Staat
betrifft, weil die bürgerliche Verfassung bestimmter organisirt ist als die
Gemeinschaft des Wissens, hier schlagendere Beyspiele vor uns, und
daher ist auch die Aufgabe der kirchlichen Statistik in dieser Beziehung
bestimmter als in jener. — Es wird zulezt im §. angedeutet, daß in der
evangelischen Kirche immer der Staat überwiegen werde, woraus für die
katholische Kirche die Andeutung des *[253]* Gegentheils folgt. Es sind
in dieser Beziehung die Verhältnisse der evangelischen Kirche sehr manchfaltig, aber ganz allgemein ist dieses, daß die evangelische Kirche als solche
gar keine äussre Einheit hat, keinen förmlichen constitutiven Zusammenhang unter sich, und daraus läßt sich jenes Verhältniß zum Staat schon
erklären, wie umgekehrt aus der äussern Einheit der katholischen Kirche
das Gegentheil folgt. Der Staat muß entweder diese Einheit gar nicht

---

61 *Durham University, 1831.*

anerkennen, wie Heinrich VIII von England, und dann hebt er den Zusammenhang auf, oder er muß das, was von jenem EinheitsPunkte ausgeht, auch für sein Gebiet anerkennen. Jezt steht freylich ein medius terminus fest, daß alle Anordnungen des Pabstes müssen die Billigung des Landesherrn erhalten. Dieses ist aber wieder in verschiedenen Orten so manchfach bestimmt, daß im Allgemeinen das Übergewicht der Kirche über die Staaten, in welchen sie anerkannt ist, nicht leidet. Sollen wir uns andrerseits einen solchen Zusammenhang der Evangelischen Kirche denken, der äusserlich festgestellt wäre, so würde dieß nicht geschehen können ohne Zustimmung des Staates, aber wenn auch ohne diese, so würde das Verhältniß doch nicht geändert, weil die evangelische Kirche keine solche Gewalt über die Gewissen anerkennt wie die katholische. Daher muß man das gegenwärtige Verhältniß natürlich finden. Der Zusaz unterscheidet von dem, was in die Statistik hineingehört, die Theorie des Verhältnisses zwischen Kirche und Staat, die in die praktische Theologie gehörte. Es ist damit nicht gesagt, daß es eine Theorie geben solle in dem Sinn, daß ein NormalVerhältniß im Allgemeinen aufgestellt werden solle. Dieß ist falsch im politischen wie in diesem Gebiete. Aber dieß muß das Resultat der kirchlichen Statistik seyn daß man zu klarerem Bewußtseyn davon komme, welches die Folgen einer jeden solchen Gestaltung seyen, welche in dieser Beziehung vorzuziehen ist? Und die Theorie kann nichts aussprechen als diesen pragmatischen Zusammenhang des Verhältnisses und seiner Folgen. Aber eine solche Theorie muß freylich die verschiedenen Gestaltungen in einem Fachwerk gruppiren. — Der 2te Theil des Zusazes bemerkt, daß von dem hier im Allgemeinen angedeuteten Verhältniß im KirchenRecht gehandelt [*O:* behandelt] werde, aber hier überwiegend auf dem politischen Standpunkt. Bey dem Ausdruck KirchenRecht denkt man sich 2 verschiedene Dinge, man redet von einem natürlichen und positiven KirchenRecht. Jenes soll aus Prinzipien die Rechte einer religiösen Gesellschaft innerhalb einer bürgerlichen auseinandersezen. Es ist aber mit diesem natürlichen KirchenRecht wie mit dem NaturRecht überhaupt, daß mehr oder weniger eine bestimmte Fiction dabei ist. Steht die bürgerliche Gesellschaft fest, und es organisirte sich darinn eine religiöse, so ist nicht zu sehen, wie sich für diese ein besonderes Recht feststellen sollte, es ⟨kann⟩ ist ja dieß nur ein einzelner Fall von dem allgemeinen, daß sich im Staat besondre Gesellschaften bilden. *[254]* Aber auch dieß selber läßt sich nicht abstrakt beantworten, sondern nur in Beziehung auf die verschiedenen Fälle. Freylich läßt sich dann das KirchenRecht noch auf 2fache Art behandelt denken, 1) daß in Form einer blosen A u s s a g e gegeben wird, wie die Kirche in diesem oder jenem

Staate sich stellt, 2) dann läßt sich aber auch denken, [daß] auf a l l g e m e i -
n e r e Weise davon gehandelt [wird], nämlich was für Rechte ein Staat von
einer gewissen Art der religiösen Gesellschaft gewähren k a n n. Dieß geht
schon mehr in die Theorie. Allerdings läßt sich also Alles was in diesen
§ gehört auf den Begriff des KirchenRechts zurückführen, nur daß wir
dann sagen müssen: behandelt das KirchenRecht den Gegenstand überwiegend politisch, so muß dem eine andre Behandlung gegenüber stehen, wo
die Sache mehr kirchlich behandelt wird, nämlich so daß gefragt wird:
was muß die religiöse Gemeinschaft von jedem Staate verlangen, so daß,
⌊wenn⌉[62] ihr dieß nicht gewährt wird, sie emigriren muß. Denkt man sich
dieses beydes ausgeführt, so wird sich am besten ergeben, welches die
Grenzen sind, innerhalb deren gewisse kirchliche und bürgerliche Wesen
zusammen bestehen können, daß gewisse Individuen zugleich Bürger
des Staats und der Kirche sind. — Bey dieser ganzen Ausführung ist
vorausgesezt, daß die Kirche nur zu den 2 Gemeinschaften in einer
Beziehung stehen kann, zum Staat und der Wissenschaft. Diese Voraussezung muß sich ⟨auf⟩ in der Ethik rechtfertigen, und geht daher auf diese
zurück, wie dieß im Anfang von allen theologischen Disciplinen gesagt
war.

§. 242. geht nun das an, daß die Disciplin in ihrem ganzen Umfang
betrachtet und der Unterschied zwischen Virtuosität und GemeinBesiz
festgestellt wird. Im § wird gesagt, daß die kirchliche Statistik ein UnEndliches sey, d. h. alles was darinn aufgestellt ist, ist ein Theilbares, und mit
dieser Theilung kann [es] ins UnEndliche gehen. Bleiben wir nur bey
dem lezten Punkte, da würde die allgemeine Statistik alle christlichen
Gemeinschaften umfassen. Die der evangelischen Kirche wäre nur eine
Specialstatistik. Aber diese ist wieder in sich selbst getheilt, je nach
den verschiedenen Verhältnissen der protestantischen Kirche zum Staat.
Daneben würde aber auch ebenso zerfallen das, was in §. 240 hineinfällt,
und ebenso auch ⟨muß⟩ wird in Beziehung auf die innre Beschaffenheit
der Evangelischen Kirche nicht überall von derselben Beschaffenheit, nach
§. 236 und 37, [die Rede seyn,] und so durch alle Punkte. Bedenken wir,
es giebt aber Staaten, die erst nach der Reformation Ein Staat geworden
sind, wo also schon *[255]* ProvinzialVorschriften waren, so ergiebt sich
eine provinzielle Statistik. Hieraus geht schon hervor, dieß Alles vollständig zu haben, ist nicht Sache eines Jeden. Nun kommt es darauf an, was
von jedem wenigstens gefordert werden muß, und dann [auf] das, was auf
jeden Fall nur in das Gebiet der Virtuosität gehört. Das 1te wird

---

[62] *Andere mögliche Lesart:* wo.

§. 243 behandelt, aber so, daß gesagt wird, es gebe hier etwas was zu wenig sey. Nicht zuläßig sey, daß jeder nur besize eine Kenntniß von dem Zustand desjenigen Theils der evangelischen Kirche welchem er angehört. Dieß ist leicht nachzuweisen, weil 1) die Abschließung einer bestimmten LandesKirche nicht in allen Beziehungen vorhanden ist, und 2) weil die einzelnen Kirchen nur verstanden werden können aus ihrem Zusammenhang mit Andern: Wer an der Kirchenleitung Theil nimmt, muß wissen, was im gegenwärtigen Zustand von der Art ist, daß es erhalten, und was so, daß es eleminirt werden muß. Gäbe es eine allgemeine Theorie, so brauchte der Theologe nur diese, und die Kenntniß seines KirchenTheils. Aber eine solche allgemeine Theorie giebt es nicht, sondern sie modificirt sich nach den verschiedenen Verhältnissen. Daher ist im Zusaz gesagt, eine solche NichtKenntniß befördert die Versteinung. Oder kann man genauer sagen, sie erzeugt entweder gedankenlose Neurungssucht oder gedankenloses Haften am Alten.

§. 244 ist nun das zuläßige Minimum angegeben, nämlich eine allgemeine Kenntniß von der Gesammtheit des christlichen Zustands in der Gegenwart. Diese Kenntniß muß dem Grade nach modificirt seyn nach dem Grade des Zusammenhangs mit unsrer Kirche. Die orientalische Kirche liegt uns ferner als die römische p. Da haben wir also den Zusammenhang mit der eigenen KirchenGemeinschaft als den einen Punkt, und das allgemeine Bild als den andern, und aus diesen beyden muß sich die Sache construiren. — Der Zusaz scheint den § zum Theil wieder aufzuheben, indem er die Abstufung der Kenntniß fremder KirchenGemeinschaften nach dem Grad des Zusammenhangs nur etwas Untergeordnetes nennt. Die Sache ist die: jede einzelne KirchenGemeinschaft ist anzusehen als ein organischer Theil des Ganzen; insofern muß das Bewußtseyn von dem Zustande des Ganzen dem Theologen beständig einwohnen, sonst kann er seine einzelne KirchenGemeinschaft nicht als organischen Theil des Ganzen behandeln. Dieser Saz führt uns auf die Totalität der Verhältnisse, wie in der philosophischen Theologie bemerkt war, daß alle bestehenden Gegensäze müssen als vorübergehende gefaßt werden. Daraus folgt, daß die Gegensäze müssen immer in Schranken gehalten werden, und dieß kann nur geschehen, wenn man die eine Seite so gut kennt wie die andre. Je weniger wir *[256]* die katholische Kirche kennen, um so weniger kann unsre kirchliche Thätigkeit auf diesen Gegensaz Rücksicht nehmen, und dieß giebt dann eine Bewußtlosigkeit in dieser Hinsicht, welche viel Übles erzeugt, und der katholischen Kirche ihre Proselytenmachereyen und Erschleichung von Rechten erleichtert. Der Geistliche kann dann in seinem Jugendunterricht keine Beziehung darauf nehmen, und daher wissen sich die evangelischen Christen nicht zu helfen, wenn sie von Katholiken verlockt werden. Eben so leicht folgt aber aus jener Nichtkenntniß nur eine blinde, allgemeine Opposition. So ist also eine Kenntniß der katholischen Kirche etwas viel Wichtigeres als die genaue Kenntniß der evangelischen Kirche in fernen Ländern.

Die folgenden §§. enthalten noch einige Bemerkungen ⟨zur Umfangsammlung⟩ über die Virtuosität in diesem Fach, und am Ende folgt eine Zurückführung dieser Disciplin auf die 2 Prinzipien der theologischen Wissenschaft.

§. 245 Hier wird gesagt, daß die Wissenschaft [der Statistik] noch nicht recht ausgebildet sey, und daß daher durch die besondre Beschäftigung damit noch Vieles zu leisten wäre. Das Material als solches ist überall vorhanden in den öffentlichen Verhandlungen, aber nicht zusammengestellt. Dieß findet besonders statt in den protestantischen Kirchen ausserhalb Deutschlands. Über Schweden haben wir vor einigen Jahren ein Buch bekommen, das aber nur ein rohes Aggregat von Stoff ist. Über Dänemark haben wir nicht einmal so etwas. Über die schottische Kirche ist kürzlich eine Schrift erschienen, aber nicht unbefangen geschichtlich abgefaßt[63]. Aber was die kleineren Religionsparteyen betrifft, da wäre noch sehr viel nachzutragen, und Vieles auch ganz neu zu leisten. Über die nordamericanischen ReligionsGesellschaften giebt es ein dort erschienenes ziemlich vollständiges Werk. — Also man mag auf Stoff oder Form sehen, so fehlt noch sehr viel. Vieles könnte noch geschehen durch zweckmäßige Umarbeitung des ersten und daher classischen Werkes von Stäudlin[64], es müßte dem Stoff nach bereichert, und in der Form geändert werden.

§. 246. warnt vor einer blos äusserlichen Beschreibung der verschiedenen Zustände, die blos als Material gebraucht werden könnte. Doch ist dieß ein Übergang den wir noch machen müssen, weil es uns noch am Material fehlt. Würde dieß auch nur äusserlich zusammengestellt, so wäre dieß schon ein bedeutender Gewinn. Bezieht man diese Disciplin auf die KirchenGeschichte, so sind die Facten der KirchenGeschichte das erste Material zu einer solchen Statistik. Nimmt man da zB die Schroeckhsche KirchenGeschichte[65], so ist es dann etwas Leichtes, für den Punkt wo

---

[63] *Schleiermacher beliebte oft, es bei solchen unbestimmten Hinweisen im Kolleg zu belassen, da er aus Erfahrung der Ansicht war, auch genauere Angaben würden die Studenten nicht bestimmen, zu den genannten Werken zu greifen.*

[64] *S. o. Anmerkung 57 (S. 221).*

[65] *Schröckh, Johann Matthias, (1733—1808), Hauptwerk: Christliche Kirchengeschichte. 43 Bde. 1768/1805.*

diese endigt, eine solche Zusammen- *[257]* fassung zu geben, weil man
nur die Fäden zu verbinden braucht. Indeß würde sich auch das Mangel-
hafte eines jeden solchen kirchengeschichtlichen Werkes zu erkennen geben, und man müßte auf die Quellen immerhin zurückkehren. — Das
Extrem des Leeren und Äusserlichen ist am Ende des Zusazes angegeben.

Die 2 folgenden §§ behandeln nun die Frage, was aus dieser Disciplin
wird, wenn eines der 2 Motive des theologischen Studiums fehlt.

§. 247 wird gesagt, eine Behandlung des Gegenstandes, wobey das
kirchliche Interesse fehlte, könne, wenn das wissenschaftliche Interesse
dabey sey, nur skeptisch oder polemisch seyn, — wenn auch das wissenschaftliche fehlte, so wäre sie nur das Produkt eines unkritischen Sammel-
geistes. Es giebt eine solche Neigung, nur Notizen zu sammeln, ein
historisches Cabinet anzulegen, nur um die Varietäten beysammen zu
haben. Dieß ist so ohne allen Werth, und es ist bloser Zufall, auf welche
Gegenstände ein solcher Sammelgeist sich wirft. Als Materialsammlung
kann eine solche Arbeit vielleicht dienen. Was nun das Andre betrifft, so
ist dieß dem parallel, was von der KirchenGeschichte gesagt ist, die auch
oft ist betrachtet worden ohne kirchliches Interesse, da ist dann der
Gegenstand nicht mehr gleichgültig, und da tritt die Alternative ein,
wenn kein Interesse für die Kirche da ist, so muß ein entgegengeseztes
stattfinden, entweder ein polemisches gegen die Kirche oder eine bestimmte Formation derselben, oder ein skeptisches [*O:* eine skeptische]
gegen das religiöse Princip überhaupt. Gegenwärtig ist diese Bemerkung
von wenigem Gebrauch, weil die Disciplin noch wenig bearbeitet ist, doch
zeigen sich Spuren dieser polemischen Richtung in der Art, wie man sich
in Zeitschriften und Tagesblättern über die neuen Gestaltungen auf diesem
Gebiete äussert. Da muß man sich schon in dem Sammeln dieser
⌐einzelnen⌐[66] Darstellungen hüten, weil das Urtheil sich in die Erzählung
steckt.

§. 248 stellt das Andre dar, nämlich das Resultat einer Behandlung wo
das religiöse Interesse vom wissenschaftlichen Geiste entblöst ist. Hiebey
könne nur ein parteyisches Resultat herauskommen. Dieß scheint theils
nicht ganz deutlich, und dem hilft der Zusaz ab, theils aber kann dieß
nicht das Einzige zu seyn scheinen. Man kann sich die Sache so denken:
wenn das religiöse Interesse ein kleinlichtes ist, d. h. sich beschränkt auf
eine vorübergehende oder zufällige Form, — das wird gewiß in diese
einseitige Parteylichkeit hineingerathen. Denken wir uns aber das religiöse
Interesse in einem großen Stil, so würde daraus nicht nothwendig eine

---

[66] *Andere mögliche Lesart:* subjektiven.

Parteylichkeit entstehen; denn wenn man sich einen größeren Kreis sezt als seinen eigenen, so erkennt man *[258]* auch die Manchfaltigkeit an. Daher könnte man denken einen Mann von ächt protestantischem aber nicht gerade wissenschaftlichem Geist, der über dem Parteywesen sich hielte. Aber ein andrer Mangel würde sich kund geben in der Richtigkeit und Klarheit der Form, welche nur vom wissenschaftlichen Interesse ausgehen kann. Jede Einzelheit also kann unparteyisch seyn, aber man wird ⟨sich⟩, wenn es auf das Ganze ankommt, kein Centrum finden, um sich zu orientiren, sondern dieß wird der Leser selbst hineinbringen müssen. Da muß man nun sagen, daß den [O: die] meisten Produktionen dieses Gebiets dasjenige fehlte, was der wissenschaftliche Geist sollte hineingetragen haben, was in gewissem Grade auch von der Stäudlinschen ⟨KirchenGeschichte⟩ Statistik gilt.

Die Aufforderung zu solchen Leistungen ist jezt besonders groß. Sehen wir nur auf die abendländische Kirche, da ist eine große Zerfallenheit sowohl in der katholischen als protestantischen Kirche. An dieser Zerfallenheit hat das Einwirken eines antichristlichen Princips Antheil. Aber andrerseits giebt es eine Menge von Punkten, wo ein Zusammenwirken ist der verschiedenen religiösen Gemeinschaften, wie vorher nie. Man denke nur an die vielen Vereine zur Verbreitung der hl. Schrift wo auch schon Mitglieder der katholischen Kirche mit Protestanten aller Parteyen in lebendigem Zusammenwirken sind. Keineswegs ist die Einheit darinn nicht so groß wie sie scheint, denn immer werden zugleich parteyische Zwecke mit verfolgt, doch untergeordnet dem allgemeinen Impuls. Ein solches Zusammenwirken enthält ja eine Anschauung von der Einheit der christlichen Kirche, wo alle Verschiedenheit als in der Einheit nothwendige Manchfaltigkeit geschaut wird. Der andre Punkt sind die MissionsVereine. Hier ist auch ein solches Zusammenwirken, und dieß ist noch schwerer zu fassen als jenes. Denn wenn allerdings auch über die Schrift die Katholiken eine ganz andre Ansicht haben, und auch das KirchenRegiment diese Bibelverbreitung hemmen will, so ist doch der Impuls so mächtig, daß sich viele nicht um die Schritte der KirchenRegirung bekümmern, und auch diese nicht entschlossen scheint durchzugreifen. Beym Missionswesen aber ist noch keine Form gefunden einen Menschen zum Christen überhaupt zu machen, sondern nur ⟨l ⁊⟩ entweder zum Katholischen oder Protestantischen. In dem Zusammenwirken zum Missionswesen liegt also eine Richtung zur Aufhebung der Differenzen, und darin bekundet sich eine starke Richtung des ⟨christlichen⟩ gemeinsam christlichen Prinzips auf Unkosten der besondern Differenz. Es manifestirt sich also ein Schwanken in den innern Verhältnissen der christlichen Kirchen, wodurch ein großes Interesse entstehen muß, die gegenwärtigen Zustände nach ihrer innern Beschaffenheit zu erforschen.

[259] Die 2 folgenden §§. haben es eigentlich nicht mehr mit der kirchlichen Statistik zu thun, sondern mit ⌊ ⌉ ⌊parallelen⌉ anderen Disciplinen, die es jedoch nur auf unfertige Weise sind, — um ihr Verhältniß zur kirchlichen Statistik darzustellen.

§. 249 wird gesagt, daß die Symbolik hieher gehöre, wiewohl sie immer mehr als zur Dogmatik gehörig behandelt wird. Unter Symbolik versteht man eine Zusammenstellung desjenigen, wodurch sich die verschiedenen bestehenden christlichen KirchenGemeinschaften in Hinsicht auf ihren Lehrbegriff unterscheiden. Der Name aber erinnert an die officiellen BekenntnißSchriften. Nun sind die jezt bestehenden kirchlichen Gemeinschaften alle sofern sie abendländisch sind, alle an das Zeitalter der Reformation geknüpft; denn der Katholizismus ist eigenthümlich fixirt worden erst durch den Gegensaz zum Protestantismus, und wenn man den katholischen Lehrbegriff in seinem Gegensaz zum protestantischen entwickeln will, so muß man auf das Tridentinum zurückgehen. Dasselbe gilt von den meisten kleinen Religionsgesellschaften. Sie sind allerdings nicht alle von der deutschen Reformation ausgegangen, sondern wir müssen das Englische dazunehmen, und da ist der erste Impuls gegeben durch die Losreissung der englischen Kirche von der päbstlichen Herrschaft. Aber nun die officiellen Schriften sind zum Theil von diesem gemeinsamen Ursprunge schon entfernt, und nur sofern ⟨sie aus⟩ diese in ganz verschiedenen Zeiten entstandenen Schriften den noch geltenden Lehrbegriff enthalten, kann man die Symbolik zur Statistik rechnen als Darstellung des gegenwärtigen Zustands des Lehrbegriffs. Dadurch entsteht ein Gegensaz der Statistik gegen die Dogmatik. Nämlich in der Dogmatik muß die ganze Darstellung aus eigner Ueberzeugung kommen, was in der kirchlichen Statistik nicht der Fall ist. Sollte nun die Symbolik an der eignen Ueberzeugung hängen, so müßte sie Polemik seyn, aber man hat diese 2 Disciplinen immer gesondert. Soll die Symbolik unparteyisch seyn, so kann sie nur die Natur der Statistik haben. Sie ist eine compendiöse Art, den gegenwärtigen Zustand aller Kirchen in Beziehung auf den Lehrbegriff zu geben, nur daß, wenn der Aufgabe der Statistik genügt werden soll, auch gezeigt werden muß, wie weit dieser Lehrbegriff in den einzelnen Kirchen noch gilt, und was für Differenzen hiebey obwalten. Die Symbolik hat somit mehr Analogie mit der Statistik als mit der Dogmatik, weil in einer solchen Darstellung ein unparteyischer Standpunkt genommen werden muß. Dabey bleibt aber immer sehr wünschenswerth, daß die Symbolik besonders behandelt werde, und dieß giebt schon eine andre Art, als wie sie in der Statistik behandelt werden kann. Es tritt das Comparative als Hauptsache hervor, was in der Verbindung mit der Statistik nicht ist. Es ist nur zu wünschen, daß, wenn die Symbolik für sich behandelt ist worden, *[260]* dieß auch wirklich hervorgehoben werde. Dagegen kann bey dieser abgesonderten Behandlung, nicht wie bey der statistischen, angegeben werden, wie weit die Symbole jezt noch in den verschiedenen Gemeinschaften gelten.

§. 250 geht auf die biblische Dogmatik zurück, d. h. auf die Darstellung des biblischen Lehrbegriffs wie er in dem Zeitalter des werdenden Kanon gewesen ist. Dieses hat die Analogie mit der Dogmatik, daß es die Darstellung der Lehre in ihrem Zusammenhang ist, wie sie zu einer gewissen Zeit gegolten hat. Nun wenn einer zB jezt eine Dogmatik der Scholastik schreiben sollte, so könnte er seine eigne Ueberzeugung nicht zu dieser frühren Zeit mitbringen. Nun erscheint es paradox, dieses auf die biblische Dogmatik anzuwenden. Jeder Lehrsaz muß ja bewährt werden aus dem NTlichen Kanon, und dieß ist geknüpft an jenen Charakter der Dogmatik, daß sie nur eigne Ueberzeugung geben darf. Nun kann die biblische Dogmatik nur aus dem Kanon hervorgenommen werden, und daraus scheint nun zu folgen, daß gerade der Lehrbegriff wie er im NT enthalten ist, müßte die Ueberzeugung eines jeden ausdrücken, nur daß der Protestant eine andre biblische Dogmatik haben würde als der Katholik. Aber daraus geht hervor, daß in einer solchen biblischen Dogmatik, welche die eigne Überzeugung in sich schließen soll, auch das eigne Urtheil über den Kanon mitenthalten ist, und keineswegs eine rein geschichtliche Darstellung. ⟨Es fragt sich nun,⟩ Wenn wir aber die Sache rein historisch nehmen, und davon ausgehen, daß unvermeidlich sich in geschichtliche Darstellungen das eigne Urtheil einmischt, so ist doch das Ziel dieß, daß die biblische Dogmatik endlich nur Eine werde. Aber zu diesem Behuf muß die Bewährung ⟨durch⟩ der eignen Überzeugung durch den Kanon aus dem Spiel bleiben, und daher ist hier gesagt, daß die Behandlung der biblischen Dogmatik sich mehr der Statistik nähere.

Der Zusaz faßt nun die Sache noch anders. Es ist ein großer Unterschied ob wir sagen, wir müssen jeden Saz aus dem Kanon bewähren, oder ob wir sagen: die Art wie jeder Saz im Kanon ausgedrückt ist, ist der reine Ausdruck unsrer Ueberzeugung. Dieß ist gar nicht möglich, weil unsre Überzeugung Resultat der ganzen Entwicklung ist, die zwischen uns und dem Kanon liegt. Wenn sich ein Theolog auf natürliche Weise gehen läßt, so wird er nicht leicht seine Ueberzeugung auf dem dogmatischen Gebiet in biblischen Ausdrücken darstellen, sondern in ganz andern. Je wissenschaftlicher er seyn will, desto weniger werden ihm die unbehandelten Ausdrücke des Kanon genügen; wir haben eine Geschichte der Begriffsentwicklung vor uns, ohne Beziehung auf welche wir *[261]* unsre Ueberzeugung nicht adäquat aussprechen können. Die NTlichen Schriftsteller umgekehrt hatten eine Geschichte vor sich, ohne Beziehung auf welche sie ihre Ueberzeugung nicht ausdrücken konnten, und diese Geschichte haben wir gar nicht vor uns. Wenn man behaupten will, auch wir müssen jene jüdische Entwicklung der kanonischen Schriftsteller vor uns haben, wenn wir unsern Glauben ausdrücken wollen, so ist dieß eine antihistorische Forderung. Dieß giebt die Folgerung, daß eine biblische Dogmatik, wenn sie der Idee entsprechen soll, den Charakter haben muß, wie ein fremder Lehrbegriff dargestellt wird in der Statistik. Das Fremde bezieht sich eben auf die historischen Bedingungen, unter welchen die Sprache nothwendiger Weise steht. Der Ausdruck wäre falsch, wenn man auf das Princip zurücksehen wollte, denn das ist freylich dasselbige. Die wissenschaftliche GlaubensLehre soll ja aber nicht das Princip selbst darstellen, sondern wie sich dieses zu verschiedenen Zeiten verschieden geäussert hat.

Ob nun gleich die Dogmatik die eigne Überzeugung fordert, so könnte sie doch nicht aus dem Zusammenhang mit der historischen Theologie herausgenommen, und als systematische Theologie dargestellt werden, denn diesem Ausdruck wohnt ⟨die⟩ eine Zweydeutigkeit bey nämlich daß die Dogmatik ist unter die Diction der Philosophie gestellt worden, auf eine andre Weise als wie hier aufgestellt worden ist, daß die Organisation, die Zusammenstellung, die Terminologie muß dialektisch gerechtfertigt seyn. Dieß ist der Anspruch den man der Philosophie nicht nehmen kann in der Dogmatik; aber dieser kann und muß sich auch auf die übrigen Gebiete der historischen Theologie erstrecken. So wie zB die KirchenGeschichte wissenschaftlich behandelt werden soll, so ist ja unvermeidlich, daß man eine Theilung macht. Da muß es ein Theilungsprincip geben; dieses muß gerechtfertigt werden können aus dem Begriff der Kirche und aus dem eigenthümlichen Begriff des Christenthums wie es auch gerechtfertigt wird, auf philosophische Weise, aber nicht philosophisch deducirt werden kann. Also der richtige Einfluß der Philosophie in der Behandlung der theologischen Disciplinen geht durch alle durch; wenn eine Behandlung der KirchenGeschichte diesen vernachlässigt, so wird sie sicher Schaden leiden in Beziehung auf ihren wissenschaftlichen Werth. Je weniger sie eine Begriffsmäßige Organisation zu Grund legt, desto weniger wird der ganze Verlauf können wissenschaftlich dargestellt werden, und es wird entweder der ascetische Charakter hervortreten, indem das Einzelne immer ⟨ursprünglich⟩ unmittelbar auf das ursprüngliche Princip zurück-

geführt wird, — oder [es] bekommt die Geschichte den Anschein des
Zufälligen, indem die Begebenheiten statt auf das Christenthum auf fremde
Coëfficienten zurückgeführt werden. Ebenso giebt es aber 《eine》 pseudo-
philosophische Darstellungen der KirchenGeschichte, welche ⟨den philo-
sophischen⟩ statt des objectiven Verlaufs nur die subjective Schätzung
desselben geben. — Also dieses Verhältniß der Dogmatik zur Philosophie
ist gar *[262]* kein so specielles, daß deßwegen die Dogmatik müßte einen
eignen Raum innehaben in der Theologie, und nicht könnte in das Gebiet
der historischen Theologie fallen. Es müßte dann auch die KirchenGeschichte einer ebenso philosophischen Behandlung unterworfen werden,
und dann hört sie eigentlich auf, Geschichte zu seyn. Das wäre also ein
durch die ganze Theologie sich erstreckendes Verfahren 《seyn》 das die
ganze historische Theologie aufheben würde. Bleibt diese in ihrem Recht,
dann muß auch die Dogmatik zu ihr gestellt werden.

Ebenso bey der Exegese. Da darf man nur an die moralische Interpretation denken, so sieht man hier den falschen Einfluß der Philosophie. Da
kommt es nicht auf den Gedanken des Schriftstellers an, sondern darauf
wie eine Idee die man Zu Grunde legt, in dieser Stelle liegt. Dieß ist ebenso
der Tod der Exegese wie der Tod der Geschichte. Aber demungeachtet ist
der richtige Einfluß der Philosophie umso bestimmter festzuhalten. Alle
Vorwürfe gegen die Systematische Dogmatik beruhen auf dem Nichtunter-
scheiden dieser 2 Gebrauchsweisen der Philosophie. Vom philosophischen
Inhalt ist nichts in der Dogmatik, sondern was von Philosophie darinn
ist, das ist nur die dialektische Rechtfertigung der Zusammenstellung des
Ganzen in seiner Organisation und weiter der einzelnen Formeln. — Wenn
⟨sich⟩ aber von Zeit zu Zeit die Philosophie das Christenthum in Besiz
nehmen will, so ist nichts besser dagegen als eine Organisation der Theologie, welche dieß für immer ausschließt, aber den wahren Einfluß der
Philosophie auf die Theologie desto fester stellt.

Schlußbetrachtungen über die historische Theologie.

§. **251.** hat zu seinem Gegenstand das Verhältniß des Biografischen zur
historischen Theologie. Der Vordersaz enthält einen scheinbaren Vorwurf,
der hernach beseitigt wird. Die Sache ist diese. Das ganze Christenthum
ist ausgegangen von der Person Christi, und eigentlich muß also alles
Verständniß des Christenthums seyn das Verständniß dieses Zusammenhangs der späteren Entwicklung mit der Persönlichkeit Christi, und man

kann nicht einig seyn über das Christenthum ohne einig zu seyn über die Person Christi. Darinn liegt eine absolute Dignität der Persönlichkeit, die aber ausschließend Christo zukommt. Das Christenthum fängt mit einer absoluten Persönlichkeit an. Ferner wird dann auch den Aposteln noch eine solche ausgezeichnete persönliche Geltung beygelegt, aber nur abgeleitet aus der Persönlichkeit Christi. Je weiter man herunter geht, desto mehr verliert sich das, und das Zeitalter der Kirchenväter schließt es ganz ab. In dem Ausdruck KirchenVater liegt die ausgezeichnete Autorität der Persönlichkeit, *[263]* und wenn man nun von einer gewissen Zeit an den Ausdruck nicht mehr gebraucht, so ist dieß die indirekte Andeutung, als ob es von da an keine solche Persönlichkeit mehr gebe. Gehen wir aber zurück auf die Natur des geschichtlichen Verlaufs, besonders auf den Gegensaz zwischen Epochen und Perioden: so müssen wir nun sagen, eine jede solche Beschaffenheit der Zeit, daß sich etwas Neues entwickelt, hat eine Ähnlichkeit mit dem ersten Anfang. — In der Reformation zB fällt es zwar keinem ein, einem Einzelnen eine Dignität beyzulegen wie den Aposteln, es liegt auch nicht mehr in dem Charakter der Zeit einem Einzelnen hier die Dignität eines KirchenVaters beyzulegen, — dieß ist die Folge davon, daß im ⟨Einzelnen⟩ Allgemeinen der persönliche Einfluß abnimmt. Aber doch comparativ mit andern Zeiten tritt in solchen Punkten die Persönlichkeit bedeutend hervor. Die Kirchenleitung ist Seelenleitung, wo der Einzelne als das eigentlich wirksame Element auftritt. Darauf beruht das hier aufgestellte, daß es, zumal für solche Epochen, auf eminente Weise der KirchenGeschichte angemessen ist, die Darstellung an die Wirksamkeit Einzelner anzuknüpfen und also der Biografie eine größre Bedeutung einzuräumen. Dieß ist neuerdings sehr anerkannt worden, und wir haben in den lezten 25 Jahren eine größre Menge von solchen Biografien bekommen als lange vorher, welches allerdings für ein gesundes Fortschreiten in der Behandlung der KirchenGeschichte spricht. Daß nun dieses mehr der Fall ist im Gebiete der KirchenGeschichte als auf andern Gebieten, dieß hat seinen Grund darinn, daß hier Alles auf die unmittelbarste Weise auf die Seelenleitung zurückgeht. Nun kann man sagen, dieß sey auch der Fall auf dem politischen und wissenschaftlichen Gebiet. Aber im WissensGebiete gilt der Gedanke Alles, und dieser läßt sich von der Persönlichkeit vollkommen lösen, so daß derjenige hier am meisten wirkt, welcher seinen ganzen GedankenComplex am meisten von seiner Persönlichkeit zu lösen weiß, denn umso stärker erscheint die Verknüpfung der Gedanken in sich selbst und stellt sich rein objectiv hin. Im religiösen Gebiete aber ist der Gedanke nur Mittel um die innre Lebensregung hervorzubringen, und diese ist immer wesentlich im Einzelnen, so muß der Einzelne den Gedanken nothwendig im Zusammenhang mit seiner innern Lebensbewegung fassen, um religiös zu wirken. Das politische Gebiet scheint in dieser Hinsicht weniger mit sich selbst einig zu seyn. In der Monarchie ist ja der Einzelne der Ursprung aller Bewegung und diese pflanzt sich auch durch Einzelne fort. Umgekehrt in der Demokratie scheint Alles abzuhängen nur von dem Verhältniß des ⟨L 1⟩ Einzelnen zur Masse. Aber genauer betrachtet ist es doch mehr nur ein Schein, daß in der Monarchie alle Lebensbewegungen von dem Monarchen *[264]* ausgehen, er steht unter dem beständigen Einfluß dessen was in der Masse ist, und wenn er sich nicht an das anschließt, kann er nichts wirken. Umgekehrt in der Demokratie sind es eigentlich Einzelne, die entscheiden. Indem nun also beyderseits dieselbe Duplicität ist nur mit umgekehrtem Zeichen, so hebt sich der Unterschied relativ auf und man muß sagen: es ist doch hier mehr die Masse das Leitende, und der Einzelne erscheint mehr als ein Produkt, als daß die ganze Bewegung von dem Einzelnen ausgehen könnte. Also ist dieß ein eigenthümlicher Charakter des religiösen Gebiets, aber auch nur des christlichen.

§. 252 ist die Rede von dem Verhältniß der historischen Theologie zur philosophischen, was in den beyden folgenden weiter fortgesetzt wird. Es war in der Einleitung schon gesagt worden, daß beyde gegenseitig einander voraussezen. Dieß läßt sich jezt erst genauer ⟨sagen.⟩ auseinandersezen. Indem die philosophische Theologie keine rein àpriorische ist, so mußte sie kritisch seyn und das Gegebene voraussezen. Dieß erscheint also als ein Cirkel, wenn man sagt: um die Säze der philosophischen Theologie aufstellen zu können, muß man im Besize der historischen Theologie seyn; und dann umgekehrt: nur wenn man im Besize der philosophischen Säze ist, kann man zum Besize der historischen Theologie gelangen. Dieser Cirkel wird hier aufgelöst, indem gesagt wird, was die ⟨historische⟩ philosophische Theologie vorausseze sey nur die untergeordnete chronikartige Kenntniß des geschichtlichen Verlaufs, und die philosophische Theologie ist nur die Bedingung, ohne welche jene untergeordnete Kenntniß nicht in die geschichtliche Anschauung im wahrhaften Sinne verwandelt werden könne. Man könnte nun dieß, daß man vor der philosophischen Theologie den Verlauf nur chronikalisch kennen müsse, sehr mißverstehen, wenn nicht immer vorausgesezt würde, daß das theologische Studium nur ausgehen kann von religiösem Interesse. Dieses religiöse Interesse wird also die Kenntniß der historischen Einzelheiten begleiten und beleben.

Der Zusaz dehnt dieß auch auf exegetische und dogmatische Theologie aus, wozu auch die kirchliche Statistik gehört. Bey der exegetischen Theologie muß eine gewisse Kenntniß des Kanon vorausgehen, aber die reine Vorstellung des Kanon in seiner eigenthümlichen Dignität wird erst durch die philosophische Theologie begründet. Das Wesentliche daran ist in dem Zusaz ausgesprochen, daß alle leitenden Begriffe der historischen Theologie in der philosophischen gebildet werden.

§. 253 [*O:* 252] wird daraus eine Folgerung gezogen, nämlich ein Versuch, die Frage zu beantworten, wie der gegenwärtige Zustand der Theologie habe entstehen können, einmal als Maximum von Differenz, und dann als ein Maximum von Rathlosigkeit in Beziehung auf [265] die Aufhebung dieser Differenz. Was die Verschiedenheit der Behandlung betrifft, so erscheint die Differenz viel größer in Exegese und Dogmatik als in der KirchenGeschichte im engern Sinn. Aber dieß ist doch mehr ein Schein als eine Wahrheit. Nämlich in Kirchen- und DogmenGeschichte ist die Masse des Thatsächlichen, die nun so als ein Äusserliches dasselbe ist, d. h. was in der Geschichte Chronik ist, das ⟨kann⟩ muß in allen Behandlungen dasselbe seyn. Aber dieß ist nicht die Behandlung; die Behandlung trägt alle Differenzen in sich die sich in Exegese und Dogmatik zeigen. Wenn man sich den gegenwärtigen Zustand vor Augen stellt, und soll angeben den bestimmten Charakter des evangelischen Christenthums, so findet man sich in größter Verlegenheit, weil es fast nichts übereinstimmendes giebt. Damit hängt das 2te zusammen, ein gänzlicher Mangel an Verständigung über den Siz dieser Differenz, einige behaupten, daß das Maximum von Differenz geradezu den eigenthümlichen Charakter der evangelischen Kirche bilde, und andre behaupten, daß jede Differenz Corruption der evangelischen Kirche sey. — Dieser Zustand wird nun hier erklärt aus dem Verhältniß von historischer Theologie und philosophischer Theologie wie es §. 252 aufgestellt war, so wie aus dem Zustand der philosophischen Theologie selbst. Wenn es nämlich nicht anders möglich ist, um zu den leitenden Begriffen der ⟨historischen⟩ Theologie zu gelangen, muß man von der Auffassung des Christenthums als einer Thatsache ausgehen, und indem man nun dieses religiöse Element mit andern vergleicht und Übereinstimmung und Differenz aufsucht, also durch die philosophische Theologie kann man erst zu der rechten historischen Theologie kommen. Da sezt man also eine 2fache historische Auffassung voraus. Wenn sich diese so rein sondern ließe, daß man bey der 1ten historischen Auffassung alles abhalten könnte, was nicht blos Thatsache wäre, und auf dieses dann die philosophische Theologie bauen könnte, dann würde keine solche Verschiedenheit entstehen. Aber jenes würde nur möglich seyn, wenn es eine solche Sonderung zwischen der wissenschaftlichen Kaste und dem gemeinen Leben gäbe, wie sie nicht möglich ist in einem solchen allgemeinen IdeenVerkehr. Also gegenwärtig kann keiner mehr ursprünglich zu einer solchen geschichtlichen Auffassung gelangen, welche frey wäre von den Einflüssen einer bestimmt gestalteten philosophischen Theologie. Dadurch wird die Entwicklung der philosophischen Theologie selbst gelähmt, oder sie bleibt in einem Zuge von Einseitigkeit, und indem nun einmal die entgegengesezten Einseitigkeiten neben einander bestehen, so muß sich dieß immer steigern. Nun ist es aber gar nicht möglich, daß jene Trennung jemals eingeführt werde, daß die Jugend nicht vorher schon préoccupirt werde. Also läßt sich auch gar nicht absehen, wie dieses Element der Verwirrung jemals sollte aufgehoben werden können. Alles beruht daher nur darauf, daß man sich über die leitenden Begriffe verständige, ⟨diese⟩ welche die philosophische Theologie bilden. Nun sind wir davon aber noch *[266]* sehr weit entfernt, indem wir noch nicht einmal zur Anerkennung der Einheit der philosophischen Theologie gelangt sind, und sie noch ganz vernachlässigt wird. So lange also nicht eine stärkere Richtung auf die philosophische Theologie hervortritt, kann die jezige Verwirrung nicht aufhören. Die jezigen Gegensäze in der evangelischen Kirche sind eine Spannung welche als veränderliche Größe gesehen [werden] muß, — entweder wird die Spannung zum wirklichen Zerreissen, oder sie muß sich mildern, so daß sie eine beständige Größe bleiben kann. Der Grund warum es nicht so bleiben kann, ist eben die Unwissenheit, wie es eigentlich mit dem Gegensaz steht. Es liegt nicht einmal ein gemeinsamer Begriff zu Grunde von dem Wesen des Christenthums; wäre dieser anerkannt vorhanden, so müßte auch die Verständigung möglich seyn. Da kommen wir also zurück auf den dermaligen Zustand der philosophischen Theologie, und das ist der, daß sie noch gar nicht als eine Disciplin anerkannt ist. So lange dieß nicht ist, so sind diejenigen Verhandlungen, welche in die Feststellung der philosophischen Theologie ausgehen sollten, immer in die historische Theologie verflochten, und das Thatsächliche tritt nicht rein heraus, aber ebensowenig kommt der Begriff zu seiner Bestimmung weil er immer nur in Anwendung auf das Thatsächliche erscheint. Daher ist diese Anordnung getroffen worden. Es muß erst der Rationalismus und der Supranaturalismus, jeder seine eigne philosophische Theologie aber rein für sich im Zusammenhang entwickeln, damit einmal die leitenden Begriffe sichtbar werden, dann erst wird die Möglichkeit einer Verständigung eintreten, dann wird sich aber auch gleich das Ungenügende jener Bezeichnungen zu Tage legen, weil sie nämlich nicht den Punkt zeigen, von welchem beyde ausgehen. Übernatürliches und Vernunft sind aber keine solche sich ausschließenden Gegensäze: der Begriff der Vernunft subsumirt ja das Übernatürliche unter sich, weil ⟨sie⟩ die Vernunft bestimmt, was übernatürlich sey; und der Begriff der [*O:*

des] ⟨Übernatürlichen⟩ Vernunft ist ja für alle Religionen, nicht blos für die christliche [geltend]. Es ist auch schon stillschweigend anerkannt, daß diese Bezeichnungen nicht das Wesen der Differenz ausdrücken.

§. **254** giebt nun eine Beschreibung von dem nächstbevorstehenden Hergang, wenn man sich einer Verständigung nähern soll. Dieß ist nämlich das Auseinandertreten der Philosophischen und historischen Theologie. Ihr Nichtauseinandergetreten seyn ist der gegenwärtige unvollständige Zustand. Fragen wir: was spielt denn jezt die historische Theologie für eine Rolle? Die historische Theologie im engern Sinn finden wir fast nirgends rein behandelt, sondern immer mit Beziehung auf den gegenwärtigen Zustand, die Darstellungen sind immer mit Vorwürfen gegen die andre Partey verbunden, oder wo *[267]* sich dieß nicht findet ist mehr das Chronikalische vorherrschend. Dieß hat seinen Grund darinn: so lange nicht das Bestreben, die philosophische Theologie auszubilden, in seiner Besonderheit heraustritt, so hat ein jeder Theologe das Bewußtseyn in sich von der Nothwendigkeit, diese Begriffe festzustellen, aber wenn sich Niemand findet, der dieß ex professo thut, so ist kein andres Mittel, als daß jeder seinen Theil dazu beyträgt, indem er in der historischen Theologie begriffen ist.

Die 2 folgenden §§ gehen wieder auf die gegenwärtige Lage der historischen Theologie zurück, und stellen das Mißliche derselben noch von einer andern Seite dar.

§. **255** stellt dar wie die historischen Theologen jezt fast überall den Vorwurf erfahren, daß sie nach willkührlichen Hypothesen verfahren. Wenn einer in einer andern philosophischen Theologie liegt, ⌐aber⌐[67] die philosophische Theologie ist noch nicht besonders herausgetreten [O: heraustreten], so betrachtet er die philosophischen Elemente die der Darstellung des Andern ZuGrund liegen, als willkührliche Hypothesen, was ein unbilliger Vorwurf ist, weil, wenn er in einer historischen Darstellung begriffen wäre, er sie auch nach seinen philosophisch-theologischen Begriffen behandeln würde. Gegründet ist der Vorwurf, wenn die der historischen Darstellung zu Grund liegenden philosophischen Elemente nicht auf dem kritischen, sondern auf rein àpriorischem Wege entstanden sind. Ebenso ist es mit dem andern Vorwurf

§. **256,** des Verwandelns der historischen Theologie in geistlose Empirie, ⌐dh⌐[68] in blose Chronik. Wenn es an leitenden Begriffen ganz fehlt, so ist nur eine solche Darstellung übrig. Nun aber wenn in einer historischen

---

[67] *Andere mögliche Lesart:* oder.
[68] *Andere mögliche Lesart:* daher.

Theologie solche Begriffe zu Grunde liegen, die der andre nicht anerkennt, so vermißt er den historischen Typus, den er hineinlegen würde; gelingt es ihm nun nicht, diese Begriffe herauszufinden, so hält er dieß für eine blose Empirie, ohnerachtet es dieß nicht ist. Nun ganz kann man sich in der historischen Theologie nicht behelfen ohne Bezeichnungen, die der philosophischen Theologie angehören. Wenn nun aber ⟨statt deß⟩ diese nicht sich in der historischen Darstellung bewähren als noch erst werdende Begriffe, — dann kann die nothwendige Bezeichnung nur als etwas Gegebenes vorkommen, was sich von selbst versteht, und dann wäre es etwas blos Empirisches.

Der lezte Vorwurf geht jezt am meisten von denen aus, welche auf dem Abwege sind, die philosophische Theologie aus àpriorischer Construction entstehen zu lassen, und das Christenthum selbst àpriori zu construiren. Unter denen die sich davon freyhalten, finden wir freylich verschiedene Ansichten, ist aber einer nur nicht ganz traditionell, sondern wirklich in einem historischen Prozeß begriffen: so wird doch der von einer andern Ansicht Ausgehende das Analoge in jenem anerkennen, und ihn nicht der geistlosen Empirie beschuldigen. Der Vorwurf einiger Hypothesen bezieht sich auf das Schwanken im philosophischen Gebiete.

Dritter Theil.
Von der praktischen Theologie.

Einleitung.

Die praktische Theologie soll die Regeln enthalten, wie jedesmal dasjenige, was ein Gegenstand des Wohlgefallens ist, festgehalten und entwickelt werden kann, und umgekehrt was Gegenstand des Mißfallens ist, aufgehoben. Das Subject der ⟨kirchlichen⟩ praktischen Theologie ist nur ein solches, in welchem kirchliches Interesse und wissenschaftlicher Geist vereinigt sind: jenes bestimmt die Materie seiner Thätigkeit, dieser die Form derselben. Die praktische Theologie ist nur für diejenigen, in welchen sich Zweckbegriffe in Beziehung auf die christliche Kirche entwikkeln, und ihr Höchstes ist nichts andres als die Einheit aller dieser Zweckbegriffe. ⟨Dieß ist⟩ Diese Zweckbegriffe selbst, die Aufgaben, sind ⟨aus⟩ in der philosophischen Theologie in ihrer Beziehung mit der ⟨philosophischen gegeben⟩ historischen enthalten, und die praktische Theologie hat nur die richtige Methode der Lösung anzugeben. Wirklich können die Aufgaben auch nicht in der philosophischen oder historischen Theologie vorkommen, weil sie immer ein schlechthin Einzelnes sind; aber die philosophische und historische Theologie, angewandt auf den gegebenen Kreis der Kirche, geben dann die Aufgaben. Wenn nun aber die Aufgaben selbst nicht vorkommen in der philosophischen und auch nicht in der historischen Theologie, — die praktische Theologie muß sie aber doch voraussezen, wo kommen sie dann vor? Es fehlt hier ein Mittelglied, und ⟨L 1⟩ es scheint nothwendig, daß die praktische Theologie auch müsse ein Verhältniß zur Feststellung der Aufgaben haben. Allerdings hat die praktische Theologie die Aufgaben, welche jedem aus seiner philosophischen und historischen Theologie einzeln entstehen, zu subsumiren, und darnach zu classificiren. Darinn liegt schon die ganze Construction der praktischen Theologie. Das Resultat des bisherigen Verlaufs wird als das Gegebene angesehen, und unter den Begriff der Kirchenleitung subsumirt, so daß immer die Regel zur Lösung der Aufgaben die Hauptsache sind in der praktischen Theologie.

Die Regeln der Kirchenleitung werden leicht angesehen als blose Mittel zum Zweck; aber diese Ansicht ist unstatthaft, und im ganzen Gebiete der Ethik findet dieser Gegensaz nicht statt. Man befindet sich hier in dem Kreise, daß *[269]* es keine Mittel giebt, um Wirkungen in den Gemüthern hervorzubringen, als eben wieder Wirkungen auf die Gemüther; so giebt es keine Mittel, sondern nur Theile eines Ganzen. Leibliche Mittel zu geistigen Wirkungen sind ein bloser Schein. Wenn zB Menschen gefoltert werden um ihren Glauben zu ändern, so thut das Foltern seine Wirkung nur dadurch, daß das Geistige im Menschen sich darnach bestimmt; und ist so auch eine Seelenleitung. Auf diesen allgemeinen Begriff der Seelenleitung ist also die ganze praktische Theologie zurückzuführen als eine specielle Seelenleitung, nämlich zur reineren Darstellung des Christenthums. Daraus folgt, daß der Zweck durch nichts andres erreicht werden kann, ja daß man selbst garnichts andres versuchen kann um diesen Zweck zu erreichen, als Seelenleitung. Freylich giebt es auch eine falsche Seelenleitung welche dem speciellen Inhalt der Kirchenleitung widerspricht. Sind also Mittel und Zweck hier nicht auseinanderzuhalten, so wäre es eine vollkommen unfruchtbare Betrachtung zum Zweck hier die Mittel zu suchen. Sondern was die praktische Theologie aufstellt als das richtige Verfahren, die Aufgabe zu lösen, kann nur angesehen werden als Methode und nicht als Mittel. Die Methode liegt immer innerhalb des Zwecks selbst. Mathematische Methoden sind die Weisen zu Resultaten zu gelangen, die im Calculus liegen, aber die Methoden sind selber Calculus. Denken wir nun, die Aufgabe als von selbst ⌐entstanden⌐[69] und gruppirt nach dem Begriff der Kirchenleitung, so hat dann, dieß vorausgesezt, die praktische Theologie es nur mit Methoden zu thun, und sie ist so M e t h o d o l o g i e d e r K i r c h e n l e i t u n g.

———————

Erster Abschnitt, Kirchendienst.

Die örtliche Gemeinde ist ein Inbegriff von Familien, die auf demselben Raume leben, und durch gemeinsame Frömmigkeit verbunden sind. Sie ist die einfachste kirchliche Organisation innerhalb welcher eine leitende Thätigkeit stattfinden kann. Wenn eine solche leitende Thätigkeit Einzelner in einer Gemeinde, d. h. ein KirchenDienst stattfinden soll, so muß der

———————

[69] *Andere mögliche Lesart:* entstehend.

Gegensaz zwischen überwiegender Selbstthätigkeit und Empfänglichkeit übereinstimmend fixirt seyn. Ist der Gegensaz nur ein wechselnder, so daß bald dieser, bald jener sich anregend oder angeregt verhielte, so müßte wenigstens für die einzelne Zusammenkunft ausgemacht werden, wer der überwiegend Thätige seyn soll. Dieß streift an das Gebrechen, wo der Gegensaz auf das Minimum des Moments zurückgeführt ist, und nicht als bleibende Qualität auf der Person haftet. *[270]* In der katholischen Kirche nun ist der Gegensaz über das ganze Leben verbreitet, der Gegensaz zwischen Klerus und Laien umfaßt das ganze Leben. In der Mitte steht die protestantische Kirche, wo ⟨sich⟩ der Gegensaz, wenngleich das Lehramt bleibender Beruf bestimmter Personen ist, doch nur für die Momente des gemeinsamen Lebens gilt.

Die Thätigkeit im KirchenDienst zerfällt in die 1) erbauende Thätigkeit im Cultus, und 2) die regirende Thätigkeit als Einfluß auf das Ganze durch Anordnung der Sitte, und als Einfluß auf das Leben des Einzelnen. Denn die christliche Gemeinde befindet sich entweder in der besonderen Thätigkeit des Cultus oder in der allgemeinen des christlichen Lebens, — wenn also die Kirchenleitung diese beyden Gebiete umfaßt, so umfaßt sie Alles. Leztre Thätigkeit ist bezeichnet als Anordnung der Sitte; Sitte ist eine gemeinsame Handlungsweise und zugleich eine gemeinsame Beurtheilungsweise. Wenn dieß durch den Einfluß der Kirchenleitenden sich bestimmen läßt, so muß das christliche Leben immer mehr der christlichen Idee entsprechen; aber insofern Einzelne zurückbleiben, müssen dann diese zum Gegenstand besondrer Thätigkeit gemacht werden. Was nun 1) die e r b a u e n d e Thätigkeit im C u l t u s betrifft, so beruht sie überwiegend auf der Mittheilung des frommen Bewußtseyns in Form des Gedankens; daher muß bestimmt werden, sowohl welche Elemente der kirchlichen Lehre sich zur Mittheilung im Cultus eignen, als auch in welcher Form. Für die Theorie des Kultus ist nun, da die P r e d i g t jezt der Kern des Kultus ist, die H o m i l e t i k die Hauptsache. Predigt ist die Form, daß eine Schriftstelle zu Grund gelegt, daraus ein Thema abgeleitet und dieß in verschiedenen Theilen abgehandelt wird. Dieß ist eine rein zufällige Form. Sie ist erstlich sehr jung. Früher war es in der Regel ganz anders. Wir kennen verschiedene Formen der religiösen Rede aus älterer Zeit; die eine war unsrer Homilie ähnlich, aber es lag derselben weit mehr an einem populären exegetischen Commentar, während unsre jezige Homilie der Predigt näher liegt. Ferner die Predigt war nicht so bestimmt auf einen biblischen Spruch bezogen, auch nicht so bestimmt abgetheilt, sondern lag mehr in Analogie mit der politischen Rede. So erscheint die jezige Form als ein Zufälliges, d. h. man kann die Form nicht unmittelbar aus der Idee ableiten. Die Form *[271]* beruht auf einer logischen Grundlage, und da diese vielen Gemeinden nicht zugänglich ist, so geht diesen vieles verloren durch diese Form, und sie darf den Geistlichen keineswegs binden. Da nun die jezige Homiletik sich nur auf diese Form der religiösen Rede bezieht, so ist dieß eine Beschränkung. Es müßten eigentlich zuerst die elementarischen Formen der prosaischen und poetischen Rede besprochen werden, dann die aus diesen sich gestaltenden verschiedenen Formen des religiösen Vortrags. Viel zu sehr hat man auch diese Theorie nach der alten Beredtsamkeit eingerichtet, da doch die Tendenz eine ganz verschiedene ist. Die antike Beredtsamkeit als politische und gerichtliche will einen Entschluß, d. h. eine bestimmte Wirkung für einen bestimmten Moment hervorbringen, wobey es dem Redner nicht darauf ankommt, ob er die Zuhörer täuscht oder überrennt. Ferner sofern die antike Rede ein Kunstwerk war, so giebt dieß einen weiteren Unterschied, — der christliche Redner darf nicht auf Bewunderung seines Kunstwerks ausgehen, sondern nur auf eine Wirkung des christlichen Princips. So fehlt die Homiletik darinn, daß sie ihre Regeln nicht aus ihrem eigenthümlichen Zweck und Princip aufstellt.

Neben der religiösen Rede hat der Cultus noch das Liturgische Element, wozu Gebet pp gehören. An sich könnte dieß auch freie Produktion des Geistlichen seyn für jeden einzelnen Akt des Cultus. Aber in der Wirklichkeit stellt sich dieß so, daß es ein allgemein Bestimmtes ist. Der Ausdruck Liturgie ist hergenommen aus der ursprünglichen Einheit des Kirchlichen und Politischen, ist also theokratischen Ursprungs. Der Ausdruck bezeichnet in der antiken Sprache jeden Dienst den der Einzelne dem GemeinWesen durch Thun leistete. Wenn einer einen Befehl im Krieg übernahm, öffentliche Feste gab, den Chor anführte, so war dieß eine Liturgie. Darum hießen denn auch alle Thätigkeiten für die religiöse Gemeinschaft Liturgie. Der opfernde Priester war Liturg, und daß er diese priesterliche Handlung verrichtete war eine Liturgie. So ist also der Geistliche Liturg eben so auch als Prediger, — aber der Ausdruck ist herrschend geworden zu einer Zeit, wo die religiöse Rede etwas ganz Abgesondertes war von dem sonstigen ausgebildeten Gottesdienst. So war in der griechischen Kirche Liturgie dasselbe, was in der lateinischen Kirche der Canon missae hieß. Über diese liturgischen Elemente muß es auch eine Theorie geben; sie scheint zunächst zum KirchenRegiment zu gehören, aber das KirchenRegiment kann dabei nur das Interesse des Cultus im Sinne haben, also das Interesse des Kirchendienstes.

Verzeichnis der Namen

THEOLOGISCHE BIBLIOTHEK TÖPELMANN

Preisänderungen vorbehalten

Walter de Gruyter   **Berlin · New York**

THEOLOGISCHE BIBLIOTHEK TÖPELMANN

PETER STEINACKER

Die Kennzeichen der Kirche

Eine Studie zu ihrer Einheit, Heiligkeit Katholizität und Apostolizität

Oktav. XII, 370 Seiten. 1981. Ganzleinen DM 98,— (Band 38)

Vom Amt des Laien in Kirche und Theologie

Festschrift für Gerhard Krause zum 70. Geburtstag
Herausgegeben von Henning Schröer und Gerhard Müller

Oktav. XII, 431 Seiten und Frontispiz. 1982. Ganzleinen DM 158,— (Band 39)

JOACHIM RINGLEBEN

Aneignung

Die spekulative Theologie Søren Kierkegaards

Oktav. X, 509 Seiten. 1983. Ganzleinen DM 128,— (Band 40)

MICHAEL PALMER

Paul Tillich's Philosophy of Art

Octavo. XXII, 217 pages. 1983. Cloth DM 84,— (Volume 41)

CHRISTEL KELLER–WENTORF

Schleiermachers Denken

Die Bewußtseinslehre in Schleiermachers philosophischer Ethik
als Schlüssel zu seinem Denken

Oktav. X, 547 Seiten. 1984. Ganzleinen DM 98,— (Band 42)

WOLFGANG ERICH MÜLLER

Johann Friedrich Wilhelm Jerusalem

Eine Untersuchung zur Theologie der
„Betrachtung über die vornehmsten Wahrheiten der Religion"

Oktav. X, 263 Seiten. 1984. Ganzleinen DM 98,— (Band 43)

EBERHARD STOCK

Die Konzeption einer Metaphysik
im Denken von Heinrich Scholz

Oktav. Ca. 270 Seiten. 1987. Ganzleinen DM 98,— (Band 44)

Preisänderungen vorbehalten

Walter de Gruyter Berlin · New York

DATE DUE
